JN274457

はしがき

　本書は，ここ数年来の中央大学法学部における民事訴訟法の講義やゼミにおいて用いた教材（レジュメ等の配布物や板書）を再整理して作成した教材である。その狙いは，具体的なイメージに即して手続法理を考えることで，真のリーガルマインドを身につける道標を提供するところにある。

　そこで，本書は，民事訴訟法を静態的に捉えて抽象的な記述によって体系的・網羅的に説くのではなく，重点項目にしぼって各章を構成したうえで，それぞれの章ごとに数件の事例を取り上げ，現実の紛争解決プロセスのなかで民事訴訟法が実際にどのように動いていくかを描き出すよう努めている。具体的な本書の使い方は，次頁の《本書の特徴》に譲るとして，ここでは，本書に向かう基本姿勢を提案しておきたい。

　すなわち，それは，本書を学びの出発点としていただきたいということである。つまり，本書の理解をゴールとして目指すのではなく，あくまで本書をスタートとして，そこに書かれていないことも友人との議論などを通じて読者の皆さんが自分で学んでゆくという自己向上の志である。ケース・スタディの奥義は，事案の処理を固定的な暗記の対象として，いわば他人事として眺めるのではなく，事案の中に自ら身を置くことによって，判例等に対してあくまでひとつの処理の例として批判的な眼差しを向けると同時に，自ら主体的に考える姿勢を自然と身につけることができることである。そのような皆さんをアシストするのが本書の役目である。

　本書の刊行に際しては，姉妹編の『基本講義　民事訴訟法』と同様に，信山社の渡辺左近氏，そして，木村太紀氏に大変お世話になった。ここに心よりお礼申し上げたい。

　2007年　風待月

小 島 武 司
小 林　　学

《本書の特徴》

1 本書は，第1編と第2編からなる。
(1) 第1編
　第1章では，ワープロの発火による会社事務所の火災に基づく損害賠償請求訴訟という現実の事件を取り上げ，原告訴訟代理人がどのようにして立証のための調査・私的鑑定などに基づいて証拠による事件像を組み立てていくか，また，被告訴訟代理人がその主張・立証の弱点をついて，どのように防御活動を行っていくかをフォローしている。
　各頁を3段に分け，上段には生活事実の展開の図を示し，中段で当事者の主張・立証の展開を眺め，下段でそれに関わる条文や法理，さらには問題点等を指摘する。最後に，「戦いすんで」ということで，訴訟という戦いの行方を決するものは何か，その核心的な問題を考える。
　第2章では，管轄の問題を扱う。民事訴訟法の諸規定は，訴訟の帰趨にも強い影響を及ぼすものであって，当事者にとっては，戦略的な選択の場としての意味を持つのであるが，このことを端的にあらわすのが管轄に関する規定である。どの裁判所が訴訟活動の場となるかで，各当事者は訴訟追行上の費用などの面で多大の影響を被る。原告はより有利な管轄裁判所を選ぼうとして戦略を練り，被告はそれを防止しようとして，移送申立てなどの様々な対抗措置を追求する。5つの具体的な問いについて考察をめぐらせる過程で，この視点が浮き彫りにされていくであろう。
　第3章では，訴訟という一見ニュートラルな手続連鎖の中で，当事者の代理人が主導的に行動していくべき事柄を訴訟の発端からその終局までを列挙して，その意味を各項目ごとに追い求め，訴訟のアウトラインを納得する手掛かりを提供する。
　なお，第1章は，中村忠史・弁護士から，資料と解説の提供を受けて完成したものであり，第2章および第3章は，那須弘平・最高裁判所判事（当時弁護士）の中央大学法学部における特別講義のレジュメに依拠するところが多い。
(2) 第2編
　第2編は，第4章（国際裁判管轄）から第23章（不服申立て方法）に至る，全20章からなる。その内容は，判例の事案を素材に，訴訟法理の具体的な把握へと読者を誘おうとする試みである。
　各章のパターンは，ひとつではなく多様であるが，それは複数の視角から接近した方が理解の深化を促すために効果的であるとの考えに基づく。各章のはじめにサマリーをおいて，その全体像の把握を容易にし，また，予め関連条文を吟味しておくことができるようにした。
　各章における事案の検討については，一方において，判例を支持する学説を掲げて判例の理論的基盤を吟味し，他方において，これらに批判的な有力説を対峙させ，問題点が自ずと浮かび上がるようにしてある。
　第2編は，ゼミナール等における報告のほか，ディスカッションやディベートの際にも，その出発点ないし展開点として役立つのではないだろうか。

2 さらに，読者の皆さんが考える姿勢を自然と身に着けることができるための工夫として，

基本演習

民事訴訟法

Illustrational Method

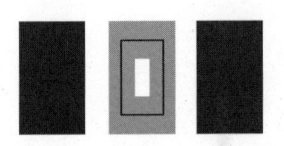

小島武司
小林　学

信山社

論点をディベート形式に整理したうえで，私の着眼点・判定 を記載するスペースを設けたり，考えてみよう！ 弁護士Ｐの独り言 などによって自ら考える手掛かりを盛り込んだりした。また，事案を印象付けるために，可能なものについては事件名を付すようにした。

　以上のような本書の特徴を十分に活かして，読者の皆さんが自ら考える力を身につけるために傾ける努力のプロセスにおいて，本書に各自の学びの彩りを添えて，自分だけの一冊に仕上げていただきたい。

目　次

はしがき
本書の特徴

第1編　手続追行の視点

第1章　民事訴訟の手続追行マップ——ある製造物責任訴訟を例として——……………2
第2章　管轄にみる訴訟ストラテジー……………………………………………………13
　　Ⅰ　裁判所………………………………………………………………………………13
　　Ⅱ　当事者（または訴訟代理人）からみた管轄……………………………………15
　　Ⅲ　ケース・スタディ…………………………………………………………………16
第3章　訴訟代理人（弁護士）から眺めた民事訴訟手続……………………………20
　　Ⅰ　弁護士と訴訟代理…………………………………………………………………20
　　　1　弁護士という職業（20）　　2　民事訴訟における訴訟代理人（21）
　　Ⅱ　民事訴訟における訴訟代理人の活動の流れ……………………………………21
　　Ⅲ　訴訟代理人（弁護士）の役割……………………………………………………27

第2編　ケースに学ぶ

第4章　国際社会における民事訴訟——国際裁判管轄および外国判決の承認・執行
　　　　を中心として——……………………………………………………………………30
　　Ⅰ　国際裁判管轄………………………………………………………………………30
　　　1　マレーシア航空事件（30）　　2　分　析（32）
　　　3　検討——"逆推知説"vs"管轄配分説"のディベート（37）
　　　4　今後の課題（38）
　　Ⅱ　外国判決の承認・執行……………………………………………………………39
　　　1　外国判決の承認・執行の意義（39）
　　　2　関西鉄工事件（大阪地判昭52・12・22判タ361号127頁）——内外判決の抵触（40）
第5章　当事者の確定——手続的利益の救済措置とあわせて——……………………48
　　Ⅰ　確定の基準…………………………………………………………………………48
　　　1　判例にあらわれたケース類型（48）　　2　学説の状況（49）
　　　3　検討——"実質的表示説"vs"規範分類説"のディベート（50）
　　Ⅱ　氏名冒用訴訟………………………………………………………………………51
　　　1　解　説（51）　　2　判　例（52）
　　Ⅲ　死者名義訴訟………………………………………………………………………54
　　　1　解　説（54）　　2　判　例（55）

第 6 章　訴訟における代表権と表見代理——法廷における実体的真実の重みと当事者間の公平—— ·········· 56
　　Ⅰ　判例——鶏卵代金請求事件（最判昭45・12・15民集24巻13号2072頁〔民訴百選3版23事件〕）············ 56
　　　1　事　案（56）　2　裁判の経緯（57）　3　判　旨（57）
　　Ⅱ　分　析 ············ 58
　　　1　問題の所在（58）　2　学説の状況（59）
　　　3　検討——"否定説" vs "肯定説" のディベート（60）
　　Ⅲ　その他の判例 ············ 61
　　　1　私立学校教諭解雇事件（最判昭41・9・30民集20巻7号1523頁）（61）
　　　2　西日本建設業保証株式会社事件（最判昭57・11・26民集36巻11号2296頁）（62）

第 7 章　土地境界確定訴訟——伝統的議論と近時の動向—— ············ 64
　　Ⅰ　土地境界確定訴訟の法的性質——形式的形成訴訟か所有権確認訴訟か？ ············ 65
　　　1　想定事案（65）　2　問題の所在（65）　3　理論状況（65）
　　　4　検討——"形式的形成訴訟説" vs "所有権確認説" のディベート（68）
　　　5　筆界特定手続（69）
　　Ⅱ　土地境界確定訴訟の当事者適格 ············ 70
　　　1　共有地境界確定訴訟における非同調者をいかに扱うべきか？（70）
　　　2　土地境界確定訴訟の当事者適格は取得時効により影響を受けるか？（72）

第 8 章　訴訟物——論争の実益と行方—— ············ 75
　　Ⅰ　訴訟物論争——基本事項の確認 ············ 76
　　Ⅱ　検　討 ············ 79
　　　1　"旧説" vs "新説" のディベート（79）　2　訴訟物論争の実益とその行方（80）

第 9 章　一部請求——法理論と法政策の交錯—— ············ 83
　　Ⅰ　一部請求論——理論状況 ············ 83
　　　1　判　例（83）　2　学　説（85）
　　　3　分析の視点——考え方の分かれる基本的要因（87）
　　Ⅱ　近時の判例の動向——金銭債権の数量的一部請求訴訟の敗訴原告による残部訴求の許否 ············ 88
　　　1　事案の概要（88）　2　裁判の経緯（89）　3　判　旨（89）

第10章　相殺の抗弁と重複訴訟の禁止——手続の横断的理解のために—— ············ 92
　　Ⅰ　問題の所在——相殺の抗弁と重複訴訟の禁止 ············ 94
　　Ⅱ　判　例 ············ 94
　　　1　〔イ〕請求先行型（基本）——不適法（94）
　　　2　〔イ〕請求先行型（応用）——別訴で一部請求している債権の残部を自働債権とする相殺の抗弁の許否？（96）
　　　3　判　旨（97）　4　〔ロ〕抗弁先行型（99）
　　Ⅲ　学　説 ············ 101

第11章　送達——情報伝達と手続保障のツール—— ············ 105
　　Ⅰ　送達場所の届出制度 ············ 106
　　　1　小問(1)　送達場所の届出制度（106）

2　小問(2)　届出場所における付郵便送達（107）
　　　3　小問(3)　送達場所の届出をしない場合の効果（108）
　Ⅱ　郵便に付する送達——最判平10・9・10判時1661号81頁〔民訴百選3版48事件〕［クレジットカード立替金請求事件］ ……………………………………109
　　　1　事　案（109）　2　裁判の経緯（110）　3　判　旨（110）　4　分　析（113）
　Ⅲ　公示送達の不知と追完——最判昭42・2・24民集21巻1号209頁〔民訴百選3版49事件〕 ………………………………………………………………………………114
　　　1　事案の概要（114）　2　裁判の経緯（114）　3　判　旨（114）

第12章　争点・証拠の整理手続——手続構造の日米比較—— …………………116
　Ⅰ　準備的口頭弁論 ………………………………………………………………………119
　　　1　準備的口頭弁論の開始（120）　2　準備的口頭弁論の終了（120）
　Ⅱ　弁論準備手続 …………………………………………………………………………121
　　　1　小問(1)（122）　2　小問(2)（122）　3　小問(3)（123）
　Ⅲ　争点整理手続の利用可能性と遅滞等を避けるための移送——クレジットカード代金請求事件（東京高決平12・3・17金法1587号69頁） ……………………123
　　　1　事　案（123）　2　問題の所在（124）　3　決定要旨（124）
　Ⅳ　準備手続の充実と計画審理の志向による民事訴訟手続の構造変化
　　　——日米比較 ……………………………………………………………………………125
　　　1　アメリカ民事訴訟手続（第一審）のアウトライン（125）
　　　2　日本民事訴訟手続（第一審）のアウトライン（126）

第13章　時期に後れた攻撃防御方法の却下——手続リズム—— ………………127
　Ⅰ　事例検討〈A〉——請負代金支払い拒絶事件（東京地判平11・9・29判タ1028号298頁） ……………………………………………………………………128
　　　1　事　案（128）　2　判　旨（129）
　Ⅱ　事例検討〈B〉——建物買取請求権行使事件（最判昭46・4・23判時631号55頁〔民訴百選3版54事件〕） ……………………………………………………129
　　　1　事　案（129）　2　判　旨（130）
　Ⅲ　分　析 …………………………………………………………………………………131
　　　1　時機に後れた攻撃防御方法として却下されるための要件は？（131）
　　　2　上記の判例〈A〉と〈B〉で問題となった主張の違いを考えてみよう！（131）
　　　3　〈A〉工事瑕疵の主張と〈B〉建物買取請求権行使の主張が民訴法157条1項の要件を満たすか？（132）

第14章　釈明——弁論主義とは何かを問う—— …………………………………135
　Ⅰ　釈明権 …………………………………………………………………………………137
　　　1　判　例（137）　2　分　析（140）
　Ⅱ　法的観点指摘義務 ……………………………………………………………………142
　　　1　判　例（142）

第15章　間接事実・補助事実の自白——法廷における柔軟性と自己責任—— …146
　Ⅰ　間接事実の自白——最判昭41・9・22民集20巻7号1392頁〔民訴百選3版62事件〕 ………………………………………………………………………………147
　　　1　事　案（147）　2　裁判の経緯（147）　3　判　旨（148）

Ⅱ　補助事実の自白——最判昭52・4・15民集31巻3号371頁〔民訴百選Ⅰ
　　　　105事件〕［白紙委任状補充事件］……………………………………………149
　　　　　1　事　案（149）　　2　裁判の経緯（150）　　3　判　旨（150）
　　　Ⅲ　理論状況——間接事実・補助事実の自白………………………………150
　　　　　1　判　例（150）　　2　学　説（150）

第16章　文書提出命令——貸出稟議書の自己専利用文書該当性を中心として——………154
　　　Ⅰ　貸出稟議書の自己専利用文書該当性に関する判例理論の展開……………155
　　　　　1　枠組み設定——富士銀行文書提出命令申立事件（最二小決平11・11・12民集53巻
　　　　　　8号1787頁〔民訴百選3版79事件〕）（155）
　　　　　2　「特段の事情」に関する判例（157）
　　　Ⅱ　貸出稟議書の自己専利用文書該当性に関する学説…………………………161
　　　Ⅲ　検　討…………………………………………………………………………162

第17章　争点効または信義則による後訴遮断——終局判決による解決可能な
　　　　紛争の範囲——………………………………………………………………163
　　　Ⅰ　問題の所在……………………………………………………………………165
　　　Ⅱ　争点効理論……………………………………………………………………166
　　　Ⅲ　学説の反応……………………………………………………………………168
　　　　　1　争点効に対する批判（168）
　　　　　2　争点効を支持する見解の反応——争点効適用要件の定式化（169）
　　　　　3　争点効以外の判決理由中の判断に拘束力を認める見解（170）
　　　Ⅳ　判　例…………………………………………………………………………170
　　　　　1　建物売買詐欺取消事件判決（最判昭44・6・24判時569号48頁〔民訴百選3版
　　　　　　92事件〕）（170）
　　　　　2　自作農創設特別措置法による売渡処分事件判決（最判昭51・9・30民集30巻8号
　　　　　　799頁〔民訴百選3版88事件〕）（173）
　　　　　3　まとめ——判例の立場（174）

第18章　債権者代位訴訟における既判力の拡張——理論進化のあゆみ——…………175
　　　Ⅰ　基本チェック——債権者代位訴訟の構造…………………………………175
　　　　　1　債権者代位訴訟の実質的機能（175）
　　　　　2　債権者代位訴訟の要件とその構造（176）
　　　Ⅱ　問題の所在……………………………………………………………………177
　　　Ⅲ　理論状況………………………………………………………………………178
　　　　　1　判　例（178）　　2　学　説（180）　　3　検　討（183）

第19章　訴訟上の和解——古典的問題と現今の諸課題——……………………………185
　　　Ⅰ　古典的問題……………………………………………………………………186
　　　　　1　和解調書と既判力の有無（187）
　　　　　2　訴訟上の和解に無効・取消原因がある場合のその主張方法（←設例(1)）（188）
　　　　　3　訴訟上の和解の解除による救済手段（←設例(2)）（189）
　　　Ⅱ　現今の課題……………………………………………………………………191
　　　　　1　古典的問題に対する新たな分析の視点——「裁判所の和解勧試」の問題点（191）
　　　　　2　現今の諸課題（192）

第20章　請求の単複——請求の併合と訴えの変更等—— ………………………………198
　　Ⅰ　請求の併合 ……………………………………………………………………199
　　Ⅱ　訴えの変更 ……………………………………………………………………200
　　Ⅲ　反　訴 …………………………………………………………………………204

第21章　共同所有関係訴訟における固有必要的共同訴訟の成否——共同所有者
　　　　各人の主体性の尊重と紛争の一回的・抜本的解決の要請の調和——………207
　　Ⅰ　設　例 …………………………………………………………………………208
　　Ⅱ　問題の所在 ……………………………………………………………………209
　　Ⅲ　理論状況 ………………………………………………………………………210
　　　　1　判　例（210）　2　学　説（211）

第22章　独立当事者参加と上訴——紛争の統一的解決と個々の手続保障との
　　　　はざま——………………………………………………………………………214
　　Ⅰ　判例——広島駅弁当株式会社事件（最判昭48・7・20民集27巻7号863頁〔民訴
　　　　百選3版110事件〕）………………………………………………………………215
　　　　1　事　案（215）　2　裁判の経緯（216）　3　判　旨（217）
　　Ⅱ　分　析 …………………………………………………………………………217
　　　　1　問題の所在（217）　2　理論状況——"実務を超えて"（218）

第23章　上訴・再審——不服申立て方法の諸相—— ………………………………221
　　Ⅰ　不服の利益（上訴の利益）の基準 …………………………………………222
　　　　1　理論状況（223）　2　問題の検討（224）
　　Ⅱ　控訴審の審判対象——スナック改装工事代金立替事件（最判昭58・3・22判時
　　　　1074号55頁〔民訴百選3版115事件〕）………………………………………225
　　　　1　事　案（225）　2　分　析（226）
　　　　3　発　展（228）
　　Ⅲ　再審事由 ………………………………………………………………………229

　　事項索引
　　判例索引

文献略語表

＜判例＞

民　録	大審院民事判決録
民　集	最高裁判所（大審院）民事判例集
裁判集民	最高裁判所裁判集民事
高　民	高等裁判所民事判例集
東高民事報	東京高等裁判所民事判決時報
下　民	下級裁判所民事裁判例集
法　学	法学（東北大学法学会誌）

＜体系書・論文集・解説書＞

一問一答	法務省民事局参事官室編・一問一答新民事訴訟法（商事法務研究会，1996年）
伊　藤	伊藤眞・民事訴訟法〔第3版再訂版〕（有斐閣，2006年）
稲葉・実践	稲葉一人・訴訟代理人のための実践民事訴訟法（民事法研究会，2003年）
井上・法理	井上治典・多数当事者訴訟の法理（弘文堂，1981年）
上　田	上田徹一郎・民事訴訟法〔第4版〕（法学書院，2004年）
梅　本	梅本吉彦・民事訴訟法〔新版〕（信山社，2006年）
大江ほか編・手続裁量	大江忠＝加藤新太郎＝山本和彦編「手続裁量とその規律」（有斐閣，2005年）
加藤・弁護士	加藤新太郎・弁護士役割論〔新版〕（弘文堂，2000年）
加藤・要論	加藤正治・民事訴訟法要論〔新訂（3版）〕（有斐閣，1951年）
兼子・研究(1)―(3)	兼子一・民事法研究1巻～3巻（酒井書店，1950年～1969年）
兼子・体系	兼子一・新修民事訴訟法体系〔増訂版〕（酒井書店，1965年）
兼子・判例民訴	兼子一・判例民事訴訟法（弘文堂，1950年）
木川・重要問題 上・中・下	木川統一郎・民事訴訟法重要問題講義（上・中・下）（成文堂，1992年～1993年）
基本講義	小島武司＝小林学・基本講義民事訴訟法（信山社，2005年）
小島・要論	小島武司・要論民事訴訟法（中央大学出版部，1982年）
小林・新証拠法	小林秀之・新証拠法〔第2版〕（弘文堂，2003年）
小林・判例講義	小林秀之編・判例講義民事訴訟法（悠々社，2001年）
小林・プロブレム	小林秀之・プロブレム・メソッド新民事訴訟法〔補訂版〕（判例タイムズ社，1999年）
小　山	小山昇・民事訴訟法〔5訂版〕（青林書院，1989年）
最高裁・条解規則	最高裁判所事務総局民事局・条解民事訴訟規則〔民事裁判資料第213号〕（司法協会，1997年）
斎藤・概論	斎藤秀夫・民事訴訟法概論〔新版〕（有斐閣，1982年）
新　堂	新堂幸司・新民事訴訟法〔第3版補正版〕（弘文堂，2005年）
瀬　木	瀬木比呂志・民事訴訟実務と制度の論点―実務家，研究者，法科大学院生と市民のために（判例タイムズ社，2006年）
対応マニュアル	田路至弘編著・法務担当者のための民事訴訟対応マニュアル（商事法務，2005年）
高橋・重点講義 上・下	高橋宏志・重点講義民事訴訟法　上・下〔補訂版〕（有斐閣，2004年・2006年）

文献略語表

谷口	谷口安平・口述民事訴訟法（成文堂，1987年）
中野・解説	中野貞一郎・解説新民事訴訟法（有斐閣，1997年）
中野・現在問題	中野貞一郎・民事手続の現在問題（判例タイムズ社，1989年）
中野・論点ⅠⅡ	中野貞一郎・民事訴訟法の論点ⅠⅡ（判例タイムズ社，1994年・2001年）
中野ほか〔執筆者〕	中野貞一郎＝松浦馨＝鈴木正裕編・新民事訴訟法講義〔第2版補訂版〕（有斐閣，2006年）
林屋	林屋礼二・新民事訴訟法概要〔第2版〕（有斐閣，2004年）
松本＝上野〔執筆者〕	松本博之＝上野泰男・民事訴訟法〔第4版補正版〕（弘文堂，2006年）
三ケ月・全集	三ケ月章・民事訴訟法〈法律学全集〉（有斐閣，1959年）
三ケ月・双書	三ケ月章・民事訴訟法〈法律学講座双書〉〔第3版〕（弘文堂，1992年）
山本・基本	山本和彦・民事訴訟法の基本問題（判例タイムズ社，2002年）
吉村ほか・講義〔執筆者〕	吉村徳重＝竹下守夫＝谷口安平編・講義民事訴訟法（青林書院，2001年）

＜注釈書・講座＞

秋山ほかⅠⅡ	秋山幹男＝高田裕成＝伊藤眞＝福田剛久＝加藤新太郎＝山本和彦・コンメンタール民事訴訟法Ⅰ〔第2版〕・Ⅱ〔第2版〕（日本評論社，2006年）
菊井＝村松ⅠⅡⅢ	菊井維大＝村松俊夫・全訂民事訴訟法Ⅰ〔補訂版〕・Ⅱ・Ⅲ（日本評論社，1986年～1993年）
条解〔執筆者〕	兼子一＝松浦馨＝新堂幸司＝竹下守夫・条解民事訴訟法（弘文堂，1986年）
斎藤ほか1-12巻〔執筆者〕	斎藤秀夫＝小室直人＝西村宏一＝林屋礼二編著・注解民事訴訟法〔第2版〕（第一法規，1991年～1996年）
注解民訴【Ⅰ】【Ⅱ】〔執筆者〕	三宅省三＝塩崎勤＝小林秀之編集代表・注解民事訴訟法【Ⅰ】【Ⅱ】（青林書院，2002年）
注釈民訴1-9巻〔執筆者〕	新堂幸司＝鈴木正裕＝竹下守夫編集代表・注釈民事訴訟法第1巻～第9巻（有斐閣，1991年～1998年）
講座民訴1-7巻	新堂幸司編集代表・講座民事訴訟法第1巻～第7巻（弘文堂，1983年～1985年）
講座新民訴1-3巻	竹下守夫編集代表・講座民事訴訟法第1巻～第3巻（弘文堂，1998年～1999年）
実務民訴1-10巻	鈴木忠一＝三ケ月章監修・実務民事訴訟講座第1巻～第10巻（日本評論社，1969年～1971年）
新実務民訴1-14巻	鈴木忠一＝三ケ月章監修・新実務民事訴訟講座第1巻～第14巻（日本評論社，1981年～1984年）
新民訴大系1-4巻	三宅省三＝塩崎勤＝小林秀之編・新民事訴訟法大系第1巻～第4巻（青林書院，1997年）
民訴講座1-5巻	民事訴訟法学会編・民事訴訟法講座第1巻～第5巻（1954年～1956年）

＜判例解説＞

重判解	重要判例解説（ジュリスト臨時増刊）
主判解	主要民事判例解説（判例タイムズ臨時増刊）
争点〔執筆者〕	三ケ月章＝青山善充編・民事訴訟法の争点（有斐閣，1979年）

争点〔新版〕〔執筆者〕	三ケ月章＝青山善充編・民事訴訟法の争点〔新版〕（有斐閣，1988年）
争点〔第3版〕〔執筆者〕	三ケ月章＝青山善充編・民事訴訟法の争点〔第3版〕（有斐閣，1998年）
民訴百選	民事訴訟法判例百選（有斐閣，1965年）
続民訴百選	続民事訴訟法判例百選（有斐閣，1972年）
民訴百選2版	民事訴訟法判例百選〔第2版〕（有斐閣，1982年）
民訴百選ⅠⅡ	民事訴訟法判例百選〔新法対応補正版〕ⅠⅡ（有斐閣，1998年）
民訴百選3版	民事訴訟法判例百選〔第3版〕（有斐閣，2003年）

＜雑誌＞

金商	金融・商事判例
自正	自由と正義
ジュリ	ジュリスト
新報	法学新報
判時	判例時報
判評	判例評論
判タ	判例タイムズ
ひろば	法律のひろば
法セ	法学セミナー
法教	法学教室
法協	法学協会雑誌
法時	法律時報
民商	民商法雑誌
民訴	民事訴訟雑誌
リマークス	私法判例リマークス（法律時報別冊）
論叢	法学論叢

第1編　手続追行の視点

第1章　民事訴訟の手続追行マップ
──ある製造物責任訴訟を例として──

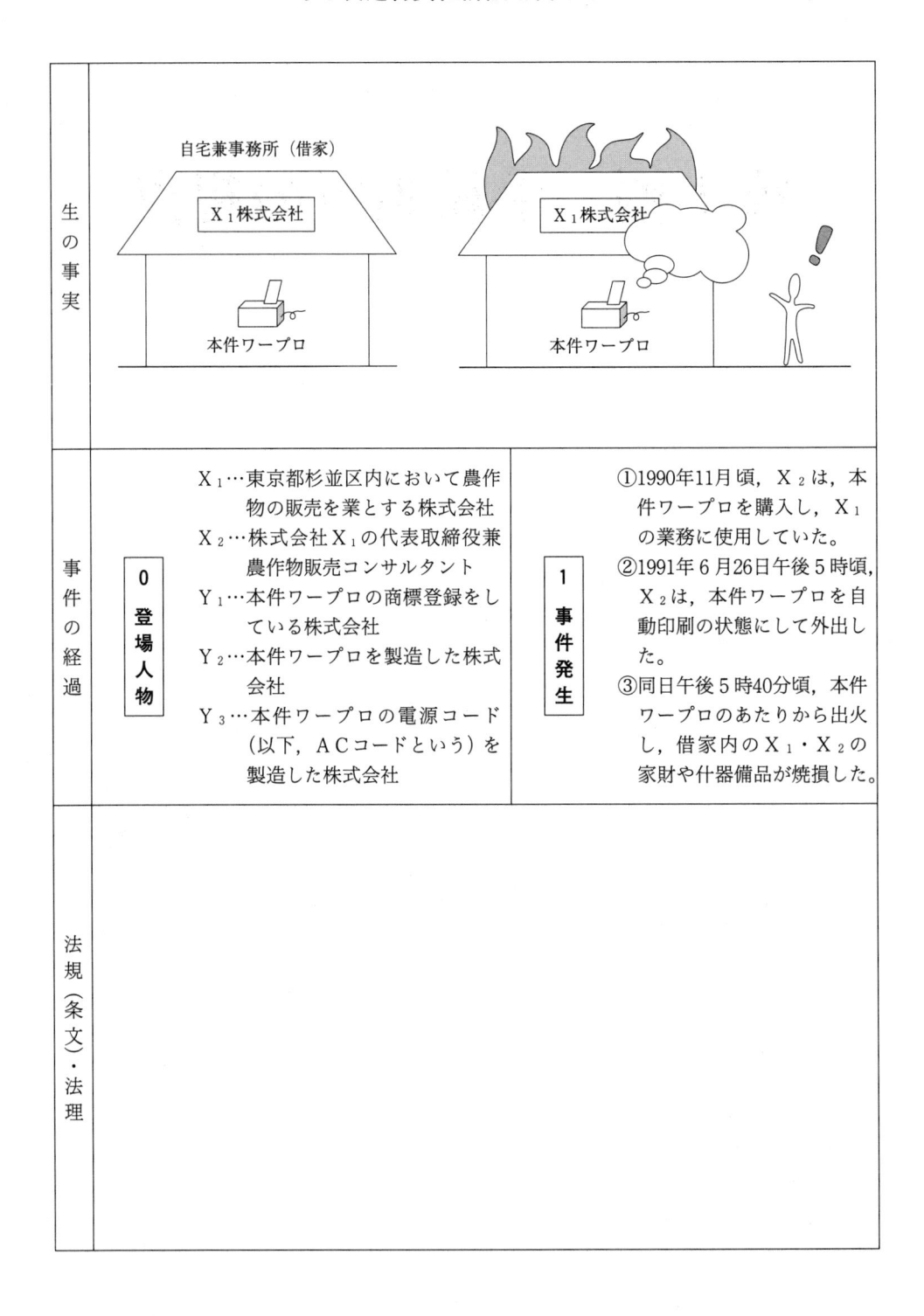

生の事実	自宅兼事務所（借家）　X₁株式会社　本件ワープロ／X₁株式会社（火災）本件ワープロ	
事件の経過	**0 登場人物**　X₁…東京都杉並区内において農作物の販売を業とする株式会社／X₂…株式会社X₁の代表取締役兼農作物販売コンサルタント／Y₁…本件ワープロの商標登録をしている株式会社／Y₂…本件ワープロを製造した株式会社／Y₃…本件ワープロの電源コード（以下，ACコードという）を製造した株式会社	**1 事件発生**　①1990年11月頃，X₂は，本件ワープロを購入し，X₁の業務に使用していた。②1991年6月26日午後5時頃，X₂は，本件ワープロを自動印刷の状態にして外出した。③同日午後5時40分頃，本件ワープロのあたりから出火し，借家内のX₁・X₂の家財や什器備品が焼損した。
法規（条文・法理）		

第1章　民事訴訟の手続追行マップ

生の事実		P法律事務所／法律相談	
事件の経過	④所轄の消防署の調査によると、本件ワープロのACコードが、何らかの理由で短絡して発火したことが火災の原因であるとのことであった。 ⑤この火災によって、X_1は約3ヶ月間の業務停止に追い込まれた。	**2 法律相談・訴訟委任**	①火災後ひと段落して、X_2は、法律事務所を訪れ、P弁護士に相談（法律相談）した。 ②X_2の調査依頼を受けたP弁護士は、ⓐ本件ワープロの焼残物の確保、ⓑ火災原因と機序の調査、ⓒ火災発生状況の調査、ⓓ損害調査を実施した。 ⓐ X_2は、事故調査のためにワープロの焼残物をY_1・Y_2に預けていたため、両社に対して、直ちに返還請求し、どのような改変がなされたか報告書の提出を要請した。 ⓑ 所轄の消防署や警察署への照会（当時は情報公開条例が未制定のため回答なし。ただし、その後、消防署からの回答あり［左記④］）、Y_1・Y_2両社に対する調査報告の要請、国民生活センターや消費生活センターに対する原因究明の協力要請などをした。 ⓒ 目撃者（X_2とその家族）からの事情聴取、火災現場の実況見分（←すでに片付けられ、借家も復旧）を実施した。 ⓓ 家財・什器備品を算定（罹災品の目録と減価償却後の価格）、休業損害を計算した。 ③X_1・X_2は、P弁護士と訴訟委任契約を締結した。
法規（条文）・法理		PLセンター	本人訴訟の許容 cf. 弁護士強制主義 ↓ 弁護士代理の原則 （54条1項）

生の事実		
事件の経過	**3 提訴準備**	①被告の選定 　Y_1…形式的製造業者（商標登録），Y_2…実質的製造業者，Y_3…コード製造業者 ②請求原因事実 　ⓐ権利侵害行為…原告の主張は，欠陥の部位と機序（コードの短絡原因と発火のメカニズム）までか，通常期間の通常使用で異常な性状で発火したこと（コードがショートして発火した）で足りるか？ 　ⓑ損害（物損と休業損害）…1億円（X_1-8000万円，X_2-2000万円）と算定。 　ⓒ因果関係 　ⓓ過失（安全性確保義務違反） ③訴訟費用…1億円の請求に対して50万円（当時） 　●訴訟救助→●法律扶助→●自弁（弁護士が立て替える） ④立証準備 　ⓐ目撃状況（X_2とその家族） 　ⓑ発火の原因と機序（本件ワープロの焼残物のみで立証できるか？なぜコードがショートするのか？なぜ難燃性の塩化ビニールコードの被覆が発火・延焼するのか？） 　ⓒ損害
法規（条文）・法理	②請求原因事実 （民法709条←本件はPL法制定前） ＊要件事実の一部 ③訴訟費用 →訴訟救助（82条1項以下）	③訴訟費用 →敗訴者負担（61条） cf. 弁護士報酬（着手金と成功報酬）→各自負担 ＊「着手金：成功報酬金＝1：2」と定めていた日弁連の報酬等基準規程は、弁護士法改正（2003年）を受けて廃止された（2004年4月より自由化）。	④立証準備 　ⓐ証拠保全（234条）の活用 　ⓑ弁護士会照会（弁護士法23条の2） 　ⓒ提訴前の照会（132条の2・132条の3） 　ⓓ提訴前の証拠収集処分（132条の4）

第1章 民事訴訟の手続追行マップ

生の事実		
事件の経過	**4 提訴前の交渉** ①交渉開始…P弁護士は，Y₁・Y₂の保険会社代理人のQ弁護士と交渉した。 ②交渉決裂…Q弁護士側は，コードの短絡による発火を否定し，僅かな解決金を提示したが，X₁ら側はこれを拒否した。	**5 訴えの提起** ①2002年7月，東京地方裁判所民事第13部に提訴（＝訴状を提出）。 ②訴訟費用について ・訴訟救助の申立て→却下→抗告→棄却 ・法律扶助→不支給決定
法規（条文）・法理	相対交渉 ＊ゼロサムとプラスサム ＊win-lose と win-win ＊交渉代理人の弁護士（←保険会社の弁護士である場合あり） ＊訴訟代理人の弁護士 ADR の可能性	管　轄 ＊普通裁判籍…被告の住所（4条1項2項）など ＊特別裁判籍…不法行為地（5条9号）など 訴　状 →記載事項（133条2項） 法律扶助 →提訴に際して必要な訴訟費用や弁護士への着手金を立て替える制度（旧民事法律扶助法，総合法律支援法）。

第1章　民事訴訟の手続追行マップ

生の事実	（法廷のイラスト）	
事件の経過	**6 第一審の訴訟手続**	
	(1) 調査嘱託 ①消防署に対する調査嘱託 ②文書送付嘱託の申立て ・火災調査書 ・火災原因判定書 ・火災出場時における検分調書 ・現場鑑識検分調書 ・現場質問書	(2) 主張 ①原告側の主張 ⓐ主張…本件ワープロの発火原因は，ACコードの短絡による発火である。 ⓑ立証…X_2の陳述書（ワープロの使用状況，火災発生時の状況）1点，写真撮影報告書2点，火災関係資料（コード短絡による電気火災が多いこと，本件ワープロのＡＣコードの短絡痕は一次痕であること）1点など。 ②被告側の求釈明 ・事務所兼自宅の内部状況 ・本件ワープロの位置，その他の電気設備の設置および使用状況 ・コードの短絡原因と延焼経路
法規（条文）・法理		弁論主義 cf. 職権探知主義 求釈明 （149条3項）

生の事実		
事件の経過	③被告側の反論 （ＡＣコードの短絡による発火について） ・本件ワープロには主務官庁の許認可あり ・ＡＣコードが発火源でないことの再現実験 ・ＡＣコードの短絡痕についての専門家（大学教授，元消防関係者，元警察関係者，海難審判庁の元審判官）の意見書（書証）提出（→短絡痕は二次痕［＝火災によって被覆が燃焼して発生した短絡痕］であるという内容） ⇐私鑑定 ・Ｘ₂の目撃証言に信用性なし（←玄関から燃えているワープロを現認できないため）	(3)証拠調べ　検　証 ①本件ワープロのＡＣコードおよびその短絡痕 ②延長コード（テーブルタップ）およびその短絡痕 ③ワープロ本体の焼損状態
法規（条文）・法理		検　証 （232条1項以下）

生の事実	
事件の経過	**(4) 主張** ①原告側の主張・立証の追加（選択的主張） ⓐ主張…本件ワープロの発火原因は，フライバックトランス（ワープロ本体内部の部品）の劣化によるとの主張を追加。 ⓑ立証…写真撮影報告書（本件フライバックトランスの焼損状況）1点，電気管理技術者の意見書（書証）1点，火災関係資料（フライバックトランスの発火による火災が多いこと，発火源となったフライバックトランスと焼損状況が似ていること）1点 ②被告側の反論 （フライバックトランスの発火について） ⓐフライバックトランスが発火源でないことの再現実験 ⓑフライバックトランスについての専門家（大学教授，元消防関係者，元警察関係者，海難審判庁の元審判官）の意見書（書証）提出（→フライバックトランスから発火したのではなく，類焼した火災で燃焼したという内容）
法規（条文）・法理	選択的併合 ＊当事者の主張の変化が訴訟の帰趨（裁判官の心証など）に与える影響如何？

生の事実	
事件の経過	③裁判所による主張整理 ⓐ被告らは欠陥のあるワープロを出荷したか否か？ ⓑ本件ワープロの出火源は，ＡＣコードか，本体か？ ⓒ損害の有無と額 ⓓ被告らの過失の有無 ＊「欠陥」の評価根拠事実 | 原告の主張・立証 | 被告の主張・立証 | |---|---| | 合理的利用の範囲内 | 誤使用 | | 危険な性状の発生 | 他原因 |	(5)証拠調べ　当事者尋問（→X₂） ・本件ワープロの使用状況 ・火災発生前後の本件ワープロの位置およびその周辺の状況 ・火災を発見し消火活動をした際の状況 鑑定 ↓裁判所は，以下の鑑定人を選任 | 鑑定人 | 鑑定意見 | |---|---| | 日本技術士会所属の技術士（←原告側の推薦） | フライバックトランスからの発火である | | 日本火災学会所属の元警察関係者（←被告側の推薦） | 電源コードの短絡が発火原因である | ＊原告側は，上記鑑定費用を法律扶助協会から支給された。
法規（条文）・法理	≪積極否認・反証≫ 被告から誤使用や他原因の主張が加えられると，原告は，欠陥の存在を明らかにすべく，欠陥の部位や機序について踏み込んだ主張・立証をしなければならない。 職権主義（⟺当事者主義） ●訴訟指揮 ●職権進行主義	鑑定人の中立性 *cf.* 党派的な専門家証人 （←英米法） ＊御用鑑定人（特定の企業や業界等の要請に応じて恣意的な鑑定意見を作成したり，証言したりする者）

第1章　民事訴訟の手続追行マップ

生の事実	（法廷のイラスト：裁判官が「主文！」と述べる場面）	
事件の経過	(6) 第一審判決	東京地判平11・3・29 判時1677号82頁 請求棄却 裁判所は，①消防署の見解，②X₂の尋問結果（とくに目撃証言），③技術士の鑑定結果，④電気管理技術士の鑑定意見書のいずれにも信用性が認められず，本件火災の出火箇所がACコードまたはワープロ本体であると認めることができないとして，原告の請求を棄却した。
	(1) 控訴提起 7 控訴提起	①控訴提起の決断…第一審判決は，火災の機序と火災原因を特定しておらず，「火災だけが残った」という奇妙な結論となったため，原告は控訴を決断した。 ②控訴の準備（←原点に立ち返る） ●目撃者の探索（→消火活動を手伝った近隣住民の陳述を得た） ●X₂の目撃証言の信用性を高める（→当時の現場を再現して検分） ●本件ワープロの焼残物の検討（→ACコードの短絡痕は一次痕ではないか？） ●消防署の見解の再検討（→電気火災の文献・資料の収集）。
法規（条文）・法理	不服の利益	

生の事実			
事件の経過	**(2) 控訴審の手続** ①原告側の主張・立証→ＡＣコードの短絡による発火の主張を重視した。 ②証人尋問（別の技術士） ③被控訴人の反論…別の技術士の意見書および証人尋問の結果を弾劾するために，再現実験の試料や専門家の意見書を多数提出した。	**(3) 控訴審判決** 東京高判平15・1・30 判時1824号31頁 控訴棄却 裁判所は，第一審判決と同様に，本件火災がＡＣコードまたはフライバックトランス若しくはその周辺の発火により発生したとは認められず，原判決が相当であるとして，控訴を棄却した。	**8 その後** 原告は上告を断念！ ↑ 原告側は，控訴審で第一審の主張立証を補強することができが，被告側の提出した膨大な弾劾証拠を覆すことはできなかった。
法規（条文）・法理			

原告側弁護士Ｐの独り言～闘い済んで～

(a) 事故直後の調査の重要性
→事故直後の状況をできるだけ正確に，しかも早期に把握しておくことが，その後の訴訟戦略を周到に組み立てることになるのであり，すべての出発点であることをあらためて知った。

(b) 民事訴訟におけるスジとスワリ
→わが国における証明度は，大陸法の影響を受けて，高度の蓋然性まで要求されるところ（最判昭50・10・24民集29巻9号1417頁〔民訴百選3版65事件〕[ルンバール事件]など参照），争点の専門技術性がきわめて高い本件において，裁判官に対してそうしたハイレベルの心証を要求するのは，原告勝訴の道を閉ざすに等しいのではないだろうか。英米法諸国のように「証拠の優越」で足りるという法制の下では，裁判官が被告側の証拠よりもこちらの証拠を信用できると判断しさえすれば，勝機をつかむことができるのに…。

(c) 裁判費用（訴訟費用，弁護士報酬，鑑定費用など）の問題
→財産的損害を被った被害者に，訴訟費用のほかに弁護士報酬を要求することは忍びない…。訴訟上の救助（82条以下）や民事法律扶助（総合法律支援法30条1項2号）はあるけど，勝訴の見込みが薄い本件のような事件では実際に厳しいことが身にしみて分かった。勝訴可能性を高めるために鑑定を充実させようと思っても，鑑定費用を捻出することができない。本当にジレンマだ…。

(d) 上告の難しさ
→上告受理制度（裁量上告）を導入した新民事訴訟法の下では，事実認定の争いである本件は，最高裁への途がほぼ閉ざされている…。

〈本件に関する判例評釈〉
(1) 第一審判決（東京地判平11・3・29）について
　◇戸出正夫「判批」白鷗法学14号（2000年）105-119頁
　◇宮田量司「判批」武蔵大学論集49巻1号（2001年）39-49頁
(2) 控訴審判決（東京高判平15・1・30）について
　◇宮谷隆「判批」金判1183号（2004年）2-5頁

第2章 管轄にみる訴訟ストラテジー

I 裁判所

訴えの提起は，訴状を 裁判所 に提出してしなければならない（133条1項）。
↓種類

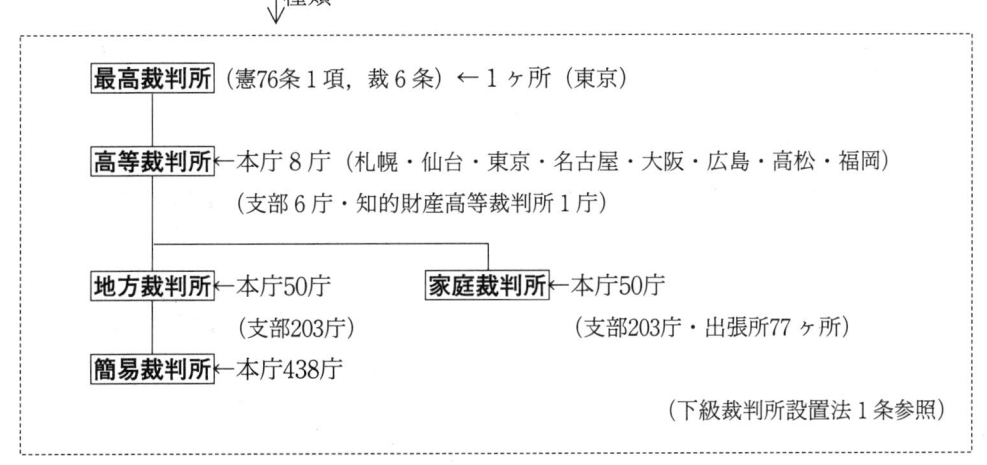

```
最高裁判所 （憲76条1項，裁6条）←1ヶ所（東京）

高等裁判所 ←本庁8庁（札幌・仙台・東京・名古屋・大阪・広島・高松・福岡）
         （支部6庁・知的財産高等裁判所1庁）

地方裁判所 ←本庁50庁              家庭裁判所 ←本庁50庁
         （支部203庁）                     （支部203庁・出張所77ヶ所）

簡易裁判所 ←本庁438庁

                                   （下級裁判所設置法1条参照）
```

第 2 章　管轄にみる訴訟ストラテジー

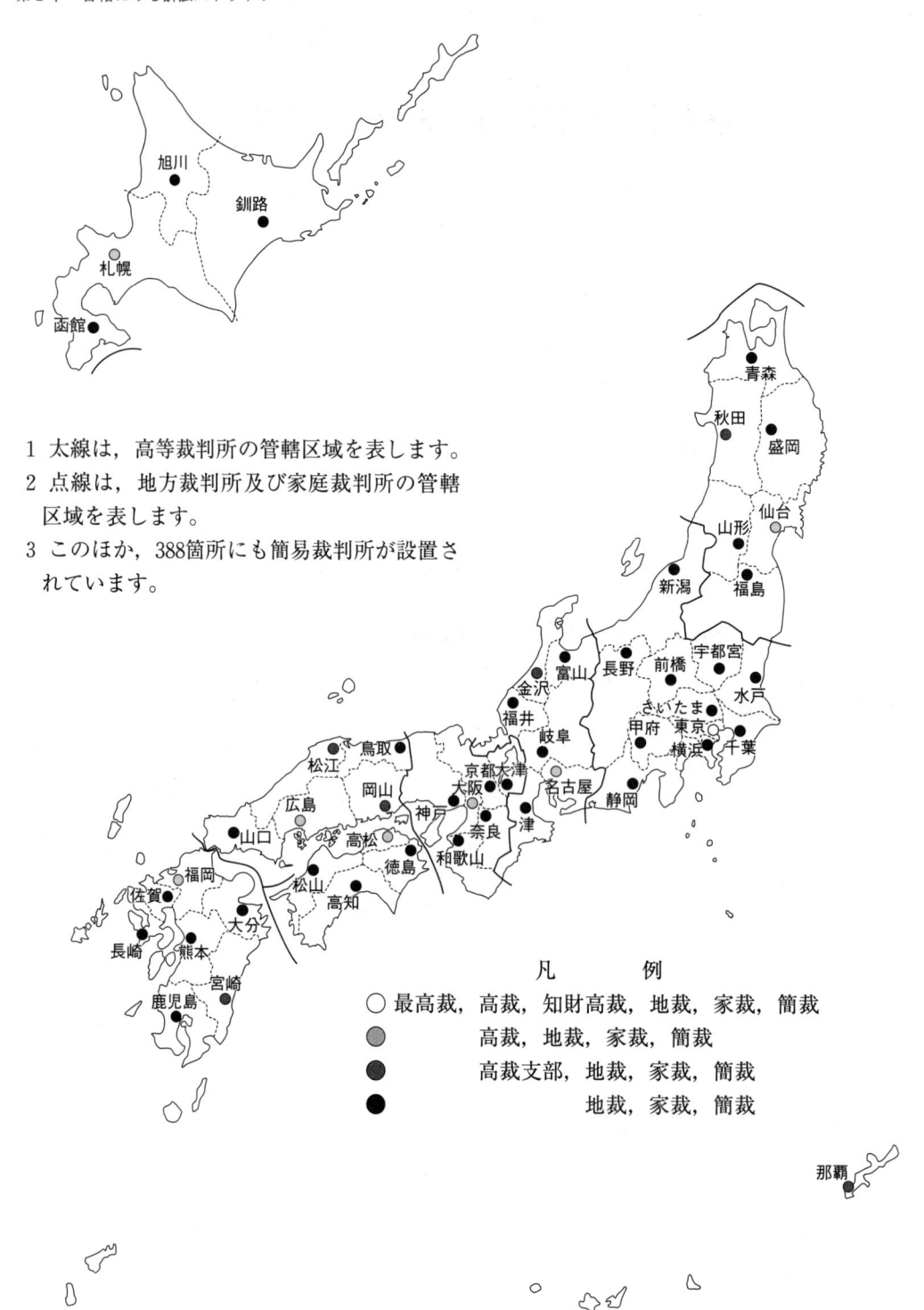

1　太線は，高等裁判所の管轄区域を表します。
2　点線は，地方裁判所及び家庭裁判所の管轄区域を表します。
3　このほか，388箇所にも簡易裁判所が設置されています。

凡　例
○　最高裁，高裁，知財高裁，地裁，家裁，簡裁
●（灰）　高裁，地裁，家裁，簡裁
●（濃灰）　高裁支部，地裁，家裁，簡裁
●　地裁，家裁，簡裁

出典：裁判所ホームページ（http://www.courts.go.jp/about/sosiki/gaiyo.html）

Ⅱ 当事者（または訴訟代理人）からみた管轄

訴え提起に際して，いずれの裁判所に提訴するか（＝管轄の問題）を考える。
（第一審を前提）

　①地方裁判所か簡易裁判所か？⇒**事物管轄**
　②どこにある裁判所か？⇒**土地管轄**

【管轄決定の思考回路】

　　Start　　＊管轄の標準時…**訴え提起の時**（15条）＝訴状提出時（133条1項）

	専 属 管 轄	任 意 管 轄
①職分管轄	(a)**受訴裁判所 or 執行裁判所**？ ＊証拠保全手続（235条1項）・民事保全手続（民保12条1項2項）は受訴裁判所の職分。 (b)**審級管轄** ●第一審，控訴審，または，上告審か？ ●人事訴訟事件か，それ以外か？（第一審）→家裁 or 地裁・簡裁？ ＊特別の行政事件の第一審は，高裁（独禁85条・86条，特許178条1項等）。 (c)**簡易裁判所の特別の職分** …少額訴訟（368条），起訴前和解（275条），公示催告手続（非訟142条）。	
②事物管轄		(d)**地方裁判所 or 簡易裁判所**？ 　訴額が140万円を超えない請求⇒簡易裁判所 　上記以外の請求⇒地方裁判所 ☆**合意管轄**（11条）・**応訴管轄**（12条）による変更可 （第一審のみ）
③土地管轄	特許権等に関する訴え 　　　　　でない 　　　　　である	＊土地管轄は**裁判籍**の所在地を管轄区域内にもつ裁判所に生じる。 (f)**普通裁判籍**⇒被告の生活の本拠地（自然人は住所等［4条2項］，法人その他の団体は主たる事務所または営業所の住所等［4条4項］など）。 　　↓(f)のほかに下記も！ (g)**特別裁判籍**〈独立裁判籍〉←競合管轄 　e.g., 義務履行地（5条1号），不法行為地（5条9号），不動産所在地（5条12号）など

15

```
┌─────────────────────────────────┬──────────────────────────────────────┐
│ (e)特別裁判籍〈独立裁判籍〉       │ (h)特別裁判籍〈独立裁判籍〉←広域競合管轄 │
│    ←専属管轄                     │    意匠権等に関する訴え⇒東京地裁または │
│ ●第一審→東京地裁または大          │              大阪地裁（6条の2）       │
│   阪地裁（6条1項）                │                                      │
│ ●控訴審→東京高裁［＝知財          │                                      │
│   高裁］（6条3項）                │                                      │
├─────────────────────────────────┼──────────────────────────────────────┤
│   │知財訴訟の管轄集中化！│       │ (i)特別裁判籍〈関連裁判籍〉←競合管轄   │
│                                 │    併合請求（客観的併合・38条前段の主観的併合）│
│                                 │    ⇒ひとつの請求に管轄権を有する裁判所（7条）。│
│                                 │    ☆ 合意管轄 ・応訴管轄による変更可（第一審のみ）│
│                                 │          専属的合意管轄 or 付加的合意管轄？ │
└─────────────────────────────────┴──────────────────────────────────────┘
```

cf. アメリカにおいて管轄（jurisdiction）の問題は，連邦・州により適用される法律が異なることなどから，その戦略的意義が大きい（たとえば，離婚訴訟を求めてのネバダ州への移住など）。

Ⅲ ケース・スタディ

問題1

> 沖縄県那覇市在住のXは，かつて東京都に住んでいた頃，横浜市在住の友人Yに対して，金1200万円を貸した。Yは，その返済期限までにXに800万円を返済したが，残り400万円については返していない。そこで，Xは，Yに対して，残額400万円の返済を求めて訴えを提起することにした。
>
> この場合，Xは，つぎの裁判所のうち，いずれに訴状を提出すべきか？
>
> ①那覇地方裁判所　②東京地方裁判所　③横浜地方裁判所
> ④札幌地方裁判所　⑤大阪地方裁判所　⑥那覇簡易裁判所
> ⑦渋谷簡易裁判所　⑧鎌倉簡易裁判所　⑨福岡高等裁判所
> ⑩東京高等裁判所　⑪最高裁判所

【X（またはその訴訟代理人）の思考回路】
　　＊管轄の標準時…**訴え提起の時**（15条）＝訴状提出時（133条1項）

　職分管轄 ┬ ⓐ受訴裁判所 or 執行裁判所⇒**受訴裁判所**
　　　　　 ├ ⓑ審級管轄…第一審＋通常の民事事件（貸金返還請求事件）⇒**地裁 or 簡裁**
　　　　　 └ ⓒ簡易裁判所の特別の職分…通常の訴訟⇒**なし**

　事物管轄 ─ ⓓ地方裁判所 or 簡易裁判所…訴額が400万円なので，「140万円を超えない請求」
　　　　　　　　　　ではない⇒**地方裁判所**

　　　　　 ┬ ⓔ特別裁判籍（←専属管轄）…特許等に関する訴えでない⇒**なし**
　　　　　 └ ⓕ普通裁判籍…被告の住所（4条2項）は横浜市⇒**③横浜地方裁判所**

ⓖ 特別裁判籍（←競合管轄）…Yの貸金返還債務は持参債務なので（民484条），義務履行地（5条1号）はXの現在の住所である那覇市

土地管轄 ⇒ ①**那覇地方裁判所**

ⓗ 特別裁判籍（←広域競合管轄）…意匠権等に関する訴えでない ⇒ **なし**

ⓘ 特別裁判籍（関連裁判籍）…併合請求ではない ⇒ **なし**

☆ 合意管轄（11条）・応訴管轄（12条）⇒ **なし**

したがって，

Xは，①**那覇地方裁判所**または③**横浜地方裁判所**に訴状を提出すべきである。

※⑦渋谷簡易裁判所は，1987年に東京簡易裁判所へ統合された（下級裁判所の設立及び管轄区域に関する法律の一部を改正する法律［昭62法律第90号］）。

> Q₁. X側としては，①那覇地方裁判所と③横浜地方裁判所のいずれを選択するのが有利であろうか？その理由を考えてみよう。

> Q₂. ①那覇地方裁判所と③横浜地方裁判所以外の裁判所に提訴する方が有利であるとした場合に，どのような方法があるだろうか？具体的に検討してみよう。

問題2

> インド国籍を有するA（東京都居住）は，アメリカ合衆国カリフォルニア州の自動車メーカーB社から購入した高級乗用車のタイヤ（福岡市のタイヤメーカーC社が製造）に欠陥があったことから，長野県の高速道路を運転中に横転事故を起こし，その結果，同乗者のD（横浜市居住）が死亡するに至った。
> (1) Dの遺族Xは，だれを被告として，どのような訴えを提起することができるか？
> (2) 上記(1)の訴えをいずれの裁判所に提起したらよいか？

(1) Xの訴え（被告とその特質）

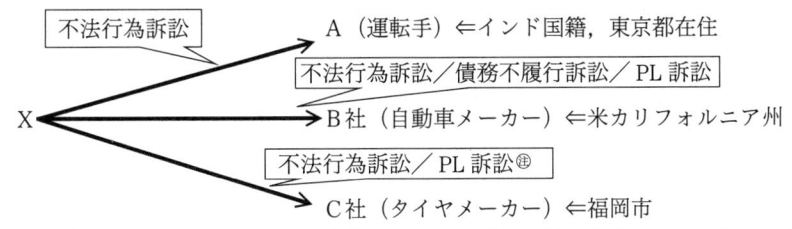

```
           不法行為訴訟
                    ↘  A（運転手）⇐インド国籍，東京都在住
                    
           不法行為訴訟／債務不履行訴訟／PL訴訟
      X ─────────→ B社（自動車メーカー）⇐米カリフォルニア州
                    
           不法行為訴訟／PL訴訟㊛
                    ↘  C社（タイヤメーカー）⇐福岡市
```

㊛…C社がB社の下請けであり，本件タイヤの製造がB社の設計・指示に従ってなされた場合は，C社の製造物責任は免責される（部品・原材料製造業者の抗弁［製造物責任法4条］）。

(2) 管轄

被告	訴訟の特質	管轄裁判所
A	不法行為訴訟	●東京地方裁判所←普通裁判籍［被告の住所地］（4条2項） ●長野地方裁判所←特別裁判籍［不法行為地］（5条9号）
B社	不法行為訴訟 債務不履行訴訟 PL訴訟	**国際裁判管轄**の問題（→第2編第4章参照）アメリカ合衆国 or 日本国 → 日本国だとしたら → **管轄**の問題（←問題1と同じ）
C社	不法行為訴訟	●福岡地方裁判所←普通裁判籍［被告の主たる事務所または営業所］（4条4項） ●長野地方裁判所←特別裁判籍［不法行為地］（5条9号）
C社	PL訴訟	●福岡地方裁判所←普通裁判籍［被告の主たる事務所または営業所］（4条4項）

《参考》**World-Wide Volkswagen 事件判決**

Xは，ニューヨーク州からアリゾナ州に移住するために，ニューヨーク州で購入したAudi（車名）を運転して移動していたところ，途中のオクラホマ州で事故を起こした。そこで，Xは，本件Audiを製造したAudi社（本店所在地はドイツ）と，そのアメリカ合衆国での輸入者であるVolkswagen of America，および，その地区割当担当を受けた代理店のWorld-Wide Volkswagen社，そして，小売業者のSeawayを被告として，損害賠償を請求する製造物責任（PL）訴訟をオクラホマ州の裁判所に提起した。

これに対して，World-Wide Volkswagen社とSeawayが管轄（jurisdiction）を争ったところ，連邦最高裁判所は，この2者はオクラホマ州では何らの取引活動も行っていないことや，単に契約によってAudi社等と結びついているに過ぎないことなどから，オクラホマ州の管轄権行使をデュー・プロセス条項に反するとした（World-Wide Volkswagen Corp. v. Woodson, 444 US 286 100 S. Ct. 559, 62 L. Ed. 2d 490（1980））。

本判決は，Audi社やVolkswagen of Americaと，地域的なWorld-Wide Volkswagen社やSeawayとを区別しており，また，これらの者の通商の流れ（the stream of commerce）のなかに法廷地州があれば別であると述べている（石黒一憲『国際民事訴訟法』（新世社，1996年）140頁参照）。

＊B社を被告とする訴訟について，日本の国際裁判管轄が認められる場合は，併合請求の裁判籍を認めた民訴法7条により，XのA，B社，そしてC社に対する共同訴訟（主観的併合）を，東京，長野，または，福岡の各地方裁判所に提起することができる。

↓では，

B社を被告とする訴訟について，日本の国際裁判管轄が認められない場合に，AまたはC社に対する訴訟と併合すれば，民訴法7条によって，B社を被告とする訴訟についても，日本の国際裁判管轄が認められることになるであろうか？

《参考》
①東京地判平2・10・23判時1398号87頁［ロイズ保険事件］
　弁論分離前の共同被告への請求と本訴請求とは，密接な関連を有してはいるものの，争点は別個であり，両請求を併合して統一的な判断を行う必要性は高くないとして，主観的併合による管轄を否定した。

②東京地判平3・1・29判タ764号256頁［ナンカセイメン事件］
　複数の共同不法行為者を共同被告とする訴えならば格別，製造物責任者の1人が被害者と他の製造物責任者を共同被告として提起した本件訴えは，訴訟物も異なり，後に共同被告間での求償関係も生じないから，合一確定の必要性は高くないとしたうえで，被告の応訴負担も考慮して，主観的併合による管轄を否定した。

③東京地判平6・1・14判タ864号267頁
　共同被告に対する請求が同一の原因に基づいて発生した権利義務関係に関する場合には，主観的併合が認められるとした（←実際にも，ニューヨークでの訴訟は被告に過重な負担にならず，反対にそれを否定すると原告に酷となるケースであった。ただし，他にも管轄原因が存在した）。

第3章　訴訟代理人（弁護士）から眺めた民事訴訟手続

Ⅰ　弁護士と訴訟代理

1　弁護士という職業
(1)　法律上の弁護士の職務（弁護士法3条）
　①訴訟事件・非訟事件に関する行為
　②審査請求，異議申立て，再審請求等行政庁に対する不服申立て事件に関する行為
　③その他一般の法律事務（法律相談など）
(2)　実務上の弁護士の業務
　①刑事訴訟→弁護人（刑訴法31条1項）
　②民事訴訟→訴訟代理人（弁護士代理の原則［民訴法54条1項本文］）
　　＊民事通常訴訟における**本人訴訟**の割合
　　　・地方裁判所―約20％　　・簡易裁判所―約90％

《弁護士以外の者が訴訟代理人となることのできる場合》

(i)簡易裁判所の許可を得た**弁護士でない者**…簡易裁判所では弁護士でない者も裁判所の許可を得て訴訟代理人となることができる（54条1項但書）。

(ii)**司法書士**…簡易裁判所では司法書士も訴訟代理人となることができる（司法書士法3条1項6号イ）。

(iii)**弁理士**…特許・実用新案・意匠・商標に関する審決等の取消請求事件については弁理士も訴訟代理人となることができる（弁理士法6条）。

＊さらに，弁理士は，特定侵害訴訟（＝特許・実用新案・意匠・商標若しくは回路配置に関する権利の侵害または特定不正競争による営業上の利益の侵害に係る訴訟）に関して，弁護士が同一の依頼者から受任している事件に限り，その訴訟代理人となることができる（弁理士法6条の2第1項）。

---

　③訴訟外法律事務（弁護士法72条）←非弁護士の法律事務の取扱い等の禁止
　　＊法廷（訴訟）中心主義―訴訟自体の多様化と弁護士業務の変化（予防法務やM＆Aなど）
(3)　弁護士費用
　①**着手金**＝事件を依頼した段階で支払うもの。
　②**報酬金**＝事件が成功（一部成功を含む）した場合，事件終了の段階で支払うもの。

《弁護士報酬の自由化》

　日弁連の「報酬等基準規程」廃止（2004年4月）前は，"着手金：報酬金＝1：2"であった。現在は，報酬等についての標準を示さない「弁護士の報酬に関する規程」（2004年4月施行）の下，弁護士各自が自由に設定しうる（オープン価格。目安として，リーフレット「市民のための弁護士報酬ガイド」など）。

③**実費**＝事件処理のため実際に出費されるもの（e. g., 訴訟費用（印紙代），予納郵券［切手］代，記録謄写費用，保証金，鑑定料，交通費，宿泊費，日当など）。
④**法律相談料**＝法律相談の費用。
⑤**手数料**＝当事者間に実質的に争いのないケースでの事務的な手続を依頼する場合（書類［契約書，遺言など］作成，遺言執行，会社設立，登記，登録など）に支払う。
⑥**顧問料**＝企業や個人との間で締結した顧問契約に基づいて継続的に行う一定の法律事務に対して支払われるもの。

2　民事訴訟における訴訟代理人
①依頼者との法的関係→委任関係（民643条，民訴規23条）
②訴訟代理とその行為の効果（民99条，民訴法55条）
　　＊民事訴訟の現実→当事者が行うべき行為の大半を訴訟代理人が行う。
③当事者による更正（民訴法57条）
　　＊依頼者中心主義（client centered model）
　　→弁護士は，当事者の脇に控える補助者（＝訴訟を支える専門家）。

Ⅱ　民事訴訟における訴訟代理人の活動の流れ

```
                    1　事件のはじまり
```
(1)　紛争案件の相談
　①本人からの事情聴取（←正確かつ迅速な情報収集の重要性）
　②対応策の検討（←早期対応の重要性）
　　　＊対応策の例…刑事告発か民事訴訟の提起か？　保全処分か本案訴訟か？
　③面接・助言の技術
(2)　相手方との交渉（相対交渉）
　　　＊事前の交渉をせずにいきなり提訴することもできる（→ただし，訴権の濫用［2条］）。
　①面接（面談）　　・相手方への接触　　　・相手方からの接触
　②内容証明郵便（←紛争の幕開け）
　　　＊当該日に当該内容の郵便物が特定人から特定人に送られ受領されているということを証明してくれる。
　　→催告として履行遅滞に陥らせる効果や後の訴訟手続における証拠としての効果があり（←内容証明は同じ書面を3部作成し，そのうちの1部を謄本として交付してもらえるので，これを証拠として利用できる），そうしたことを踏まえて交渉の道具とする（e.g.,「東京高等裁判所内郵便局」という証明印による威嚇的効果を狙って，東京高裁・地裁の建物の地下郵便局から内容証明を送る［対応マニュアル13頁］など）。
　③　交渉の技術
　　　ⓐ win-lose 型（競争的）交渉←ゼロサム・ゲーム
　　　　↓理論的進展
　　　ⓑ win-win 型（統合的）交渉←プラスサム・ゲーム
　④手続選択←自由（ただし，家事事件の調停前置主義［家審法18条］）

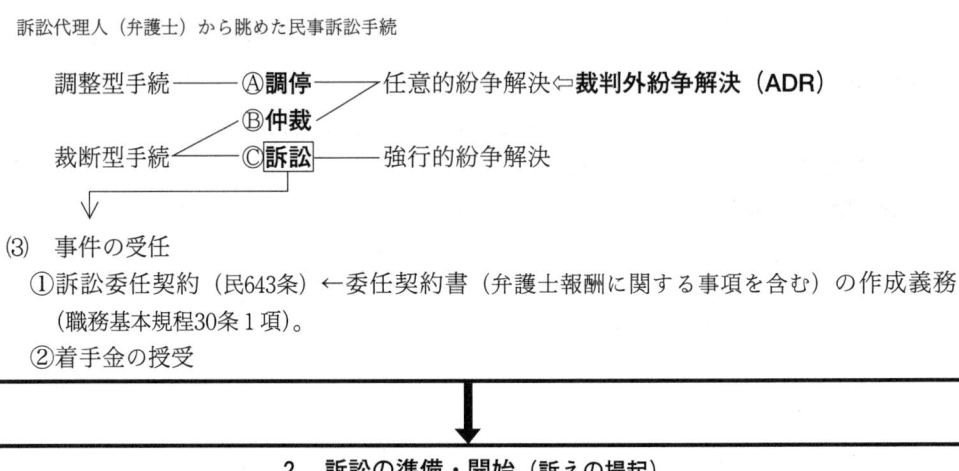

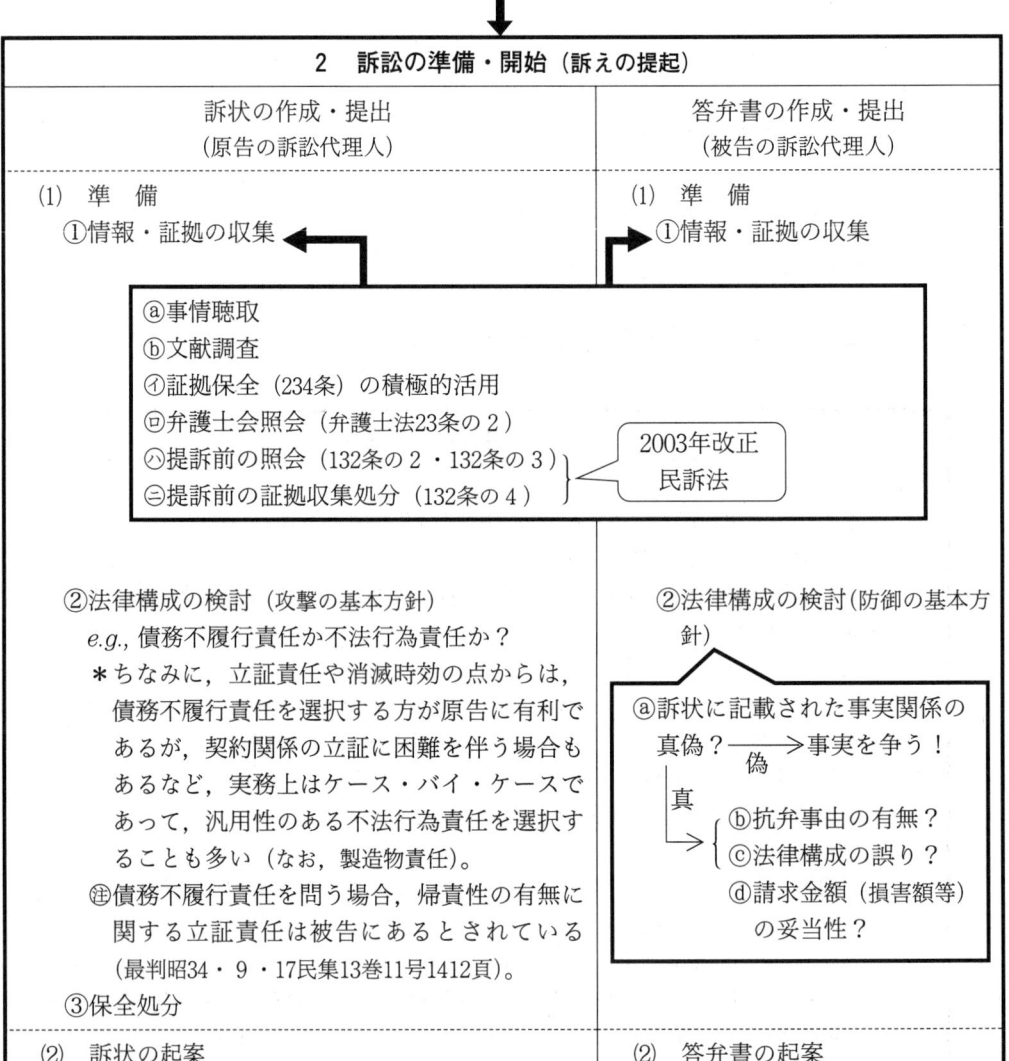

調整型手続 ──── Ⓐ**調停** ──── 任意的紛争解決 ⇔ **裁判外紛争解決（ADR）**
　　　　　　　　Ⓑ**仲裁**
裁断型手続 ──── Ⓒ**訴訟** ──── 強行的紛争解決

(3) 事件の受任
　①訴訟委任契約（民643条）←委任契約書（弁護士報酬に関する事項を含む）の作成義務（職務基本規程30条1項）。
　②着手金の授受

2　訴訟の準備・開始（訴えの提起）

訴状の作成・提出（原告の訴訟代理人）	答弁書の作成・提出（被告の訴訟代理人）
(1) 準備 ①情報・証拠の収集	(1) 準備 ①情報・証拠の収集

　ⓐ事情聴取
　ⓑ文献調査
　ⓒ証拠保全（234条）の積極的活用
　ⓓ弁護士会照会（弁護士法23条の2）
　ⓔ提訴前の照会（132条の2・132条の3）　｝2003年改正民訴法
　ⓕ提訴前の証拠収集処分（132条の4）

②法律構成の検討（攻撃の基本方針）
　e.g., 債務不履行責任か不法行為責任か？
　*ちなみに，立証責任や消滅時効の点からは，債務不履行責任を選択する方が原告に有利であるが，契約関係の立証に困難を伴う場合もあるなど，実務上はケース・バイ・ケースであって，汎用性のある不法行為責任を選択することも多い（なお，製造物責任）。
　㊟債務不履行責任を問う場合，帰責性の有無に関する立証責任は被告にあるとされている（最判昭34・9・17民集13巻11号1412頁）。
③保全処分

②法律構成の検討（防御の基本方針）
　ⓐ訴状に記載された事実関係の真偽？ ──偽→ 事実を争う！
　　　↓真
　　　ⓑ抗弁事由の有無？
　　　ⓒ法律構成の誤り？
　　　ⓓ請求金額（損害額等）の妥当性？

(2) 訴状の起案
　①当事者（133条2項1号）
　②請求の趣旨・原因（133条項2号）
　③請求を理由付ける事実（民訴規53条）
　④間接事実（同条）
　⑤証拠
　⑥裁判所（←管轄）
　⑦依頼者（原告）による点検

(2) 答弁書の起案
　①請求の趣旨に対する答弁（民訴規80条1項）
　②請求の原因に対する認否（民訴規80条1項）
　③抗弁事実（民訴規80条1項）
　④書証の写しの添付（民訴規80条2項）
　⑤依頼者（被告）による点検

(3) 訴状の提出（→訴えの提起）
　①訴状（正本・副本）の添付書類（民訴規55条）
　　｛●書証の写し（登記事項証明書等）
　　　●委任状
　　　●資格証明書（商業登記簿謄本，代表者事項証明書）
　②印紙の貼付（137条1項）
　③訴状の受付
　④事件番号・事件名
　⑤事務分配，担当裁判官の決定
　⑥裁判官による訴状審査（137条1項）
　⑦不備の補正（137条2項）
　⑧被告に対する訴状（副本）の送達（138条1項，民訴規58条）
　⑨第1回口頭弁論期日の指定（139条）

(3) 答弁書の提出
　①答弁書の添付書類
　　●書証の写し（民訴規80条）
　②原告（訴訟代理人）への直送（民訴規83条）
　③裁判所への提出（161条）
　④期日または期日外における求問権（149条3項）
　⑤立証の促し

3　口頭弁論

(1) 第1回口頭弁論期日（民訴規60条以下）
　①事件の呼び上げ（民訴規62条）
　②口頭での訴状陳述（87条1項）
　③口頭での答弁書陳述（87条1項）
　④書証の取調べ（219条）
　　→書証の原本確認（返還される［ただし，227条］）
　⑤書証に関する認否（民訴規145条）
　⑥自白（179条）
　⑦次回期日の指定（93条）

(2) 第2回以降の口頭弁論期日
　①準備書面（161条）　　　　　　　　ⓐ攻撃または防御の方法
　　　　　　　　　　　　　　　　　　ⓑ相手方の請求および攻撃防禦方法に対する陳述
　②争点・証拠の整理手続　　　　　　Ⓐ準備的口頭弁論（民訴法164条）
　　　　　　　　　　　　　　　　　　Ⓑ弁論準備手続（民訴法168条）
　　　　　　　　　　　　　　　　　　Ⓒ書面による準備手続（民訴法175条）
　　　　　ⓐ証明すべき事実の確認（165条・170条5項）
　　　→　ⓑ口頭弁論においてその結果を陳述（173条，民訴規89条）
　　　　　ⓒ争点整理手続における和解（89条）
　③当事者照会（163条，民訴規84条）
　④情報収集の技術（判例，学説，書証，証人）
　　cf. 調査嘱託（186条），鑑定嘱託（218条）などの各種嘱託
　⑤論争の技術（口頭⇔書面）
　　cf. 釈明処分（151条，170条5項）
　⑥証拠の申出（180条）→証拠の採否→集中証拠調べ（182条）

(3) 証拠調べ手続
　①各種の証拠調べ手続
　　　ⓐ証人尋問（190条）　⎫
　　　ⓑ当事者尋問（207条）⎬ 人証
　　　ⓒ鑑定（212条）　　　⎭
　　　ⓓ書証（219条）　⎫ 物証
　　　ⓔ検証（232条）　⎭

　　＊証拠保全（234条）
　②証人尋問の実際（←訴訟のクライマックス）

　　　ⓐ証人の呼出し（民訴規108条）
　　　ⓑ氏名および住所の確認
　　　ⓒ宣誓（201条・207条）
　　　ⓓ主尋問（←申請側の尋問）
　　　ⓔ反対尋問（←相手方の尋問）　　　　**交互尋問の原則**（202
　　　ⓕ再主尋問→再反対尋問→再々…　　　条・210条，民訴規113
　　　ⓖ補充尋問（←裁判官の尋問）　　　　条）

　　　≪証人尋問の打ち合わせ≫
　　　ⓐ事実関係の確認　　ⓑ尋問事項メモの作成
　　　ⓒリハーサル　　　　ⓓ証人汚染の問題
　　　ⓔ尋問技術の高度化（←集中証拠調べにおいて特に重要）
　　　ⓕ真実解明義務と弁護士倫理（職務基本規程5条）

　　＊尋問結果の記録（民訴規67条1項3号・68条1項・70条）
　③書証の取調べ（219条）
　　＊文書提出命令（223条）←文書提出義務（220条）
　　＊文書送付嘱託（226条）
　④裁判官の心証形成←**自由心証主義**（247条）

　　　　　　　和解期日に移行
　　しない　　　　　　　した

4　和　解

(1) 和解の試み（89条）←訴訟係属中いつでも可
(2) 和解の技術
　①対裁判官…当事者（訴訟代理人）の主体性と裁判官の後見性
　　＊"交互面接方式"⟺"同席方式"
　②対依頼者…インフォームド・コンセントの重要性（→和解は訴訟代理人に対
　　　　　　する特別委任事項［55条2項2号］）。
　＊特別委任を受けた弁護士は，訴訟物以外の法律関係について，どの範囲
　　まで和解をすることができるか？
　　→最判昭38・2・21民集17巻1号182頁，最判平12・3・24民集54巻3号
　　　1126頁など参照。

(3) 和解調書の効力（267条）

> **【和解条項の分類】**（対応マニュアル241頁以下参照）
> ①訴訟物に対する条項
> ②拡張した権利関係に関する条項
> ③清算条項
> 　*e.g.*,「原告と被告は，本和解条項に定めるほか，なんらの債権債務のないことを相互に確認する。」
> ④訴訟費用に関する条項（→実務上，各自負担が通常）
> ⑤その他
> 　*e.g.*, 株主代表訴訟の和解において，「再発防止のためにコンプライアンス委員会を設置すること」を合意する。

　　　　　　　　　　　訴訟上の和解が成立 ──→ 訴訟終了（→ 7 へ）
　　←──────────　　　した
　　しない

5　判　決

(1) 口頭弁論の終結（253条1項4号）
　　→最終準備書面を陳述し，弁論終結が宣言されると，判決言渡し期日が指定される。
(2) 判決言渡し（243条・252条）
　　→裁判所書記官は，言渡し後遅滞なく判決原本の交付を受け，言渡し・交付の日を付記して押印したうえ(民訴規158条)，交付の日から2週間以内に各当事者に判決正本を送達する（民訴規159条1項）。
　　＊上訴期間は当事者が判決の送達を受けた日から進行するところ（→本書次頁6(1)参照），判決内容が自己に不利な場合に上訴検討期間を十分に確保するために，当事者は言渡し期日に欠席し，裁判所書記官に電話連絡して判決内容を確認するのが一般的であるという（対応マニュアル262頁）。
(3) 判決書の内容（253条）
　　①主文
　　②事実
　　③理由
　　④口頭弁論終結の日
　　⑤当事者および法定代理人
　　⑥裁判所
　　⑦仮執行宣言（259条）
　　　＊実際には，上記のほか，事件番号，事件名，表題（「判決」，「中間判決」，「少額訴訟判決」[民訴規229条1項]など），訴訟代理人が記載される。
(4) 判決言渡し後の対応
　(a) 判決内容の精査
　　①今後の対応策（上訴提起など）を検討する（←どの言い分が認められたか）。
　　②金額等の誤記があれば，判決の更正決定（257条）を求める。
　(b) 勝訴判決の場合
　　①相手方の上訴に備える（←どの言い分が認められ，認められなかったのか）。
　　②仮執行宣言付給付判決の場合，確定を待たずに強制執行しうるかを検討する。

③一部勝訴判決の場合，敗訴部分について上訴するかを検討する。
(c) 敗訴判決の場合
　①上訴するか否か，および，上訴審における戦略を検討する。
　②相手方の仮執行宣言付給付判決に基づく強制執行への対応策を検討する。
　　e.g., 裁判所に対して，強制執行停止の仮処分の申立てをする（403条1項3号）。

6　上　訴

(1) 上訴期間→当事者が判決の送達を受けた日から2週間（285条・313条）。
(2) 上訴の利益（不服の利益）
(3) 上訴の種類
　①控訴（281条）←事実審（続審制）

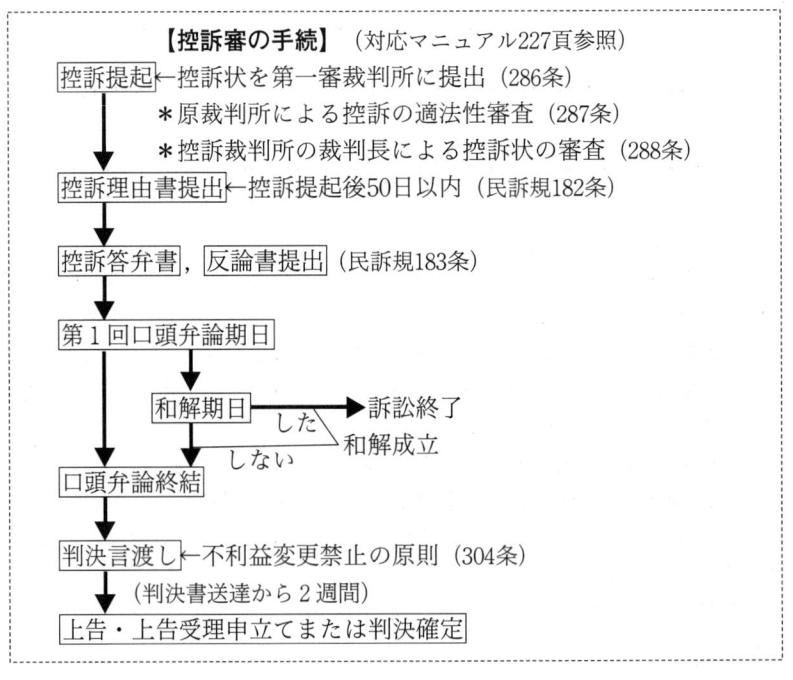

【控訴審の手続】（対応マニュアル227頁参照）

控訴提起←控訴状を第一審裁判所に提出（286条）
　　＊原裁判所による控訴の適法性審査（287条）
　　＊控訴裁判所の裁判長による控訴状の審査（288条）
↓
控訴理由書提出←控訴提起後50日以内（民訴規182条）
↓
控訴答弁書，反論書提出（民訴規183条）
↓
第1回口頭弁論期日
↓
和解期日 ─した→ 訴訟終了・和解成立
　│しない
↓
口頭弁論終結
↓
判決言渡し←不利益変更禁止の原則（304条）
　（判決書送達から2週間）
↓
上告・上告受理申立てまたは判決確定

＊控訴に要する費用…印紙代（提訴時の1.5倍の金額），弁護士費用（←弁護士との訴訟委任契約は各審級ごとに締結されるのが一般的）
＊控訴審判決では，申立てがあれば，原則として無担保で仮執行宣言を付さなければならない（310条）。
　∵ 事実審の最終判断であり，上告審による破棄の可能性が低く，また，すでに2つの審級を経ており迅速な権利救済の必要性が高い（対応マニュアル302頁）。
＊仮執行宣言付の控訴審判決に対しても，執行停止の裁判を申し立てることができる（403条1項2号）。
　→仮執行宣言付の第一審判決に対する執行停止より，その要件が加重されている（Ⓐ原判決の破棄の原因となるべき事情，Ⓑ執行により償うことのできない損害を生ずるおそれのあること，これら双方についての疎明を要する）。
②上告（311条）・上告受理申立て（318条）←法律審
　＊上告理由 ─── ⓐ憲法違反（312条1項）
　　　　　　　└── ⓑ絶対的上告理由（312条2項各号）
　＊上告受理申立て理由 ─── ⓒ判例違反（318条）
　　　　　　　　　　　└── ⓓ法令解釈に関する重要事項（318条）

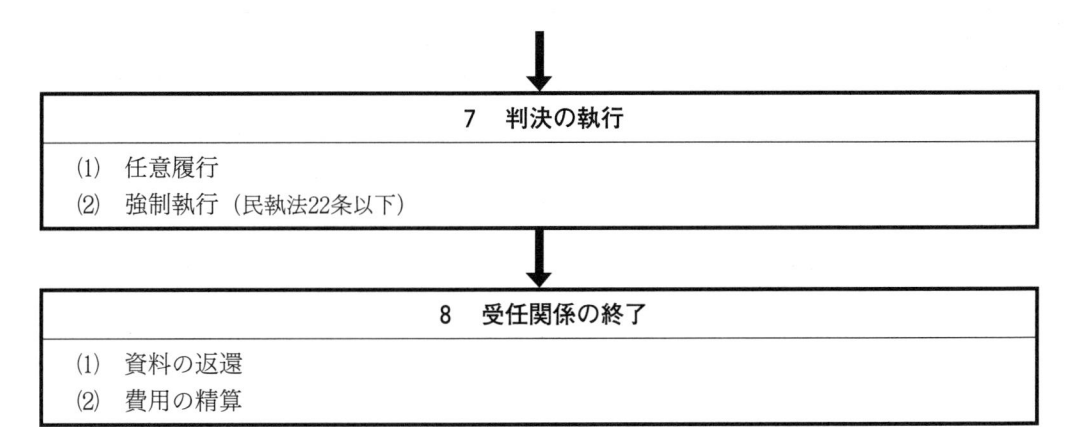

7　判決の執行
(1)　任意履行 (2)　強制執行（民執法22条以下）

8　受任関係の終了
(1)　資料の返還 (2)　費用の精算

Ⅲ　訴訟代理人（弁護士）の役割

1　手続追行
　　…当事者の代理人兼助言者として，訴訟手続を迅速・的確かつ円滑に追行する。

2　利益擁護
　　…当事者の代理人兼助言者として，当事者の実体的利益・価値を代弁・擁護する。

3　法秩序形成
　　…法律専門家として，訴訟手続を通じて法秩序維持・創造に参画し，判例およびよき訴訟慣行を形成する。

第2編　ケースに学ぶ

第4章　国際社会における民事訴訟
――国際裁判管轄および外国判決の承認・執行を中心として――

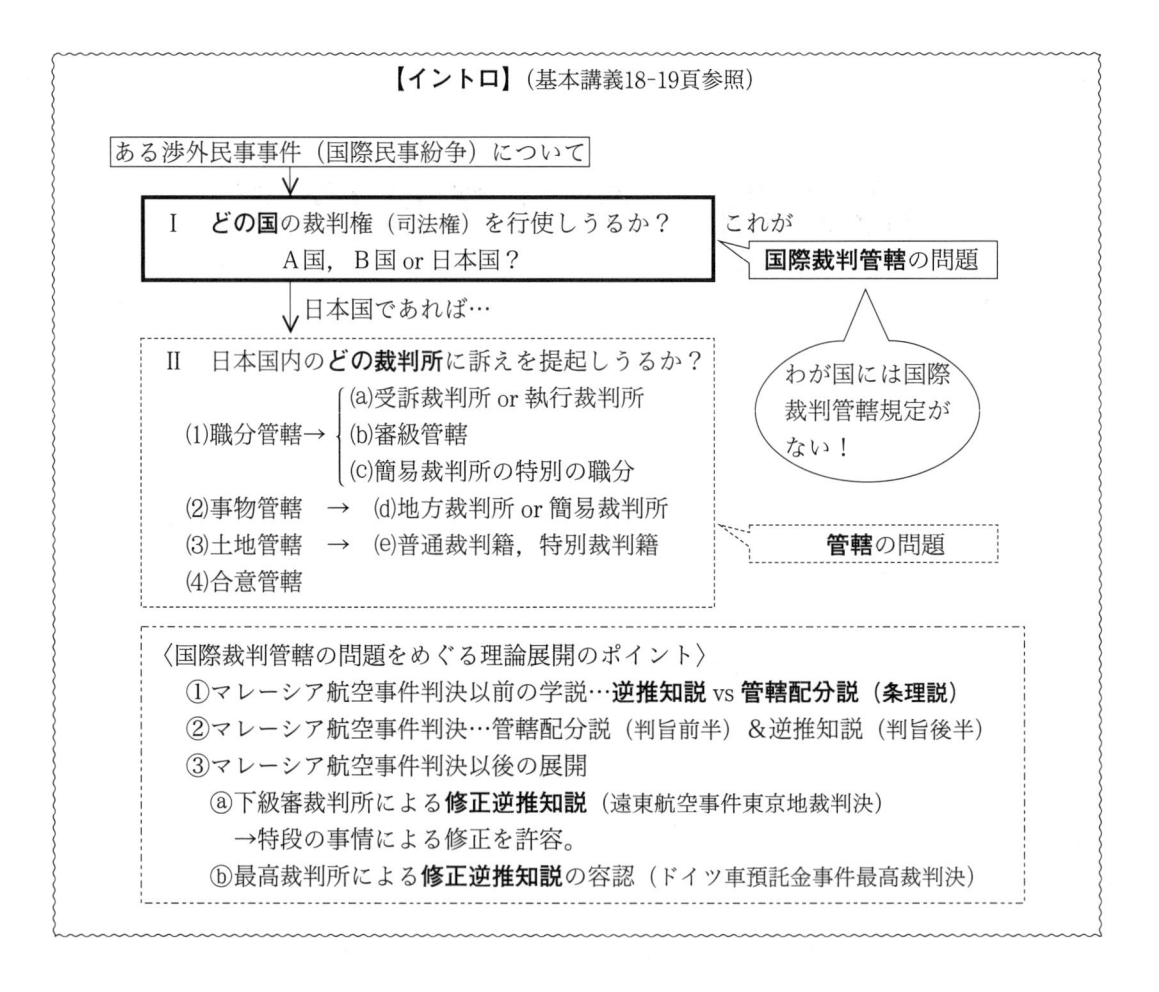

【イントロ】(基本講義18-19頁参照)

ある渉外民事事件（国際民事紛争）について
↓
Ⅰ　**どの国**の裁判権（司法権）を行使しうるか？
　　A国，B国 or 日本国？　　　　　　これが **国際裁判管轄**の問題

↓　日本国であれば…

Ⅱ　日本国内の**どの裁判所**に訴えを提起しうるか？
　(1) 職分管轄 →
　　(a) 受訴裁判所 or 執行裁判所
　　(b) 審級管轄
　　(c) 簡易裁判所の特別の職分
　(2) 事物管轄　→　(d) 地方裁判所 or 簡易裁判所
　(3) 土地管轄　→　(e) 普通裁判籍，特別裁判籍
　(4) 合意管轄

（わが国には国際裁判管轄規定がない！）

管轄の問題

〈国際裁判管轄の問題をめぐる理論展開のポイント〉
① マレーシア航空事件判決以前の学説…**逆推知説** vs **管轄配分説**（条理説）
② マレーシア航空事件判決…管轄配分説（判旨前半）＆ 逆推知説（判旨後半）
③ マレーシア航空事件判決以後の展開
　ⓐ 下級審裁判所による**修正逆推知説**（遠東航空事件東京地裁判決）
　　→特段の事情による修正を許容。
　ⓑ 最高裁判所による**修正逆推知説**の容認（ドイツ車預託金事件最高裁判決）

Ⅰ　国際裁判管轄

1　マレーシア航空事件

(1) 事　案

　日本人ビジネスマンのAは，マレーシア連邦国内（クアラルンプール）で同国法人Y（マレーシア航空）の運航する国内航空路線の航空券を購入して旅客運送契約を締結し，ペナンからクアラルンプールに向かう航空機に搭乗中，ハイジャック（テロ）が原因と思われる墜落事故に遭遇し死亡した（同機はマレーシア国内のジョホールバル州タンジュクバンに墜落した）。

　そこで，Aの妻で，日本の愛知県名古屋市に住所を有するXは，Yの運送契約不履行によりAが取得した損害賠償請求権を相続したとして，Yに対する損害賠償請求訴訟を名古屋地方裁判所に提起した。

　なお，Yは，マレーシア連邦会社法に準拠して設立され，同国内に本店を有する外国法人であるが，日本（東京都港区）に登記した営業所をもち，代表者を定めている。

> [問題のポイント]
> A. 日本国 の裁判所に国際裁判管轄権が認められるか？
> 　　　↓Yes　　　　　No　　　　　→ マレーシア （第一審判決）
> B. 管轄権を有するのは，名古屋地裁か東京地裁か？
> 　　4条5項〈外国社団の普通裁判籍―営業所〉→東京地裁？
> 　　5条1号〈特別裁判籍―義務履行地〉→名古屋地裁？
> 　　5条5号〈特別裁判籍―営業所の所在地〉→東京地裁？

> 【事案のポイント】
> ①Aは，航空券をクアラルンプールにあるYの営業所で購入した。
> ②Yは，運送契約に基づいてAを安全に目的地まで運ぶ債務の不履行に陥っている（←商業活動として民間航空業を営むYは，セキュリティー・チェックなどの予防策や乗務員の対処などを講じなければならず，ハイジャックやテロなどの異常事態による結果に対しても責任を有する）。
> ③Yは，マレーシア連邦会社法に準拠して設立された外国法人である。
> ④Yは，日本国内（東京）に営業所を有する。
> ⑤Xは，名古屋市に在住する。

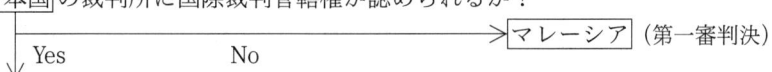

(2) 裁判の経緯

第一審	諸事情を比較衡量したうえ，本件はマレーシア連邦国の裁判所で審理されるべきであり，日本国の裁判所は国際裁判管轄権を有しないとして，訴えを却下した（名古屋地判昭54・3・15判例集未登載）。
控訴審	Yが日本国内に営業所を有していること（4条5項参照）およびXの住所地が本件損害賠償の義務履行地であること（5条1号）の2つから，Yの普通裁判籍（国内土地管轄）が日本国にある以上，日本国の裁判所が国際裁判管轄を有するとして，一審判決を取り消して差戻した（名古屋高判昭54・11・12判タ402号102頁）。

　　↓そこで，Yが上告した。

(3) 判　旨

《上告棄却》

「思うに，本来国の裁判権はその主権の一作用としてされるものであり，裁判権の及ぶ範囲は原則として主権の及ぶ範囲と同一であるから，被告が外国に本店を有する外国法人である場合はその法人が進んで服する場合のほか日本の裁判権は及ばないのが原則である。しかしながら，その例外として，わが国の領土の一部である土地に関する事件その他被告がわが国となんらかの法的関連を有する事件については，被告の国籍，所在のいかんを問わず，その者をわが国の裁判権に服させるのを相当とする場合のあることをも否定し難いところである。そして，この例外的扱いの範囲については，この点に関する国際裁判管轄を直接規定する法規もなく，また，よるべき条約も一般に承認された明確な国際法上の原則もいまだ確立していない現状のもとにおいては，当事者間の公平，裁判の適正・迅速を期するという理念により条理にしたがつて決定するのが相当であり，わが民訴法の国内の土地管轄に関する規定，たとえば，被告の居所（民訴法2条[現行4条2項]），法人その他の団体の事務所又は営業

所（同4条［現行4条4項］），義務履行地（同5条［現行5条1項］），被告の財産所在地（同8条［現行5条4号］），不法行為地（同15条［現行5条9号］），その他民訴法の規定する裁判籍のいずれかがわが国内にあるときは，これらに関する訴訟事件につき，被告をわが国の裁判権に服させるのが右条理に適うものというべきである。

ところで，原審の適法に確定したところによれば，Yは，マレーシア連邦会社法に準拠して設立され，同連邦国内に本店を有する会社であるが，Eを日本における代表者と定め，東京都港区ａｂ丁目ｃ番ｄ号に営業所を有するというのであるから，たとえYが外国に本店を有する外国法人であつても，Yをわが国の裁判権に服させるのが相当である」（最判昭56・10・16民集35巻7号1224頁〔民訴百選3版123事件〕［マレーシア航空事件］）。

2　分　析

(1)　問題の所在

→国際裁判管轄権の決定＝渉外民事事件についてどの国が裁判をするか？

　↓たとえば，

当事者の一方が外国に居住するような場合，いずれの国の裁判所に訴えを提起することができるのか？

←こうした国際裁判管轄を直接規定する法規もなく，また，よるべき条約も，一般に承認された明確な国際法上の原則も，いまだ確立していないことから問題となる（*cf.* ブリュッセル規則ⅠⅡ）。

(2)　理論状況

☆判例の変遷に注目しよう！──"「管轄配分説＋逆推知説」から「修正逆推知説」へ"──

(a)　マレーシア航空事件判決以前の学説状況

(ⅰ)**逆推知説**（旧通説）

…国際裁判管轄規定について，国際法（国際慣習法・条約）がない以上，国内法によるところ，わが国の国内法はこの点に関する明文規定を有しないため，国内土地管轄規定（4条以下）から逆に推知して，日本の裁判所に国内土地管轄が認められるときは，日本国に国際裁判管轄権がある（兼子・体系66頁など）。

＊ドイツにおいて，ZPOの土地管轄規定は，国内・国際の両裁判管轄をともに定めるという二重の機能を有する。これを受けて，わが国においても，旧民事訴訟法の大正15年（1926年）改正時に，国際裁判管轄をも想定した規定の創設が試みられたことがある。

(ⅱ)**管轄配分説**［条理説／修正類推説］（有力説）

…国際裁判管轄の問題は，国際的な民事訴訟について当事者間の公平，裁判の適正・迅速等の民事訴訟法の理念に基づく国際的な規模での裁判管轄配分の問題であり，わが国にはこれに関する直接の規定がないので，条理により判断すべきことになる。そして，具体的基準としては，民事訴訟法の国内土地管轄の規定を国際民事事件の特性に応じて，適宜修正しつつ類推ないし参酌すべきであるという（池原季雄「国際裁判管轄権」新実務民訴7巻18頁など）。

(b)　マレーシア航空事件判決以後の展開

(ⅰ)本判決への反応

→本判決の理論構成には，批判が寄せられた（前半部分は管轄配分説に，後半部分は逆推知説に，それぞれ依拠しているように読め，論理一貫性を欠くという）ものの，結論自体には大方の賛

(ii) 下級審判例への影響
→本判決以後の下級審判例は，本判決は逆推知説を原則とするという理解に立ち，国内土地管轄規定を基準としつつも，判旨の下線部分にそのまましたがうことなく，当事者間の公平，裁判の適正・迅速という理念に反する特段の事情がある場合には修正を加えるという修正逆推知説ともいうべき方向に転換した（東京地判昭61・6・20判夕604号138頁［遠東航空事件］など）。これは，判旨の下線部分を原則として維持しながら，「特段の事情のない限り」という文言を加えることで弾力化し，具体的に妥当な結果を導く巧妙な解釈論であると評価されている（民訴百選Ⅰ19事件解説〔渡辺惺之〕）。

遠東航空事件判決——「特段の事情」を初めて具体的に示した判決

台北付近で墜落した台湾の国内航空会社「遠東航空」の旅客機（台北発高雄行きボーイング737型機）に搭乗して死亡した日本人乗客18名（直木賞作家の向田邦子氏を含む）の遺族ら59名は，事故機を製造した米国法人「ボーイング社」，および，同機を遠東航空に販売した米国法人「ユナイテッド航空」を相手取り，総額20億円余り（各自110万円～4億460万円余り）の損害賠償金の支払いを求めて，東京地方裁判所に訴えを提起した（1981年8月22日）。なお，遺族らは，遠東航空との間では台湾法上では上限に近い，賠償金を死者1人あたり約900万円とする示談が成立し，遠東航空に対する訴えは取り下げられた。

一方，遺族らの一部（59名のうち15名を除く者）は，ボーイング社，ユナイテッド航空，そして，遠東航空に対する損害賠償請求訴訟を米国カリフォルニア州の連邦裁判所に提起したが（1981年12月18日），同裁判所は，台湾が国際裁判管轄権をもつこと，台湾で下される判決をボーイング社らが任意に履行すること等を停止条件として，「**forum non conveniens（不便宜な法廷地）の法理**」により，訴えを却下した（555 F. Supp. 9; 708 F. 2d 1406）（1982年4月27日）。
→最大の争点は事故機の墜落原因であったが，日本と台湾の国交がなく国際司法共助ができないため，台湾に存在する種々の証拠を利用することができなかった。

【判旨】
《訴え却下》
「国際裁判管轄については，これを直接規定する法規もなく，また，よるべき条約も一般に承認された明確な国際法上の原則もいまだ確立されていない現状のもとにおいては，当事者間の公平，裁判の適正・迅速を期するという理念により条理に従って，決定するのが相当である。そして，わが国民事訴訟法の国内の土地管轄に関する規定に定められている裁判籍のいずれかが日本国内にあるときは，<u>特段の事情がない限り</u>（下線筆者），わが国の裁判所に管轄権を認めるのが，右条理に適うものというべきである。…本件訴訟をわが国の裁判所において審理する場合には，裁判の適正を期するという理念に反する結果となるおそれがあり，また，原告らが台湾において本件損害賠償請求の訴えを提起せざるをえないとしても格別当事者間の公平という理念に反する点は見出せないのであるから，結局本件訴訟についてはわが国の裁判所に管轄権を認めることは相当ではないと考えるべき前記特段の事情があるものといわざるをえない」（東京地判昭61・6・20判時1196号87頁［遠東航空事件］）。

【事件のその後】
本判決に対し，原告遺族らの一部が控訴したが，控訴審（東京高裁）において死者1人あたり200万円をボーイング社が支払うことで和解が成立し，訴訟は終了した。

【まとめ】

	原告	被告	結果	
米国訴訟	日本人44名	ボーイング社 ユナイテッド航空 遠東航空	訴え却下（国際裁判管轄なし）	
本件訴訟（日本）	日本人59名（上記44名＋15名）	ボーイング社 ユナイテッド航空	訴え却下（国際裁判管轄なし）※本件	控訴審で和解（死者1人当たり200万円）
		（遠東航空）	和解（死者1人当り約900万円）	

> 「forum non conveniens（不便宜な法廷地）の法理」
> これは，当事者や裁判所の便宜，あるいは，判決の実効性などに鑑み，他国の裁判所で審理を行うのがより適切であると判断した場合に，受訴裁判所が裁量によって，その管轄権行使を差し控えるという英米法上の法理であり，裁判所は，訴え却下ないし手続の中止（stay）を命じることができる（本間靖規ほか『国際民事手続法』（有斐閣，2005年）43頁〔中野俊一郎〕）。

(c) 学説への影響

(i) **修正逆推知説**…下級審判例の修正逆推知説は，学説の支持を得た（竹下守夫「判例からみた国際裁判管轄」ＮＢＬ386号（1987年）32頁，小島武司「国際裁判管轄」中野貞一郎先生古稀祝賀下『判例民事訴訟法の理論』（有斐閣，1995年）421頁など）。

(ii) **利益衡量説**…渉外事件の内容は複雑多岐であるから，抽象的な管轄規定のあてはめに終始することなく，裁判を受けるについての原告の利益，被告の応訴の便宜，当事者の対等性，事件毎に個別的な利益衡量が必要である。

(iii) **新類型説**…類型的利益衡量によって国際裁判管轄ルールを設定し，その際に考慮されなかったか，具体的事件ではその前提と異なっている事情を「特段の事情」として考慮する（注釈民訴(1)106頁〔道垣内正人〕）。

(iv) **二重機能説**…民事訴訟法の土地管轄規定は，国際裁判管轄も定めており，そのいずれかに該当すれば国際裁判管轄もあることになる（藤田泰弘『日／米国際訴訟の実務と論点』（日本評論社，1998年）3頁，安達栄司『国際民事訴訟法の展開』（成文堂，2000年）96頁など）。

(d) その後の判例
→最高裁判所は，**特段の事情による修正**を認めた。
↓すなわち，

【事案】
日本法人Ｘは，ドイツに住所・営業上の本拠をもつ日本人Ｙとの間で，欧州各地からの自動車買付け，預託金の管理，代金支払い，車両の引取りおよび船積み等をＹに委託する旨の契約を締結し，買付け資金として9174万7138円をドイツ国内にあるＹの銀行口座に送金した。その後，Ｙの預託金管理に次第に不信感を募らせるようになったＸは，Ｙに預託金返還を求めるとともに，信用状による代金決済を提案したが，拒絶されてしまった。そこで，Ｘは，自己の本店所在地が義務履行地であるとして，預託金の残金2496万81円および遅延損害金の支払いを求

める訴えを，日本の裁判所（千葉地方裁判所）に提起した。

【判旨】

「どのような場合に我が国の国際裁判管轄を肯定すべきかについては，国際的に承認された一般的な準則が存在せず，国際的慣習法の成熟も十分ではないため，当事者間の公平や裁判の適正・迅速の理念により条理に従って決定するのが相当である。…そして，我が国の民訴法の規定する裁判籍のいずれかが我が国内にあるときは，原則として，我が国の裁判所に提起された訴訟事件につき，被告を我が国の裁判権に服させるのが相当であるが，<u>我が国で裁判を行うことが当事者間の公平，裁判の適正・迅速を期するという理念に反する特段の事情があると認められる場合には，我が国の国際裁判管轄を否定すべきである</u>（下線筆者）。

これを本件についてみると，…本件契約は，ドイツ連邦共和国内で締結され，Yに同国内における種々の業務を委託することを目的とするものであり，本件契約において我が国内の地を債務の履行場所とすること又は準拠法を日本法とすることが明示的に合意されていたわけではないから，本件契約上の債務の履行を求める訴えが我が国の裁判所に提起されることは，Yの予測の範囲を超えるものといわざるを得ない。また，Yは，20年以上にわたり，ドイツ連邦共和国内に生活上及び営業上の本拠を置いており，Yが同国内の業者から自動車を買付け，その代金を支払った経緯に関する書類などYの防御のための証拠方法も，同国内に集中している。他方，Xは同国から自動車等を輸入していた業者であるから，同国の裁判所に訴訟を提起させることがXに過大な負担を課すことになるともいえない。右の事情を考慮すれば，我が国の裁判所において本件訴訟に応訴することをYに強いることは，当事者間の公平，裁判の適正・迅速を期するという理念に反するものというべきであり，本件契約の効力についての準拠法が日本法であるか否かにかかわらず，本件については，我が国の国際裁判管轄を否定すべき特段の事情があるということができる。」（最判平9・11・11判時1626号74頁［ドイツ車預託金請求事件］）

↓かくして，

原則として国内土地管轄規定を基準としつつも，特段の事情による修正を認めるという修正逆推知説の判断枠組みが確立した（マレーシア航空事件判決は**原則**により，ドイツ車預託金請求事件判決は**例外**により，それぞれ結論を導いており，原則・例外双方の判断が示されたことになる）。

＊こうした判例理論は，土地管轄規定からの逆推知によって管轄規制の**明確性（法的安定性）**を担保するとともに，「特段の事情」という限定的な利益衡量の枠組みを設けることにより，**具体的妥当性**をも企図したものとして評価される（本間靖規ほか『国際民事手続法』（有斐閣，2005年）40頁〔中野俊一郎〕）。

☆**緊急管轄**（Notzuständigkeit／jurisdiction by necessity）

…これは，内国に国際裁判管轄が認められず，しかも，外国で権利保護を受けられない特殊な事情がある場合に，内国で裁判を受ける権利への道を開くために認められる例外的な管轄をいう。

〈**参考判例**〉最判平8・6・24民集50巻7号1451頁

日本人男性Xとドイツ人女性Yは，ドイツ国内で婚姻し，長女Aをもうけ，ベルリン市に居住していたが，その後，Yが同居を拒絶するようになったので，Xは旅行の名目でAを連れて来日し，Yにドイツに帰国する意思のないことを告げ，そのまま日本に居住して

いた。そこで，Yは，ベルリン市の家庭裁判所に離婚訴訟を提起して，離婚判決を得た。このYの提訴の18日後に，Xは，Yに対する離婚訴訟を日本で提起した。

　日本の国際裁判管轄が争われたところ，最高裁判所は，Yがドイツで得ていた離婚判決が公示送達によっていたため日本で承認されず，日本で離婚訴訟を認めるべき特殊事情があるとして，日本の管轄を肯定した。

　↓すなわち，

　「離婚請求訴訟においても，被告の住所は国際裁判管轄の有無を決定するに当たって考慮すべき重要な要素であり，被告が我が国に住所を有する場合に我が国の管轄が認められることは，当然というべきである。しかし，被告が我が国に住所を有しない場合であっても，原告の住所その他の要素から離婚請求と我が国との関連性が認められ，我が国の管轄を肯定すべき場合のあることは，否定し得ないところであり，どのような場合に我が国の管轄を肯定すべきかについては，国際裁判管轄に関する法律の定めがなく，国際的慣習法の成熟も十分とは言い難いため，当事者間の公平や裁判の適正・迅速の理念により条理に従って決定するのが相当である。そして，管轄の有無の判断に当たっては，応訴を余儀なくされることによる被告の不利益に配慮すべきことはもちろんであるが，他方，原告が被告の住所地国に離婚請求訴訟を提起することにつき法律上又は事実上の障害があるかどうか及びその程度をも考慮し，離婚を求める原告の権利の保護に欠けることのないよう留意しなければならない。

　これを本件についてみると，前記事実関係によれば，ドイツ連邦共和国においては，…判決の確定により離婚の効力が生じ，XとYとの婚姻は既に終了したとされている（記録によれば，Yは，離婚により旧姓に復している事実が認められる。）が，我が国においては，右判決は民訴法200条2号(現行118条2号)の要件を欠くためその効力を認めることができず，婚姻はいまだ終了していないといわざるを得ない。このような状況の下では，仮にXがドイツ連邦共和国に離婚請求訴訟を提起しても，既に婚姻が終了していることを理由として訴えが不適法とされる可能性が高く，Xにとっては，我が国に離婚請求訴訟を提起する以外に方法はないと考えられるのであり，右の事情を考慮すると，本件離婚請求訴訟につき我が国の国際裁判管轄を肯定することは条理にかなうというべきである。」

3 検討——"逆推知説"vs"管轄配分説"のディベート

逆 推 知 説	管轄配分説
①自説の構造 民訴法の国内土地管轄の規定を適用して，日本の裁判所に国内土地管轄が認められるときは，日本国に国際裁判管轄権がある。	①自説の構造 国際裁判管轄は，国際的な規模での裁判管轄配分の問題であり，それに関する直接の規定をもたないわが国では，条理により総合的に判断すべきである（→具体的には，国内土地管轄の規定を条理により修正しつつ適用する）。
②論拠 **法的安定性・明確性**重視	②論拠 **具体的妥当性**重視

① ⓐ国際裁判管轄を直接規定する法規もなく，また，よるべき条約も一般に承認された明確な国際法上の原則もいまだ存在しない以上，国内土地管轄規程から逆に推知するほかはない。
ⓑ国内土地管轄規定の総和が国際裁判管轄であることから，国内土地管轄規定から逆に推知すべきである。

←しかし→

② 国内管轄の決定は，国際裁判管轄の存在を前提とするのに，国内管轄の存否から国際裁判管轄の存否を推知するのは，判断の順序が逆転している。

④ 平等な主権国家が併存する国際社会において，条約も一般に承認された明確な国際法上の原則も存在しない以上，主権国家を超えた国際的な規模での裁判管轄配分の問題を想定すること自体は妥当でない。

←しかし→

③ 国際裁判管轄の決定は，国際的な裁判機能の分担の問題であり，公平・迅速・適正という訴訟法上の理念によって国家間での妥当な管轄配分のルールを条理として定立すべきである。条理によって決することで，国家主権との抵触を回避しうる。

⑤ 国内管轄規定を用いることで，基準としての明確性に優れ，裁判権の有無をめぐる法的安定性の確保という極めて重要な要請に応えることができる。渉外事件の特殊性に配慮して，具体的に妥当な処理をするには，特段の事情による修正をすればよい（→修正説）。

←しかし→

⑥ 国内管轄規定をそのまま用いて，国際的配慮なしに自国の管轄範囲を決めるため，自国や自国民の利益のみを追求する結果となり，具体的妥当性に欠ける。

私の着眼点・判定

4　今後の課題

→これまでみてきたように，国内土地管轄規定を基準としつつも，特段の事情による修正を認めるという修正逆推知説が判例理論として確立してきており，学説も，国内土地管轄規定を一応の基準として承認しつつも，国際的観点をも含めた具体的妥当性に配慮して修正を加えようとしているといえ，同一の方向性を目指すものといえる。

　　↓そうすると，

今後の課題は，「特段の事情」（利益衡量的判断）の類型化である。

→判例の累積や，学説の進展（衡量するファクターの分析）がまたれる。

＊「特段の事情」の２類型の例…**管轄肯定型（緊急管轄型）処理**と**管轄否定型（フォーラム・ノン・コンビーニエンス型）処理**（本間靖規ほか『国際民事手続法』（有斐閣，2005年）40頁〔中野俊一郎〕）。

《マレーシア事件の事後処理――日本国内における土地管轄はどこか？》

→外国法人の普通裁判籍は，「日本における主たる事務所または営業所」によって決まる（4条5項）。そうすると，Yは，東京都港区に登記した営業所をもつので，日本に国際裁判管轄権が認められる。

　　↓では，その場合，

国内土地管轄権は，名古屋地方裁判所ではなく，営業所の所在地を管轄する東京地方裁判所に認められるのではないか？

→現にYは，上告論旨において，本件はYの普通裁判籍のある東京地方裁判所に移送すべきであり，それをせずに一審の名古屋地方裁判所に差戻した原審（名古屋高等裁判所）の判断は，民訴法4条および5条の解釈を誤ったものであるとの主張がみられる。

　　↓これに対して，

どのように答えることができるか？

　　↓

(i)上告審においては，当事者は原審が国内の任意管轄に関する規定に違背することを主張することが許されないから（民訴法299条・313条・312条2項4号参照），論旨は，上告適法の理由にあたらず，採用することができない（マレーシア航空事件上告審判決）。

(ii)Xの相続した損害賠償請求権の「義務履行地」（5条1号）は，債権者Xの現住所（持参債務〔民484条〕）なので，そこを管轄する名古屋地方裁判所に裁判籍が認められる。

＊XのAに対する扶養料請求権が失われた地である日本を不法行為の結果発生地とみて，不法行為地管轄権を認める見解もある（民訴百選Ⅰ19事件解説〔渡辺惺之〕）。

＊外国法人の内国営業所と事件の間に何ら関連性がない場合には，日本の国際裁判管轄は認められない。

　　↓

①法人（内外不問）の普通裁判籍は，民訴法4条4項類推により本拠地だけに認められる。日本に営業所を有する外国法人は，民訴法5条5号類推により，当該営業所の業務に関連する事件についてのみ，当該営業所所在地の特別裁判籍を認めれば足りる（池原季雄「国際裁判管轄権」新実務民訴7巻23頁など）。

②外国法人が内国営業所により実質的・継続的な事業活動を営む場合は，その活動地に法人一般に対する国際裁判管轄を認めることができ（← doing business管轄），さら

に，子会社や国内代理店を通じて事業活動が展開されている場合も同様に考えられる（松岡博『国際取引と国際私法』（晃洋書房，1993年）61頁）。

II 外国判決の承認・執行

1 外国判決の承認・執行の意義
(1) 趣　旨
　→裁判は司法権（国家権力）の一作用である以上，判決の効力は，国内のみで生じるのが本来であるが，グローバリゼイションの進行とともに激増傾向を見せるトランスナショナルな民事紛争を前にして，多くの国家は，自国国内法や条約によって，外国判決の効力を内国で認めている。
　　　↓日本も，
　国内法により，一定の要件を充足した外国判決について，その判決効を承認し，その執行を許可することとしている（118条，民執法22条6号・24条）。
(2) 外国判決の承認
　＝外国判決が言渡国で有する既判力や形成力を内国でも認めること。
　→外国判決が言渡国で効力を生じ，民訴法118条各号の承認要件を具備したときは，その外国判決はわが国でも当然に効力を認められる（自動的承認の原則）。

【承認の要件（118条各号）】
①外国裁判所の裁判権（1号）
②手続開始の通知（2号）
③公序（3号）
④相互の保証（4号）

☆**参考判例**――**懲罰的損害賠償**（punitive damages）を命じる外国判決の承認
［1］問題の所在
　英米法系諸国でみられる，加害者への制裁として認められる損害賠償，すなわち，懲罰的損害賠償を命じる外国判決は，わが国の「公序」に反するか？
［2］最判平9・7・11民集51巻6号2573頁［萬世工業事件］
　カリフォルニア州の懲罰的損害賠償制度は，「加害者に対する制裁及び一般予防を本来的な目的とする」が，「我が国の不法行為に基づく損害賠償制度は，被害者に生じた現実の損害を金銭的に評価し，加害者にこれを賠償させることにより，被害者が被った不利益を補てんして，不法行為がなかったときの状態に回復させることを目的とする」から，両者は「本質的に異なる」。したがって，「本件外国判決のうち，補償的損害賠償及び訴訟費用に加えて，見せしめと制裁のためにYに対し懲罰的損害賠償としての金員の支払いを命じた部分は，わが国の公序に反するから，その効力を有しない」。
［3］学　説
　(i)**非民事判決説**…懲罰的損害賠償の本質は制裁や秩序維持といった刑事法上の目的にあり，それを命じる外国判決を承認・執行することは，域外的な公権力行使につながるので，承認適格性を欠く。

> (ii) **公序説**（多数説）…懲罰的損害賠償を命じる判決も，私人間の紛争について民事裁判手続で下された以上，民訴法118条の承認の対象となるが，その制度的異質性や賠償額の過大さから，承認・執行はわが国の公序に反する。

(3) 外国判決の執行

＝外国判決に基づいて内国執行機関を通してその内容を強制的に実現すること。

→そのためには承認要件具備の判断が必要とされるが，わが国では，承認と異なり，その判断の慎重を期して，裁判所の執行判決が要求される（民執法22条6号・24条）。

2 関西鉄工事件（大阪地判昭52・12・22判タ361号127頁）――内外判決の抵触

(1) 事案

鉄工会社Y（日本法人）の製造したプレス機械は，1996年，訴外A（日本の商社）に国内で売却された後，アメリカ合衆国において，Aの子会社X（ニューヨーク州法人），アメリカの中間業者B，そして，航空機メーカーのC（ワシントン州法人）の順に転売された。その後，1968年，Cの従業員Dが本件プレス機械で右手指を切断するという事故が起きた。

そこで，Dは，1969年5月，B・X・Yの三者を共同被告として，製造物責任に基づく損害賠償請求訴訟をワシントン州の裁判所に提起した（Ⓐ訴訟）。DがYに対して有効な送達をしなかったので，Xは，翌年4月，Yに対してDの提起した上記訴訟で敗訴した場合にYに求償する旨の第三者訴訟（third party action）を同じ裁判所に提起した（Ⓑ訴訟）。この送達を受けたYは，ワシントン州でその管轄を争う一方で，X・Aに対する損害賠償債務不存在確認訴訟を大阪地方裁判所に提起した（Ⓒ訴訟）。

1974年9月，ワシントン州の裁判所は，上記Ⓑ訴訟に関して，Yに対して8万6千ドルの支払いを命ずる判決を下し，これは同年10月に確定した。

他方，大阪地方裁判所は，上記Ⓒ訴訟に関して，本案に関する審理と分離し，YX間の本案前の争いを審理した結果，国際裁判管轄を認め，国際二重起訴の抗弁等を退ける中間判決を下した（大阪地中判昭48・10・9判時728号76頁）。本案については，「Yが米国ワシントン州キング郡管轄上級裁判所事件番号第713245号事件において敗訴した場合に，Yが行使を受ける右損害賠償債務についてのXのYに対し負担すべき金9900万円の求償債務が存在しないことを確認する」との判決を下し（大阪地判昭49・10・14判タ361号127頁），これは1974年12月に確定した。

かくして，日米に相互に矛盾する判決が併存するという状況に陥ったところ，1975年，Xが上記Ⓑ訴訟の判決に基づいて強制執行の許可を求めたのが本件訴訟である。これに対して，Yは，民訴法118条の承認要件の欠缺を主張するとともに，XのYに対するワシントン州での提訴自体が不法行為に該当するとして，損害賠償を請求する反訴を提起した（事案の詳細については，石黒一憲『国際民事訴訟法』（新世社，1996年）256頁以下参照）。

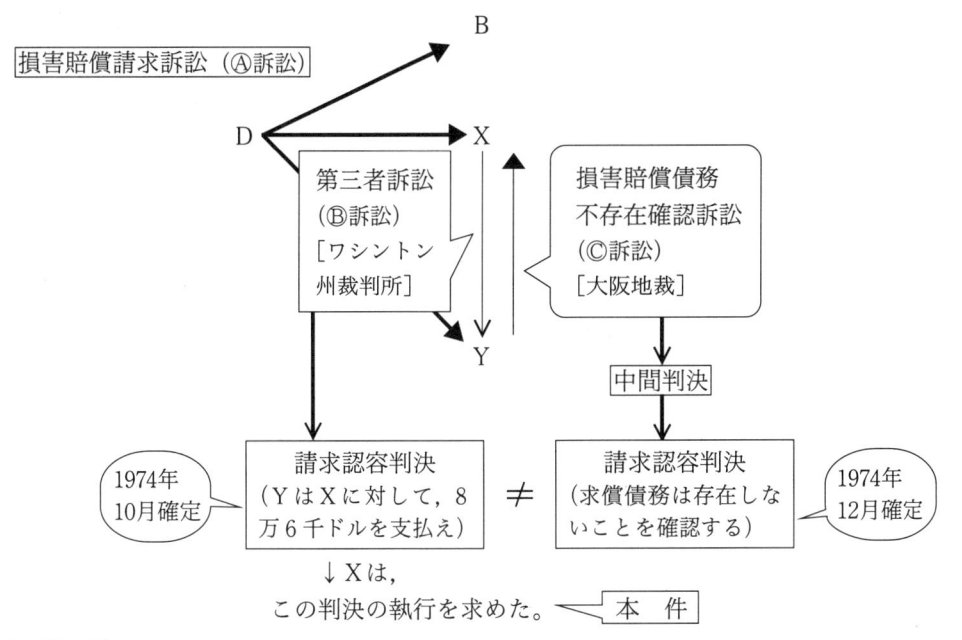

```
損害賠償請求訴訟（Ⓐ訴訟）
            B
           ↗
   D ────→ X ←── 損害賠償債務
   │       │     不存在確認訴訟
   │  第三者訴訟  （Ⓒ訴訟）
   │  （Ⓑ訴訟）  ［大阪地裁］
   │  ［ワシントン
   │   州裁判所］      ↓
   ↓       ↓        中間判決
           Y

1974年   請求認容判決        請求認容判決     1974年
10月確定 （YはXに対して，  ≠ （求償債務は存在 12月確定
         8万6千ドルを支払え）  しないことを確認する）

     ↓ Xは、
     この判決の執行を求めた。←── 本 件
```

(2) 判　旨

《本訴却下・反訴却下》

「右当事者間に争いのない事実及び認定事実によれば本訴提起の際に原告が執行判決を求める本件米国判決と同一事実について矛盾抵触する日本裁判所の確定判決があったことが認められる。

そこで、右米国判決について民訴法200条（現行118条）各号の要件があるかどうか検討するに、同一司法制度内において相互に矛盾抵触する判決の併存を認めることは法体制全体の秩序をみだすものであるから訴の提起、判決の言渡、確定の前後に関係なく、既に日本裁判所の確定判決がある場合に、それと同一当事者間で、同一事実について矛盾抵触する外国判決を承認することは、日本裁判法の秩序に反し、民訴法200条3号（現行118条3号）の『外国裁判所の判決が日本における公の秩序に反する』ものと解するのが相当である。そうすると本件米国判決は民訴法200条3号（現行118条3号）の要件を欠くので我国においてその効力を承認することができず原告の本訴請求はその余の点を判断するまでもなく理由がない。」

反訴請求については、本訴請求との牽連性を欠き、不適法である（大阪地判昭52・12・22判タ361号127頁［関西鉄工事件］）。

(3) 検　討

アメリカにおいて損害賠償金の支払いを命ずる判決が確定した後に、日本において当該損害賠償債務の不存在を確認する判決が確定した場合に、先に確定した米国判決に対する執行判決が求められた事案について、本判決は、提訴、判決の言渡し、または、確定の前後にかかわらず、外国判決を承認することは公序に反し許されないとした。

→これを契機に、外国で訴えられた日本企業は、日本で債務不存在確認訴訟を提起して、外国での敗訴判決が日本で執行されることを阻止するという訴訟戦略（「訴えられたら訴え返す」）が企業法務へ浸透することとなった（渉外判例百選2版117事件解説〔道垣内正人〕）。

↓

日本の確定判決と矛盾抵触する外国確定判決に基づく執行判決が許されるか？

(i) 民訴法118条3号「公の秩序または善良の風俗」の問題として捉える見解（菊井＝村松 I 1138頁，斎藤ほか3巻353頁〔小室直人〕，細野長良『民事訴訟法要義4巻』（巌松堂，1934年）225頁など）

…内国の確定判決を無視した外国判決については，その判決の成立（訴訟手続）が公序良俗に反するので，執行判決は許されないとする。

→この見解が，内国判決の確定が外国判決の言渡しないし確定に先行する場合に限り，その外国判決は公序良俗に反するとしているのであれば，本件のように，外国判決の確定が先行している場合にどのように考えるかは明らかではない（昭53重判解283頁〔三ツ木正次〕）。

＊本件は旧法下の事件であるが，旧民訴法200条は「外国裁判所ノ判決カ日本ニ於ケル公ノ秩序又ハ善良ノ風俗ニ反セサルコト」を要求していたが，その解釈として，判決の内容のみならず，成立手続についても公序良俗に反しないことを要するというのが判例・通説であり（最判昭58・6・7民集37巻5号611頁），新法はこの解釈を採用した。

☆同じく民訴法118条3号の問題としながら，本邦裁判所によってすでになされた裁判と矛盾抵触する外国判決はすべて公序に反するものとして，その承認は拒否されるとする見解がある（岩野徹ほか編『注解強制執行法』（第一法規，1974年）145頁〔三井哲夫〕）。

(ii) 確定判決の抵触を解決する一般法理により処理する見解（越川純吉「判批」判評186号22頁，渉外判例百選〔増補版〕解説270頁〔佐藤哲夫〕，昭53重判解283頁〔三ツ木正次〕など）

…外国判決は，執行判決がなくても，民訴法118条の要件を具備する限り，日本において効力を有する以上，相互に矛盾する内外確定判決が並存する場合は，判決の抵触を禁止する一般法理によるべきである。

↓では，一般法理とは何か？

内国確定判決の矛盾抵触の場合，すでに確定した判決と抵触する確定判決に対しては，（上訴によってその自由を主張した場合，または，これを知って主張しなかった場合を除き）再審によって取り消すことができるが（338条1項10号），再審の訴えによって取り消されるまでは，後に確定した判決の方が新しいものとして尊重されるべきである。もっとも，外国判決に対しては，わが国の裁判所に再審の訴えを提起することができない結果（菊井＝村松 II 94頁），再審によって取り消されるのは，内国判決が後に確定した場合に限られることになる。

→この見解によると，①内国判決が後に確定した場合には，これに対して再審の訴えを提起することが可能であるが，再審によって取り消されない限り，後に確定された内国判決が尊重され，執行判決は許されず，②外国判決が後に確定した場合には，わが国では，これに対する再審の訴えを提起しえない結果，常にこれを尊重しなければならないことになるが，それでは内国判決が外国判決の劣位に立つことになるので，その是正方法として，「前に確定した判決」（338条1項10号）に外国判決を含めないとする解釈をしたり，内国判決確定後の外国判決を承認しないことにしたり，または，先行する内国判決の既判力により執行判決を許すべきではないといった提言がなされている（前二者につき，海老沢美広「判批」ジュリ670号（1978年）173頁，後者につき，昭53重判解283頁〔三ツ木正次〕）。

《「（外国で）訴えられたら（日本で）訴え返す」という訴訟戦略について》

「日本での反対訴訟が未だ係属している間に，アメリカの判決が下され，確定し，アメリカ側は一方で日本における反対訴訟の防禦方法として，…確定外国判決の既判力…を主張し，他方，同判決の執行判決を求める訴を提起できるということになる…。二重訴訟作戦がいつも成功すると考えるのは非常に危険なのである。

尤も，日本でこのような反対訴訟を起こされるとアメリカ側としては経費がかさむし，また日本での早期判決もあり得るということで，日本側に相当有利な条件で全面的和解を申入れてくるという可能性も考えられる。…アメリカ判決先確定の危険性を十分承知の上で，なお，和解の可能性を期待し，敢えて二重訴訟を起こすということも強ち理由のない考えではない。」　　　　【出典】藤田泰弘「判批」判タ390号（1979年）247頁。

☆**参考判例**──米国訴訟に対抗して提起された債務不存在確認訴訟の国際裁判管轄（東京地判平10・11・27判タ1037号235頁）

【事案】

①YのBに対する監護権の侵害
②本件建物からYの閉め出し
③本件建物のYとAの共有財産に対するYの所有権の排除
④Yに対する経済上の扶養の中止
⑤YA共有名義の米国所在不動産をAの単独名義に変更して売却し，売却金を取得

不法行為に基づく損害賠償請求訴訟（米国）
X ←──────────── Y
　 ────────────→
上記損害賠償債務の不存在確認訴訟（日本）

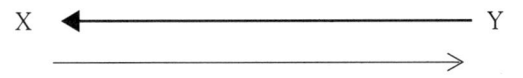

Aは，妻Y・子Bとともに，1984年以降，米国で生活していたが，それは，Aの母親であるX（日本在住）の経済的援助に依拠するものであった。Aは，米国生活を断念し，1997年3月，Yの父の法事等のために一家で日本に帰国したのを機に，Bとともに日本に残ってXと同居することにした。

これに対し，Yは，米国での生活の継続を主張して単身で渡米し，同年4月，ニュージャージー州の裁判所にXに対する不法行為に基づく損害賠償請求訴訟を提起した。Yは，請求の理由として，①YのBに対する監護権を侵害したこと，②1997年に米国所在の建物(以下，本件建物）からYを閉め出したこと，③本件建物のYとAの共有財産に対するYの所有権を排除したこと，④Yに対する経済上の扶養を中止したこと，⑤YとAの共有名義の米国所在の不動産をAの単独名義に変更して売却し，売却金を取得したこと，の5つの行為を掲げた。

これに対し，Xは，①から⑤に基づくYの請求について，各債務の不存在確認を求める訴えを提起した。

なお，Aの提起した離婚請求訴訟において，AY間の離婚を認め，AをBの親権者に指定する判決が言い渡された（東京地判平11・11・4判タ1023号267頁。本件の評釈として，平12主判解310頁〔本吉弘行〕など参照）。

【判旨】
《一部裁判管轄権肯定の中間判決，一部却下》
「1　まず，右各請求について，原告が主張するように，旧民訴法15条1項（現行法5条9号）に基づく不法行為地の裁判籍が我が国内にあると認められるかどうかについて判断するに，損害賠償請求の訴えと審理の対象を同じくする損害賠償債務の不存在確認の訴えについても，同項にいう不法行為地については，その裁判籍を認めて，当該不法行為地を管轄する裁判所が管轄を有するものというべきである。

この点，旧民訴法15条1項が不法行為地の裁判籍を認めているのは，不法行為の被害者が，被害を受けた上に更に管轄についても不便を強いられる理由はないとの考え方に基づくものであるのに対し，本件において，不法行為地の裁判籍が我が国にあることを理由に我が国の国際裁判管轄を認めることは，加害者が加害行為が行われた地を主張することによって，被害者に対し，更に応訴の上での不便を強いることを意味し，旧民訴法15条の立法趣旨や条理に反することになると主張するところ，なるほど，同条の趣旨として，被害者が訴えを提起するに当たっての便宜に対する考慮が含まれていることは明らかであるし，一般に，債務不存在確認の訴えにおいては，いわゆる特別裁判籍を定める旧民訴法の規定をそのまま適用した場合には，債務不存在確認の訴えの被告にとっては，給付訴訟であれば原告として訴えを提起する際に有していたはずの裁判所の選択の余地が認められないことになり，この点において不利益があることは否定できない。しかしながら，旧民訴法15条が不法行為地の裁判籍を認めている趣旨は，右のような被害者に対する便宜に対する考慮のほか，証拠収集の便宜を図り，適正，迅速な裁判の実現を図ることにあるというべきであるから，本件において，不法行為地が我が国にあると認められる場合に，それを裁判籍として我が国の国際裁判管轄を肯定することが，旧民訴法15条の趣旨又は条理に反するものであるということはできない。

また，旧民訴法15条にいう不法行為地には，不法行為の実行行為の一部が行われた地も含むというべきである。

2　そこで，本件について判断するに，まず，請求の趣旨1項，4項及び5項の各請求について検討する。(一) 請求の趣旨1項の請求については，…Yが，XにおいてBを平成9年3月又は4月ころ以降Xの住所地に居住させてその支配下においたことを不法行為の一部として主張していることは明らかである一方で，争いのない事実及び弁論の全趣旨によれば，Xの平成9年3月ころ以降の住所地は我が国の東京都杉並区であり，Bも同所に住所を有することが認められるので，結局，我が国の東京都に不法行為地の裁判籍があることになる。この点，Yは，Yが監護をすることができなくなったのは，アメリカにおいてであり，不法行為地はアメリカであると主張するところ，なるほど，Yの住所地は…アメリカのニュージャージー州にあるのであるから，アメリカ又はニュージャージー州も不法行為地であると認める余地はあるものの，なお右判断を左右するものではない。

また，請求の趣旨4項の請求については，Yが，Xにおいて，Aとともに，平成9年3月又は4月ころ以降Yに対する経済的な扶養を中止したことを不法行為の一部として主張していることは明らかである一方で，争いのない事実及び弁論の全趣旨によれば，Xは，平成9年3月

ころ以降，我が国の東京都にいたことが認められるので，結局，我が国の東京都に不法行為地の裁判籍があることになる。この点，Yは，Yが振り込まれた金銭を引き出しているのはアメリカであるから，その中止行為はアメリカにおいて行われたものであると主張するところ，なるほど，Yの住所地は，…アメリカのニュージャージー州にあるのであるから，右主張に係る事実は推認することができ，アメリカ又はニュージャージー州も不法行為地であると認める余地はあるものの，なお右判断を左右するものではないことは，請求の趣旨1項の請求についての判断と同様である。

さらに，請求の趣旨5項の請求については，Xにおいて，Yが主張していると主張する別紙目録五の事実に基づく不法行為は，…Yが，Xにおいて，Aとともに，昭和61年ころ，Y及びAの共有名義であったアメリカのニュージャージー州所在の不動産につき，Aの単独名義とする必要があるとの虚偽の事実を述べ，Yを錯誤に陥れたことを不法行為の一部として主張していることは明らかである一方で，争いのない事実及び弁論の全趣旨によれば，Xは，昭和61年ころは，その住所地である我が国の東京都にいて，右不動産の売却に関しては，東京都からアメリカの代理人に対して指示をしていたことが認められるので，結局，我が国内の東京都に不法行為地の裁判籍があることになる。この点，右不動産の売却はアメリカにおいて行われており，不法行為の実行行為地はアメリカであると主張するところ，なるほど，右不動産の所在地については争いがないから，アメリカ又はニュージャージー州も不法行為であると認める余地はあるものの，なお右判断を左右するものではないことは，請求の趣旨1項の請求についての判断と同様である。

したがって，請求の趣旨1項，4項及び5項の各請求については，いずれも我が国の東京都に不法行為地の裁判籍があるというほかはない。

(二)そこで，更に進んで，請求の趣旨1項，4項及び5項の各請求について，我が国で裁判を行うことが当事者間の公平，裁判の適正，迅速を期するという理念に反する特段の事情があると認められるかどうかについて検討する。

(1)この点，弁論の全趣旨によれば，X及びYは，いずれも我が国の国民であると認められる上，右各請求が，いずれもYのXに対する不法行為に基づく損害賠償請求権の有無を訴訟物とするものであることを考慮すると，本件における我が国の国際裁判管轄の有無を判断するに当たって，我が国の裁判所が，右のような特段の事情があると解することには，相当慎重でなければならず，我が国において裁判を行うことが，Yの応訴を著しく困難にし，あるいは訴訟を著しく遅滞させるなどの事情が認められない限り，右のような特段の事情があると解すべきではなく，このことは，請求の趣旨1項及び4項の各請求のような，我が国の国民の間で，子の監護権や扶養といった，親族関係に関わる利益を被侵害利益とする請求について判断する場合には，特に妥当するというべきである。

しかるに，本件においては，Yは既に訴訟代理人を選任して訴訟を遂行していることは当裁判所に顕著であるし，その他，請求の趣旨1項，4項及び5項の各請求について，我が国で裁判を行うことが被告の応訴を著しく困難にすると認めるに足りる事情は認められず，また，我が国で裁判を行うことが著しく訴訟を遅滞させると認めるに足りる事情も認められない。この点，被告は，フォーラムノンコンビニエンスの法理に照らすと，本件においては，我が国の国際裁判管轄は肯定されるべきではないという趣旨の主張をするが，抽象的，一般的に右法理が適用される場合があるかどうかはともかく，本件においては，右法理を適用すべきであると解すべき事情は認められない。

(2)一方，…別紙目録一から五までに記載の事実に基づくXのYに対する不法行為による損害賠償請求の訴えが，州裁判所に現在も係属していること，右訴訟において，州裁判所は，X及びAに対し，㋐平成9年4月25日に，子どもを日本から母親の監護の下に戻すように命ずる仮処分命令を発令し，㋑同年5月2日に，審尋期日とされた同年6月6日に出頭するよう命ずる命令及び逮捕状を発令し，㋒同年7月3日に，単独親権がYに与えられると同時に，子を返すよう命ずる命令に従わないときは，一日当たり1000ドルの罰金を課徴する旨の仮処分命令を発令したこと，その後，Xは，州裁判所に対し，右㋑及び㋒の裁判に対する免責を条件として，州裁判所の管轄権に服して出廷することを希望したが，州裁判所はこれを容れなかったことがそれぞれ認められるところ，Yは，右のような事実を考慮すると，我が国の国際裁判管轄は肯定されるべきではないという趣旨の主張をする。

しかしながら，右のような事実が認められるとしても，本件訴えが旧民訴法231条によって不適法となるわけではないし，その他，前記(1)で判示した性質を有する本件において，我が国内に不法行為地があると認められるにもかかわらず，我が国が国際裁判管轄権を行使することを差し控えるべきであると解すべき根拠は見出しがたく，例えば，州裁判所における判断と我が国の裁判所における判断とが食い違う可能性や，州裁判所における裁判が我が国において承認される可能性の有無等の事情を考慮する必要性もないというべきである。なお，この点，Yは，国際礼譲の法理に照らすと，本件においては，我が国の国際裁判管轄は肯定されるべきではないという趣旨の主張をするが，抽象的，一般的に右法理が適用される場合があるかどうかはともかく，本件においては，右法理を適用すべきであると解すべき事情は認められない。

したがって，右のような事実があるからといって，前記特段の事情があるということはできない。

(3)その他，被告は，本件における準拠法を問題とするようでもあるが，準拠法が何であるかということは，本案の問題であるし，本件における我が国の国際裁判管轄の有無を判断するに当たって，右の点を考慮すべき根拠も見出しがたい。

3　次に，請求の趣旨2項及び3項の各請求について検討する。

(一)まず，Xは，右各請求についても，我が国内に不法行為地があると主張するが，別紙目録二及び三記載の事実によれば，そのいずれについても，我が国内に不法行為地があるとまで認めることはできない。この点，別紙目録二及び三にそれぞれ記載された各不法行為が行われたとされる当時，Xは我が国の東京都にいたと認められることは前記2（一）のとおりであるが，右事実から，直ちに右各不法行為の実行行為が我が国で行われたということはできないし，Xは，この点を肯定するに足りる主張もしない。

したがって，請求の趣旨2項及び3項の各請求について，不法行為地の裁判籍が我が国内にあるということはできない。

(二)また，Xは，請求の趣旨1項，4項及び5項の各請求について，我が国の国際裁判管轄が肯定される以上，旧民訴法21条（現行法7条）により，これらの請求と併合して訴えが提起された，請求の趣旨2項及び3項の各請求についても，我が国の国際裁判管轄が肯定されると主張する。しかし，我が国の裁判所間での管轄の分配の問題であれば，仮に一つの裁判所において併合請求の裁判籍による管轄を認めたとしても，それによって不都合が生じた場合には，訴訟の全部又は一部を適当な裁判所に移送することによって，個々の具体的な裁判の適切な進行を図ることができるのに対し，本件のように，国際裁判管轄が問題となる事件においては，右のような処理をすることができないことから，我が国の国際裁判管轄の有無を判断するに当

たっては，証拠収集の難易やYとなる当事者が我が国において訴訟活動を行うことに伴う負担等といった事情を考慮し，我が国の国際裁判管轄を肯定することが，当事者の公平や裁判の適正，迅速を図を期するという理念に合致する場合であることを要するというべきである。そうすると，我が国の国際裁判管轄の有無を判断するに当たって，旧民訴法21条の併合請求の裁判籍に基づいて我が国の国際裁判管轄を無制限に肯定するのは相当ではなく，少なくとも，我が国の国際裁判管轄が肯定される請求と関連性を有するものについて，これを肯定すべきである。

　これを本件について見るに，請求の趣旨2項又は3項の各請求と，請求の趣旨1項，4項又は5項の各請求とは，別紙目録一から五までに記載された事実による限り，関連性を有していると解することはできず，Xにおいても，このような関連性について何ら主張立証をしない。

　そうすると，請求の趣旨2項及び3項の各請求については，これらと併合して訴えが提起された，請求の趣旨1項，4項及び5項の請求について我が国の国際裁判管轄が肯定されることを理由に，我が国の国際裁判管轄を肯定することはできないといわなければならない。

　(三)その他，請求の趣旨2項及び3項の各請求について，我が国の国際裁判管轄を肯定すべき根拠はない。右各請求について，旧民訴法が定める裁判籍が我が国内にあると認められない上，…Xは，現実に，州裁判所においても応訴のための訴訟活動を行っていることが認められることをも考慮すると，本件が前記2（一）のような性質を有するとしても，そのことから直ちに，右各請求について，我が国の国際裁判管轄を肯定することが条理にかなうとまで解することもできない。

　(四)なお，Xは，請求の趣旨2項及び3項の各請求を含め，Xの各請求について，我が国の国際裁判管轄を肯定しないことが，Xの憲法上の裁判を受ける権利を侵害するとも主張するが，もとより，憲法上保障されている裁判を受ける権利が，およそ権利関係の内容がどのようなものであるかを問うことなく，我が国において当該権利関係の存否についての裁判を受けることができるという権利までを保障したものであると解することはできず，Xの右主張は失当である。

　4　以上説示したところによれば，請求の趣旨1項，4項及び5項の各請求については，その余の点について判断するまでもなく，我が国の国際裁判管轄を肯定すべきであるから，この点のYの本案前の主張は失当であるし，右各請求についての裁判籍は，我が国の東京都にあるのであるから，当裁判所が管轄権を有することは明らかである。一方，請求の趣旨2項及び3項の各請求については，その余の点について判断するまでもなく，我が国の国際裁判管轄を肯定すべきではないから，その訴えは不適法であり，これを却下すべきである。

　よって，主文一項のとおり中間判決するとともに，主文二項及び三項のとおり判決する」（東京地判平10・11・27判タ1037号235頁）。

第5章　当事者の確定——手続的利益の救済措置とあわせて——

【イントロ】(基本講義34頁以下参照)

当事者の確定＝現に係属する訴訟において，当事者として扱われる者が誰であるかを決定すること。
→訴訟手続を進めるに際し，また，判決の効力を考えるにあたっては，だれが当事者かを確定していることが前提となる。
　　↓その他，当事者の確定が必要とされる場面
・裁判籍（4条1項以下）
・裁判官の除斥原因（23条1項）
・当事者能力（28条）
・訴訟能力（28条）　　　　　　　　　　　などの判定
・訴訟手続の中断（124条1項）
・訴訟事件の同一性（142条）
・証人能力（195条4号，207条）
・判決効の主観的範囲（115条1項）
・当事者適格

I　確定の基準

1　判例にあらわれたケース類型
　A．**氏名冒用訴訟のケース**…ZがXの名をかたって訴えを提起し，または，提起された場合に，当事者として判決の効力を受けるのはX（被冒用者）かZ（冒用者）か？
　　　＊大判昭10・10・28民集14巻1785頁〔民訴百選3版10事件〕［株金払込事件］
　B．**死者名義訴訟のケース**…死者の名義で訴え提起し，または，提起された場合に，当事者として判決の効力を受けるのは誰か？
　　　＊大判昭11・3・11民集15巻977頁〔民訴百選3版11事件〕
　cf. 法人格否認のケース…新会社を当事者としたうえで，新旧両会社の実質は前後同一であり，新会社の設立は旧会社の債務の免脱を目的としてなされた会社制度の濫用であって，会社は取引の相手方に対し，信義則上，新旧両会社が別人格であることを主張できないことから，新会社も旧会社の債務を負う（最判昭48・10・26民集29巻9号1240頁〔民訴百選3版A4事件〕）。

2　学説の状況

学　説		内　容
伝統的な学説	意思説	原告の意思を基準とする。
	行動説	当事者らしく行動し，または扱われた者を当事者とする。
	表示説	訴状における表示を基準とする。 ↓訴状の記載の捉え方に応じて，さらに見解が分かれる。 ①**形式的表示説**…訴状の当事者欄に記載された名称のみを基準とする。 ②**実質的表示説**…当事者欄の記載のほか，請求の趣旨・原因など訴状全体の記載から合理的に当事者と解釈する（横浜地判平11・11・10判タ1081号287頁，兼子・体系106頁など通説）。
近時の展開	適格説	「当該訴訟で解決されるべき実体法上の紛争の主体として訴訟に登場する者」という当事者概念を前提として，訴訟上に与えられた徴表のかぎりで，かつその一切を掛酌して，解決を与えることが最も適切と認められる実体法上の紛争主体を当事者と確定する（伊東乾「訴訟当事者の概念と確定」中田淳一先生還暦記念上『民事訴訟の理論』（有斐閣，1969年）61頁）。
	併用説	原告の確定には行動説，被告の確定には，第一に原告の意思，第二に適格，第三に訴状の表示の順で判断すべきであるとして，種々の基準を併用する（石川明「当事者の確定と当事者適格の交錯」法教〈二期〉66頁）。
	規範分類説	これから手続を進めるに際して誰を当事者として扱うかという行為規範からする観点と，すでに完了した手続を振り返って当事者は誰であったのかを考える評価規範からする観点を区別することを前提に，前者については単純明快な基準を提供する表示説を採用し，後者については，手続の遡及的覆滅を可及的に防止すべく，手続の結果を誰に帰せしめるのが紛争解決にとって有効であるのか，および，手続の結果を帰せしめても構わない程度に利益主張の機会が与えられていたかという点を参酌すべきである（新堂121頁，高橋・重点講義上142頁）。 ＊事案ごとに具体的妥当性を追及してきた判例の流れを分析して理論化。
	紛争主体特定責任説	当事者確定を紛争主体の特定に関する原告被告間の責任分配の問題と位置づけ，さしあたり表示を基準に被告を特定し，その後は変化してゆく紛争実態に即して当事者を定める（佐上善和「当事者確定の機能と方法」講座民訴3巻71頁など）。

《補足》　確定基準を模索する以上の諸説と異なり，当事者確定理論の機能ないし守備範囲を見直し，それを訴え提起時（第1回口頭弁論期日まで）に限定することで，当事者の調整を別途行おうとする**確定機能縮小説**という見解もある（納谷廣美「当事者確定の理論と実務」新実務民訴1巻239頁など）。これによると，当事者確定の基準としては表示説によりつつ，その不都合が批判される氏名冒用訴訟や死者名義訴訟などの例外的な場合を任意的当事者変更の理論や判決効の理論などによる処理に委ねられる。

3 検討——"実質的表示説" vs "規範分類説"のディベート

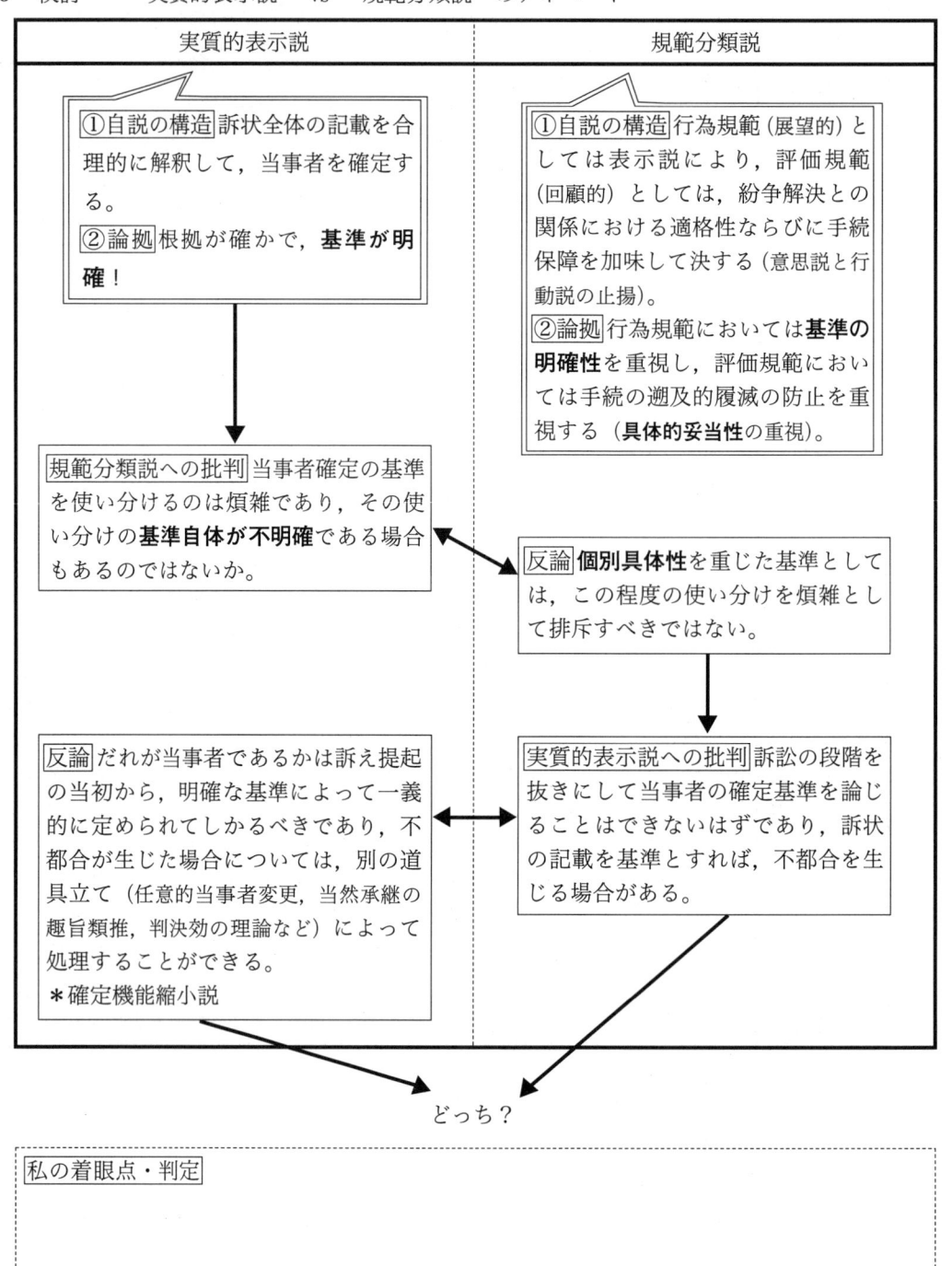

実質的表示説	規範分類説
①自説の構造 訴状全体の記載を合理的に解釈して，当事者を確定する。 ②論拠 根拠が確かで，**基準が明確**！	①自説の構造 行為規範（展望的）としては表示説により，評価規範（回顧的）としては，紛争解決との関係における適格性ならびに手続保障を加味して決する（意思説と行動説の止揚）。 ②論拠 行為規範においては**基準の明確性**を重視し，評価規範においては手続の遡及的履滅の防止を重視する（**具体的妥当性**の重視）。
規範分類説への批判 当事者確定の基準を使い分けるのは煩雑であり，その使い分けの**基準自体が不明確**である場合もあるのではないか。	反論 **個別具体性**を重じた基準としては，この程度の使い分けを煩雑として排斥すべきではない。
反論 だれが当事者であるかは訴え提起の当初から，明確な基準によって一義的に定められてしかるべきであり，不都合が生じた場合については，別の道具立て（任意的当事者変更，当然承継の趣旨類推，判決効の理論など）によって処理することができる。 ＊確定機能縮小説	実質的表示説への批判 訴訟の段階を抜きにして当事者の確定基準を論じることはできないはずであり，訴状の記載を基準とすれば，不都合を生じる場合がある。

どっち？

私の着眼点・判定

II 氏名冒用訴訟

問題1

> Xの名においてYに対する貸金返還請求訴訟が提起された。つぎの各場合において、当事者は誰か、また、Zによるける訴訟行為の効力を考えよ。
> (1) ZがXと称してYに対して本件訴えを提起した場合
> (2) Xによる本件訴えの提起に対し、ZがYと称して応訴した場合

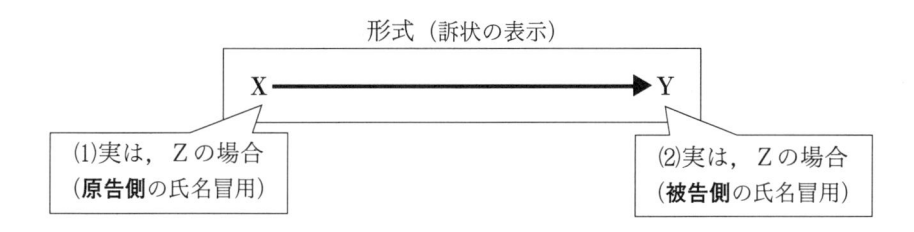

形式（訴状の表示）

X ─────────→ Y

(1)実は、Zの場合（**原告側の氏名冒用**）
(2)実は、Zの場合（**被告側の氏名冒用**）

1 解 説

【ポイント】 氏名冒用の**判明時期**を判決言渡しの前後で分けて考える。

(1) 原告側の氏名冒用のケース

氏名冒用の判明時期	表 示 説	規 範 分 類 説
判決言渡し**前**	①**当事者の確定**…訴状に原告として記載されたXが原告となる。 ＊もっとも、規範分類説によると、すでに進行した手続を振り返って当事者を確定する場合には、手続全体を通して誰が当事者として行動し、また、取り扱われてきたかという点を参酌することになるので（新堂121頁）、原告はZであると確定される余地がある。 ②**Zによる訴訟行為の効力**…無権代理（34条1項）に準じる。 →訴えは不適法却下される（→訴訟費用はZの負担[70条]）。ただし、Xが追認すれば、訴え提起は遡及的に有効となり（59条・34条2項）、Xに訴訟が係属する。 ＊もっとも、規範分類説により、Zが原告であると確定された場合は、Zに訴訟が係属する。	
判決言渡し**後**	①**当事者の確定**…訴状に原告として記載されたX原告となる。 ②**Zによる訴訟行為の効力**…Xに対する判決として効力を生じるので、無権代理人による訴えと同様に、Xは上訴・再審により判決を取り消すことができる（312条2項4号・338条1項3号）。	①**当事者の確定**…利益主張の機会を与えられていないXは原告ではなく、手続全体を通して原告として行動したZが原告となる。 ∵ 回顧的に手続を振り返る場合。 ②**Zによる訴訟行為の効力**…当事者でないXは、自己に判決の効力が及ばないことを主張できるとともに、形式的には有効な判決の外観が存在す

(2) 被告側の氏名冒用のケース

氏名冒用の判明時期	表示説	規範分類説
判決言渡し前	①**当事者の確定**…訴状に被告として記載されたYが被告となる。 ＊もっとも、規範分類説によると、すでに進行した手続を振り返って当事者を確定する場合には、Zを被告であるとする余地がある。 ②**Zによる訴訟行為の効力**…無権代理（34条1項）に準じる。 →あらためてYを被告として手続に関与させ、それ以降の訴訟行為は有効となる。なお、YがZによる訴訟行為を追認すれば、それ以前の訴訟行為の効力も遡及的に有効となる（59条・34条2項）。 ＊もっとも、規範分類説により、Zが被告であると確定された場合は、Zの訴訟行為は最初から有効である。	
判決言渡し後	①**当事者の確定**…訴状に被告として記載されたYが被告となる。 ②**Zによる訴訟行為の効力**…Yに対する判決として効力を生じるので、無権代理人の応訴行為と同様に、Yは上訴・再審により判決を取り消すことができる（312条2項4号・338条1項3号）。	①**当事者の確定**…手続関与の機会を与えられていないYは被告ではなく、手続全体を通して被告として行動したZが被告となる。 ∵回顧的に手続を振り返る場合。 ②**Zによる訴訟行為の効力**…当事者でないXは、自己に判決の効力が及ばないことを主張できるとともに、形式的には有効な判決の外観が存在するので、上訴・再審により判決の取消しを求める利益もある。

（上段続き：るので、上訴・再審により判決の取消しを求める利益もある（新堂122頁）。）

2 判 例

(1) 原告側の冒用

～訴外AがX名義の委任状を偽造して弁護士Bを訴訟代理人に選任したうえ、Yに対して抵当権設定登記の抹消を求める訴えを提起した。弁護士Bは口頭弁論期日を懈怠し、訴え却下判決が言渡された。その送達によって、Xは、本訴の提起および判決言渡しの事実を知るに至り、故障を申し立てた（旧々民事訴訟法下の事件）。

↓これに対し、

大審院は、民事訴訟の当事者として確定判決の効力に服する者は、単に訴状または判決に当事者として表示された者ではないとして、現に原告として訴えを提起し若しくは被告として相手取られたのでない者、すなわち、被冒用者に対しては、判決の効力は生じないと判示した。そのうえで、Xは、訴外者のため自己の名義を冒用せられたにとどまり、当初より訴訟の当事者たるものでなく、また、欠席判決の送達を受け故障の申立てをしたがために当事者たる地位を取得すべきものでもないとして、当事者でないXの故障申立てを不適法却下した（大判大4・6・30民録21輯1165頁）。

＊同旨、大判昭2・2・3民集6巻13頁。

(2) 被告側の冒用

~Yは，Xに対して，Yが訴外A社（大日本漁業株式会社）の株主であると称し，株金払込請求訴訟を提起したところ，請求認容判決が言渡され，確定した。Yは，この確定判決を債務名義としてX所有の動産に対する強制執行に及んだ。Xは，これを受けてYの提訴と自己の敗訴判決（本案判決）を知るに至った。そこで，Xは，自らのあずかり知らぬところで訴外B（＝冒用者）がXの委任状を偽造し，Xの氏名を冒用してC弁護士を訴訟代理人に選任したのであり，法律の規定にしたがって代理されていないとして再審の訴えを提起した。

→原審は，当事者ではないX（＝被冒用者）に対して**判決の効力が及ばない**ので，Xは訴訟手続上の救済を講ずる必要がなく，民事訴訟法も氏名冒用を再審事由としていないとして，Xの再審請求を棄却した。そこで，Xは上告した。

↓これに対し，

大審院は，訴訟行為が冒用者の行為としてなされ，判決が冒用者に対して言渡されたときは，その効力は**冒用者にのみ及び**，被冒用者に及ぶことはないといえども，当事者の氏名を冒用し，当事者名義の委任状を偽造して**訴訟代理人**を選任し，被冒用者名義をもって訴訟行為をなさしめ，裁判所がこれに気付かずに判決を言渡したときは，被冒用者が当事者となるので，判決の既判力は冒用者に及ばず，**被冒用者に及ぶ**といわざるを得ず，したがって，被冒用者は，**上訴・再審**により判決の取消しを求めることができるとして，原判決を破棄差戻した（大判昭10・10・28民集14巻1785頁〔民訴百選3版10事件〕［株金払込事件］）。

＊大判昭10年判決に対しては，一方で，判旨の前段で**行動説**を原則とするとしながら，後段では**表示説**を採用するかような表現をしており，首尾一貫性に欠けるとの批判があり（兼子・判例民訴14頁など），他方で，被冒用者を名宛人とする判決があるという事実に着目して再審を認めるのが被冒用者の利益にかなった処理であるとする評価も有力である（新堂122頁，高橋・重点講義上145頁など）。

＊被告側に冒用があったところ，被冒用者が第一審の敗訴判決の送達を受けてはじめて提訴を知り，訴訟代理人を選任して控訴を提起したときは，第一審における訴訟行為の瑕疵についての**追認**があったものとして，**原審における補正**を認めた判例がある（最判平2・12・4判時1398号66頁）。

《参考判例》 確定判決の騙取——被告が訴訟係属を知る機会のないまま敗訴判決を受けた事案

AがCと通謀のうえ，手形上はCがAに対して債務を負担している外観を作出し，Cに対する仮執行宣言付支払命令を得た後，Aは，Cの不知に乗じて，C所有不動産に強制執行の申立てをなし，Yが競落した。他方で，Cから当該不動産を買い受けていたXは，Yに対して，所有権確認等を求める訴えを提起した。

最高裁判所は，本件における債務名義（仮執行宣言付支払命令）の効力は，Cに及ばず，同人に対する関係では**無効**であると判示した（最判昭43・2・27民集22巻2号316頁）。

＊本判決は，再審の訴えを提起するまでもなく，別訴の前提問題として直接に**判決の無効**を主張する可能性を与えるものとして，氏名冒用訴訟においても参考となる（民訴百選3版10事件解説〔佐上善和〕）。

☆判例の評価~一見すると，判例の傾向に一貫性を見出すことは難しいが，被冒用者が攻撃防御の機会を奪われたことを事案に即して救済するという基本的態度を読み取ることが許され

よう（梅本102頁参照）。

Ⅲ 死者名義訴訟

問題2

> XのYに対する貸金返還請求訴訟において，つぎのような事情があった場合において，当事者は誰か，および，訴訟上の取扱いを考えよ。
> (1) 訴え提起前にYがすでに死亡していた場合
> (2) 訴え提起後，口頭弁論終結前にYが死亡した場合
> (3) 判決言渡し後にYが死亡した場合

1　解　説

(1) 死者を被告とする訴訟――提訴前の死亡
→Y死亡の**判明時期**を訴訟係属前，訴訟係属後，判決言渡し後に分けて考える。

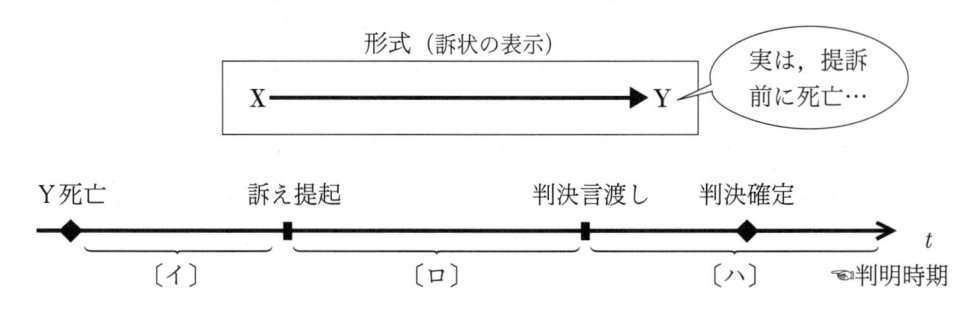

形式（訴状の表示）
X ――――――――→ Y
実は，提訴前に死亡…

Y死亡　　　訴え提起　　　判決言渡し　　判決確定
　　　〔イ〕　　　〔ロ〕　　　　　〔ハ〕　☜判明時期

被告死亡の判明時期	表　示　説	規範分類説
〔イ〕訴訟係属前	①**当事者の確定**…訴状に被告として記載されたYが被告となる。 ②**訴訟上の取扱い**…被告Yはすでに死亡し，存在しないので，本件訴えは，当事者の実在を欠く不適法なものとして却下される。	
〔ロ〕訴訟係属後かつ判決言渡し前	①**当事者の確定**…訴状に被告として記載されたYが被告となる。 ②**訴訟上の取扱い**…被告Yは死亡し存在しないので，本件訴えは**却下**される。 《**実質的表示説**による修正》 ①**当事者の確定**…相続人が訴訟に関与し，訴状における当事者欄のほか請求原因の記載などを考慮して相続人を当事者とする趣旨が合理的に推認される場合には，**相続人が当事者となる** ②**訴訟上の取扱い**…死者から相続人への**表示の訂正**を行う。	①**当事者の確定**…訴状の全趣旨のみならず，正当な当事者はだれか，訴状の送達方法，訴訟追行行為の機会の有無等の訴状の記載以外の状況を考慮して，**相続人が実質上被告であったとみるべきである。** ②**訴訟上の取扱い**…死者から相続人への**表示の訂正**を行う。
	①**当事者の確定**…訴状に被告として記載されたYが被告となる。	

Ⅲ　死者名義訴訟

〔ハ〕判決言渡し後	②訴訟上の取扱い…存在しない被告Yを名宛人とする判決は**無効**。<hr>《**実質的表示説**による修正》 ①当事者の確定…相続人が訴訟に関与し，訴状における当事者欄のほか請求原因の記載などを考慮して相続人を当事者とする趣旨が合理的に推認される場合には，**相続人**が当事者となる。 ②訴訟上の取扱い…**判決の更正**を行う。 ＊相続人が死者に代わって訴訟行為をしていたときは，訴訟係属後の当事者の死亡（124条1項1号）に準じ，訴訟承継を前提とする黙示の受継がなされたとみなされ，判決の効力は相続人に及ぶ。	①当事者の確定…訴状の記載およびそれ以外の状況を考慮して，相続人が訴訟追行の地位と機会が与えられていたと評価される場合は，相続人が当事者となり，これに判決の効力が及び，そうでない場合は判決は無効となる。 ②訴訟上の取扱い…相続人に判決効が及ぶ場合には，判決の更正を行う。

(2) 死者を被告とする訴訟――審理中の死亡
　→この場合，訴訟**中断**の効果が生じ，相続人等が**受継**の手続をとる（124条1項1号）。
　　＊訴訟代理人が存在すれば，訴訟手続は中断しない（124条2項）。

(3) 死者を被告とする訴訟――判決後の死亡
　→**口頭弁論終結後の承継人**として，相続人に判決効が及ぶ（115条1項3号）。
　　＊当事者はY！

2　判例

①大判昭11・3・11民集15巻977頁〔民訴百選3版11事件〕	広島株式取引所取引員Bは，Aからの委託による株式取引における28円余の損害を立替払いしていたが，破産宣告を受けてしまった。そこで，破産管財人Xは，その立替金の支払を求めて，被告をAと表示して訴えを提起したところ，すでにAは死亡しており，Yが家督相続していた。訴状等は，Aの妻Cが受領していた。なお，Yは未成年者であり，Cはその親権者である。 　大審院は，本件における実質上の被告はYであるから，訴状における被告の表示をAからYに訂正するとともに，同人は未成年者なので，その法定代理人を記載しなければならないとした。 ☆本判決は，**意思説**を採用したものと評価されている。
②大判昭16・3・15民集20巻191頁	訴状が相続人Zに送達されても，何の反応もなく，被告Yの死亡が訴訟上判明せずにY敗訴の判決が確定したケースについて，Zは被告ではなく，判決効を受けることはないので，再審の訴えを提起することができないとした。
③最判昭51・3・15判時814号114頁	原告が訴訟代理人を選任した後に死亡し，これを知らずに代理人が訴えを提起したケースについて，**訴訟承継の規定を類推適用**することを認めた。
④最判昭41・7・14民集20巻6号1173頁	訴状送達時に被告が死亡していたため，自ら訴訟代理人を選任して受継申立てをした相続人が，後に死者に対する訴えであるとして上告したケースについて，上告を信義則に反するとして退けた。

第6章　訴訟における代表権と表見代理
——法廷における実体的真実の重みと当事者間の公平——

【イントロ】（基本講義50頁参照）

訴訟上の代理人＝当事者の名で当事者に代わって訴訟行為を行い，または，受ける者
　　　　法定代理人＝法律の規定に基づいて訴訟上の代理権を授与された者
　　　　任意代理人＝本人の意思に基づいて訴訟上の代理権を授与された者
↓
当事者能力を有する法人（28条）および法人でない社団・財団（29条）は，その**代表者**によって訴訟行為をするが，この代表者は訴訟無能力者の**法定代理人**に準じる（37条）。

```
法定代理人            代表者
   |                    |
無能力者本人          法人等
```

↓
法人を被告として訴えを提起する原告は，**登記**を基準として法人の代表者を定めることになる。
→登記された代表者が真実の代表者ではなかったときは，追認されないかぎり，**訴訟行為**は**無効**となり，すでになされた**判決**は，**上訴・再審**によって取り消されうる（312条2項4号・338条1項3号）のが本来である。しかし，これでは登記を信頼した原告の利益が損なわれてしまう。
　　↓そこで，
実体法上の表見法理によって，登記上の代表者を相手方とする原告の訴訟行為を有効とすることはできないかが問われる。

I　判例——鶏卵代金請求事件（最判昭45・12・15民集24巻13号2072頁〔民訴百選3版23事件〕）

1　事　案

　　Xは，Y有限会社に対して鶏卵の売買代金11万3490円およびその完済に至るまで年6分の割合による遅延損害金の支払を求めて訴えを提起した。その訴状にはY社の代表者を商業登記簿上の代表者であるAと表示されていた。訴状副本は最初Y社の本店宛に送達されたところ，送達不能のため，あらためてA個人の住居宛に送達された。
　　Aの訴訟委任を受けた訴訟代理人は，第1回口頭弁論期日において，AはY社の代表取締役に就任したこともなく，また，その就任を承諾したこともないから，Aを代表取締役とするY社は当事者適格がないから，本件訴えは不適法であると主張した。

2 裁判の経緯
(1) 第一審（東京地判昭43・7・19）
　第一審裁判所は，本件訴えを適法と判断したうえで，請求を認容した。その理由として，「会社が自己の代表者を定めることは，会社の自治と責任にまかせられており，登記により，これを明らかにすることは法律の定めるところであるから，会社を相手方として訴を提起するには登記されている代表者をその代表者として表示すれば足りるのである。もし，選任又は登記に欠缺があれば，Y社において自ら登記を是正し又は代表者を選任して応訴すればよい」という。
　　↓これに対し，AはY会社代表取締役A名義で控訴した。
(2) 控訴審（東京高判昭44・11・6）
　控訴審裁判所は，本件訴えを不適法として，原判決を取消し，訴えを却下した。それは，議事録上ではAはY会社の臨時社員総会で取締役に選任され，かつ取締役の互選により代表取締役に選任されたことになっているが，実のところAはその社員総会に出席したこともなければ，取締役・代表取締役への就任を承諾したこともないと認定したことによる。
　　↓そこで，Xは上告した。
3 判　旨
　《上告棄却》
　「民法109条および商法262条（現行会社354条）の規定は，いずれも取引の相手方を保護し，取引の安全を図るために設けられた規定であるから，取引行為と異なる訴訟手続において会社を代表する権限を有する者を定めるにあたつては適用されないものと解するを相当とする。この理は，同様に取引の相手方保護を図つた規定である商法42条1項（現行会社13条本文）が，その本文において表見支配人のした取引行為について一定の効果を認めながらも，その但書において表見支配人のした訴訟上の行為について右本文の規定の適用を除外していることから考えても明らかである。したがつて，本訴において，AにはY会社の代表者としての資格はなく，同人を被告たるY会社の代表者として提起された本件訴は不適法である旨の原審の判断は正当である。
　そうして，右のような場合，訴状は，民訴法58条，165条（現行37条，102条1項）により，Y会社の真正な代表者に宛てて送達されなければならないところ，記録によれば，本件訴状は，Y会社の代表者として表示されたAに宛てて送達されたものであることが認められ，Aに訴訟上Y会社を代表すべき権限のないことは前記説示のとおりであるから，代表権のない者に宛てた送達をもつてしては，適式な訴状送達の効果を生じないものというべきである。したがつて，このような場合には，裁判所としては，民訴法229条2項，228条1項（現行138条2項，137条1項）により，Xに対し訴状の補正を命じ，また，Y会社に真正な代表者のない場合には，Xよりの申立に応じて特別代理人を選任するなどして，正当な権限を有する者に対しあらためて訴状の送達をすることを要するのであつて，Xにおいて右のような補正手続をとらない場合にはじめて裁判所はXの訴を却下すべきものである。そして，右補正命令の手続は，事柄の性質上第一審裁判所においてこれをなすべきものと解すべきであるから，このような場合，原審としては，第一審判決を取り消し，第一審裁判所をしてXに対する前記補正命令をさせるべく，本件を第一審裁判所に差し戻すべきものと解するを相当とする」（最判昭45・12・15民集24巻13号2072頁〔民訴百選3版23事件〕［鶏卵代金請求事件］）。

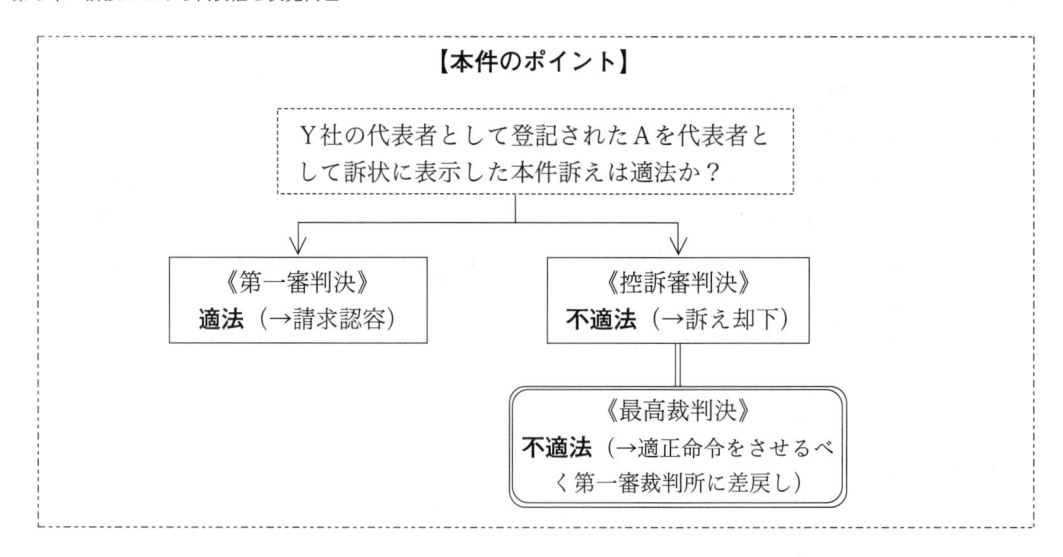

```
┌─────────────────────────────────────────────────────┐
│              【本件のポイント】                        │
│         ┌──────────────────────────┐                │
│         │ Y社の代表者として登記されたAを代表者と    │ │
│         │ して訴状に表示した本件訴えは適法か？      │ │
│         └──────────────────────────┘                │
│              ↓              ↓                        │
│     ┌──────────────┐  ┌──────────────┐              │
│     │《第一審判決》 │  │《控訴審判決》 │              │
│     │ 適法（→請求認容）│  │ 不適法（→訴え却下）│       │
│     └──────────────┘  └──────────────┘              │
│                              ↓                       │
│                      ┌──────────────┐                │
│                      │《最高裁判決》 │                │
│                      │ 不適法（→適正命令をさせるべ  │ │
│                      │ く第一審裁判所に差戻し）      │ │
│                      └──────────────┘                │
└─────────────────────────────────────────────────────┘
```

*代表資格を欠くA宛になされた訴状の送達は，Y社に対する送達としての効力は認められないが，そのことを主張できるのは誰か？

→真正な代表者のほか，Aも主張できる。

∵ 原告とAとの間にある争いは，Aの代表資格をめぐるものであることから，Aにはこの争いの相手方たる適格性があり，この争いが会社を被告とする訴訟の内部において解決されるべきであるがゆえに，Aは相手方として訴訟行為を有効になしうる（小山昇「判批」民商65巻5号（1972年）134頁）。

II 分　析

1 問題の所在

　法人を被告として訴えを提起しようとする者は，登記を基準として法人の代表者を定めるが，登記簿上の代表者が真実の代表者と異なる場合には，追認されないかぎり，それまでの訴訟行為は無効となり，また，すでになされた判決は上訴・再審によって取り消されることになる（312条2項4号・338条1項3号）。

　しかし，これでは登記を信頼した原告の利益を損なうおそれがあり，ひいては法人を被告とする訴えの提起を躊躇させることにもなりかねず，原告の裁判を受ける権利の保障（憲32条）の面でも問題があると思われる。そうした見地から，実体法上，一定の外観に対する信頼を保護する表見法理を訴訟行為にも適用して，登記簿上の代表者に対する訴訟行為を有効とすべきであるとの主張がなされることになる。

　その反面，表見法理の適用を肯定することにより，真実の代表者により訴訟追行されるという法人の手続的利益ないし裁判を受ける権利を蔑ろにすることにもなりかねない。

　そこで，表見法理を訴訟行為に適用することによるメリット・デメリットを調和する解釈とは何であろうか，また，その決め手は何であるのかが問われる。

*理論的には，訴訟行為論の問題であるものの，そこにおける考え方いかんにより自ずと結論が導かれるというわけではなく，一段と深い考察を要する問題といえよう。

*代理権・代表権に関する表見規定

　〜理事の代表権制限（民54条），代理権授与表示（民109条），権限踰越（民110条），代理権消

滅（民112条），商業登記（会908条1項［旧商12条］），不実登記（会908条2項［商14条］），支配人の権限制限（商21条3項），表見支配人（商24条，会13条［旧商42条］），代表社員の権限制限（会599条5項），清算人の権限制限（会655条6項），代表取締役の権限制限（会349条5項），表見代表取締役（会354条），職務代行者の権限（商271条）など。

2　学説の状況

(i) 否定説（菊井＝村松Ⅰ343頁，注解民訴(2)106頁〔小室直人＝大谷種臣〕，石川明「判批」民商56巻4号（1967年）621頁，注解民訴【Ⅰ】〔難波孝一〕，梅本145頁など有力説）

　＊判例も否定説をとる（上記のほか，私立学校法28条2項に関する最判昭41・9・30民集20巻7号1523頁［私立学校教諭解雇事件］，商法12条に関する最判昭43・11・1民集22巻12号2402頁など）。

(ii) 肯定説（新堂162頁，実務民訴1巻183頁〔竹下守夫〕，注釈民訴1巻510頁〔高見進〕，高橋・重点講義上206頁，松本＝上野99頁〔松本〕，伊藤115頁，中野ほか120頁〔坂原正夫〕，秋山ほかⅠ370頁など多数説）

	《否定説》	《肯定説》
理由	①取引安全のための表見法理は，取引行為ではない訴訟行為には適用されない。 ②取引の相手方保護を図る商法24条本文，会社法13条本文（旧商法42条1項但書）は，表見支配人のした訴訟上の行為を除外している。 ③何人が代表者かは職権探知または職権調査されるべき事項である。 ④肯定すると，原告は登記簿上の代表者あるいは真実の代表者いずれをも相手方とすることができ，訴訟手続を不安定にしてしまう。 ⑤肯定すると，相手方の善意・悪意によって取り扱いが区別され，訴訟手続が不安定となってしまう。 ⑥代表権の欠缺は，絶対的上告理由（312条2項4号）および再審事由（338条1項3号）であり，軽々にその治癒を認めるべきでない。 ⑦訴訟は真実を追究すべきであり，法人から真の代表者によって「裁判を受ける権利」（憲32条）を奪うべきではない。	①訴訟も実体法上の権利の実現プロセスという意味において取引関係の延長として理解でき，外観への信頼を保護するのが公平である。 ②商法24条本文，会社法13条本文は，登記までした表見支配人に適用されるかは問題である。 ③当事者は通常，登記などの外観以外に真実の実体関係を調査する方法を持ち合わせていない。 ④悪意の原告が実質を伴わない登記簿上の代表者を相手にしても無駄であるし，反対にあえて登記簿に記載のない代表者を真実の代表者として相手にするにはそれなりの確実な証拠があると考えられるので，訴訟上も表見法理による代表権存否の認定は容易であるといえ，格別，訴訟手続を不安定にするとまではいえない。 ⑤肯定すると，相手方は登記を基準にして代表権を判断することができ，訴訟手続の安定につながる。 ⑥肯定すると，原告が善意の場合は手続が覆滅せず，かえって手続の安定をもたらすが，登記簿上の代表者に対して訴えを提起した原告は善意と推定される（この推定法理は不動産登記について古くから認められている［大判大15・12・25民集5巻12号897頁］）ため，原告の悪意によって手続が覆滅する場合は限られた範囲にとどまる。 ⑦不実の登記を放置している法人より，それを信頼した原告の方を保護するのが公平である。 ⑧代理権について外観を基準とする民訴法36条が存することから，すでに訴訟法上も表見法理が認められている。 ⑨代理権の存否は，実体法による以上（37条・28条），実体法上の表見法理も適用される。

＊否定説においても，法人側で訴訟の存在を知りつつ放置した場合には，後になって代表権の欠缺を主張できないとする（「追認の擬制」を認める）見解もある（菊井＝村松 I 30頁，続民訴百選29頁〔納谷廣美〕，演習民訴［新版］222頁〔本間靖規〕など）。

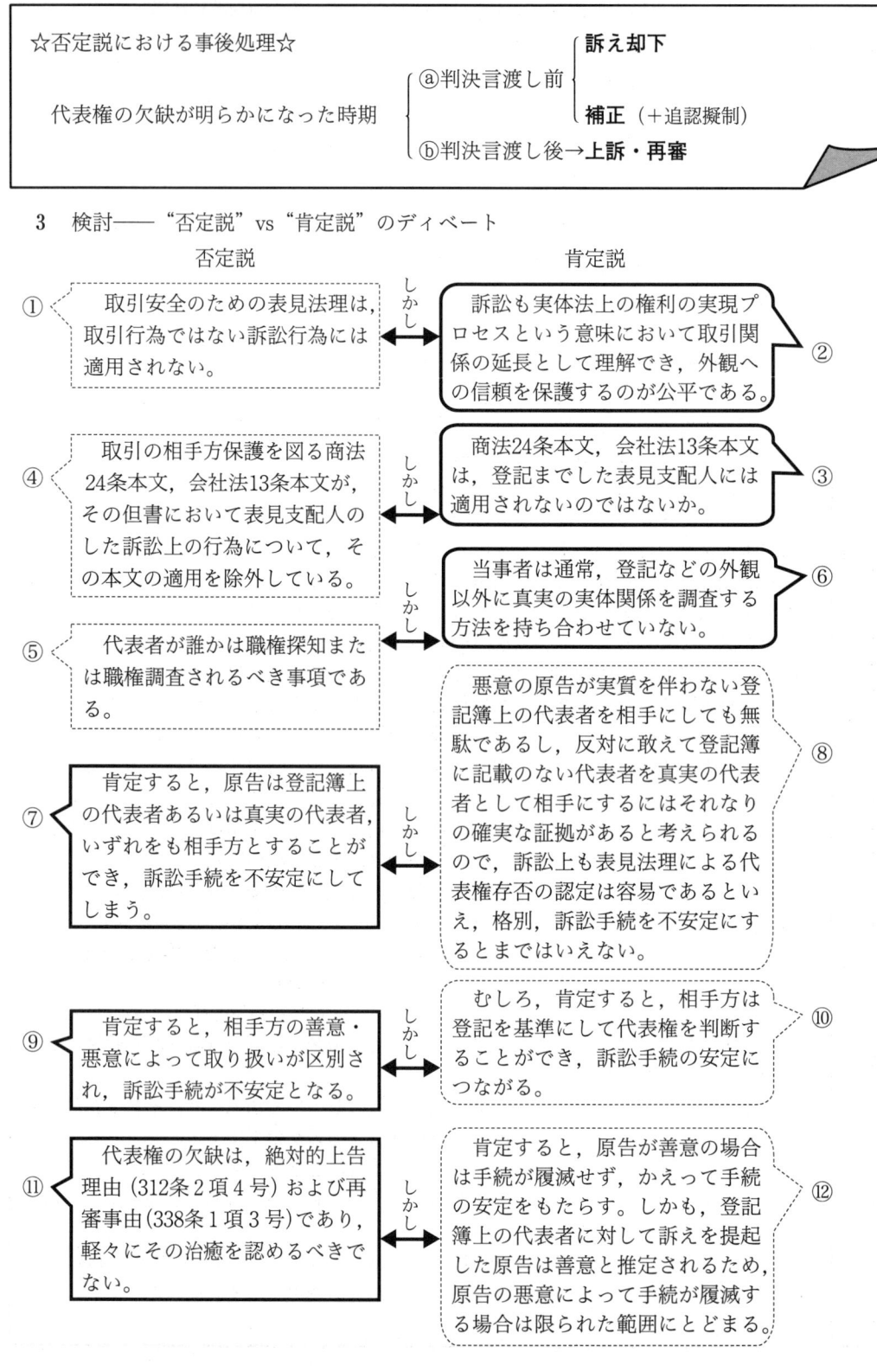

```
☆否定説における事後処理☆                        ⓐ判決言渡し前 ─┬─ 訴え却下
  代表権の欠缺が明らかになった時期 ┤              └─ 補正（＋追認擬制）
                                    ⓑ判決言渡し後 → 上訴・再審
```

3 検討――"否定説" vs "肯定説"のディベート

否定説　　　　　　　　　　　　　　　　　　肯定説

① 取引安全のための表見法理は，取引行為ではない訴訟行為には適用されない。
　　　　　しかし
② 訴訟も実体法上の権利の実現プロセスという意味において取引関係の延長として理解でき，外観への信頼を保護するのが公平である。

④ 取引の相手方保護を図る商法24条本文，会社法13条本文が，その但書において表見支配人のした訴訟上の行為について，その本文の適用を除外している。
　　　　　しかし
③ 商法24条本文，会社法13条本文は，登記までした表見支配人には適用されないのではないか。

⑤ 代表者が誰かは職権探知または職権調査されるべき事項である。
　　　　　しかし
⑥ 当事者は通常，登記などの外観以外に真実の実体関係を調査する方法を持ち合わせていない。

⑦ 肯定すると，原告は登記簿上の代表者あるいは真実の代表者，いずれをも相手方とすることができ，訴訟手続を不安定にしてしまう。
　　　　　しかし
⑧ 悪意の原告が実質を伴わない登記簿上の代表者を相手にしても無駄であるし，反対に敢えて登記簿に記載のない代表者を真実の代表者として相手にするにはそれなりの確実な証拠があると考えられるので，訴訟上も表見法理による代表権存否の認定は容易であるといえ，格別，訴訟手続を不安定にするとまではいえない。

⑨ 肯定すると，相手方の善意・悪意によって取り扱いが区別され，訴訟手続が不安定となる。
　　　　　しかし
⑩ むしろ，肯定すると，相手方は登記を基準にして代表権を判断することができ，訴訟手続の安定につながる。

⑪ 代表権の欠缺は，絶対的上告理由（312条2項4号）および再審事由（338条1項3号）であり，軽々にその治癒を認めるべきでない。
　　　　　しかし
⑫ 肯定すると，原告が善意の場合は手続が履滅せず，かえって手続の安定をもたらす。しかも，登記簿上の代表者に対して訴えを提起した原告は善意と推定されるため，原告の悪意によって手続が履滅する場合は限られた範囲にとどまる。

> 私の着眼点・判定

Ⅲ その他の判例

1 私立学校教諭解雇事件（最判昭41・9・30民集20巻7号1523頁）
(1) 事案の概要

　私立Y高等学校の教諭であったXは、不当に解雇されたとして同校を相手取り、XがY校の教諭であることの身分確認と給料等の支払いを求める訴えを提起した（1963年5月9日）。その際、Xは、登記簿上Y法人の理事として記載してあるAを被告Y法人の代表者として訴状に表示し、その旨の記載のあるY法人の登記簿抄本を添付した。本件訴状副本および期日呼出し状などは、すべてA宛に送達されたが、Aは口頭弁論期日に一度も出席せず、答弁書や準備書面も提出しなかった。

(2) 裁判の経緯

　第一審裁判所は、X勝訴の判決を言渡した。

　これに対し、Y法人の代表者としてBが控訴を提起し、つぎのような主張をした。本訴提起時のY法人の代表者はBであり、その2ヶ月前の理事会（1963年3月4日）において、Aは理事長および理事を辞任していた。そして、本訴提起後間もなくしてAの理事長辞任の登記がなされたが（1963年5月17日）、Y法人の理事であるXは、理事長交替の事実を知っていたはずであり、登記の有無にかかわらず、Aを代表者であると主張することはできない。したがって、本件訴えは、Y法人の代表者を誤って提起された不適法な訴えである。

　控訴審裁判所は、上記のBの主張をいれ、学校法人の代表者に関する事項は登記事項であり、それは登記後でなければ第三者に対抗することができないものの、Xは、Aの理事長辞任の登記を主張できない関係にあるとしたうえで、訴状等をY法人の真の代表者たるB宛に送達せず、B欠席のまま弁論を終結して判決を言渡した第一審の手続は違法であるとし、第一審判決を取り消し、本件を第一審裁判所に差戻した。

　これに対し、Xは、法人の代表者の代表権は書面によって証することを要する（民訴規15条・18条）ところ、本訴提起に際してXは、登記簿によりY法人の代表理事長がAであることを証明し、これを代表者として表示して提訴した本件訴えは適法であると主張して、上告した。

(3) 判　旨

《上告棄却》

　「私立学校法28条1項および2項の規定は、学校法人と実体法上の取引をする第三者に取引上必要な右法人の組織等の事項を知らしめるため右事項についての登記を要請し、右第三者の実体法上の取引保護のため右事項について登記をもって対抗要件としているのである。これに反し、民事訴訟は、公権力をもって実体法上の法律関係を確定する手続であつて、それ自体は実体法上の取引行為ではないから、民事訴訟において何人が当事者である学校法人を代表する権限を有するかを定めるにあたつては、右私立学校法28条2項の規定は適用され

ないものと解すべきである。したがつて，学校法人を当事者とする訴訟において，右訴訟の提起前に右法人の代表者の交替があつたのにその旨の登記が経由されていない場合であつても，右法人を代表して訴訟追行の権限を有する者は，つねに交替後の新代表者である。されば，かかる場合において，第一審裁判所が訴状副本および期日呼出状の送達から判決の言渡に至るまでの一切の訴訟行為を旧代表者に対してだけし，しかも，第二審においても真正な新代表者による追認がないときは，右第一審判決は取消を免れないものと解すべきである」（最判昭41・9・30民集20巻7号1523頁［私立学校教諭解雇事件］）。

> ☆参照☆
> 私立学校法28条1項「学校法人は，政令の定めるところにより，登記しなければならない。」
> 　　　　　　　2項「前項の規定により登記しなければならない事項は，登記の後でなければ，これをもつて第三者に対抗することができない。」

2　西日本建設業保証株式会社事件（最判昭57・11・26民集36巻11号2296頁）
(1)　事案の概要

　　Xは，建設機械金融の保証を業とする株式会社であるが，訴外A社が建設機械購入資金としての4000万円を金融機関より分割返済の約束で借り受けるに際して，これを保証した。この保証にあたり，Xは，A社がXに対して将来負担することになるかもしれない求償債務その他の債務を担保するために未成年者Yならびにその親権者の父Bが連帯保証人になるとともに，A社の不履行によってXが保証債務を履行したときは，Y所有の土地（以下，本件土地）をXの指示する価額を持って所有権を取得する旨の代物弁済予約を締結し，その旨の仮登記をした。

　　その後，経営状態の悪化したA社は，金融機関からの借受元利金の支払いを遅滞したため，Xは金融機関に対する代位弁済を余儀なくされ，その結果，A社に対して求償債権を取得するに至った。そこで，Xは，Yに対して本件土地を合計1380万円で代物弁済する旨の完結の意思表示をし，所有権移転登記手続等を求める訴えを提起した。その後，この事件については，他の事件（Xが原告として，A社，B，Y等を被告とする所有権移転登記手続等請求事件）と併せて裁判上の和解が成立した。この和解においてYを代理したC弁護士が，和解を含めた訴訟追行の委任を直接受けたのは，Yの親権者としての父Bからであるものの，委任状にはBとともに母Dが委任者として記載（記名押印）されていた。この和解の骨子は，Yは8417万112円の支払いを担保するために本件土地を信託譲渡し，かつ，そのうち2000万円の支払いを担保するためにY所有の建物（以下，本件建物）につき代物弁済予約を締結するというものであった。

　　A社は，この和解条項に基づいて支払うべき分割金を支払わなかったので，Xは，本件土地等を代物弁済として取得する旨をYに通知した。これに対して，その後成年に達したYは，Xを相手取り，Xが担保権実行の結果として本件土地・建物の所有権を取得したことを争い，請求異議訴訟を提起するなどした。

(2)　裁判の経緯

　　第一審裁判所は，代物弁済を原因とする所有権移転登記請求を認め，X勝訴の判決を言渡

した（奈良地判昭52・1・31）。これに対し，Yは，自らの母DがC弁護士に対し訴訟代理権の授与をしたことがないから，本件和解はYに対して効力がなく，また本件和解はYと親権者との利益相反行為として無効であるなどと主張して，控訴した。

控訴審裁判所は，民法825条によれば，共同親権を行使する父母の一方が，共同の名義で，子に代わって法律行為をしたとき，その行為が他の一方の意思に反した場合でも，行為の相手方が悪意でないかぎり，その行為の効力を妨げられることはないとされているところ，この法理は弁護士に対する訴訟委任のような訴訟行為の場合にも適用されるものと解されるとしたうえで，本件のC弁護士はYの訴訟代理人として，本件和解をする権限を有していたといわなければならず，また，本件和解におけるYの担保提供行為については，家庭裁判所の選任した特別代理人が後日追認しているから，当該行為が親権者との利益相反行為になるとしても，上記追認によって行為の時に遡って有効となったと解される（民法116条参照）として，控訴を棄却した。（大阪高判昭54・1・30）。

そこで，Yは，民法825条は，法律行為についての取引安全のための定めであることは，その但書からも窺われるところであり，一般私法上の法律行為については，取引の相手方保護のため，かかる規定も理解されるところであるが，本件の如き訴訟委任のような訴訟行為について，そうした概念をいれる余地はなく，しかも，訴訟行為については手続の安定性という面から，同条但書が適用される場合は，善意・悪意によって有効となったり，無効となったり，甚だ好ましくない結果となることから，民法825条は，訴訟行為には適用すべきでないとして，原判決は法令の解釈適用を誤ったものであるなどとして，上告した。

(3) 判　旨

《一部破棄差戻し》

「民法825条の規定は，共同して親権を行うべき父母の一方が，他方の意思に反して共同名義で未成年者に代わって法律行為をし又は未成年者がこれをすることに同意した場合において，その外形を信頼した善意の相手方を保護し，もって取引の安全を図ることを目的としたものであって，取引行為とは異なる訴訟行為には適用されないものと解するのが相当である。けだし，訴訟行為においては，一つの行為が他の行為の前提となり，これらが有機的に結合して手続を形成していくのであって，右行為の効力は一義的に明白であることが必要であり，民法825条が規定するように相手方が善意であるかどうかによってその効力が左右されるのは妥当でないし，また，訴訟行為が外形上父母の共同名義で行われてさえいれば，他の一方の意思に反した場合でもその効力に影響がないと解することは，民訴法が，親権の共同行使の原則のもとで，未成年者が適法に代理されているかどうかを職権調査事項とし，これを看過した場合を絶対的上告理由（民訴法395条1項4号［現行312条2項4号］）及び再審事由（民訴法420条1項3号［現行338条1項3号］）として規定していることと相容れないからである」（最判昭57・11・26民集36巻11号2296頁［西日本建設業保証株式会社事件］）。

第7章 土地境界確定訴訟——伝統的議論と近時の動向——

【イントロ】（基本講義63-64頁参照）

〈訴えの三類型〉
(i) **給付の訴え（給付訴訟）**
＝原告が被告に対する給付請求権の存在を主張し，当該給付を命じる判決を求める訴え。
　　e.g., 貸金返還請求訴訟，土地明渡請求訴訟
　＊現在の給付の訴え／将来の給付の訴え
(ii) **確認の訴え（確認訴訟）**
＝原告が被告に対する特定の権利の存在または不存在を主張して，それを確認する判決を求める訴え。
　　e.g., 土地所有権確認の訴え，債務不存在確認の訴え
　＊積極的確認の訴え／消極的確認の訴え
　＊確認の対象は，原則として権利義務に限られるが，例外的に事実関係の確認も明文上（証書真否確認の訴え［134条］）または解釈上認められうる。
(iii) **形成の訴え（形成訴訟）**
＝原告が法定された形成原因に基づいて被告に対する特定の法律関係の変動を求めうる法的地位の主張して，その変動を宣言する判決を求める訴え。
　　e.g., 離婚訴訟（民770条，人訴2条1項）
　　　　　株主総会決議取消訴訟（会831条）

〈形成の訴えの種類〉
①**実体法上の形成の訴え**…実体法上の法律関係の変動を求める。
　　e.g., 上記の離婚訴訟や株主総会決議取消訴訟など
②**訴訟法上の形成の訴え**…訴訟法上の法律関係の変動を求める。
　　e.g., ・定期金賠償を命じる確定判決の変更を求める訴え（117条）
　　　　・再審の訴え（338条）
③**形式的形成の訴え**…法律関係の変動を目的とするものの，訴訟物たる形成原因または形成権が法定されていない（→本案について請求棄却判決は許されず，裁判所の裁量に基づく判断が要求される点で，その実質は非訟）。
　　e.g., ・共有物分割の訴え（民258条）
　　　　・父を定める訴え（民773条，人訴43条参照）
　　　　↓では，

> Q．土地境界確定の訴えは，形式的形成の訴えか？

I　土地境界確定訴訟の法的性質——形式的形成訴訟か所有権確認訴訟か？

1　想定事案

> P地の所有者Xは，隣接するQ地の所有者Yに対し，同人がA地を侵害しているとして，裁判所に境界の確定を求める訴えを提起した。
> 　当初，Xは境界線ⓒを，Yは境界線Ⓐを，それぞれ主張していたところ，双方は，期日を重ねるに応じて，次第に境界線をⒷとする合意が成立するに至ったので，裁判所に訴訟上の和解をすると申し出た。この訴訟上の和解は認められるか。

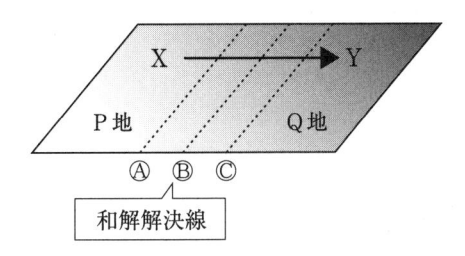

2　問題の所在

　XがYに対して提起した「境界確定訴訟」は，相隣接する土地の境界が事実上不明確なために争いがある場合に，裁判所の判決による境界線の創設的な確定を求める訴えである（かつては裁判所構成法14条に規定があったが，現在は，判例および実務慣行上認められる）。裁判所は，判決をもって一筆の土地と一筆の土地の境界（＝地番の境界）を具体的に指定しなければならない。

　この境界確定訴訟の法的性質については，これを形式的形成訴訟とみる見解と所有権確認訴訟と捉える見解の対立を中心に争いがある。

> ＊「筆界」とは？＊
> 　土地の境界とは，一筆の土地と土地との境をいうが，これは公法上の境界であり，筆界ともいわれる。これは，不動産登記法123条によると，表題登記がある一筆の土地（以下単に「一筆の土地」という）とこれに隣接する他の土地との間において，当該一筆の土地が登記された時にその境を構成するものとされた二以上の点およびこれらを結ぶ直線をいう。

3　理論状況

(1)　形式的形成訴訟説（判例［最判昭43・2・22民集22巻2号270頁など］，村松俊夫『境界確定の訴〔増補版〕』（有斐閣，1977年）10頁以下，伊藤137頁，中野ほか35頁〔徳田和幸〕など通説）

　…境界確定訴訟は，土地の公法上の境界を定めるもので，これは所有権の範囲とは別の法律

関係であって，独自に確定する必要がある（→非訟事件）。
∵ ①境界の確定には，公法上の要請がはたらく。
　②当事者が所有権の確認を求めたいのであれば，所有権確認の訴えを併合（被告側は反訴）すればよい。

> 《形式的形成訴訟説が判例・通説となった経緯》
> 日本でのみ所有権と切り離し公簿上の境界線（筆界）のみの確定という考え方が通説・判例となったのは，所有権を対象とする訴訟だとすると，当時の裁判所構成法が境界確定の訴えを常に区裁判所の管轄としていたことと整合しない（所有権確認であれば，訴額によっては地裁の管轄もありうるとしなければならない）と雉本説が解したからのようであり，この所有権との切断が兼子理論に受け継がれて，判例・通説となって独り歩きを始めた，との指摘がある（高橋・重点講義上80頁）。

↓形式的形成訴訟説の帰結

①	原告は，**特定の境界線**の存在を**主張**する必要がない（最判昭41・5・20裁判集民83号579頁）。たとえ，当事者が特定の境界線を主張しても，裁判所は，これに拘束されない（大連判大12・6・2民集2巻345頁〔民訴百選66事件〕）。 ←形式的形成訴訟説によると，訴訟物たる権利義務の存否が争われているわけではないので，権利義務に対して当事者に認められる私的自治原則のあらわれである**処分権主義**（246条）の適用がない。
②	**取得時効**の成否を審判しない（最判昭43・2・22民集22巻2号270頁）。 ＊なお，土地所有権に基づく明渡請求訴訟（被告占有部分に対する）と境界確定訴訟が併合審理されていたところ，原告の所有権が認められないとして前者の明渡請求が棄却されたときは，原告主張の境界が確定されたとしても被告占有部分について取得**時効中断**の効力は生じない（最判平元・3・28判時1393号91頁）。
③	**当事者適格**は，「隣地の所有者」に認められ，境界部分に時効取得があっても変わらない（最判平7・3・7民集49巻3号919頁）。 →もっとも，被告が隣接地全部を時効取得した場合は，時効取得された隣接地の所有者である原告は当事者適格を失う（最判平7・7・18裁判所時報1151号3頁）。
④	相隣地間において境界に関する**合意**が成立したという事実は，境界確定の一資料となるものの，これのみによって境界を画定することは許されない（最判昭42・12・26民集21巻10号2627頁〔続民訴百選55事件〕）。境界線に関する自白は裁判所を拘束せず（←**弁論主義**の適用なし），また，境界の確定に関する**和解**や**請求の認諾**の余地もない（←**処分権主義**の適用なし）。
⑤	境界確定は土地所有権確認と異なり，土地所有権に基づく土地明渡訴訟の先決関係にあたらないから，同訴訟中の境界確定を求める**中間確認の訴え**（145条1項）は不適法である（最判昭57・12・2判時1065号139頁）。
⑥	裁判所は，**請求棄却判決**をすることは許されず，境界線を合目的的な決断によって確定しなければならない（大判昭11・3・10民集15巻695頁）。
⑦	一定の境界線を定めた第一審判決に対して不服のある当事者が控訴を提起した場合，控訴審においては**不利益変更禁止の原則**（304条）は適用されない（最判昭38・10・1民集17巻9号1220頁〔民訴百選2版117事件〕）。

☆形式的形成訴訟説に依拠しつつ，処分権主義の適用を肯定する見解

…土地境界確定訴訟という特別の訴えが要請されるのは，境界線の証明が困難であり証明責任で裁判してはならないところにあるので，これに焦点をあわせて，公簿上の境界線（筆界）の確定と構成する判例・通説の立場が基本的に評価されるが，その特殊性（＝**証明責任不適用**）は必要最小限に限るべきであり，**申立事項の制限**（246条）および控訴審における**不利益変更禁止**（304条）の適用は**否定されない**（高橋・重点講義上82-83頁）。

(2) **土地所有権確認訴訟説**（宮崎福二「境界確定訴訟の性質について」判タ49号（1955年）1頁，小室直人「境界確定訴訟の再検討」中村宗雄先生古稀祝賀記念論集『民事訴訟の理論』（敬文堂，1965年）144頁，玉城勲「境界確定訴訟について」民事雑誌34号（1985年）174頁，新堂192頁など有力説）

…境界確定訴訟は，あくまで土地所有権の効力の及ぶ範囲をめぐる私人間の紛争を解決するために，裁判所に土地所有権の範囲の確認を求めるものである。

∵ ①境界の争いでは，あくまでも隣接地の所有者間の利害調節が問題となるのであるから，通常の民事訴訟の場合と同様に，係争利益について処分（自白や和解など）も可能となると解すべきである（新堂193頁）。

②境界確定訴訟を境界確定だけを求めるものとし，所有権の範囲の確認は別問題としてその争いを後に残すような構成は，この場合の紛争の実態に即した解決とはいえない（新堂193頁）。

↓土地所有権確認訴訟説の帰結

原　　則	**通常の民事訴訟と同じ。**
例　外 (特性)	①土地所有権の範囲を証拠に基づいて判断するのは困難であり，私人である当事者に対する**証明責任**によって勝敗を決するわけにいかず，その認定は裁判官の総合的判断によらざるをえない（新堂193頁）。 Ｑ．証明責任不適用を導く理論構成として，土地所有権確認説と上記の高橋説（＝形式的形成訴訟説）のいずれが自然か？ ②当該土地の上に他の権利者（抵当権者など）が利害をもつ場合には，その者にも確定した境界を適用せしめるのが妥当であるから，これらの者に**共同訴訟的補助参加**の機会を保障する必要があるが，実際に参加しなければ，土地所有者がこれらの者の代表者として訴訟追行にあたることになるので，この場合には，裁判所としても所有権者の詐害的な訴訟追行を抑制する必要がでてくる（新堂193頁）。

(3) その他の見解

(a) 類型説（山本・基本63-78頁）

…公簿上の境界と所有権範囲の境界は，両方とも訴訟における確定の対象たりうるとし，前者に関する筆界確定訴訟および後者に関する所有権範囲確定訴訟という２つのタイプが境界確定訴訟のなかに含まれることを立論の大前提とする。

(ⅰ)まず，筆界確定訴訟（判例・通説はこれを境界確定訴訟と呼ぶ）につき，これを通常の民事訴訟と性質を異にする「公法上の法律関係に関する訴訟」とし，実質的当事者訴訟（行訴４条）にあたるとする（その法的性質を確認訴訟と形成訴訟の結合体とみる）。そのため，抗告訴訟の規定が一部準用され（同41条），具体的には，裁判所による行政庁（具体的には登記官）の訴訟参加命令（同23条），職権証拠調べ（同24条），判決の拘束力（同33条），そして，請求併合（同16条以下）に関する規定が準用される。さらに，処分権主義・弁論主義を否定し，判決の対世効を肯定する（同32条は明文上，当事者訴訟に準

用されていないが、解釈でこれを認める）。

(ii) つぎに、所有権範囲確定訴訟は、これは所有権者が誰かが争われる通常の所有権確認訴訟とは異なり、隣接地の所有者同士の争いに起因する特殊な訴訟類型であるとみる。そして、その特有の問題を証明責任の不適用であるとして、裁判所は、ノンリケットでも請求を棄却せず、民訴法248条を類推適用して、「相当な境界線を認定することができる」という。その他の面では、通常の訴訟と同一の扱い（たとえば、処分権主義・弁論主義の適用など）なされる。

(iii) 最後に、筆界確定訴訟と所有権範囲確定訴訟の関係について、両者は「異種の手続」であるが、行訴法上の「関連請求」として併合可能であるという。なお、将来の立法論として、筆界確定につき公法上の境界線を査定する行政処分を構想し、それを訴訟で争うような制度を整備すべきであり、その場合には、隣接地所有者間の訴訟は所有権範囲確定訴訟に一元化されるとみる。

(b) 特殊な複合訴訟とみる説（林屋88頁）

　…境界確定訴訟は、公法上の一線を決めることに加えて、私法上の境界も裁判所によって確定できる、公法的・私法的境界確定訴訟という特殊な訴訟である。

4　検討——"形式的形成訴訟説" vs "所有権確認説"のディベート

	形式的形成訴訟説	所有権確認訴訟説
自説の構造	土地境界確定訴訟は、土地の公法上の境界を定めるもので、これは所有権の範囲とは別の法律関係であって、独自に確定する必要がある（→非訟事件）。	土地境界確定訴訟は、土地所有権の効力の及ぶ範囲をめぐる私人間の紛争を解決すべく、裁判所に土地所有権の範囲の確認を求めるものである。
論拠	土地の境界は、行政区画の基準でもあり、公法上の要請がはたらく。	土地境界確定紛争の実態は、土地所有権の範囲の確認であり、法的性質を土地所有権確認訴訟と捉えるのが紛争当事者の意思にも合致する。

〈批判①〉
境界確定訴訟では、境界を形成する基準となる法規を欠くため、裁判所が要件事実を認定してそれに法規を適用するという通常の訴訟事件と異なり、その実質は非訟事件であり、通常の所有権確認訴訟のように処分権主義や弁論主義の適用は認められないはず。

しかし

〈反論①〉
通常の訴訟事件であるものの、土地所有権の範囲を証拠に基づいて判断するのは困難であり、私人である当事者に対する証明責任によって勝敗を決するわけにいかず、その認定は裁判官の総合的判断によらざるをえない（新堂193頁）という特殊性を例外的に容認すれば足りる（→訴訟上の和解までを制限する理由はない）。

〈批判②〉
当事者が所有権の確認を求めたいのであれば、所有権確認の訴えを併合（被告側は反訴）すればよい。

しかし

〈反論②〉
土地境界確定訴訟を境界確定だけを求めるものとし、所有権の範囲の確認は別問題としてその争いを後に残すような構成は、この場合の紛争の実態に即した解決とはいえない。

私の着眼点・判定

☆まとめ☆

　　土地境界確定訴訟の法的性質については，これを所有権確認訴訟と捉えるのが自然であるが，その実態から特殊な形式的形成訴訟とみるのが便宜であり，これが判例・通説として受容された。しかし，この形式的形成訴訟説に看過できない問題があるとして，素直な解釈に立ち返って，所有権確認訴訟説も有力に主張された。さらに，新たな枠組みとして特殊な訴訟と位置づける見解も現れるに至ったが，いずれも決め手に欠けるものといえよう。

　　このように議論が理論的な限界に逢着した状況の下，訴訟というものの限界を踏まえたうえでの新しい工夫 (alternative) として，**筆界特定手続**が創設されるに至った（2005年4月，不動産登記法の一部改正）。

5　筆界特定手続

(i)定義：筆界特定手続＝筆界（境界）に争いがある当事者の申立てにより，筆界特定登記官が筆界調査委員の調査を経て筆界を特定するというもの（不登法123条以下）。

　　　＊行政型の略式手続

(ii)趣旨…土地の筆界の迅速かつ適正な特定を図り，筆界をめぐる紛争の解決に資することにある。

(iii)土地境界確定訴訟との関係

　　　①手続選択…筆界特定手続を利用するか否かは当事者の選択に委ねられ，その申立てにより手続が開始される。筆界特定手続を経ることなく，土地境界確定訴訟を提起して筆界の確定を求めることも可能である。

　　　②効果…筆界特定登記官は事実の確認(特定)を行うのであって，これに形成的な効力はなく，最終的に筆界を法的に確定するには，従来どおり土地境界確定訴訟によらなければならない（→土地境界確定訴訟により境界が確定した場合は，筆界特定は抵触する範囲でその効力を失う［不登法148条］）。

　　＊当初は，境界確定訴訟の制度を廃止し，行政型の境界紛争制度を創設して，行政処分として行うもの（不服がある場合は行政訴訟による）とすべきとする意見が出されていたが，行政作用が強大する一方で，その利便性が高まるわけでもないことなどから，最終的には，従来型の土地境界確定訴訟も存置することとされた。

Ⅱ 土地境界確定訴訟の当事者適格

1 共有地境界確定訴訟における非同調者をいかに扱うべきか？
〜被告として提訴した事件（最判平11・11・9民集53巻8号1421頁〔民訴百選3版102事件〕）〜

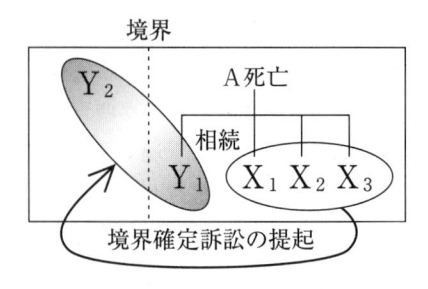

```
                    境界
                    ｜
         ┌──────────┼──────────────────┐
         │      ／  │      A死亡        │
         │   Y₂    │  ┌──相続──┐      │
         │   ／    │  │        │      │
         │  ／     │ ┌─┬─┬─┐        │
         │ ／      Y₁│X₁│X₂│X₃│       │
         │ ↑      │ └─┴─┴─┘        │
         └─┼──────┼──────────────────┘
           │      │
        境界確定訴訟の提起
```

事案の概要	X₁・X₂・X₃およびY₁は，Y₂（国）の所有地と隣接する本件土地を亡Aから各自持分4分の1ずつの割合で相続したが，遺産分割協議が不調に終わったことから，Xらは，Y₁に対して遺産分割審判の申立てをしたところ，本件土地とY₂所有地との境界線が確定していないとして，手続の進展がのぞめなくなってしまった。 　そこで，Xらは，Y₁とともに，Y₂を被告として境界確定訴訟を起こそうとしたが，Y₁がこれに同調しなかったので，Xらは，やむなくY₂およびY₁を共同被告として境界確定訴訟を提起するにいたった。
裁判の経緯	(1)　第一審（京都地判平5・11・29） 　　第一審裁判所は，Xらの主張どおりに境界を確定する旨の判決をした。Y₂は，本件境界確定訴訟は共有者全員が原告となっておらず，当事者適格を欠く不適法な訴えで却下されるべきであると主張して，控訴した。 (2)　控訴審（大阪高判平9・2・13） 　　控訴審裁判所は，Y₁を被告にすることを認め，本件紛争にみられる三面訴訟の実質から弾力的な手続規律が肯定されるとして，Y₂の控訴でY₁も被控訴人の地位に立つとして，控訴を棄却した。 　　そこで，Y₂が上告した。
判旨	《上告棄却》 　「境界の確定を求める訴えは，隣接する土地の一方又は双方が数名の共有に属する場合には，共有者全員が共同してのみ訴え，又は訴えられることを要する固有必要的共同訴訟と解される（最高裁昭和44年（オ）第279号同46年12月9日第一小法廷判決・民集25巻9号1457頁参照）。したがって，共有者が右の訴えを提起するには，本来，その全員が原告となって訴えを提起すべきものであるということができる。しかし，共有者のうちに右の訴えを提起することに同調しない者がいるときには，その余の共有者は，隣接する土地の所有者と共に右の訴えを提起することに同調しない者を被告にして訴えを提起することができるものと解するのが相当である。 　けだし，境界確定の訴えは，所有権の目的となるべき公簿上特定の地番により表示される相隣接する土地の境界に争いがある場合に，裁判によってその境界を定めることを求める訴えであって，所有権の目的となる土地の範囲を確定するものとして共有地については共有者全員につき判決の効力を及ぼすべきものであるから，右共有者は，共通の利益を有する者として共同して訴え，又は訴えられることが必要となる。しかし，共有者のうちに右の訴えを提起することに同調しない者がいる場合であっても，隣接する土

> 地との境界に争いがあるときにはこれを確定する必要があることを否定することはできないところ，右の訴えにおいては，裁判所は，当事者の主張に拘束されないで，自らその正当と認めるところに従って境界を定めるべきであって，当事者の主張しない境界線を確定しても民訴法246条の規定に違反するものではないのである（最高裁昭和37年（オ）第938号同38年10月15日第三小法廷判決・民集17巻9号1220頁参照）。このような右の訴えの特質に照らせば，共有者全員が必ず共同歩調をとることを要するとまで解する必要はなく，共有者の全員が原告又は被告いずれかの立場で当事者として訴訟に関与していれば足りると解すべきであり，このように解しても訴訟手続に支障を来すこともないからである。
>
> そして，共有者が原告と被告とに分かれることになった場合には，この共有者間には公簿上特定の地番により表示されている共有地の範囲に関する対立があるというべきであるとともに，隣地の所有者は，相隣接する土地の境界をめぐって，右共有者全員と対立関係にあるから，隣地の所有者が共有者のうちの原告となっている者のみを相手方として上訴した場合には，民訴法47条4項を類推して，同法40条2項の準用により，この上訴の提起は，共有者のうちの被告となっている者に対しても効力を生じ，右の者は，被上訴人としての地位に立つものと解するのが相当である」（最判平11・11・9民集53巻8号1421頁〔民訴百選3版102事件〕）。

＊裁判官千種秀夫の補足意見＊

「私は，…法廷意見の結論に賛成するものであるが，これは，飽くまで，境界確定の訴えの特殊性に由来する便法であって，右の者に独立した被告適格を与えるものではなく，他の必要的共同訴訟に直ちに類推適用し得るものでないことを一言付言しておきたい。

すなわち，判示引用の最高裁判例の判示するとおり，土地の境界は，土地の所有権と密接な関係を有するものであり，かつ，隣接する土地の所有者全員について合一に確定すべきものであるから，境界の確定を求める訴えは，隣接する土地の一方又は双方が数名の共有に属する場合には，共有者全員が共同してのみ訴え，又は訴えられるのが原則である。したがって，共有者の一人が原告として訴えを提起することに同調しないからといって，その者が右の意味で被告となるべき者と同じ立場で訴えられるべき理由はない。もし，当事者に加える必要があれば，原告の一員として訴訟に引き込む途を考えることが筋であり，また，自ら原告となることを肯じない場合，参加人又は訴訟被告知者として，訴訟に参加し，あるいはその判決の効力を及ぼす途を検討すべきであろう。事実，共有者間に隣地との境界について見解が一致せず，あるいは隣地所有者との争いを好まぬ者が居たからといって，他の共有者らがその者のみを相手に訴えを起こし得るものではなく，その意味では，その者は，他の共有者らの提起する境界確定の訴えについては，当然には被告適格を有しないのである。したがって，仮に判示のとおり便宜その者を被告として訴訟に関与させたとしても，その者が，訴訟の過程で，原告となった他の共有者の死亡等によりその原告たる地位を承継すれば，当初被告であった者が原告の地位も承継することになるであろうし，判決の結果，双方が控訴し，当の被告がいずれにも同調しない場合，双方の被控訴人として取り扱うのかといった問題も生じないわけではない。かように，そのような非同調者は，これを被告とするといっても，隣地所有者とは立場が異なり，原審が『二次被告』と称したように特別な立場にある者として理解せざるを得ない。にもかかわらず，これを被告として取り扱うことを是とするのは，判示もいうとおり，境界確定の訴えが本質的には非訟事件であって，訴訟に関与していれば，その申立てや主張に拘らず，裁判所が判断を下しうるという訴えの性格によるものだ

からである。しかしながら，当事者適格は実体法上の権利関係と密接な関係を有するものであるから，本件の解釈・取扱いを他の必要的共同訴訟にどこまで類推できるのかには問題もあり，今後，立法的解決を含めて検討を要するところである。」

☆コメント☆
　原告が提訴の際に，紛争当事者を，被告として固定するのではなく，紛争の当事者という包括的な形で裁判所に示せば，あとは裁判所の判断で当事者を適合的な形に整理するといった訴え提起の方法も考えられてよい。原告により当事者とされた者は，その地位に基づいて攻撃防御を尽くす機会が与えられるのであり，それによって判決効を受ける許容性（＝手続的利益）が充足される。また，原告と明確な利害対立のない者を含めた紛争に関係する者全員に対して判決効を及ぼすことにより，民事訴訟による紛争解決の実効性が確保されることにもなろう。

Q1．共有者のうちの非同調者を被告とする上記の最高裁平成11年判決の帰結は，土地境界確定訴訟の法的性質を所有権確認訴訟とする見解からも導くことができるか？

Q2．上記の最高裁平成11年判決の示した法理は，土地境界確定訴訟のみならず，他の固有必要的共同訴訟にも妥当するだろうか？

2　土地境界確定訴訟の当事者適格は取得時効により影響を受けるか？
(1)　境界の全部に接続する部分の時効取得
　　～最判平7・3・7民集49巻3号919頁～

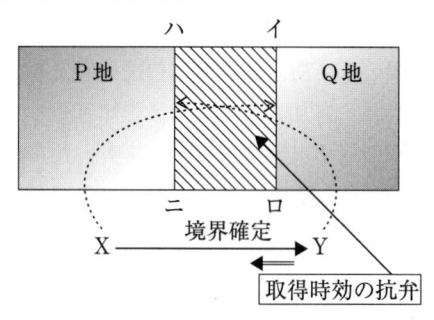

事案の概要	P地の所有者Xは，隣接するQ地の所有者Yに対し，境界はイロ線であると主張して，境界確定訴訟を提起した。これに対し，Yは，境界はハニ線であると主張し，あわせてイロハニの各点で結ばれた土地の取得時効の成立を抗弁として主張した。
裁判の経緯	(1)　第一審（東京地判平5・11・21） 　　第一審裁判所は，Yの時効取得の抗弁を認め，Xの提起した本訴はYの所有する土地の内部の境界確定を求めるものにほかならないとして，訴えを却下した。X控訴。
	(2)　控訴審（東京高判平6・5・30） 　　控訴審裁判所は，境界確定にあたって取得時効の主張の当否は無関係であり，また，

	一方の土地のうちの境界に接する部分を他方の土地所有者が時効取得した場合でも，両当事者は当事者適格を失うものではないとして，一審判決を取り消し，境界線はイロを結ぶ直線であるとした。 　そこで，Yは，Xが当事者適格を欠くとして上告した。
判旨	《上告棄却》 　「境界確定を求める訴えは，公簿上特定の地番により表示されるPQ両地が相隣接する場合において，その境界が事実上不明なため争いがあるときに，裁判によって新たにその境界を定めることを求める訴えであって，裁判所が境界を定めるに当たっては，当事者の主張に拘束されず，控訴された場合も民訴法304条の不利益変更禁止の原則の適用もない（最高裁昭和37年（オ）第938号同38年10月15日第三小法廷判決・民集17巻9号1220頁参照）。右訴えは，もとより土地所有権確認の訴えとその性質を異にするが，その当事者適格を定めるに当たっては，何ぴとをしてその名において訴訟を追行させ，また何ぴとに対し本案の判決をすることが必要かつ有意義であるかの観点から決すべきであるから，相隣接する土地の各所有者が，境界を確定するについて最も密接な利害を有する者として，その当事者となるのである。したがって，右の訴えにおいて，P地のうち境界の全部に接続する部分をQ地の所有者が時効取得した場合においても，PQ両地の各所有者は，境界に争いがある隣接土地の所有者同士という関係にあることに変わりはなく，境界確定の訴えの当事者適格を失わない。なお，隣接地の所有者が他方の土地の一部を時効取得した場合も，これを第三者に対抗するためには登記を具備することが必要であるところ，右取得に係る土地の範囲は，両土地の境界が明確にされることによって定まる関係にあるから，登記の前提として時効取得に係る土地部分を分筆するためにも両土地の境界の確定が必要となるのである（最高裁昭和57年（オ）第97号同58年10月18日第三小法廷判決・民集37巻8号1121頁参照）」（最判平7・3・7民集49巻3号919頁）。

(2) 境界の一部に接続する部分の時効取得
　　〜最判昭58・10・18民集37巻8号1121頁〔民訴百選3版42事件〕〜

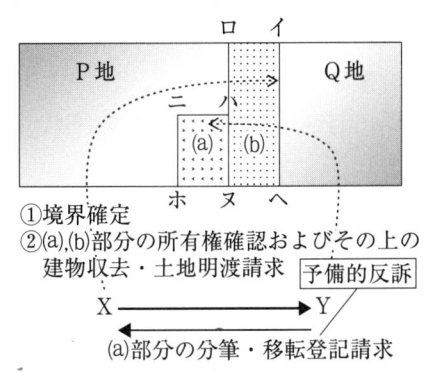

事案の概要	P地の所有者Xは，隣接するQ地の所有者Yに対し，境界はイヘ線であると主張して，境界の確定を求める訴えを提起するとともに，土地(a)，(b)部分に対する所有権確認，および，その土地上の建物収去・土地明渡を請求する訴えを提起した。
裁判の経緯	(1) 第一審（大阪地堺支判昭53・2・27） 　　第一審裁判所は，境界をロハヌ線であると確定し，土地(b)部分はQ地に属し，土地(a)部分についてはYの時効取得の抗弁を認め，Xの所有権確認請求を棄却した。XおよびYが控訴した。 (2) 控訴審（大阪高判昭56・9・29）

	控訴審において，Yは，境界はロハニホ線であると主張するとともに，仮に第一審のいうようにロハヌ線であるとしても，Yの前々主が土地(a)部分を時効取得し，順次譲渡されたとして，分筆・移転登記請求の予備的反訴を提起した。控訴審裁判所は，境界は一審判決同様にロハヌ線であるとしたうえ，Yの時効取得を認めて予備的反訴を認容した。 　そこで，Xが上告した。
判旨	《上告棄却》 　本件訴えにおいては，公簿上，Xを所有名義人とするP番地の土地とYを所有名義人とするQ番地の土地とは相隣接する関係にあり，かつ，前々主の時効取得を経てYが所有権を取得するにいたった土地(a)部分は，「右公簿上，地番の表示をP番とされ，依然Xが所有者と公示されている土地の一部である。そして，右取得時効の成立する部分が，いかなる範囲でいずれの土地に属するかは，両土地の境界がどこにあるかが明確にされることにより定まる関係にあり，…P番地の土地とQ番地の土地との境界が不明確なままでは，そのことに起因する紛争の抜本的な解決はありえないのであって，たとえ本件訴訟において，取得時効の対象とされたP番地の土地の一部をYにおいてその所有権を取得したことがXとの間で明らかにされても，右土地部分を更に第三者に譲渡する場合には該土地部分をP番地の土地から分筆してYに所有名義を変更したうえ，その所有権移転登記手続をする義務があり，右手続のためにも両土地の境界が明確にされていることが必要とされるのである。そうすると，X，Y双方にとって，P番地の土地とQ番地の土地の境界のうち，…ロ，ハの各点を結ぶ直線部分のほか，ハ，ヌの各点を結ぶ直線部分についても，境界を確定する必要があり，X及びYは，本件境界確定の訴えにつき当事者としての適格があるものというべきである」（最判昭58・10・18民集37巻8号1121頁〔民訴百選3版42事件〕）。

> Q₃. 上記(1)の判例は，**境界線の全部**が被告に時効取得され，その結果，一方当事者の所有地内の境界を定める場合にも，境界線全体について原告の当事者適格を肯定しており，(2)の判例は，**境界線の一部**が被告に時効取得された場合に境界線全体について原告の当事者適格を肯定している。
> 　では，**隣接地の全部**が被告に時効取得された場合に，原告の当事者適格は肯定されるか？

> Q₄. 上記Q₃の事案について，最高裁判所は当事者適格を否定している（最判平7・7・18裁判所時報1151号3頁）が，これは，(1)の判例および(2)の判例と矛盾しないだろうか？

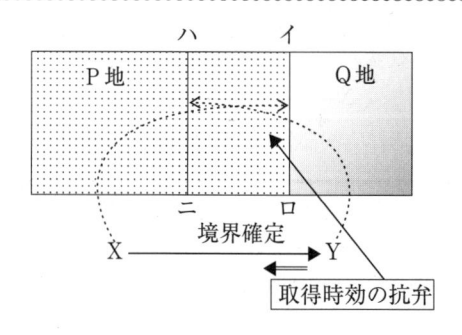

第8章　訴訟物──論争の実益と行方──

【イントロ】（基本講義80頁以下参照）

　訴訟物とは，訴訟上の請求，すなわち，訴えの内容としての原告の被告に対する関係での一定の権利主張である（→審判の対象）。
　↓そして，
　この訴訟物の枠をどのように考えるか（＝訴訟物の特定の基準）をめぐり激しい議論（＝訴訟物論争）が繰り広げられた（←昭和30年代が中心）。
　→とりわけ，その論争場面として4つの試金石（下記②～⑤）。

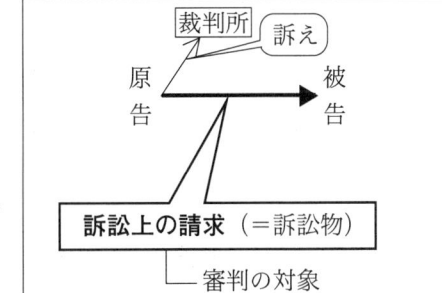

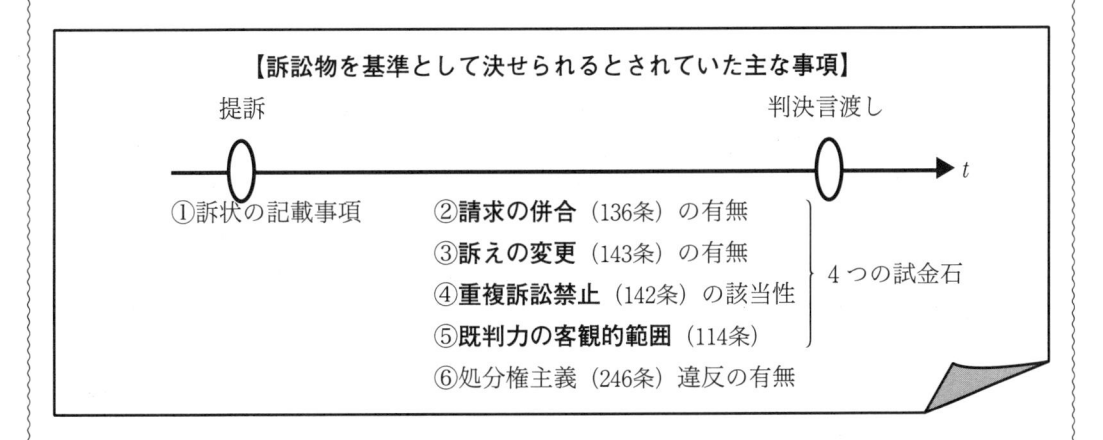

【訴訟物を基準として決せられるとされていた主な事項】

提訴 ──────────── 判決言渡し ──→ t

①訴状の記載事項
②**請求の併合**（136条）の有無　⎫
③**訴えの変更**（143条）の有無　⎬　4つの試金石
④**重複訴訟禁止**（142条）の該当性　⎬
⑤**既判力の客観的範囲**（114条）　⎭
⑥**処分権主義**（246条）違反の有無

〈訴訟物理論〉

(ⅰ) **旧訴訟物理論**［旧説／実体法説］（判例〈実務〉・旧通説）
　…実体法上の請求権ないし形成原因ごとに訴訟物は異なる（兼子・体系164頁，菊井＝村松Ⅱ45頁，伊藤171頁，梅本223頁など）。
　∵　実体法に基準を求めることで，実体法との照応関係が明確となる。

(ⅱ) **新訴訟物理論**［新説／訴訟法説］（多数説）
　…全実体法秩序による1回の給付・形成を是認される地位を訴訟物と把握する（三ケ月・全集80頁，新堂284頁，高橋・重点講義上58頁，山本・基本93頁など）。
　∵　**紛争解決の一回性**の理念。

(ⅲ) **新実体法説**（少数説）
　…複数にみえる権利を法的かつ経済的にみて実質的には1個の給付が認められるに過ぎない場合には，実体法上真に保護に値する法的地位として1つに統合して，1個の訴訟物と構成する（上村明廣「請求権と訴訟物」民訴雑誌17号（1971年）189頁以下）。

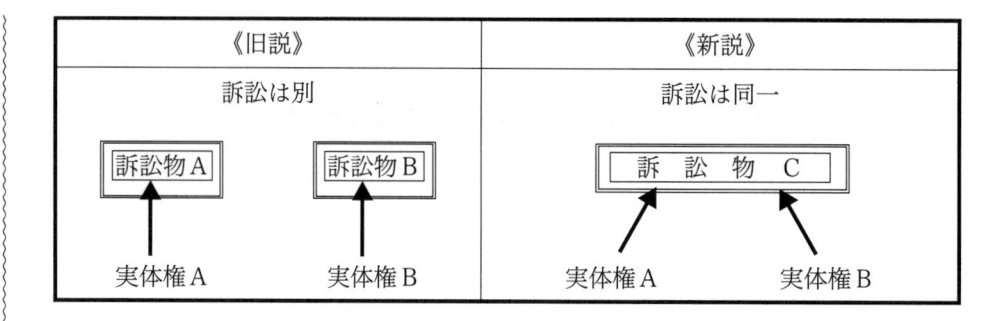

```
┌─────────────────────────────┬─────────────────────────────┐
│        《旧説》              │         《新説》            │
│       訴訟は別              │        訴訟は同一           │
│   ┌──────┐    ┌──────┐      │      ┌──────────┐          │
│   │訴訟物A│    │訴訟物B│     │      │ 訴 訟 物 C │          │
│   └──────┘    └──────┘      │      └──────────┘          │
│      ↑          ↑            │         ↑      ↑           │
│    実体権A     実体権B       │      実体権A   実体権B      │
└─────────────────────────────┴─────────────────────────────┘
```

☆戦後民事訴訟法学における三大論争
　①訴訟物論争（昭和30年代）
　②争点効論争（昭和40年代）
　③証明責任論争（昭和50年代）
＊「法的評価の再施」については，基本講義84-86頁参照。

I　訴訟物論争——基本事項の確認

問　題

　以下の各小問について，旧説と新説の立場でそれぞれ考えてみよう。
(1)　建物の賃貸人が賃借人に対して建物明渡請求訴訟を提起し，賃貸借契約終了に基づく明渡請求権および所有権に基づく明渡請求権を主張した。訴訟物はいくつか？
(2)　自宅の敷地内にあった自転車を無断で持ち出した者を被告として，占有権に基づく返還請求訴訟を提起した原告が，その係属中に同一の被告に対して所有権に基づく返還請求訴訟（別訴）を提起した。所有権に基づく返還請求訴訟（別訴）は，重複訴訟の禁止（142条）に触れないか？
(3)　売買代金の支払いのために振り出された約束手形を所持している受取人が振出人に対して，売買代金額の支払いを求める訴えを提起した。原告（受取人）は，当初の売買代金債権（原因債権）の権利主張を手形債権の権利主張に変更した。これは訴えの変更か，攻撃方法の変更か？
(4)　民法770条1項4号所定の離婚原因（「配偶者が強度の精神病にかかり，回復の見込みがないとき」）を主張して離婚の訴えを提起したものの，敗訴した原告が，その確定後に再度，離婚訴訟を提起して，同法条項5号所定の離婚原因（「その他婚姻を継続し難い重大な事由があるとき」）を主張した。後訴は，前訴判決の既判力によって遮断されるか？

〈解説〉
(1)　請求の併合の有無——賃貸借契約終了と所有権に基づく建物明渡請求訴訟
　(i)**旧説**…訴訟物2つ。∵　実体権が異なる（←債権と物権）。
　　　　　↓そうすると，
　　　　本件の建物明渡請求訴訟は，請求の客観的併合の場合であることになるが，給付（本件では建物の明渡し）は1回しか認めないのではないか？

　　　　　↓しかし，
　　こうした場合，いずれかの請求が許容されることを解除条件として併合審判を申し立てる選択的併合という併合形態を認めればよい（最判昭39・4・7民集18巻4号520頁，兼子・体系367頁など）。
(ii) **新説**…訴訟物1つ（←本件建物の明渡しを認められる法的地位は1つ）。
　　∵　①社会常識的にみて，紛争は1つ。
　　　　②所有権に基づく明渡請求訴訟が提起された場合，賃貸借契約が当事者間に存在するようなケースでは，被告は，賃借権存在の抗弁を提出するであろうし，それに対して，原告は賃貸借契約終了の再抗弁を提出するであろうから，所有権から出発しても，結局，賃貸借契約の存否・終了の有無が審理の対象となる（小林秀之「訴訟物と一部請求」法セ593号（2004年）91頁）。

(2) 重複訴訟禁止の該当性——占有権と本権に基づく返還請求訴訟
(i) **旧説**…訴訟物は2つで別個なので，重複訴訟の禁止に**触れない**。ただし，「事件」の同一性を訴訟物の同一性よりも広げると（たとえば，「請求の基礎の同一性」[住吉・民事訴訟論集1巻255頁以下]や「主要な争点」[高橋・重点講義上57・116頁]など），**触れる**ことになり，もはや重複訴訟禁止の該当性は訴訟物の広狭のみで決せられる問題ではない。
(ii) **新説**…訴訟物は1つとなり（∵　慣用されている請求の趣旨の文言が「被告は原告に○○を引き渡せ，との判決を求める」と書かれ，「占有権に基づき」という文言が記載されないことにも照応），重複訴訟禁止に**触れる**。
　　　　　↓しかし，旧説からの批判
　　民法202条1項は「占有の訴えは本権の訴えを妨げず，また，本権の訴えは占有の訴えを妨げない」と規定するが，これは占有の訴えの訴訟物と本権の訴えの訴訟物が別個であることを意味しており，訴訟物を1個と解するのは同条項に反する（「〈シンポジウム〉訴訟物について」民訴雑誌9号（1962年）119頁）。
　　　　　↓しかし，新説からの反論
　　本条項に「訴え」という言葉が用いられているのは，立法者の不注意によるものであり，理論的には，本条は，占有に基づく「請求権」と本権に基づく「請求権」が別のものであることを明らかにしたにすぎず，「訴え」を異別ならしめるものではない。
　　よって，訴訟物は1個と解してよい（三ケ月・研究3巻3頁，新堂292頁）。

☆★占有権と本権が両当事者に分属する場合★☆
　e.g., 本権者たる被告が自力救済で占有を奪ったため，原告が占有回収による引渡し請求訴訟を提起した場合（→占有権が原告に，本権が被告に分属）
　問題点〈1〉
　　①被告は，本権の抗弁を出すことができるか？
　　　↓
　　　できない。
　　　　∵　民202条2項「占有の訴えについては，本権に関する理由に基づいて裁判をすることができない」
　　②被告は，本権に基づく反訴を提起することができるか？
　　　↓

第8章 訴訟物

できる（最判昭40・3・4民集19巻2号197頁〔民訴百選3版41事件〕，多数説）。
∵ 併行訴訟禁止の規定をもつフランス法と異なり，わが国では別訴を許容せざるを得ない以上，反訴を認めるべきである。
↓では，

問題点〈2〉
本訴・反訴ともに**請求を認容**しなければならない場合，内容的に矛盾するとも思える判決をどのように書くべきか？
↓

(i)三ケ月説（三ケ月・研究3巻61頁の注四。賛成，高橋・重点講義上50頁）
…**占有権に基づく本訴**は**請求認容**としてよいが，**本権に基づく反訴**は**将来の給付の訴え**（135条）のみが認められる。
→占有が原告（＝反訴被告）に返ってきたという将来の状況を前提にして，引渡請求を認容する。
↓しかし《批判》
いったん占有権者に回復された占有は，直ちに本権者に取り戻される運命にあり，一時的に占有権者のところへ戻すというのは，いかにも無用なつじつまあわせであるとの感が強い（→無益執行という点で抵抗がある）。

(ii)青山説（民法の争点Ⅰ132頁〔青山善充〕）
…**占有権に基づく本訴**は**請求認容**とし，本権に基づく反訴は**現在の給付の訴え**である妨害予防請求として認容してよい。
→内容上の矛盾（原告は本訴認容により占有回収してよいとされると同時に，反訴認容により被告の占有を奪ってはならないとされる）の解決は，執行法・実体法の領域に委ねる。
↓すなわち，
本権の認容判決が確定すると，占有に基づく請求権は消滅する。このことは，請求異議事由（民執35条参照）となり，結果として原告による占有回収の強制執行は許されないことになる。
→執行法・実体法の領域では，本権を優先させる解釈がとられる。
＊青山・上掲は，以上のような解釈論を展開しつつも，最終的には民法202条の立法論的改廃が必要だと論ずる。
【参考文献】高橋・重点講義上46-50頁

(3) 訴えの変更か攻撃方法の変更か——原因債権と手形債権
(i)**旧説**…訴訟物は異なる（2個）→**訴えの変更**
(ii)**新説**
①訴訟物は同一（1個）なので，**攻撃方法の変更**にすぎない（小山・新堂・高橋）。
②原告が1つの訴訟のなかで手形債権と原因債権の両者を主張したときは，これらは攻撃防御方法レベルに位置し，訴訟物は両者を包含した1個となる。また，原告が手形債権だけ，あるいは，原因債権だけで主張してきたときは，それがそのまま1個の訴訟物となり，手形債権で敗訴した原告は，原因債権で再訴することができる［要するに，両者が主張されると法的観点，一方だけで主張されると訴訟物となる］（三ケ月）。←手形の無因性
↓そうすると，

設問の場合，訴訟物は別個となる→**訴えの変更**

(4) 既判力の客観的範囲——離婚原因と訴訟物の個数
 (i) **旧説**…訴訟物は別個で，前訴判決の既判力は後訴に**及ばない**（最判昭36・4・25民集15巻4号891頁）。
  ＊実体法の解釈問題として，同条項5号による離婚原因の相対化により，訴訟物を同一とみる見解（新実体法説）によると，後訴は前訴判決の既判力によって遮断される。
 (ii) **新説**…訴訟物は同一で，後訴は前訴判決の既判力によって**遮断される**。

Ⅱ 検 討

1 "旧説" vs "新説"のディベート

旧　説	新　説
①自説の構造 訴訟上の請求は，実体法上の個別的・具体的な請求権そのものの主張であり，その特定識別については**実体法上の個々の請求権**が基準となる。 ②論拠 民事訴訟は，**実体法上の権利義務の存否を審理・判断**することにより紛争を解決する制度である以上，審理・判断の対象である訴訟物を実体権ごとに構成するのが**自然**であり，**基準としての明確性**にも優れている。	①自説の構造 実体法秩序が**1回の給付ないし形成**を是認する場合には，訴訟物は1個であり，同一の給付・形成を目的とする数個の実体法上の請求権が競合して認められる場合でも，それらは訴訟物を基礎付ける法的観点ないし法的根拠でしかない。 ②論拠 実体法秩序が1回の給付ないし形成しか認めていないのに，複数の訴訟物を想定することは，**紛争解決の一回性**に反し，制度の合理的運用とはいえない。実体権ではなく，紛争の実態から訴訟物を考えるべきであり，そのことが民事訴訟の**紛争解決機能**を向上させることになる。
新説への批判① 実体法上の属性を無視することになり，実体法との適合性に問題を生じたり，訴訟追行上の基準としては実体法しかないところ，当事者の手続的利益を害するおそれがある。　←しかし→	反論① 裁判所の**釈明権**行使などにより，当事者の手続保障に配慮した審理運営をすればよい。
新説への批判② 訴訟物の範囲がきわめて広くなり，現実には審理されなかった事項にまで既判力が生じてしまう。　←しかし→	反論② 訴訟物の範囲と既判力の生じる客観的範囲を一致して考える必然性はない。
反論① 2つの実体権が成立するようにみえても，両者が特別法・一般法の関係などにある場合には，実体法上1個の権利しか生じないという考え方（**法条競合説**）をとればよい。 反論② 実体法上の請求権が2つあり（請求権競合），それらが訴訟上同時に主張された場合には，原告はいずれか一方のみの認容を求めているものと取り扱えばよい（**選択的併合**）。　←しかし→	旧説への批判 経済的に同一の紛争が分断されて，**紛争の蒸し返し**を招いたり，二重の給付判決を許したりするおそれがあり，民事訴訟の**紛争解決機能**を低下させうる理論といえる。

第8章 訴訟物

> 私の着眼点・判定

2 訴訟物論争の実益とその行方
(1) 従来の見解（統一的訴訟物論）
　　…訴訟の開始から終結に至るまで，訴訟物が訴訟を統一的に規律する。
　　＊申立事項である 訴訟物＝既判力の範囲 （←訴訟物は常に同一範囲のものとして固定される）
(2) 論争鎮静化の背景
　　→訴訟物に演繹的な問題解決機能を期待しえないとの共通認識（争点〔第3版〕133頁〔山本克己〕・135頁〔三木浩一〕など）ないし「訴訟物概念の統一性ドグマの崩壊」（中野・論点Ⅰ26頁）。
　　　　　↓すなわち，
　　重複訴訟禁止との関係では，争点の同一性が中心となり，訴えの変更や併合との関係でも，釈明義務の範囲が重要となり，また，既判力の客観的範囲との関係でも，既判力の変動や信義則の活用などが課題とされ，要するに訴訟物概念は基準として機能していない（山本・基本85頁参照）との失望感。
　　　　　↓その後の訴訟物論争の動向
(3) 訴訟物の動態的把握——相対的（動態的）訴訟物論
　　…審理中の訴訟物（＝審判対象）と判決後の訴訟物（＝既判力対象）とは異なる。前者の**展望的訴訟物**に比べて判決効の基準となる後者の**回顧的訴訟物**は縮小する（谷口336頁）。
　　＊審理対象である訴訟物と既判力の対象との結びつきは緩んでおり，また，訴訟物概念の役割も，行為規範と評価規範に分けて考察する必要があるところ，行為規範の面では訴訟の過程で遮断効の範囲を警告する機能を担うのに対し，評価規範の面では具体的な前訴の訴訟過程に基づく手続事実群による調整がなされた範囲という遮断効の決定基準を提供する（新堂幸司『訴訟物と争点効〈下〉』（有斐閣，1991年）113頁以下）。
　　　←訴訟物（＝審判対象）と既判力を分離。
　　＊原告の提示した訴訟物（狭義の訴訟物）に，審理過程で抗弁等々によって付加されたものを加えた総体（広義の訴訟物）に対して判決が下され既判力が発生する（柏木邦良「訴訟物概念の機能」講座民訴2巻181頁，住吉博『訴訟的救済と判決効』（弘文堂，1985年）302頁以下）。

> ☆訴訟物論争に対するある評価☆
> 「新訴訟物理論が，訴訟物論の枠を越えて，既成の民事訴訟法理論の数多くの面に強力なインパクトを与え，新たな発展をもたらす絶大な契機となったことを特筆すべく，訴訟法の域を超えて実体法の理論にも影響を与え，さらには，単なる法律論の世界にとどまることの非を指摘して法の主体的側面への注目を促し，司法制度論のないし司法改革への展望を大きく拓いた功績は，きわめて顕著といわなければならない。…しかし，訴訟物論争の醇化・進展とともに訴訟物概念が相対化し，新説の当初の旗印であった『紛争解決の一回性』の理念も，手続保障論の高揚やわが国の裁判所における訴訟審理の適正規模への考慮が働いて褪色し，訴訟物論争

は，それが目指してきた「統一的」概念という目標を失って萎縮し，収束するに至った（中野・論点Ⅰ27・44頁）。

(4) 統一的訴訟物論の復権？——民事訴訟の目的論と司法制度改革という視点
(a) 民事訴訟の目的論と訴訟物
　(i) 紛争解決説＋旧説（兼子，伊藤）
　　→目的論として**生活紛争**の解決を対象としながら，訴訟物としては実体権を措定することで，紛争概念が**権利紛争**に転化（争点［第3版］130頁以下〔山本克己〕，山本・基本88頁）。
　　　　↓しかし，
　　　なぜ，**権利紛争**の解決により**生活紛争**の解決という目的が達成されるのかが明確ではない（山本・基本88頁）。
　(ii) 紛争解決説＋新説（三ケ月）
　　　　↓しかし，
　　　社会的に存在する紛争の解決を問題とするならば，むしろ紛争自体を訴訟物として観念し，事実関係をも訴訟物に取り込む**二分肢説**の方がより整合的である（山本・基本88頁）。
　(iii) 権利保護説＋二分肢説（松本）
　　　　↓しかし，
　　　権利保護を標榜しながら，なぜ審判の対象として**事実**が中心的な役割を果たすのかが疑問（山本・基本88頁）。
　　＊**二分肢説**（ドイツの判例・通説）
　　　…給付訴訟の訴訟物は，原告が訴えによって提出する**判決申立て**と**事実関係**の2つの対等の要素によって特定され，限界付けられると解する見解（松本＝上野163頁〔松本〕参照）。
　　　cf. **一分肢説**…訴訟物は裁判所に対する一定内容の判決要求とする見解（要求説）。
　(iv) 新権利保護説＋新説（山本（和））
　　→目的論として法的利益の保護と把握する新権利保護説に立つので，訴訟物も法的利益（実質権）であると捉える（山本・基本80頁）。
(b) 司法制度改革と訴訟物
　→新民事訴訟法の制定や司法容量の拡大に向けた一連の司法制度改革により，訴訟物理論は影響を受けるか？
　(i) 従来…司法制度の現況を前提にすると，新説による訴訟物の拡大は当事者に過酷な帰結をもたらす（木川）。
　(ii) 近時…大きな司法制度を前提にすると，民事訴訟の機能拡大（紛争解決機能ないし法的利益救済機能）に対応すべく，訴訟物を拡大する新説がその妥当性を強めている（山本・基本92頁）。

　考えてみよう！　現行の民事訴訟法において，新説に有利な条件が整っているといえるか？いえるとしたら，その条件を構成する制度にはどのようなものがあるか？
　　　　↓
　新説の有利な条件を構成する制度としては，新民訴法による①争点整理手続の整備（164条以下），②期日外釈明の新設（149条3項），③当事者照会の導入（163条），④進行協議期日の導入（民訴規95条以下），そして，その後の民訴改正による⑤提訴前における証拠収集処分等（132条の2以下），⑥計画審理（147条の2以下）などがあげられる。
　→そのほか，司法制度改革に関するものとしては，法科大学院の設立等による法曹人口の拡

大により，きめ細かな釈明権行使（あるいは法的観点指摘義務の履行）が可能となり，新説にたって訴訟物を広く捉えても，当事者の手続的利益を害するような訴訟運営をすることはないことがあげられる。
　　↓さらに，
こうした民事訴訟法の装置やそれを支える司法制度の人的物的な制度基盤の充実は，果たして「訴訟物論争」と関係するのであろうか？

第9章　一部請求——法理論と法政策の交錯——

【イントロ】（基本講義90頁以下参照）

　一部請求とは，数量的に可分な1個の請求権の数量的一部の給付を申し立てる行為である。この一部請求の訴えそれ自体が認められることに問題はない（→ただし，一個の債権を細分した訴求が**訴権の濫用**として許されない場合はある）。

　問われるのは，前訴判決（すなわち，一部請求訴訟の判決）が確定した後に残部請求の訴えを提起することができるか否かであり，これがいわゆる"**一部請求の問題**"（→実際には"**残部請求の可否**"）である。

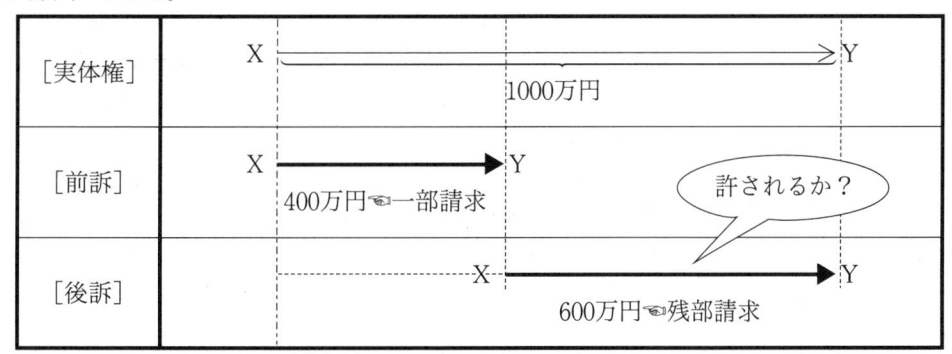

[実体権]	X ————————————————————→ Y　1000万円
[前訴]	X ——→ Y　400万円☜一部請求　　許されるか？
[後訴]	X----------→ Y　600万円☜残部請求

　↓《問題の所在》
① 一部請求の訴訟物をどのように構成するか？
② 前訴の一部請求訴訟の判決確定後に残部請求の後訴を提起することができるか？
★上記①と②は論理的に連動するか？
　→既判力による遮断効を生じる範囲は，訴訟物の枠によって画されるか？既判力による遮断効以外に後訴の残部請求を不許とする理論を認めるか？

I　一部請求論——理論状況

1　判　例

論　点	判例の結論	事案と判旨のポイント
前訴で一部**明示しなかった場合**の残部訴求の可否？	不　可	前訴で被告2名に対して金銭債権を請求したところ，連帯債務の主張をしなかったために分割債務としての勝訴判決を得た原告が，後訴で連帯債務と主張して残額訴求したケースにおいて，最高裁は，前訴を一部請求と解することはできず，請求を全額認容する確定判決を得た後にそれを訴訟物の一部の請求にすぎなかった旨

第9章 一部請求

		を主張することは許されないとして，残額請求を許さなかった（最判昭32・6・7民集11巻6号948頁〔民訴百選3版A32事件〕）。
前訴で一部**明示した**場合の残部訴求の可否？	可	前訴で寄託物不法処分の損害金30万円の内10万円を請求して8万円認容の確定判決を得た原告が，後訴で20万円の残額訴求をしたケースにおいて，最高裁は，1個の債権の数量的な一部についてのみ判決を求める旨を明示して訴えが提起された場合は，訴訟物となるのは**当該債権の一部の存否のみ**であって，その一部請求についての**確定判決の既判力は残部の請求に及ばない**と判示した（最判昭37・8・10民集16巻8号1720頁〔民訴百選Ⅱ147事件〕）。
後遺症損害の賠償を求める後訴の可否？	可	前訴で被告保管の瓶から流出した硫酸による火傷の治療費を損害として賠償請求したところ，当該治療費は生活保護法に基づく医療扶助により支出されたもので，損害は認められないとして，請求棄却の確定判決を受けた原告が，その後に発生した歩行困難という後遺症（これは受傷当時には医学的に通常予想し得なかった）に対する再手術を余儀なくされたため，それに要した費用の支払いを後訴で訴求したケースについて，最高裁は，前訴と後訴は**訴訟物を異にするから，前訴の確定判決の既判力は後訴に及ばない**として，請求を認容した（最判昭42・7・18民集21巻6号1559頁〔交通事故百選2版73事件〕）。
一部請求訴訟による時効中断効の範囲？	明示の場合は一部，明示しない場合は全部	一部請求訴訟による時効中断効の範囲について，最高裁は，一部であることを**明示した場合の中断効は一部のみ**に生じ，残部に及ばないが，一部の明示がない場合には債権の全部に中断効が生じるとした（最判昭45・7・24民集24巻7号1177頁〔民訴百選3版44事件〕）。
過失相殺・相殺の抗弁の対象範囲？	債権全額	(i) 1個の損害賠償請求権の一部を請求する訴訟において**過失相殺**する場合，最高裁は，損害の**全額**から過失割合による減額をし，その残額が請求額を超えないときは残額を認容し，残額が請求額を超えるときは請求の全額を認容することができると判示した（最判昭48・4・5民集27巻3号419頁〔民訴百選3版83事件〕）。(ii) 金銭債権の一部請求訴訟において被告から**相殺の抗弁**が出されたケースにおいて，最高裁は，まず，当該債権の**総額**を確定し，その額から自働債権の額を控除した残存額を算定したうえ，原告のする一部請求の額が残存額の範囲内であるときはそのまま認容し，残存額を超えるときはその残存額の限度で認容すべきであると判示した（最判平6・11・22民集48巻7号1355頁〔民訴百選3版A45事件〕）。
明示的一部請求訴訟で**敗訴**した原告による残部訴求の可否？	信義則に反して不可	前訴で1個の債権の数量的一部であることを明示して請求をしたところ，その全部または一部を棄却する旨の確定判決を受けた原告が，後訴で残部請求の訴えを提起したケースで，最高裁は，金銭債権の数量的一部請求で敗訴した原告が残部請求の訴えを提起することは，特段の事情がない限り，**信義則に反して許されない**とした（最判平10・6・12民集52巻4号1147頁〔民訴百選3版89事件〕〔宗像市土地買収事件〕）。

☆判例の考え方をまとめると，一部請求訴訟における訴訟物の範囲および既判力の及ぶ範囲は明示の有無を基準に決せられるが，一部請求訴訟における審理の範囲については，債権全額に及ぶものとしているということができる。これを残額訴求の可否という点からみるならば，判例は，明示という基準によって「訴訟物＝既判力」という伝統的な枠組みを維持する一方で，前訴の審理範囲を債権全額に及ぼすことで，信義則などを拠り所にして，紛争の一回的解決の要請に応えようとしている。

2　学　説

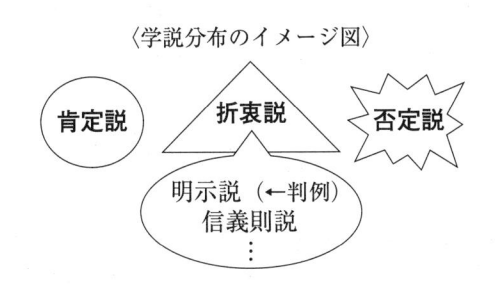

〈学説分布のイメージ図〉

肯定説　　折衷説　　否定説

明示説（←判例）
信義則説
：

学説	内　容
肯定説	一部請求である旨の明示の有無にかかわらず，**訴訟物は一部**となり，残部請求の訴えは**可能**である（木川・重要問題中306頁）。 ∵　裁判所が判決主文で判断することが許されないような残部を訴訟物に含めるのは誤りであり，既判力を残部に及ぼすのは判決理由中の判断に既判力を認めるという大きな誤りを犯している（←114条1項参照）。
明示説（判例）	一部請求である旨を**明示した場合に限り**，**訴訟物は一部**となり，残部請求の訴えが**可能**である（村松俊夫『民訴雑考』（日本評論社，1959年）80頁，菊井＝村松Ⅰ1109頁，林屋67頁，梅本904頁以下など）。 ＊ただし，判例は，明示的一部請求訴訟で**敗訴**した原告による残部訴求を信義則に反して許されないとする（上掲・最判平10・6・12判決）。
前訴の一部請求の勝敗で結論を異にする見解	(a)　**信義則説**…前訴一部請求判決の既判力を判決のあった当該一部についてのみ認めつつ，残部訴求を**信義則**（禁反言の法理）の適用によって却下する可能性を認める。 　　　↓具体的には， (i)前訴**棄却**のうち，①一部と残部を分離して審理対象とすることができない場合は，紛争決着についての被告の信頼保護の合理的必要があり，原告に対しては債権全体についての手続権保障の充足があるので，残部請求にも理由中の判断の拘束力が及び，残部請求は**許されない**。②一部と残部を分離して審理対象としうる場合で，残部の審理に立ち入らなかったときは，被告に全面的決着に対する期待利益が生じるのでないかぎり，残部請求は**許される**。 (ii)前訴**認容**のうち，①明示的一部請求の場合には残部請求は**許容**され，②原告が残部請求を留保していることが明らかでなかった場合には，信義則に基礎をおく訴訟物の枠を超える失権効の一種によって残額請求は**許されない**のが原則であるが，例外的に，原告が前訴で全部請求をしなかったことに特別の正当事由があることを証明すれば，残額請求は**認められる**（条解613頁〔竹下守夫〕）。 ＊**禁反言法理説**…①前訴が明示または請求の客観的内容から一部請求であることが明瞭な場合には，一部訴求と残部訴求に矛盾はなく，残部請求の後訴は許容される。

②上記①の場合以外は、明示を欠くことにより、被告が全部請求と信じて訴訟上の対応を決しており、残部債務不存在確認の反訴など複次応訴の煩を回避する手段に出ることを期待できなかったときには、残部請求の後訴を却下すべきである。③前訴が明示的一部請求であっても、債権全体の存否が争われ、被告に全面的決着に対する期待利益があり、残部請求を認めることが原告を不当に利すると認められる場合には、例外的に残額請求の後訴を却下すべきである（中野・現在問題106頁、同・論点Ⅱ113頁）。

(b) **手続保障説**…前訴一部請求判決の既判力の発生根拠および作用要件は、前訴手続過程における具体的な残部主張の必要性と可能性の有無にかかっており、残部訴求の可否は、これに応じて具体的実質的に考慮されることになる。
　　　　↓具体的には、
(i)前訴が**原告敗訴**の場合、前訴において原告は一部で訴求した部分を得るために残部を含めて主張立証する必要に迫られ、それでも敗訴したのであるから、残部請求は遮断される（**=許されない**）。
(ii)前訴が**原告勝訴**の場合、前訴において原告は残部の存在や額を当然には主張立証する必要がなかったのであるから、残部請求は遮断されない（**=許される**）（井上正三「『一部請求』の許否をめぐる利益考量と理論構成」法教二期8号（1975年）82頁、争点183頁〔井上治典〕）。

(c) 訴訟物＝既判力説
(イ) **三ケ月説**…単一の請求権を法律上区分しうる何らかの標識なしに数量的に分割して訴求する場合には、全部の請求が「潜在的な訴訟物」となっており、既判力は勝訴・敗訴を問わず常に債権全部に及ぶ。①**原告敗訴**の場合は、既判力が全額に及ぶことのゆえに、残額請求は既判力に触れて却下される（**=許されない**）。②**原告勝訴**の場合は、既判力を利用して残額請求をすることが**可能**となる（三ケ月・双書114頁）。

(ロ) **伊藤説**…一部請求訴訟の訴訟物は、明示の有無等を問わず、常に債権全部であり、既判力の客観的範囲もそれを基準に決定される。①前訴**棄却**の場合、債権全部の不存在が確定され、残額請求は既判力によって遮断される（**=許されない**）。②前訴**認容**の場合、債権全部の存在が確定されるが、それが残額請求にいかなる効果を及ぼすかは明示の有無により異なる。①**明示がない**ときは、債権の金額が給付を求められた金額をもって確定されたのであり、後にそれと矛盾する主張である残額請求をすることは既判力の双面性に反して**許されない**。②**明示がある**ときは、原告は既判力により存在を確定された債権の残額を請求するのであるから、これが既判力により遮断されることはないものの、全額を訴求できたにもかかわらず、敢えて分割して請求する以上、残額請求の後訴については**訴えの利益**が要求される（伊藤187頁）。

(ハ) **松本説**…①**原告敗訴**のうち、⒜隠れた一部請求の場合は、一部請求した額以上に請求権が存在するとの後訴請求は、前訴判決の判断と矛盾するので、既判力によって遮断される、すなわち、残額請求の後訴は却下される（**=許されない**）。⒝公然の一部請求の場合も、裁判所は債権全体を審理しなければ一部請求を棄却することができない以上、残額請求は前訴判決の判断と矛盾するので、既判力によって遮断される（**=許されない**）。②**原告勝訴**の場合、既判力は訴訟物たる一部に限定されるので、残額請求は**許される**（松本＝上野523頁以下〔松本〕）。

(a) **失権効説**…前訴一部請求判決の既判力を判決のあった当該一部についてのみ認めつ

<table>
<tr><td rowspan="3">否定説</td><td colspan="2">つ，残部訴求を**信義則上の失権的作用**（小松良正「一部請求理論の再構成」中村英郎教授古稀祝賀・上巻『民事訴訟法学の新たな展開』（成文堂，1996年）174頁），または，かかる請求失権効を実定化した**併合提訴禁止規定**（婚姻無効・取消・離婚訴訟の併合強制を定める人訴25条，執行文付与異議・請求異議訴訟等の併合強制を定める民執34条2項・35条2項など）の類推適用（山本・基本121頁）によって却下する。</td></tr>
<tr><td>(b)</td><td>**兼子説**…不特定の一部を択一的に主張する一部請求の訴訟物は，債権全部であるところ，棄却判決の場合は，債権全体を審理しなければならないので，残部請求は既判力により遮断され（＝**許されず**），それとのバランス上，認容判決の場合も残部は遮断される（＝**許されない**）（兼子・研究1巻416頁）。</td></tr>
<tr><td>(c)</td><td>**新堂説**…前訴の訴訟物は一部請求の部分であるが，残部訴求は，応訴させられる被告に不公平であり，しかも，費やした労力に比して紛争解決の実効性に乏しいことから，原則として残部請求を**許すべきではなく**，残部請求は前訴の既判力によって妨げられる（←「訴訟物＝既判力」を排斥）（新堂幸司『訴訟物と争点効・上』（有斐閣，1988年）162頁，新堂309頁，同旨・高橋・重点講義上98頁）。
∵ 原告側の利益は，提訴時の一部請求を許すことで十分に確保されており，さらに，審理途中からは裁判所の判断も推測しうるので，訴訟内における請求の拡張で対処することもできる。</td></tr>
</table>

3 分析の視点——考え方の分かれる基本的要因

(1) 各説の理論構成のポイント

		［1］前訴の訴訟物は？	［2］既判力の生じる範囲は？	［3］残部訴求の可否？
肯定説		一 部	一 部	可 ∵ 残部に既判力の遮断効は及ばない。
明示説		明示あり→明示された一部	一 部	可 ∵ 残部に既判力の遮断効は及ばない。
		明示なし→全部	全 部	不可 ∵ 残部にも**既判力の遮断効**が及ぶ。
信義則説		一 部	一 部	ケースバイケース ＊**信義則（禁反言）**を根拠に残部請求を不可とする場合がある。
手続保障説			ケースバイケース	ケースバイケース ＊前訴手続過程における手続権保障の程度と自己責任の有無を実質的に判断して，**既判力の遮断効**が生じるかを決する。
訴訟物＝既判力説	三ケ月説	全 部	全 部	①前訴棄却の場合は不可 ②前訴認容の場合は可
	伊藤説	全 部	全 部	①前訴棄却の場合は不可 ②前訴認容の場合は，明示があって，訴えの利益がある場合は可

	松本説	一　部	前訴棄却の場合は全部 前訴認容の場合は一部	①前訴棄却の場合は不可 ②前訴認容の場合は可
失権効説		一　部	一　部	不可　∵　残部は**失権**する。
新堂説		一　部	全　部	不可　∵　**既判力**により**遮断**される。 ＊「訴訟物＝既判力」を排斥

(2) 各説の背景にある政策的考慮

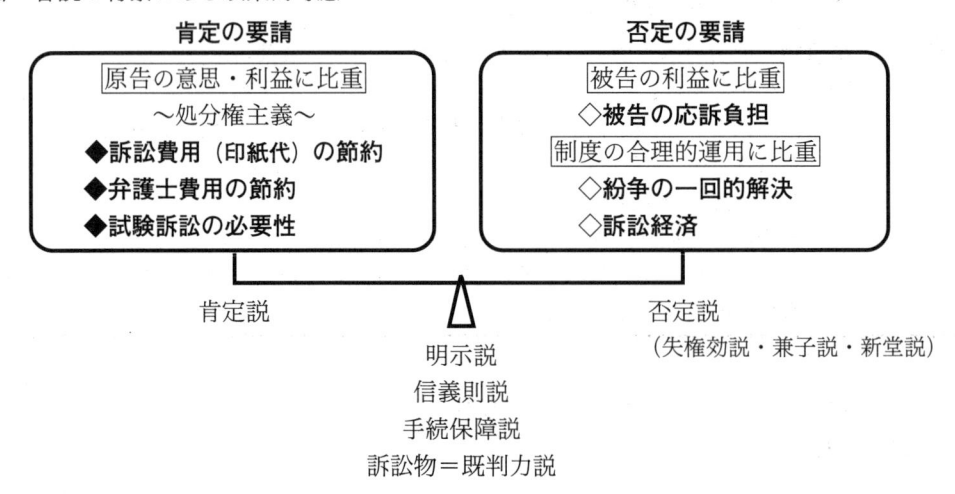

肯定の要請
原告の意思・利益に比重
〜処分権主義〜
◆訴訟費用（印紙代）の節約
◆弁護士費用の節約
◆試験訴訟の必要性

否定の要請
被告の利益に比重
◇被告の応訴負担
制度の合理的運用に比重
◇紛争の一回的解決
◇訴訟経済

肯定説　　　　　　　　　　　　否定説
　　　　　　　　　　　　　　　（失権効説・兼子説・新堂説）
　　　　　　明示説
　　　　　　信義則説
　　　　　　手続保障説
　　　　　　訴訟物＝既判力説

> **やってみよう！**　訴額（請求金額）に対して訴訟費用はいくらになるかを，下記の判例など実際のケースをもとにして，計算してみよう！

Ⅱ　近時の判例の動向——金銭債権の数量的一部請求訴訟の敗訴原告による残部訴求の許否
〜宗像市土地買収事件（最判平10・6・12民集52巻4号1147頁〔民訴百選3版89事件〕）〜

1　事案の概要

　　不動産売買等を目的とするX有限会社は，建築工事・地域開発事業等を目的とするY建設株式会社から福岡県宗像市所在の約10万坪の土地（以下「本件土地」という）を買収すること，および，右土地が市街化区域に編入されるよう行政当局に働きかけを行うこと等の業務の委託を受けた（以下「本件業務委託契約」という）。その後，本件業務委託契約の報酬として9000万円を支払うほか，Yが本件土地を宅地造成して販売するときには造成された宅地の1割をXに販売または斡旋させる旨の合意が成立した（以下「本件合意」という）。しかし，Yは本件土地を宅地造成することなく，宗像市開発公社に売却したうえ，Xの債務不履行を理由として本件業務委託契約を解除した。そのため，Xは，土地の一部の販売ないし斡旋をすることができなくなった。
　　そこで，Xは，主位的請求として，商法512条により，本件業務委託契約に基づく報酬12億円のうち1億円の支払いを，予備的請求として，Yが宗像市に土地を売却して本件合意の条件成就を故意に妨害したことから，民法130条により，本件合意に基づく12億円の報酬請求権を取得したとして，そのうち1億円の支払いを，請求する訴えを提起したが（前訴），い

ずれの請求をも棄却する判決が言渡され，確定した。

その後，Xは，主位的請求として，本件合意に基づく報酬請求権のうち前訴で請求した1億円を除く，残額2億9830万円の支払いを，予備的請求の一（予①）として，商法512条に基づく報酬請求権のうち前訴で請求した1億円を除く，残額2億9830万円の支払を，予備的請求の二（予②）として，本件業務委託契約の解除により報酬請求権を失うというXの損失において，Yが本件土地の交換価値の増加という利益を得たと主張し，不当利得返還請求権に基づく報酬相当額2億6730万円の支払を，それぞれ請求する訴えを提起した（本訴）。

前訴	X ──────→ Y ［主］業務委託契約に基づく報酬請求権の一部（12億円のうち1億円） ［予］合意に基づく報酬請求権の一部（12億円のうち1億円） 　　↓いずれも 　　請求棄却→判決確定
本訴	X ──────→ Y ［主］合意に基づく報酬請求権の残部 　　　（前訴で訴求した1億円を除く残額2億9830万円） ［予①］業務委託契約に基づく報酬請求権の残部 　　　（前訴で訴求した1億円を除く残額2億9830万円） ［予②］不当利得返還請求権 　　　（報酬相当額2億6730万円）

2　裁判の経緯

第一審	第一審裁判所は，本件訴訟はいずれも前訴の実質的な蒸し返しであるとして，Xの訴えを却下した（東京地判平8・9・5）。
控訴審	控訴審裁判所は，主位的請求および予備的請求の一は前訴各請求と同一債権の一部請求・残部請求の関係にあるが，本訴が前訴の蒸し返しで信義則に反するという特段の事情を認められないし，予備的請求の二は前訴とは訴訟物を異にすると判断し，一審判決の取消し・差戻しの判決をした（東京高判平9・1・23）。

↓そこで，Yが上告した。

3　判　旨

《破棄自判・控訴棄却》

「一個の金銭債権の数量的一部請求は，当該債権が存在しその額は一定額を下回らないことを主張して右額の限度でこれを請求するものであり，債権の特定の一部を請求するものではないから，このような請求の当否を判断するためには，おのずから債権の全部について審理判断することが必要になる。すなわち，裁判所は，当該債権の全部について当事者の主張する発生，消滅の原因事実の存否を判断し，債権の一部の消滅が認められるときは債権の総額からこれを控除して口頭弁論終結時における債権の現存額を確定し（最高裁平成2年（オ）第1146号同6年11月22日第三小法廷判決・民集48巻7号1355頁参照），現存額が一部請求の額以上であるときは右請求を認容し，現存額が請求額に満たないときは現存額の限度でこれを認容し，債権が全く現存しないときは右請求を棄却するのであって，当事者双方の主張立証の範

囲，程度も，通常は債権の全部が請求されている場合と変わるところはない。数量的一部請求を全部又は一部棄却する旨の判決は，このように債権の全部について行われた審理の結果に基づいて，当該債権が全く現存しないか又は一部として請求された額に満たない額しか現存しないとの判断を示すものであって，言い換えれば，後に残部として請求し得る部分が存在しないとの判断を示すものにほかならない。したがって，右判決が確定した後に原告が残部請求の訴えを提起することは，実質的には前訴で認められなかった請求及び主張を蒸し返すものであり，前訴の確定判決によって当該債権の全部について紛争が解決されたとの被告の合理的期待に反し，被告に二重の応訴の負担を強いるものというべきである。以上の点に照らすと，金銭債権の数量的一部請求訴訟で敗訴した原告が残部請求の訴えを提起することは特段の事情がない限り，信義則に反して許されないと解するのが相当である。

　これを本件についてみると，Xの主位的請求及び予備的請求の一は，前訴で数量的一部を請求して棄却判決を受けた各報酬請求権につき，その残部を請求するものであり，特段の事情の認められない本件においては，右各請求に係る訴えの提起は，訴訟上の信義則に反して許されず，したがって，右各訴えを不適法として却下すべきである。

　予備的請求の二は，不当利得返還請求であり，前訴の各請求及び本訴の主位的請求・予備的請求の一とは，訴訟物を異にするものの，Xに対して本件業務委託契約に基づく報酬請求権を有することを前提として報酬相当額の金員の支払を求める点において変わりはなく，報酬請求権の発生原因として主張する事実関係はほぼ同一であって，前訴及び本訴の訴訟経過に照らすと，主位的請求及び予備的請求の一と同様，実質的には敗訴に終わった前訴の請求及び主張の蒸し返しに当たることが明らかである。したがって，予備的請求の二に係る訴えの提起も信義則に反して許されないものというべきであり，右訴えを不適法として却下すべきである」（最判平10・6・12民集52巻4号1147頁〔民訴百選3版89事件〕[宗像市土地買収事件]）。

【考えてみよう！】本判決にいう「特段の事情」として，いかなる事情が考えられるか？また，「特段の事情」が認められるのは，ごく例外的な場合に限られるか否かを考えてみよう。

	前訴	後訴
訴訟物	一部（↓明示）	残部
審理	債権全体	
既判力	一部	残部

（残部について：特段の事情がない限り，信義則に反して許されない！）

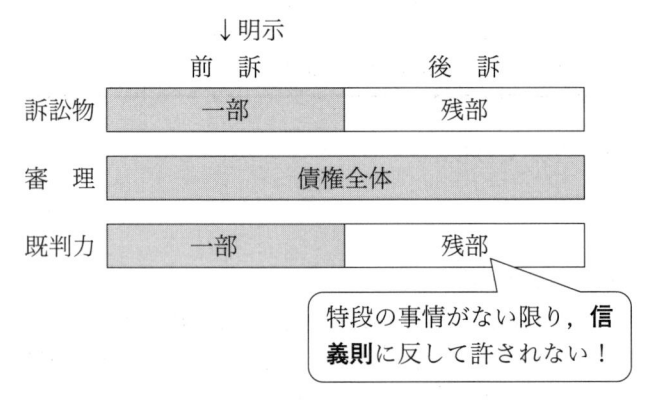

☆最判平10・6・30民集52巻4号1225頁〔民訴百選3版46事件〕[相続税等立替事件]（本書96頁）の事案における相殺の抗弁の受動性とその簡易決済・担保機能は，本判決にいう「特段の事情」にあたるという主張がある（平10重判解124頁〔上野泰男〕）。

＊なお，本判決の信義則適用について，後訴からの回顧的な遮断としてではなく，「公平に基づく前訴訟法的なルール設定と，それによる勝訴当事者の決着信頼利益の優越的保護」という信義則の枠組みを読み取るものとして，勅使河原和彦「一部請求と隠れた訴訟対象—判例

によるルール設定と信義則による後訴遮断についての覚え書—」早法75巻3号25頁以下。

> 考えてみよう！　本判決は，明示説とされる従来の判決（最判昭37・8・10民集16巻8号1720頁〔民訴百選Ⅱ147事件〕など）と整合するか？

←ちなみに，最高裁昭和37年判決は，「一個の債権の数量的な一部についてのみ判決を求める旨を明示して訴が提起された場合は，訴訟物となるのは右債権の一部の存否のみであって，全部の存否ではなく，従って右一部の請求についての確定判決の既判力は残部の請求には及ばない」と判示して，寄託物不法処分の損害30万円の内10万円の支払いを求める前訴において8万円の支払いを命ずる判決（一部棄却判決）が確定した後の残部20万円の支払請求を適法としていた。

＊本判決は，最高裁昭和37年判決には触れていない（訴訟物や既判力に触れていない）。
　　↓
本判決に対する評価は，2つに分かれる。ひとつは，本判決は「訴訟物＝既判力」というテーゼを維持しつつ，残部請求否定の根拠を信義則に求める有力説（条解611頁〔竹下守夫〕ほか）を採用したとみるものである（佐上善和「判批」法教220号132頁，平10重判解124頁〔上野泰男〕，リマークス19号（1999年）126頁〔井上治典〕，山本和彦「判批」民商120巻6号153頁など）。いまひとつは，本判決を実質的な判例変更と捉えるものである（リマークス19号（1999年）130頁〔高橋宏志〕，坂田宏「判批」民商121巻1号72頁など）。

> Q．最高裁判所は，金銭債権の明示の数量的一部請求訴訟における請求認容判決が確定した後における残部請求を認めるだろうか？

《判例の考え方》

前訴—一部請求	前訴—確定判決	後訴（残部請求）の許否？
明示あり	請求棄却（一部棄却を含む）	特段の事情がない限り，信義則に反し許されない
	請求認容	？？？
明示なし	請求棄却でも請求認容でも	不　許

第10章 相殺の抗弁と重複訴訟の禁止
――手続の横断的理解のために――

【イントロ】(基本講義97頁以下参照)

重複訴訟（二重起訴）の禁止＝裁判所に係属する事件については，当事者は，更に訴えを提起することができない（142条）。

〈趣旨〉
①二重の応訴を強いられる被告の負担除去
②重複審理による司法資源の無駄な利用の解消（訴訟経済）
③矛盾判決による混乱の防止

★上記③にいう「矛盾判決」とは既判力が抵触する場合に限られるのか？
　↓
(i)非限定説…広く**判決内容の矛盾**と捉える（三木浩一「重複訴訟論の再構築」法学研究68巻12号（1995年）115頁以下）。
　∵　判決が同時に確定するといった稀有な場合でないかぎり，既判力の抵触は再審によって除去されるので，既判力抵触のおそれは根拠とならない。
(ii)限定説…**既判力の抵触**に限られる（高橋・重点講義上110頁の注2）。
　∵　理論上，再審による救済が用意されているといっても，実際上，それにはコストもかかるのであり，そうすると再審に至る前に混乱の芽を摘み取っておくというのが二重起訴禁止の趣旨だと把握すべきである。

重複訴訟禁止の要件　①当事者の同一性
　　　　　　　　　②事件の同一性

★②「事件の同一性」の判断基準は，**訴訟物**の同一性に限られるか？
　↓
(i)限られる[**制限説**]（兼子・体系175頁，菊井＝村松Ⅱ153頁，条解846-847頁〔竹下守夫〕など多数説）
　∵　主要な争点の共通などの場合を規範的な重複訴訟禁止に入れることは硬直的となり，弊害も大きい。
(ii)限られない[**拡大説**]
　∵　1926年（大正15年）改正前の民訴法195条2項1号は，訴訟物の同一性を要件としていたが，現行法はそれに代えて「事件」の概念を用いている。
　　↓では，(ii)拡大説における「事件の同一性」の判断基準は？
(ii)-a **主要な争点（攻撃防御方法）の共通性**（新堂206頁，高橋・重点講義上116頁）
　　　←新説・争点効

∵ 主要な争点が共通する場合であっても，その争点について二重審理となり，内容が実質的に矛盾する判決のおそれがあることは，訴訟物が同一の場合と異ならない。

(ii)-b **請求の基礎の同一性**（加藤・要論390頁，住吉博「重複起訴禁止原則の再構成」法学新報77巻4＝6号（1970年）95頁）。
  ←判決効でなく，手続の重複に着目。

(ii)-c 訴訟物たる権利関係の基礎となる社会生活関係が同一であり，主要な法律要件事実を共通にするか否か（伊藤191頁）
  ←旧説（争点効を信義則上の拘束力の一態様として評価）
    ∵ ①争点は審理の過程で形成されるものであるから，二重起訴か否かを決する基準としては適切とは思われない（←to 新堂説［上記(ii)-a］）。
    ②訴え変更の要件である「請求の基礎の同一性」（143条）は，広きに失する（←to 住吉説［上記(ii)-b］）。

> 重複訴訟禁止の効果

(i) **訴訟物が同一の場合**（←狭義の重複訴訟禁止）

後訴が狭義の二重起訴（重複訴訟）にあたるとすると，後訴は，**訴訟要件を欠き，訴えを却下する判決（訴訟判決）**がなされる（←**職権調査事項**に属し，職権探知に服する）。
＊これを看過した本案判決は，上訴で争うことができる。しかし，確定後は，再審事由に該当しないので，取り消すことはできず，却って係属中の前訴において，これに抵触する判決が許されなくなる（→抵触した判決は，確定しても再審で取り消される［338条1項10号］）。

(ii) **主要な争点**を共通にする場合（←広義の重複訴訟禁止）

---

①**別訴禁止・併合強制**
  →別訴は許されず，職権で前訴に併合される結果，当事者は，**訴えの追加的変更**（143条1項）・**反訴**（146条1項）という訴訟内の訴えを提起するよう誘導される。
  ↓または，
②**訴訟手続の停止**（←併合強制が適当でないとき）
  e.g., 前訴が上告審係属中のときには，後訴の第一審手続をそれに併合することは困難ないし不適当であるから，前訴判決確定まで後訴を停止し，確定後の審理で前訴判決の内容を反映させることになる（新堂209頁）。
    →しかし，手続の停止は，現行法上，中断・中止以外に存在せず（→この点，新堂209頁は，旧々民訴121条を参考に，中断・中止以外の停止権限を示唆する），次回期日を「追って指定する」という裁判所の事実上の運用による停止に頼らざるを得ない（高橋・重点講義上112頁）。
  ＊別訴禁止・併合強制は常に可能なわけではない。
    ∵ 前後両訴訟が同一官署としての裁判所に係属している場合には，弁論の併合（152条）が可能だが，同一でない場合は，まず後訴を移送し（17条），同一官署としての裁判所への両事件係属という状態を作出しなければならないが，移送先の裁判所に後訴についての管轄が常にあるというわけではない。

第10章　相殺の抗弁と重複訴訟の禁止

I　問題の所在——相殺の抗弁と重複訴訟の禁止

相殺の抗弁は，判決理由中で判断されるにもかかわらず，既判力が生じるため（114条2項），「事件の同一性」を認めて，民訴法142条を（類推）適用するか否かが問題となる。

↓《問題となる局面》

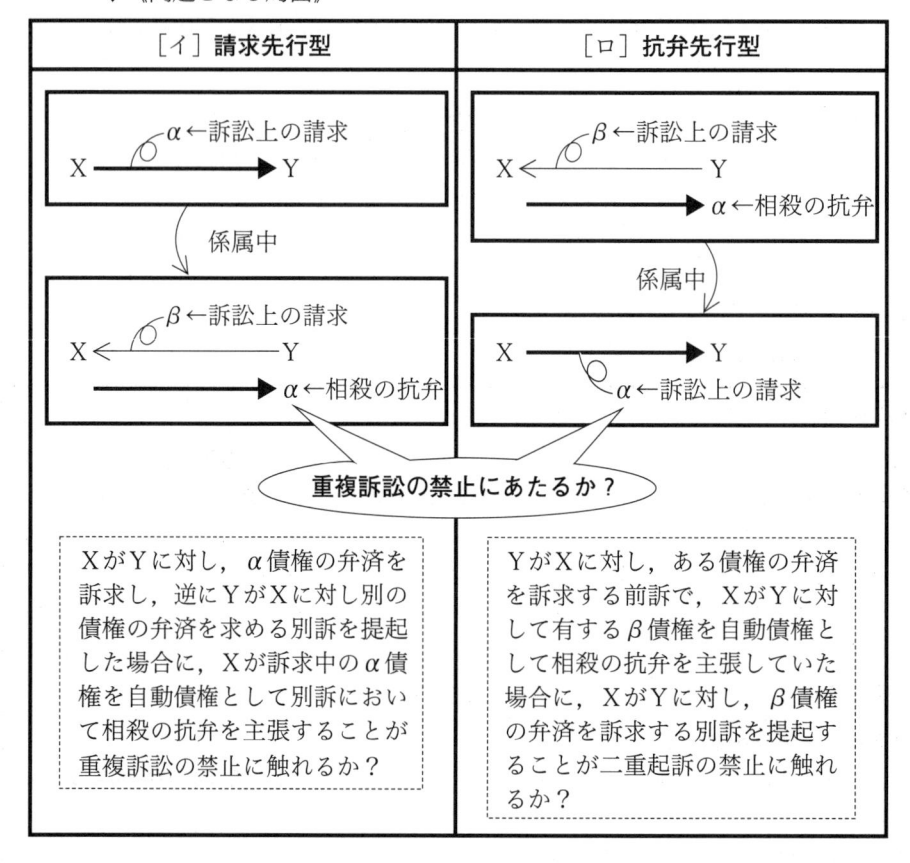

［イ］請求先行型	［ロ］抗弁先行型
X →α←訴訟上の請求→ Y	X ←β←訴訟上の請求― Y ―→α←相殺の抗弁
係属中↓	係属中↓
X ←β←訴訟上の請求― Y ―→α←相殺の抗弁	X ―→ Y α←訴訟上の請求
重複訴訟の禁止にあたるか？	
XがYに対し，α債権の弁済を訴求し，逆にYがXに対し別の債権の弁済を求める別訴を提起した場合に，Xが訴求中のα債権を自動債権として別訴において相殺の抗弁を主張することが重複訴訟の禁止に触れるか？	YがXに対し，ある債権の弁済を訴求する前訴で，XがYに対して有するβ債権を自動債権として相殺の抗弁を主張していた場合に，XがYに対し，β債権の弁済を訴求する別訴を提起することが二重起訴の禁止に触れるか？

II　判　例

［イ］**請求先行型** （＝抗弁後行型）	重複訴訟禁止に触れる（＝不適法説）とした最高裁判例がある（最判昭63・3・15民集42巻3号170頁，最判平3・12・17民集45巻9号1435頁。なお，最判平10・6・30民集52巻4号1225頁〔相続税等立替事件〕）。
［ロ］**抗弁先行型**	最高裁の判断はなく，裁判例は流動的（適法説に立つものとして東京高判昭42・3・1判時472号30頁，東京高判昭59・11・29判時1140号90頁〔K土木株式会社事件〕など，不適法説にたつものとして東京高判平8・4・8判タ937号262頁などがある）。

1　［イ］請求先行型（基本）——不適法
　　〜バトミントン用品原材料残代金請求事件（最判平3・12・17民集45巻9号1435頁〔民訴百選3版45事件〕）〜
(1)　事案の概要
　　1979年11月2日にY社から売買代金1286万8060円の支払いを求める訴え（別訴）を提起され

たX社は、その別訴係属中の1980年9月22日、Y社に対して、両者間の継続的取引契約に基づくバドミントン用品の輸入原材料残代金258万1251円の支払いを求める訴え（本訴）を提起した。

本訴の第一審裁判所は、Xの請求を一部認容して、Yに207万4476円と遅延損害金の支払いを命じる判決をした（東京地判昭58・2・25）。これに対し、Yは控訴を提起した。

他方、別訴の第一審裁判所は、Yの請求額中1284万8060円の限度で認容する判決を言い渡した（東京地判昭58・4・18）。これに対し、Xは控訴を提起した。

別訴の控訴審裁判所は、本訴との併合を命じ、両事件は併合審理されていたところ、その併合審理中の第11回口頭弁論期日において、Yは、Xの本訴請求に対して別訴で訴求中の売買代金債権を自動債権とする相殺の抗弁を提出した。その後、控訴審裁判所は、両事件の弁論を分離し、相殺の抗弁は民訴法142条の類推適用により、理由がないとして控訴を棄却した（東京高判昭62・6・29）。

これに対し、Yが上告した。

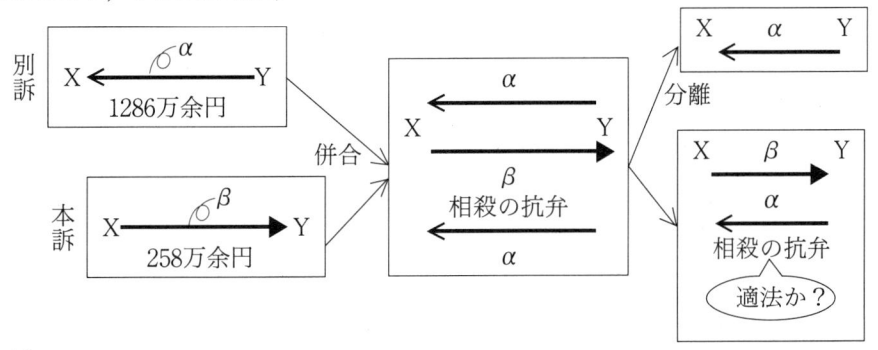

(2) 判　旨

《上告棄却》

「係属中の別訴において訴訟物となっている債権を自働債権として他の訴訟において相殺の抗弁を主張することは許されないと解するのが相当である（最高裁昭和58年（オ）第1406号同63年3月15日第三小法廷判決・民集42巻3号170頁参照）。すなわち、民訴法231条（現行142条）が重複起訴を禁止する理由は、審理の重複による無駄を避けるためと複数の判決において互いに矛盾した既判力ある判断がされるのを防止するためであるが、相殺の抗弁が提出された自働債権の存在又は不存在の判断が相殺をもって対抗した額について既判力を有するとされていること（同法199条2項［現行114条2項］）、相殺の抗弁の場合にも自働債権の存否について矛盾する判決が生じ法的安定性を害しないようにする必要があるけれども理論上も実際上もこれを防止することが困難であること、等の点を考えると、同法231条（現行142条）の趣旨は、同一債権について重複して訴えが係属した場合のみならず、既に係属中の別訴において訴訟物となっている債権を他の訴訟において自働債権として相殺の抗弁を提出する場合にも同様に妥当するものであり、このことは右抗弁が控訴審の段階で初めて主張され、両事件が併合審理された場合についても同様である」（最判平3・12・17民集45巻9号1435頁〔民訴百選3版45事件〕［バドミントン用品原材料残代金請求事件］）。

> Q₁. 第11回口頭弁論期日に至ってはじめて提出された相殺の抗弁は、時機に後れた攻撃防御方法として却下（157条1項）されなかったのはなぜか？

↓
自己の債権を失うという相殺の抗弁の特殊性を考慮すべきか？
＊ちなみに，控訴審の第3回口頭弁論期日において主張された相殺の抗弁が時期に後れた攻撃防御方法であるとして却下された事例がある（大阪高判平7・11・30判タ910号227頁［本書133頁（第13章）参照］）。

2 ［イ］請求先行型（応用）――別訴で一部請求をしている債権の残部を自働債権とする相殺の抗弁の許否？

～相続税等立替事件（最判平10・6・30民集52巻4号1225頁〔民訴百選3版46事件］）～

(1) 事案の概要

　父の死亡により，長男Ｘおよび次男Ｙの両名は，土地および建物などを共同相続した。Ｘは，Ｙ相続分の相続税のほか，本件土地建物についてＹの支払うべき固定資産税，都市計画税，水道料金を支払った。その後，Ｘは，本件土地建物をＸの単独所有とする遺産分割協議が成立したとして，Ｙ持分について処分禁止の仮処分決定を得たが，これはＹの異議申立てにより取り消された。そこで，Ｙは，この違法な仮処分により本件土地建物がいわゆる「事件物」となったため，Ｙ持分について代金7億3443万円で成立する予定であった売買契約が不成立となり，結局，通常の取引価格より低い価格（4億8183万円）で売却することを余儀なくされ，その差額2億5260万円相当の損害を被ったとして，Ｘに対し，不法行為を理由に内金4000万円の支払いを求める別件訴訟を提起した（これについては，本判決の言渡し日に，上告棄却が言渡され，請求棄却判決が確定した）。

　こうしたなか，Ｘは，Ｙが支払うべき相続税等を立替払いしたとして，Ｙに対して，1296万円余の不当利得返還を求める本件訴訟を提起した。

〔実体関係〕
X ← Y

不法行為（＝違法仮処分）に基づく損害賠償請求権＝α債権（2億5260万円）

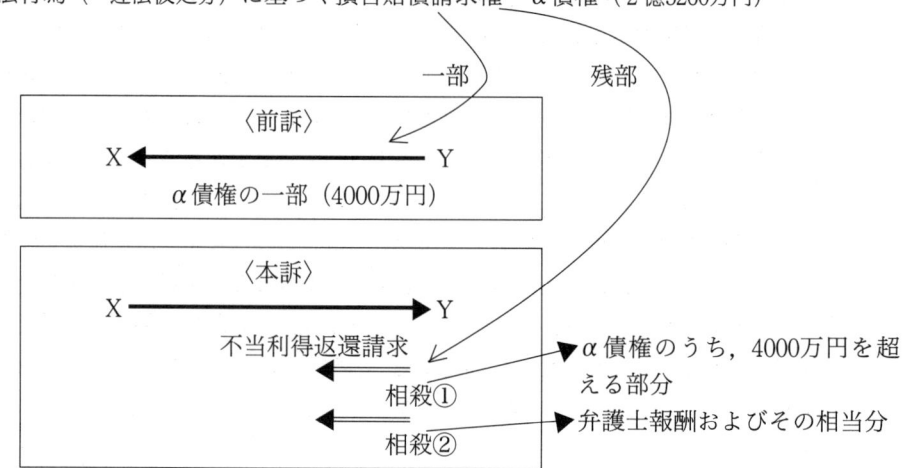

　　　　　　　　　一部　　残部

〈前訴〉
X ← Y
α債権の一部（4000万円）

〈本訴〉
X → Y
不当利得返還請求
　相殺①　→ α債権のうち，4000万円を超える部分
　相殺②　→ 弁護士報酬およびその相当分

(2) 裁判の経緯

第一審	第一審においてYは，相続税立替分についての不当利得返還義務の存在を争うとともに，予備的に前記違法仮処分による損害賠償請求権のうち，4000万円を超える部分を自働債権とする相殺を主張した（相殺①とする）。第一審裁判所は，この相殺①を適法として，Xの請求を棄却した。
控訴審	控訴審においてYは，相殺①に加え，前記違法仮処分に対する異議申立手続に要した弁護士報酬およびその遅延損害金（＝弁護士報酬相当分）の合計2478万円余の損害賠償請求権を自働債権とする相殺を主張した（相殺②とする）。控訴審裁判所は，別訴の訴訟物である債権を自働債権とする相殺の抗弁は許されないとした最高裁昭和62年（オ）第1385号平成3年12月17日第三小法廷判決・民集45巻9号1435頁の趣旨に照らし，Yの相殺主張はいずれも許されないものと判断した。

↓そこで，Yが上告した。

3 判　旨

《破棄差戻》

Ⓐ 「民訴法142条（旧民訴法231条）が係属中の事件について重複して訴えを提起することを禁じているのは，審理の重複による無駄を避けるとともに，同一の請求について異なる判決がされ，既判力の矛盾抵触が生ずることを防止する点にある。そうすると，自働債権の成立又は不成立の判断が相殺をもって対抗した額について既判力を有する相殺の抗弁についても，その趣旨を及ぼすべきことは当然であって，既に係属中の別訴において訴訟物となっている債権を自働債権として他の訴訟において相殺の抗弁を主張することが許されないことは，原審の判示するとおりである（前記平成3年12月17日第三小法廷判決参照）。

Ⓑ 2　しかしながら，他面，一個の債権の一部であっても，そのことを明示して訴えが提起された場合には，訴訟物となるのは右債権のうち当該一部のみに限られ，その確定判決の既判力も右一部のみについて生じ，残部の債権に及ばないことは，当裁判所の判例とするところである（最高裁昭和35年（オ）第359号同37年8月10日第二小法廷判決・民集16巻8号

Ⓒ 1720頁参照）。この理は相殺の抗弁についても同様に当てはまるところであって，一個の債権の一部をもってする相殺の主張も，それ自体は当然に許容されるところである。

Ⓓ 3　もっとも，一個の債権が訴訟上分割して行使された場合には，実質的な争点が共通であるため，ある程度審理の重複が生ずることは避け難く，応訴を強いられる被告や裁判所に少なからぬ負担をかける上，債権の一部と残部とで異なる判決がされ，事実上の判断の抵触が生ずる可能性もないではない。そうすると，右2のように一個の債権の一部について訴えの提起ないし相殺の主張を許容した場合に，その残部について，訴えを提起し，あるいは，これをもって他の債権との相殺を主張することができるかについては，別途に検討を要するところであり，残部請求等が当然に許容されることになるものとはいえない。

Ⓔ しかし，こと相殺の抗弁に関しては，訴えの提起と異なり，相手方の提訴を契機として防御の手段として提出されるものであり，相手方の訴求する債権と簡易迅速かつ確実な決済を図るという機能を有するものであるから，一個の債権の残部をもって他の債権との相殺を主張することは，債権の発生事由，一部請求がされるに至った経緯，その後の審理経過等にかんがみ，債権の分割行使による相殺の主張が訴訟上の権利の濫用に当たるなど特段の事情の存する場合を除いて，正当な防御権の行使として許容されるものと解すべきである。

したがって，一個の債権の一部についてのみ判決を求める旨を明示して訴えが提起された場合において，当該債権の残部を自働債権として他の訴訟において相殺の抗弁を主張することは，債権の分割行使をすることが訴訟上の権利の濫用に当たるなど特段の事情の存しない限り，許されるものと解するのが相当である。

 4 そこで，本件について右特段の事情が存するか否かを見ると，前記のとおり，Yは，係属中の別件訴訟において一部請求をしている債権の残部を自働債権として，本件訴訟において相殺の抗弁を主張するものである。しかるところ，論旨の指摘する前記二(2)の相殺の主張の自働債権である弁護士報酬相当額の損害賠償請求権は，別件訴訟において訴求している債権とはいずれも違法仮処分に基づく損害賠償請求権という一個の債権の一部を構成するものではあるが，単に数量的な一部ではなく，実質的な発生事由を異にする別種の損害というべきものである。そして，他に，本件において，右弁護士報酬相当額の損害賠償請求権を自働債権とする相殺の主張が訴訟上の権利の濫用に当たるなど特段の事情も存しないから，右相殺の抗弁を主張することは許されるものと解するのが相当である」（最判平10・6・30民集52巻4号1225頁〔民訴百選3版46事件〕［相続税等立替事件］）。

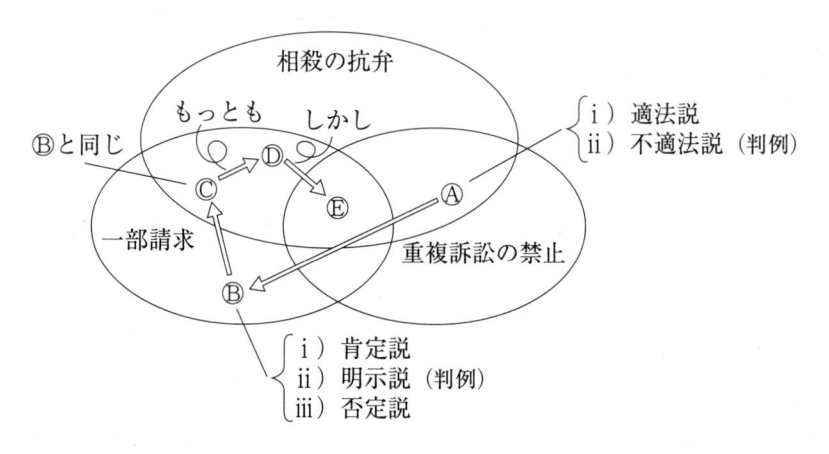

[図：相殺の抗弁と一部請求・重複訴訟の禁止の関係を示すベン図
 相殺の抗弁：i）適法説　ii）不適法説（判例）
 一部請求：i）肯定説　ii）明示説（判例）　iii）否定説
 Ⓐ，Ⓑ，Ⓒ，Ⓓ，Ⓔ，Ⓑと同じ，もっとも，しかし]

＊裁判官園部逸夫の補足意見＊

 私は，法廷意見に同調するものであるが，論旨で取り上げられていない前記二(1)の売買代金低落分に関する相殺の主張の許否の問題と，この種事案の実務上の取扱いについて，若干意見を述べておくこととしたい。

 一 第一は，前記違法仮処分により売買代金が低落したことによる損害賠償請求権のうち，4000万円を超える部分を自働債権とする相殺の主張の許否に関する問題である。…法廷意見の述べる一般論からすれば，右相殺の主張も訴訟上の権利の濫用に当たるなど特段の事情の存しない限り許容されることになるが，本件においては，別の手続上の理由から，もはや差戻審において右相殺の抗弁の成否について審理判断をする余地はない。

 すなわち，金銭債権の数量的一部請求訴訟で敗訴した原告が残部請求の訴えを提起することは，特段の事情がない限り，信義則に反して許されないと解するのが相当である（最高裁平成9年（オ）第849号同10年6月12日第二小法廷判決参照）。

 これを本件について見ると，別件訴訟については，本判決の言渡しの日と同日，当裁判所において上告棄却の判決が言い渡され，右損害賠償請求権の数量的一部請求（4000万円）を棄却した判決が確定した。その結果，特段の事情の存しない本件において，Yとしては，もはや残債

権について訴えを提起することができないこととなり，したがって，これを自働債権とする相殺の主張も当然に不適法となったものというべきである。

　二　第二は，この種事案の実務上の取扱いである。前記のとおり，本件においては，Yが平成2年6月5日に別件訴訟を提起した後，Xが同年8月27日に本件訴訟を提起したところ，Yが右相殺の主張をするに至ったものである。そして，別件訴訟と本件訴訟とは，その後も別々の裁判体で審理され，売買代金低落を理由とする損害賠償請求権については，別件訴訟の第一審判決がこれを認めなかったのに対し，本件訴訟の第一審判決はその一部を認めてXの請求を棄却しており，裁判所の判断が異なる事態が生じている。

　法廷意見も述べるように，一個の債権の一部について訴えが提起され，その残部をもって相殺の主張がされた場合には，原則としてこれらは重複起訴の関係に立たないが，民事訴訟の理想からすれば，裁判所としては，可及的に両事件を併合審理するか，少なくとも同一の裁判体で並行審理することが強く望まれる。このことによって，審理の重複と事実上の判断の抵触を避けることができるとともに，当事者，裁判所の負担の軽減にもつながることになるからである。もっとも，実務においては，様々な理由から裁判体相互間における関連事件の割替えが行われず，本件のように，これが別々の裁判体において審理裁判されることが少なくない。そのために，しばしば，審理の重複と事実上の判断の抵触が生じたり，訴訟経済に反する事態が生じている。しかし，必要とあれば適切な司法行政上の措置を講じて関連事件の円滑な割替えがされるよう配慮すべきであり，本件のような問題に対しては，そのことによって根本的な解決を図る必要があることを強調しておきたい。」

Q₂. 本判決と最判平3・12・17民集45巻9号1435頁〔民訴百選3版45事件〕［バトミントン用品原材料残代金請求事件］ないし最判昭63・3・15民集42巻3号170頁を比較し，本判決によって実質的な判例変更が行われたといえるかを考えてみよう！

〈参考文献〉
◇中野・論点Ⅱ96-100頁
◇リマークス19号（1999年）131頁〔高橋宏志〕
◇民訴百選3版46事件解説〔三木浩一〕
◇小林　学「判批」新報106巻11＝12号（2000年）283-312頁
※本訴と反訴が係属中に，反訴請求債権を自働債権とし，本訴請求債権を受働債権とする相殺の抗弁について，最高裁判所は，予備的反訴への変更というロジックを用いて，その主張は重複訴訟禁止に抵触せず，許されると判示した（最判平18・4・14民集60巻4号1497頁）。

4　［ロ］抗弁先行型
(1)　［ロ］抗弁先行型――適法説の裁判例
　　～K土木株式会社事件（東京高判昭59・11・29判時1140号90頁）～
(a)　事案の概要
　　　Y（＝K土木株式会社）がXに対して提起した請負代金支払請求訴訟（別訴）において，Xは，Yに対して有する手形金債権を自働債権として，Yの請求にかかる請負代金債権と相殺

する旨の仮定抗弁を主張した。

他方，Xは，Yに対して，上記手形金の支払いを求める手形訴訟（本訴）を提起した。

これに対し，本訴の第一審裁判所は，訴訟係属中の事件において相殺の抗弁を主張している場合にその自働債権を別訴をもって訴求することは許されないものとして，民訴法142条の規定を類推適用して本訴を却下した（甲府地都留支判昭59・5・8）。

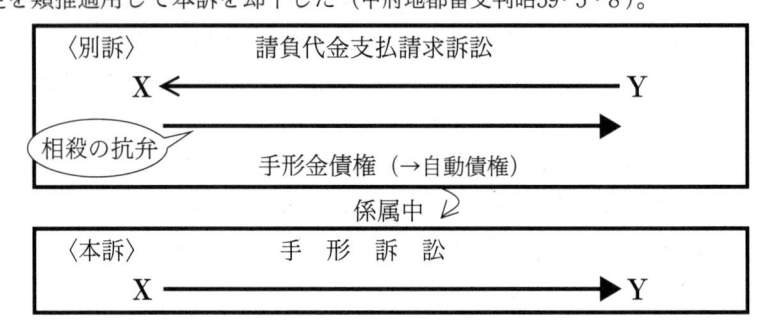

```
┌─────────────────────────────────────────┐
│ 〈別訴〉      請負代金支払請求訴訟            │
│      X ←─────────────────────── Y        │
│ ╭─────╮                                  │
│ │相殺の抗弁│   手形金債権（→自働債権）        │
│ ╰─────╯ ─────────────────────→         │
│              係属中 ↙                    │
│ 〈本訴〉       手　形　訴　訟               │
│      X ─────────────────────→ Y         │
└─────────────────────────────────────────┘
```

(b) 判　旨

《取消・差戻し》

「当審におけるX訴訟代理人の陳述及び弁論の全趣旨によれば，Xは右請負代金請求訴訟事件の昭和59年9月14日の口頭弁論期日において右相殺の抗弁を既に撤回したことが認められるばかりか，民事訴訟法231条（現行142条）にいわゆる訴訟繋属とは同一請求権について訴又は反訴をもって審判の申立がなされている場合を意味するものであり，当該権利関係が単なる攻撃防禦方法として主張されているにすぎず，それについての裁判所による判断がされるかどうかさえ未確定な場合を含むものではないと解するのが相当であって，相殺の抗弁についての裁判所の判断が既判力を有するという一事をもってそれを訴又は反訴の提起・係属と同一視することはできないものといわなければならない」（東京高判昭59・11・29判時1140号90頁）。

(2) ［ロ］抗弁先行型──不適法説の裁判例

〜過払金返還請求事件（東京高判平8・4・8判タ937号262頁）〜

(a) 事案の概要

賃貸人Yは，賃借人Xの賃料不払いを理由に賃貸借契約を解除し，同人に対して，建物明渡しおよび未払い賃料の支払いを求める第一訴訟を提起した。これに対し，Xは，請求原因を認めたが，つぎのような相殺の抗弁を提出した。すなわち，Xは，Yの訴外Aに対する貸金債権の連帯保証人として弁済した額のうち，343万円は利息制限法の適用上過払いであって，同額につきYに対し不当利得返還請求権を有するから，これをもって相殺するというものである。

その後，Xは，過払い額は総額703万円に及ぶと主張して，同額の支払いを求める第二訴訟をXに対して提起した。

これらの第一訴訟と第二訴訟は，第一審段階で弁論が併合され，その結果，不当利得の成立を否定して，Yの請求を全部認容し，Xの請求を全部棄却する判決が言い渡された。

これに対して，Xが控訴した。

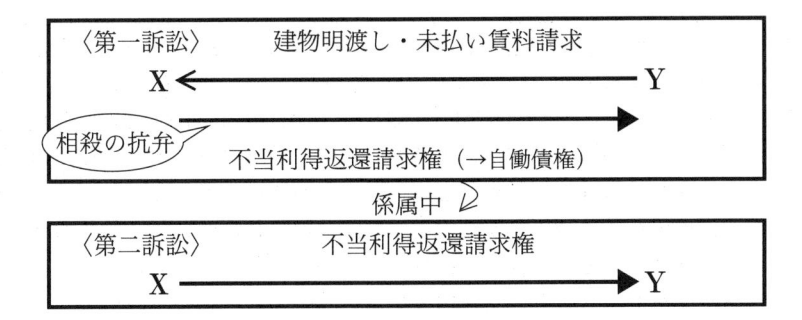

```
〈第一訴訟〉    建物明渡し・未払い賃料請求
    X ←―――――――――――――――― Y
(相殺の抗弁) 不当利得返還請求権（→自働債権）
         係属中 ↙
〈第二訴訟〉    不当利得返還請求権
    X ――――――――――――――――→ Y
```

(b) 判　旨

《一部却下，その余の請求棄却》

「既に相殺の抗弁の自働債権として主張した債権につき，別訴をもってこれを行使することは，民事訴訟法231条（現行142条）の趣旨に照らし許されないものと解すべきである。すなわち，相殺の抗弁の自働債権の存否についての判断については既判力が生ずるのであるから，これについて別訴を許すことは，裁判所の判断の矛盾抵触を招くおそれがあり，訴訟経済にも反するから，許されないものというべきであり，右二つの訴訟の弁論が併合されている場合についても，将来において両訴訟の弁論が分離されることがあり得ないといえない以上，別異に解すべき理由はない（本件の事案とは逆に，債権行使のための訴えを提起したのち，別訴において当該債権を相殺の自働債権として主張することができないことにつき最高裁平成3年12月17日判決・民集45巻9号1435頁参照）。

もっとも，相殺の抗弁はいわゆる仮定抗弁として主張されることが多いことからすれば，これとは別に自働債権の実現を図るための訴訟を認めることについてある程度実際上の要請が存することは否定できないが，仮定抗弁にせよ相殺の主張をしている限り，その自働債権についてはいわゆる裁判上の催告がなされているものとみることができ，その訴訟の係属中は消滅時効期間は進行しないものと解すべきであるから，右のように解しても当該債権者に著しい不利益を及ぼすことにはならない」（東京高判平8・4・8判タ937号262頁［過払金返還請求事件］）。

> Q₃. 抗弁先行型に関する上記2つの裁判例（東京高判昭59・11・29判時1140号90頁［K土木株式会社事件］と東京高判平8・4・8判タ937号262頁［過払金返還請求事件］）を事案に注目しながら比較検討してみよう！

Ⅲ　学　説

不適法説　[イ][ロ] いずれの場合も142条の（類推）適用を認める（新堂207頁，住吉博『民事訴訟論集1巻』（法学書院，1978年）294頁，河野正憲『当事者行為の法的構造』（弘文堂，1988年）112頁以下，新・実務民訴1巻381頁〔梅本吉彦〕，梅本277頁，上田147頁，伊藤193頁，新版民訴演習1巻150頁〔加藤哲夫〕など）。
　∵ ①相殺の抗弁は，判決理由中でその効果を判断されると，自働債権の存否について既判力を生じる（114条2項）。
　　②相殺権者としては，反訴提起によって給付判決を得る利益を満足させることができる。

適法説	［イ］［ロ］いずれの場合も142条の（類推）適用を否定する（中野貞一郎「相殺の抗弁（下）」判タ893号8頁〔中野・論点Ⅱ136頁以下所収，とくに163頁〕，条解844頁〔竹下〕，三木浩一「重複訴訟論の再構成」法研68巻12号（1995年）186頁，松本＝上野286頁〔松本〕など）。 ∵ ①相殺の抗弁は防御方法にすぎず，それが斟酌されるのは，被告の主張する他の抗弁が排斥され，訴求債権の存在が認められる場合に限られることから，反対債権の存否について既判力ある判断が得られるかは未必的であり，［ロ］抗弁先行型においては，相殺の抗弁を提出した別訴被告（＝本訴原告）に二重起訴禁止の網をかぶせると，反対債権について訴えを提起し早急に既判力を得たいとする別訴被告（＝本訴原告）の要請に応えられない。また，［イ］抗弁後行型では，先に反対債権を訴求した本訴被告（＝別訴原告）は，本訴での相殺の抗弁を提出するにあたり，二重起訴禁止の制約から免れるために別訴を取下げる必要があるが，それには相手方の同意を要する（261条2項）。 ②相殺の抗弁が通常予備的抗弁として提出されることからすると，別訴を二重起訴として禁止するのは，相殺権者に酷である。 ③142条の適用を否定しても，既判力の抵触は，弁論の併合，一方の手続中止など，裁判所の適切な訴訟指揮権により，事実上回避できる。
	［イ］抗弁後行型を不適法，［ロ］抗弁先行型を適法とする見解（菊井＝村松Ⅱ157頁，上田147頁など） ∵ 反対債権については別訴で確実に既判力ある判断が得られる以上，既判力ある判断の形成が未必的な相殺の抗弁を提出できなくともよい。
折衷説	［イ］抗弁後行型を適法，［ロ］抗弁先行型を不適法とする見解（中野＝酒井「判批」民商107巻2号255頁以下〔酒井〕，佐野裕志「相殺の抗弁と二重起訴禁止」一論117巻1号52頁以下，高橋・重点講義上124頁以下など） ∵ ①［ロ］抗弁先行型では，二重起訴の範囲に関する拡張説のいうように，本訴における反対債権に基づく**反訴**の提起で対処できるから，別訴提起はなお二重起訴として禁止すべき。 ②［イ］抗弁後行型では，別訴を取り下げると，本訴被告は，本訴で相殺の抗弁の審理に至らなかった場合，反対債権につき別訴がすでに控訴審段階にあったときは，**再訴禁止**（262条2項）の不利益を受け，そうでなくても，別訴提起により享受していた**時効中断**の利益を喪失する（民149条）。別訴取下げに対する別訴被告（＝本訴原告）の同意は，本訴で提出される相殺の抗弁が実際に審理されるか未必的である以上，すでに別訴で生じた自己に有利な既判力形成に対する別訴被告（＝本訴原告）の期待は保護に値し，その同意を不要とするわけにはいかない。 ③［イ］抗弁後行型では，本訴被告の**防御権**，とりわけ，本訴被告の有する**相殺の担保的機能**を保障すべきである（→本訴における相殺の抗弁の提出が禁じられたまま，本訴被告の敗訴が確定した場合，本訴被告は自らの債務を完済することを強いられるが，別訴で同人の勝訴判決が確定し，いざ執行に及んだときに相手方（＝別訴被告）が無資力であれば，債権は回収不能となる〔リマークス6号（1993年）126頁〔吉村徳重〕，中野＝酒井・前掲256頁〔酒井〕など）。

【分析の視点】

　こうした結論の相違は，相殺の抗弁や後訴を認めるメリット・デメリットとの利益衡量に帰着する。

(i)不適法説は，デメリットとしての**審理重複による訴訟不経済**や**被告の応訴負担**，そして**判決内容の矛盾抵触のおそれ**といった弊をあげ，その防止を相殺主張に優越する利益とみる。

(ii)適法説は，デメリットよりも，**被告の防御の自由**，さらに相殺のもつ**簡易決済機能**や**担保的機能**を訴訟上にも反映させることのメリットを優先させる。

(iii)折衷説は，抗弁の先行・後行の両類型ごとに，上記メリット・デメリットを個別に検討する。

☆**参考判例**──訴訟上の相殺の抗弁に対する訴訟上の相殺を再抗弁として主張することの可否（最判平10・4・30民集52巻3号930頁）

【事案】

Yは，Xから手形割引による融資を受けるにあたり（もっとも，YはA会社の従業員であり，実際の借主はA会社であった），約束手形を3通振り出した。すなわち，①1980年4月26日に金額150万円利息月6分で，②同日に金額100万円利息月6分，③1980年5月7日に金額100万円利息月6分である。いずれも利息分を天引きする形で行われた。Yは，右約束手形を決済すると，営業資金が不足するため，それぞれについて，決済後に近接して同様の手形を振り出す方法で繰り返し融資を受けていたところ，Yの支払いのうち，制限利息超過分が過払いとなっていた。

その後，A社は，1982年3月末日に振り出した手形を最後に倒産した。そこで，Xは，Yとの間で①手形・③手形による貸金債権につき，各々準消費貸借契約を締結した（これによって貸金債権Ⓐ・Ⓑが発生したものとする）。さらに，Xは，A社の倒産後，その代表者BとYを呼び出し，市販の約束手形用紙3通にYを債務者，Aを連帯保証人として金額を記載させた（これを貸金債権Ⓒとする）。

Xは，Yに対して，上記の貸金債権Ⓐ・Ⓑ・Ⓒに基づく返還請求訴訟を提起した。これに対し，Yは，それぞれの決済を通じて利息が過払いとなった分について，不当利得返還請求権を有するとして，Ⓐ請求に対しては①の不当利得返還請求権をもって，Ⓑ請求に対しては③の不当利得返還請求権をもって，Ⓒ請求に対しては②の不当利得返還請求権をもって，それぞれ相殺する旨の抗弁を提出した。

こうしたYの相殺の抗弁に対し，Xは，直ちに同一期日において相殺の再抗弁を提出した。すなわち，Xは，②手形金債権を自働債権とし，Y主張の不当利得返還請求権を受働債権として，そのうち発生時期の早いものから順にXの請求する約束手形金に達するまで対等額で相殺する旨の主張をした。

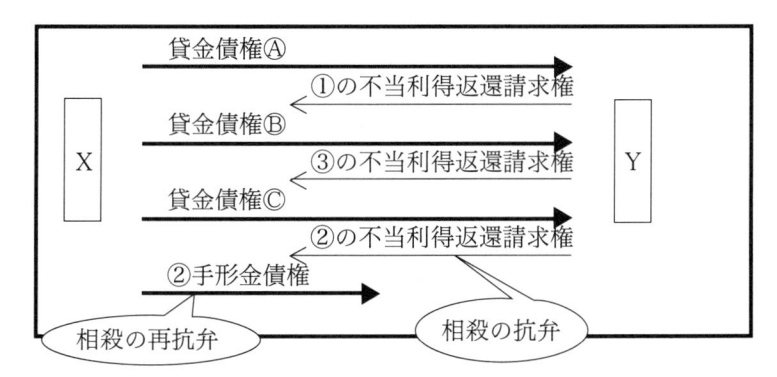

【裁判の経緯】

　第一審裁判所は，貸金債権ⓒの成立を否定したうえで，貸金債権Ⓐ・Ⓑは Y の相殺の抗弁によって消滅したとして，X の請求を棄却した。X の相殺の再抗弁については，手形②につき，Y が有する不当利得返還請求権との相殺（Y の再々抗弁）によって X の債権は消滅したとして，これを退けた（宮崎地都城支判平 4・6・3）。これに対して，X が控訴した。

　控訴審裁判所は，X の相殺の再抗弁の提出が，同日になされた Y の相殺の抗弁の提出よりも時間的に早いため，それが有効になされたとして，Y の不当利得返還請求権の一部消滅を認めて，第一審判決を取り消し，X の請求を一部認容した（福岡高宮崎支判平 5・2・24）。

　これに対し，Y は，民訴法114条2項の趣旨に鑑みて，原告からの相殺の再抗弁は不適法であること，X の②手形債権に関する時効消滅についての判断遺脱等を上告理由として，上告した。

【判旨】

　《破棄自判》（控訴審判決につき，Y の敗訴部分を破棄し，X の控訴を棄却した）

　「被告による訴訟上の相殺の抗弁に対し原告が訴訟上の相殺を再抗弁として主張することは，不適法として許されないものと解するのが相当である。けだし，（一）訴訟外において相殺の意思表示がされた場合には，相殺の要件を満たしている限り，これにより確定的に相殺の効果が発生するから，これを再抗弁として主張することは妨げないが，訴訟上の相殺の意思表示は，相殺の意思表示がされたことにより確定的にその効果を生ずるものではなく，当該訴訟において裁判所により相殺の判断がされることを条件として実体法上の相殺の効果が生ずるものであるから，相殺の抗弁に対して更に相殺の再抗弁を主張することが許されるものとすると，仮定の上に仮定が積み重ねられて当事者間の法律関係を不安定にし，いたずらに審理の錯雑を招くことになって相当でなく，（二）原告が訴訟物である債権以外の債権を被告に対して有するのであれば，訴えの追加的変更により右債権を当該訴訟において請求するか，又は別訴を提起することにより右債権を行使することが可能であり，仮に，右債権について消滅時効が完成しているような場合であっても，訴訟外において右債権を自働債権として相殺の意思表示をした上で，これを訴訟において主張することができるから，右債権による訴訟上の相殺の再抗弁を許さないこととしても格別不都合はなく，（三）また，民訴法114条2項（旧民訴法199条2項）の規定は判決の理由中の判断に既判力を生じさせる唯一の例外を定めたものであることにかんがみると，同条項の適用範囲を無制限に拡大することは相当でないと解されるからである」（最判平10・4・30民集52巻3号930頁）。

考えてみよう！　一部請求訴訟において被告が相殺の抗弁を主張したのに対して，原告が残部債権をもって相殺する旨の再抗弁を提出した場合，本判決の考え方によれば，この相殺の再抗弁は認められるか？

＊リマークス19号（1999年）135頁〔中野貞一郎〕参照。

第11章　送達──情報伝達と手続保障のツール──

【イントロ】(基本講義113頁以下参照)

送達＝特定の名宛人に対し，訴訟上の書類の内容を知らせる機会を与えるために，法定の方式に従った通知行為（←裁判権の一作用）　*cf.* 送付，通知，直送
　↓原則として**職権**で行われる（∵　迅速・確実を期す）
職権送達主義（98条）　　＊公示送達（110条1項）
　☆送達機関　　①送達担当機関…**裁判所書記官**（98条2項，民訴規39条）
　　　　　　　　②送達実施機関…**執行官**［←通常の交付送達］，**郵便業務従事者**［←郵便による送達］（99条1項2項），裁判所書記官［←裁判所書記官送達］（100条・107条），廷吏［←執行官に代わる送達］（裁判所法63条3項）

☆送達方法

原則	交付送達	送達すべき書類の謄本または副本を①受送達者に，②その住所，居所，営業所または事務所で③直接交付する送達方法（101条・103条1項）
例外	付郵便送達	裁判所書記官が書類を送達場所に宛てて，書留郵便で発送すれば，発送時に送達したことになる送達方法（107条3項）
	公示送達	出頭すれば送達すべき書類を保管し，いつでも送達を受けるべき者に交付する旨を裁判所の掲示板に掲示することにより行う送達方法（111条）

↓　交付送達の補完

「①受送達者」の補完	補充送達	送達の受領に相当のわきまえのある者（「代人」）に対して送達書類を交付してする送達（106条1項2項）
「②住所等」の補完	就業場所送達	名宛人の就業場所における送達（103条2項）
	出会送達	名宛人に出会った場所における送達（105条）
	裁判所書記官送達	出頭した者に対して書記官自らがする送達（100条）
「③直接」の補完	差置送達	送達実施機関が送達を試みた場所に送達書類を差し置くことによってする送達（106条3項）

　＊「郵便による送達」と「付郵便送達」
　　「郵便による送達」は，郵便業務従事者が実施する交付送達のことであり，郵便法上の「特別送達」の取扱いで行われ，送達の事実が日本郵政公社によって証明される（郵便法

66条）。他方，付郵便送達は，現実の交付の方法によらない例外的な送達方法であり，書留郵便の発送時に送達したことになる（←発信主義）。

> 調べてみよう！
> 送達を必要とする書類にはどのようなものがあるか？
> ↓
> 民訴法138条1項・255条1項・261条4項，民訴規20条1項など参照。

I 送達場所の届出制度

問　題

> 貸金業者Xは，Yに対して貸金返還請求訴訟を提起した。Yに対して，訴状副本および第1回口頭弁論期日の呼出状が送達されたところ，Yは，「訴状の記載内容についてはそのとおりであるが，資金がないので支払いを延ばしてほしい。」と記載した答弁書を提出した。
> ところが，Yが第1回口頭弁論期日に出頭しなかったため，裁判所は口頭弁論を終結し，直ちに判決を言い渡し，裁判所書記官は，当事者，主文，請求，理由の要旨を調書に記載した。
> この調書の正本のYへの送達について，つぎの各問いに答えよ。
> (1) Yは，提出した答弁書のなかで送達場所としてYの就業場所であるA社を届け出していた場合，裁判所書記官は，どこに送達すべきか？
> (2) 上記(1)の送達を試みたが，書類が送達されずに裁判所に返却されてしまった場合，裁判所書記官はどうすべきか？
> (3) Yが就業場所の届出をしていなかった場合，裁判所書記官は，どこに送達すべきか？
> 　　　　　　　　　　　　　　　　（法曹会編『例題解説　新民事訴訟法（下）』66頁参照）

【ポイント】

> ①送達場所届出をした場合の効果 ── 届出場所宛送達の原則←小問(1)
> 　　　　　　　　　　　　　　　　　届出場所における付郵便送達←小問(2)
> ②送達場所届出をしない場合の効果←小問(3)

1　小問(1)　送達場所の届出制度

送達は，受送達者の**住所等**においてするのが原則であるが（103条1項），それが判明しないとき，または，これらの場所での送達に支障があるときは，**就業場所**においてすることができる（同条2項［←就業場所送達］）。

　↓これは1982年の民訴法改正で導入されたが，

就業場所の調査が必ずしも容易でなく，送達に困難を生じる状況は続いていた。

　↓そこで，

1996年新法は，**送達場所の届出制度**を新設した（104条）。

　→これは，当事者，法定代理人または訴訟代理人（以下，当事者等）に対し，送達場所（日本国内に限る）を届け出る義務を課し，その届出場所において送達を実施するもの

とし，届出がない場合には，1回目だけを旧法と同様に住所，居所，営業所または事務所（以下，住所等）や就業場所における送達を実施したうえ，2回目以降の送達は1回目の送達場所と同じ場所で実施するという制度である。

＊送達受取人制度（旧170条）の廃止

　↓当事者等が送達場所を届出した場合，

　送達は，受送達者に住所等（103条1項）または就業場所（同条2項）ではなく，その届出に係る場所で実施する（104条2項）。

　↓さらに，

　この場所で受送達者に出会わなければ，その場所において補充送達や差置送達をすることができる（106条）。

　↓小問(1)では，

> Ｙは答弁書で送達場所としてＹの就業場所であることを明示してＡ会社を届け出ているので，裁判所書記官としては，判決書に代わる調書（いわゆる「調書判決」）の正本（民訴規159条2項）の交付送達をＹの届け出た送達場所であるＡ社に宛てて行うべきである（104条2項）。

＊送達場所の届出がなされていても，送達をした者が拒まなければ，出会送達を実施することができる（105条）。

＊当事者等が送達場所の届出をしないときは，1回目の送達についてだけ当事者等以外の訴訟関係人と同様の送達方法で行うが，2回目以降の送達については，原則として最初の送達をした場所で送達を実施することとなる（104条3項1号）。

> 《調書判決》
> 　判決の言渡しは，判決書の原本に基づいて行うのが原則だが（252条），実質的に当事者間に争いがなく（＝①被告が口頭弁論において原告の主張した事実を争わず，その他何らの防御の方法をも提出しない場合，②被告が公示送達による呼出しを受けたにもかかわらず口頭弁論の期日に出頭しない場合［被告の提出した準備書面が口頭弁論において陳述されたものとみなされた場合を除く］），原告の請求を認容する場合には，判決書の原本に基づかないですることができる（254条1項）。
> →具体的には，裁判長が口頭で判決の理由および要旨を告げて行う（民訴規155条）。この場合，裁判所書記官は，当事者および法定代理人・主文・請求ならびに理由の要旨を調書に記載する（254条2項）。それゆえ，調書判決と呼ばれる。

2　小問(2)　届出場所における付郵便送達

届出場所において交付送達ができなかった場合は，届出場所宛に付郵便送達をすることができる（107条1項2号）。←受送達者の住所等や就業場所の調査不要。

　↓小問(2)では，

> 送達書類が返却され，届出にかかる場所での交付送達ができなかった場合といえるので，

第11章 送　達

> 裁判所書記官は，A社宛てに付郵便送達を行う（107条1項2号）。

　　←仮にYがA社をすでに退職しているなどの事情があっても，裁判所書記官は，Yの住所等への送達を試みたり，Yの所在場所を探したりする必要はない。
　　＊なお，一度，付郵便送達を実施した場合は，当該訴訟における同一受送達者への爾後の送達は，通常の交付送達を試みる必要はなく，直ちに付郵便送達によることもできる（107条2項）。
　　cf. 旧法下では，付郵便送達は，具体的な個々の送達ごとにその要件を充足すべきであると解され，一度付郵便送達によった場合でも，その後に行われる別個の送達も，訴訟書類の性質によって通常の交付送達を試みるべきであるとするのが実務であった（名古屋高判昭44・10・31判タ242号184頁）。

3　小問(3)　送達場所の届出をしない場合の効果
(a)　最初の送達
　　→原則として，受送達者の住所等において実施し（103条），そのほか，就業場所に宛てて送達を実施することもありうる（同条2項）。
(b)　2回目以降の送達
　(i)直前の送達場合が住所等，就業場所であった場合（104条3項1号）
　　→直前の送達をした場所（住所等，就業場所）に宛てて実施すればよい。
　　　↓その狙いは，
　　直前に送達を受けた場所を送達場所とする届出があったものと同視して，送達場所を固定化することにある。
　　＊就業場所での送達の場合は，補充送達受領資格者が送達書類の受領義務を負わないので，その後の送達が不奏功の場合には，訴訟記録に現れた住所等が付郵便送達の宛先となる。
　(ii)直前の送達が郵便局の窓口送達（＝郵便業務に従事する者が郵便局においてする送達）であった場合（104条3項2号）
　　→それが住所等に宛てて実施された場合には住所等が，就業場所に宛てて実施された場合には就業場所が，それぞれ2回目以降の送達場所となる。
　　←郵便局の窓口送達は一種の出会送達と解される。
　(iii)直前の送達が付郵便送達であった場合（104条3項3号）
　　→その宛先とされた場所が2回目以降の送達場所となる。
(c)　直前の送達が書記官送達・出会送達・公示送達であった場合（解釈）
　　→裁判所書記官送達（100条）・出会送達（105条）の場合は，103条の規定による送達場所が2回目以降の送達場所となり，公示送達（110条以下）の場合も，最初になした方法で送達すれば足りるもの（110条3項参照）と解される（注解民訴【II】352頁〔石田賢一〕）。
　　　↓小問(3)では，

> 2回目以降の送達なので，裁判所書記官は，直前の送達場所と同じ場所に宛てて送達を実施すればよい。たとえば，直前の送達場所がYの住所であればYの住所に，Yの就業場所のA社であればA社に，それぞれ送達を実施すべきこととなる。

II 郵便に付する送達——最判平10・9・10判時1661号81頁〔民訴百選3版48事件〕
[クレジットカード立替金請求事件]

1 事　案

1986年3月，信販会社Y_1は，その発行したX名義のクレジットカードをXの妻が利用したことによる貸金および立替金の残金等合計34万円余の支払いを求めて，釧路市在住のXを被告として，札幌簡易裁判所にそれぞれ訴え（前訴）を提起した。

まず，受訴裁判所である札幌簡易裁判所の担当各裁判所書記官は，各々Xの住所地へ訴状等を送達（交付送達）したが（図Ⓐ），いずれもX不在により不奏功となった。そこで，担当各裁判所書記官は，Xの就業場所等についてY_1に対して照会を行った。Xは，当時，釧路市内の勤務先A社から長期出張中であり，前訴が提起される前にY_1社の担当者との交渉の際に，X宛の郵便物の送付先を自宅ではなくA社にすることを要望していた。なお，A社と出張中の従業員との連絡体制は整っていた（郵便物の転送等）。そのような事情にもかかわらず，担当各裁判所書記官の照会に対して，Y_1の担当者は，就業場所とは現実に労務に従事している場所であると考えて，A社に問い合わせることなく，「①Xの就業場所は不明であり，出張中で1986年4月20日に帰ってくる，②家族は訴状記載の住所にいる」旨を回答した。

これを受けて，担当各裁判所書記官は，Xの就業場所は不明であると判断し，Xの住所宛に訴状等の付郵便送達を実施した（図Ⓑ）。その結果，訴状等は受領されずに返還され，X欠席のまま，いずれもY_1の請求を認容する判決が言い渡され，各判決正本はXの住所に送達された（図Ⓒ〔1986年5月〕）。しかし，その交付を受けたXの妻がXに手渡すことをしなかったので，Xの控訴はなく，各判決は確定した。

その後，Xは，この前訴判決に基づく債務の弁済として28万円を支払ったうえ，1986年11月に再審の訴えを提起したが，上訴の追完が可能であったとして却下された。

そこで，Xは，Y_1のほか，国Y_2を相手取って，つぎのような訴えを起こした。まず，Y_1に対しては，前訴受訴裁判所からの照会に対してXの就業場所不明であるとの誤った回答をしたことに故意または重過失があるとして，敗訴判決を受けたことによる損害の賠償および前訴の訴訟手続に関与する機会を奪われたことによる精神的苦痛に対する慰謝料を求め，つぎに，Y_2に対しては，書記官による付郵便送達の要件の認定およびその実施に過失があり，担当裁判官もこれを看過した過失がある（国賠1条1項）として，損害賠償を請求した。

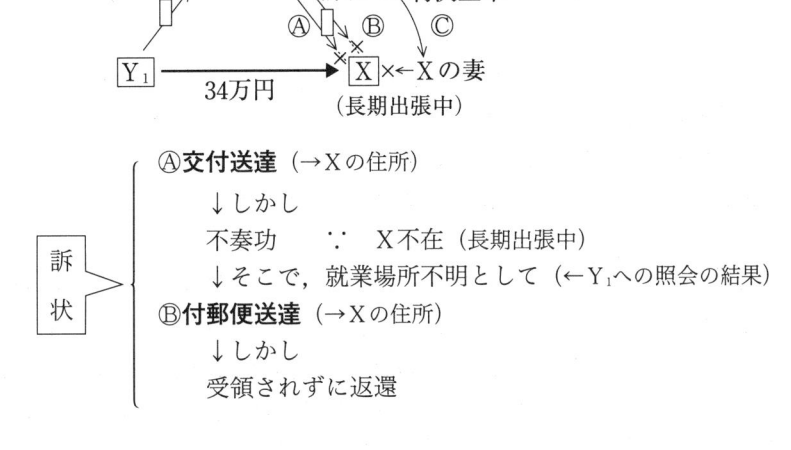

```
                    C（裁判所）
        訴状      ／    ＼訴状    判決正本
              ／  Ⓐ  ＼Ⓑ     Ⓒ
      Ⓨ₁ ──34万円──→ X ← Xの妻
                     （長期出張中）
```

訴状 ｛
Ⓐ **交付送達**（→Xの住所）
　↓しかし
　不奏功　∵X不在（長期出張中）
　↓そこで，就業場所不明として（←Y_1への照会の結果）
Ⓑ **付郵便送達**（→Xの住所）
　↓しかし
　受領されずに返還

　　　　　　　　　　↓Xが欠席のまま
　　　　　　　　　Y₁の請求を認容する判決
　　　　　　　　　　↓
判　　　　　　　　ⓒ特別送達（→Xの住所）
決　　　　　　　　　↓Xの妻が交付を受けたが，
正　　　　　　　　　Xには手渡されなかった…
本　　　　　　　　　↓そのため，
　　　　　　　　　Xは控訴することなく，請求認容判決が確定！

2　裁判の経緯
(1)　第一審（東京地判平3・5・22判時1400号84頁）
　　第一審裁判所は，XのY₁およびY₂に対する各請求を全部棄却した。
　　　　↓これに対し，Xが控訴を提起。
(2)　控訴審（東京高判平5・3・3判時1456号101頁）
　　控訴審裁判所は，Y₁に対する請求を一部認容，Y₂に対する請求を棄却した。
　　　　↓そこで，XとY₁が上告。

3　判　旨
　　＊最高裁判所は，弁論の分離・併合により，XのY₁に対する請求とXのY₂に対する請求とに分けて判決をした。
(1)　XのY₁に対する請求について
　　《一部破棄自判，一部破棄差戻し，一部上告棄却》
　　「確定判決の既判力ある判断と実質的に矛盾するような不法行為に基づく損害賠償請求が是認されるのは，確定判決の取得又はその執行の態様が著しく公序良俗又は信義則に反し，違法性の程度が裁判の既判力による法的安定性の要請を考慮してもなお容認し得ないような特段の事情がある場合に限られるところ，本件においては，Y₁の訴訟上の信義則に反する重過失に基づき，何ら落ち度のないXが前訴での訴訟関与の機会を妨げられたまま，前訴判決が形式的に確定し，しかも，前訴判決の内容も，Xに訴訟関与の機会が与えられていれば異なったものとなった可能性が高いにもかかわらず，Xが訴訟手続上の救済を得られない状態となっているなどの諸般の事情にかんがみれば，確定判決の既判力制度による法的安定の要請を考慮しても，法秩序全体の見地からXを救済しなければ正義に反するような特段の事情がある。」
　　「しかしながら，…民事訴訟関係書類の送達事務は，受訴裁判所の裁判所書記官の固有の職務権限に属し，裁判所書記官は，原則として，その担当事件における送達事務を民訴法の規定に従い独立して行う権限を有するものである。受送達者の就業場所の認定に必要な資料の収集については，担当裁判所書記官の裁量にゆだねられているのであって，担当裁判所書記官としては，相当と認められる方法により収集した認定資料に基づいて，就業場所の存否につき判断すれば足りる。担当裁判所書記官が，受送達者の就業場所が不明であると判断して付郵便送達を実施した場合には，受送達者の就業場所の存在が事後に判明したときであっても，その認定資料の収集につき裁量権の範囲を逸脱し，あるいはこれに基づく判断が合理性を欠くなどの事情がない限り，右付郵便送達は適法であると解するのが相当である。

これを本件についてみるに，前記事実関係によれば，前訴の担当各裁判所書記官は，Xの住所における送達ができなかったため，当時の札幌簡易裁判所における送達事務の一般的取扱いにのっとって，当該事件の原告であるY₁に対してXの住所への居住の有無及びその就業場所等につき照会をした上，その回答に基づき，いずれもXの就業場所が不明であると判断して，本来の送達場所であるXの住所あてに訴状等の付郵便送達を実施したものであり，Y₁からの回答書の記載内容等にも格別疑念を抱かせるものは認められないから，認定資料の収集につき裁量権の範囲を逸脱し，あるいはこれに基づく判断が合理性を欠くものとはいえず，右付郵便送達は適法というべきである。したがって，前訴の訴訟手続及び前訴判決には何ら瑕疵はないといわなければならない。」

　「当事者間に確定判決が存在する場合に，その判決の成立過程における相手方の不法行為を理由として，確定判決の既判力ある判断と実質的に矛盾する損害賠償請求をすることは，確定判決の既判力による法的安定を著しく害する結果となるから，原則として許されるべきではなく，当事者の一方が，相手方の権利を害する意図の下に，作為又は不作為によって相手方が訴訟手続に関与することを妨げ，あるいは虚偽の事実を主張して裁判所を欺罔するなどの不正な行為を行い，その結果本来あり得べからざる内容の確定判決を取得し，かつ，これを執行したなど，その行為が著しく正義に反し，確定判決の既判力による法的安定の要請を考慮してもなお容認し得ないような特別の事情がある場合に限って，許されるものと解するのが相当である（最高裁昭和43年（オ）第906号同44年7月8日第三小法廷判決・民集23巻8号1407頁参照）。

　これを本件についてみるに，Xが前訴判決に基づく債務の弁済としてY₁に対して支払った28万円につき，Y₁の不法行為により被った損害であるとして，その賠償を求めるXの請求は，確定した前訴判決の既判力ある判断と実質的に矛盾する損害賠償請求であるところ，前記事実関係によれば，前訴において，Y₁の担当者が，受訴裁判所からの照会に対して回答するに際し，前訴提起前に把握していたXの勤務先会社を通じてXに対する連絡先や連絡方法等について更に調査確認をすべきであったのに，これを怠り，安易にXの就業場所を不明と回答したというのであって，原判決の判示するところからみれば，原審は，Y₁が受訴裁判所からの照会に対して必要な調査を尽くすことなく安易に誤って回答した点において，Y₁に重大な過失があるとするにとどまり，それがXの権利を害する意図の下にされたものとは認められないとする趣旨であることが明らかである。そうすると，本件においては，前示特別の事情があるということはできない。」

　「Xの別紙記載の請求について，原審は，これが確定した前訴判決の既判力ある判断と実質的に矛盾する損害賠償請求であるとの前提に立って，Xが主張するような精神的苦痛を受けたとしても，Xが前訴判決に基づく債務の弁済としてY₁に対して支払った28万円につき，Y₁に対し損害賠償を命ずる以上，それを超えて精神的損害の点についてまで賠償請求を認める必要はないとして，これを棄却すべきものと判断した。しかしながら，右請求は，確定した前訴判決の既判力ある判断と実質的に矛盾する損害賠償請求には当たらず，しかも，前記第一の四のとおり，XがY₁に対して支払った28万円についての損害賠償請求を肯認することはできないのであるから，原審の右判断における理由付けは，その前提を欠くものであって，これを直ちに是認することはできない」（最判平10・9・10判時1661号81頁〔民訴百選3版48事件〕［クレジットカード立替金請求事件］）。

〈裁判官藤井正雄の反対意見〉

「私は，法廷意見が原判決のうちXの別紙記載の請求を棄却した部分について破棄差戻しを免れないとした点には，賛成することができない。

この点に関するXの請求は，Y₁が前訴の担当各裁判所書記官からの照会に対して誤った回答をしたことに基づき，Xに訴状等の付郵便送達が実施されたが，Xが実際にその交付を受けるに至らず，前訴の第一審手続に関与する機会を奪われたとして，Y₁に対し，これにより被った精神的損害の賠償を求めるというものである。

民事訴訟は，私法上の権利の存否を国の設ける裁判機構によって確定する手続であり，対立する両当事者に手続への関与の機会を等しく保障することが基本をなすことはもちろんである。しかし，その手続は，争われている権利の存否とは無関係に手続の実施そのものに独自の価値があるというものではない。ある当事者が民事訴訟の訴訟手続に事実上関与する機会を奪われたとする場合において，これにより自己の正当な権利利益の主張をすることができず，その結果，本来存在しないはずの権利が存在するとされ，あるいは存在するはずの権利が存在しないとされるなど，不当な内容の判決がされ，確定力が生じてもはや争い得ない状態となったときに，その者に償うに値する精神的損害が生じるものと解すべきであり，判決の結論にかかわりなく訴訟手続への関与を妨げられたとの一事をもって，当然に不法行為として慰謝料請求権が発生するということはできない。

また，訴訟手続における当事者の権利は，これをわが国の裁判制度の三審制のもとで考えた場合，当事者がたとえ第一審の手続に事実上関与する機会を得られなかったとしても，上訴の機会があり上級審の手続を追行することが可能であったならば，その段階で攻撃防御を尽くすことができ，当事者の手続関与の要請は満たされたことになるのであり，上級審の手続のために特別の費用を要したことは別として，第一審手続に関与できなかったこと自体による精神的損害を考える必要はないというべきである。

本件においては，前訴の第一審判決はXの住所にあてて正規の特別送達が行われ，Xの妻が同居者としてその交付を受けたが，Xにこれを手渡さなかったために，Xの目に触れることなく，判決が確定してしまったのである。しかし，これは，夫婦間に確執があり，相互の意思の疎通を欠いていたためにそうなったことがうかがわれるのであって，上訴の手続をとる時機を逸したことはXの支配領域内における事情によるもので，自らの責めに帰するほかはなく，訴訟への関与の機会を不当に奪われたことにはならない。手続に関して瑕疵があるとするときは，上級審で是正されるのが本筋であり，本件ではそれが可能であったのである。

さらに，記録によれば，Y₁がXに対して昭和61年4月に起こした別件の立替金請求訴訟においては，Xの勤務先会社にあてて訴状等の特別送達が実施され，Xは受交付者を介してこれを受領したにもかかわらず，口頭弁論期日に出頭せず，何らの争う手段もとらなかったことがうかがわれ，また，本件の貸金及び立替金についても，Xは訴訟前には分割払いに応じる姿勢を示していたことは，原判決の確定するところであり，前訴判決の結論が，本来存在しないはずの権利を存在するとした不当なものであったと認めるに足りないといわざるをえない（原判決は，前訴においてXが出頭の機会を与えられていれば，異なった判決になった可能性が高いというが，確かな根拠は示されていない。）。

そうすると，原判決中，Xが前訴の第一審手続への関与の機会を不当に奪われたことを理由とする慰謝料請求を棄却した部分は，結論において正当であるから，この点に関するXの上告は理由がないというべきである。」

(2) XのY₂に対する請求について

《上告棄却》

「民事訴訟関係書類の送達事務は、受訴裁判所の裁判所書記官の固有の職務権限に属し、裁判所書記官は、原則として、その担当事件における送達事務を民訴法の規定に従い独立して行う権限を有するものである。受送達者の就業場所の認定に必要な資料の収集については、担当裁判所書記官の裁量にゆだねられているのであって、担当裁判所書記官としては、相当と認められる方法により収集した認定資料に基づいて、就業場所の存否につき判断すれば足りる。担当裁判所書記官が、受送達者の就業場所が不明であると判断して付郵便送達を実施した場合には、受送達者の就業場所の存在が事後に判明したときであっても、その認定資料の収集につき裁量権の範囲を逸脱し、あるいはこれに基づく判断が合理性を欠くなどの事情がない限り、右付郵便送達は適法であると解するのが相当である。

これを本件についてみるに、前記事実関係によれば、受訴裁判所の担当各裁判所書記官は、Xの住所における送達ができなかったため、当時の札幌簡易裁判所における送達事務の一般的取扱いにのっとって、当該事件の原告であるY₁に対してXの住所への居住の有無及びその就業場所等につき照会をした上、その回答に基づき、いずれもXの就業場所が不明であると判断して、本来の送達場所であるXの住所あてに訴状等の付郵便送達を実施したものであり、Y₁からの回答書の記載内容等にも格別疑念を抱かせるものは認められないから、認定資料の収集につき裁量権の範囲を逸脱し、あるいはこれに基づく判断が合理性を欠くものとはいえず、右付郵便送達は適法というべきである。」

「したがって、XのY₂に対する国家賠償法1条1項に基づく本件損害賠償請求は、その余の点につき判断するまでもなく、理由がないことは明らかであり、Xの右請求を棄却すべきものとした原審の判断は、結論において是認することができる。論旨は採用することができない」（最判平10・9・10判時1661号81頁〔民訴百選3版48事件〕［クレジットカード立替金請求事件］）。

4　分　析
(1) 問題の所在
　①裁判所書記官が当事者の一方からの誤った回答に基づいて就業場所不明として実施した付郵便送達の適法性
　②前訴判決の既判力にある判断と矛盾する損害賠償の可否および訴訟手続に関与する機会を奪われたことによる精神的苦痛に対する慰謝料請求の可否
(2) 分析の視点

| 問題① | 送達場所届出制度（104条）の適用を前提としないのであれば、付郵便送達が許されるのは、①受送達者の住居所等において送達することができず、かつ、②就業場所における送達ができない場合にかぎられる（旧法172条と同じ）。そうすると、付郵便送達が適法であるためには、就業場所送達を含め、先行する送達が不能であることを要する。①については、たとえば、送達開始時点で名宛人が転居等をしていた場合に、旧住所地宛になされた付郵便送達は違法となるし、また、②については、たとえば、就業場所が不存在ないし判明しないために送達を実施できない場合も含まれる。就業場所が判明しない場合とは、書記官が「通常の調査」をしてもなお受送達者の就業場所が判明しない場合をさす。この点、原告が被告の就業場所を知りながら、それを隠してあえて付郵便送達を申し出た場合は、実 |

第11章 送達

質的に就業場所が判明している場合にあたり，付郵便送達は当然違法になると解されている（釧路地決昭61・10・17判タ639号236頁）。

また，実務運用基準によると，就業場所が判明しないことについては，積極的な認定資料（調査報告書等）が必要とされる。

| 問題② | 訴訟手続関与の機会を奪われたことに対する損害賠償を認めることは，訴訟物たる権利関係の存否（実体法的側面）とは別個に手続の実施自体（手続法的側面）に独自の価値を認めるという新たな方向を示すものといえる（リマークス20号（2000年）127頁〔山本和彦〕，百選3版48事件解説〔渡部美由紀〕）。|

考えてみよう！　Xは，損害賠償請求をすることができないと考えるのが適切であろうか？それとも，他に損害賠償請求をすべき相手がいるか？たとえば，Xの妻はどうか？

Ⅲ　公示送達の不知と追完──最判昭42・2・24民集21巻1号209頁〔民訴百選3版49事件〕

1　事案の概要

Xは，未成年者Y（法定代理人A）に対し，土地の売買契約に基づく所有権移転登記手続請求訴訟を提起するに際し，Yが住民登録上の住所（大阪市城東区）に居住していることを知りながら，Yの住所をその本籍地（大阪市都島区）で表示して訴状を提出した。その訴状が不送達となったので，契約書上の住所（布施市）宛に送達を試みさせたところ，これも不送達となったので，受送達者の住所不明であるとして，公示送達の申立てをして，その許可を得た。その後，Yに対する書類の送達は公示送達によってなされ，Y不出頭のままX勝訴の判決がなされ，判決正本の送達も公示送達により，Xはこの勝訴判決によって係争土地の移転登記を了した。その約3年後，Y側は，同土地の所有権移転登記がなされていることを知るに至り，調査の結果，その登記が公示送達によったものであることを知って，控訴を申し立てた。

2　裁判の経緯

(1) 第一審（大阪地判昭32・3・22）

第一審裁判所は，Yが公示送達の呼出しを受けながら口頭弁論に出席しなかったとして，Xの請求を認容した。

(2) 控訴審（大阪高判昭41・4・20）

控訴審裁判所は，本件が民訴法97条によって控訴の追完が許される場合に当たるとして，本件控訴を適法と認めたうえ，本案についてXのいう売買契約の効力を否定して，一審判決を取り消し，Xの請求を棄却した。

↓そこで，Xが上告した。

3　判　旨

《上告棄却》

「Yは，本件提訴以前より法定代理人である母Hと共に判示の場所に住民登録をして居住していたところ，Xおよびその代理人A弁護士は，本件提訴前にY及びその母Hがその本籍地に居住していないで，判示の場所に居住していることを知り，昭和31年9月頃右住居に母Hを訪問し，本件土地所有権移転登記請求のことで折衝したが，同女が容易に承諾しなかっ

たので，当時土地の登記簿上の住所地であった前示本籍地をもってＹの住所地であると称してＹに対し本訴を提起し，受送達者の住所が不明であるとしてＹに対する書類の送達につき公示送達の申立をなし，原審〔第１審〕においてこれが許容されて公示送達の方法によりＹ不出頭のまま審理判決され，その判決の送達も前示のように公示送達の方法によってなされたというのである。この点につき原判決の証拠の採否を争う所論は採用できない。このような場合，Ｙの法定代理人Ｈが判示日時に判示の事情の下に漸く本件判決の公示送達の事実を知り，直ちに前記のように控訴提起に及んだ本件においては，Ｙがその責に帰することができない事由により不変期間を遵守することができなかった場合として本件控訴提起を適法と解すべきである」（最判昭42・2・24民集21巻1号209頁〔民訴百選3版49事件〕）。

☆控訴の追完を認める要件はなにか？

　公示送達は，受送達者が書類の内容を了知することを期待しておらず，送達の効果を擬制する制度であるから，追完の要件としては，公示送達がなされたというだけでは足りない。公示送達申立人と受送達者の双方の具体的事情を考慮すべきであるところ，申立人側の悪意や，相手方の住所を十分に調査せずに公示送達を申し立てたという過失の有無のほか，受送達者側にも公示送達に至ったこと自体に批判されるべき事情がなかったかどうかを斟酌するのが一般的傾向である。

> 考えてみよう！
>
> 控訴の追完のほかに，Ｙを救済する方法はあるか？
> ↓
> 再審の訴え（338条1項3号）による（多数説）。
> ＊反対，最判昭57・5・27判時1052号66頁

第12章　争点・証拠の整理手続——手続構造の日米比較——

> 【イントロ】(基本講義133頁以下参照)
>
> 1　争点等整理手続の整備☞新法（1996年）
>
> **準備的口頭弁論**（164条以下）
> ＝口頭弁論を本格的審理とその準備の段階に分けて運用する場合の準備の手続。
> - ◆準備的口頭弁論の要否…受訴裁判所の裁量。
> - ◆準備的口頭弁論における行為…争点・証拠の整理に必要な行為はすべて可。
>   - ＊ただし，電話会議の方法を除く（cf. 弁論準備手続）。
> - ◆準備的口頭弁論終了後における攻撃防御方法の提出…当事者は，終了前に提出できなかった理由を説明しなければならない（167条）。
>   - ＊当然失権という厳格な制裁による強制ではなく，相手方に対する弁明を要求することで，訴訟代理人を含む当事者相互の牽制および訴訟代理人たる弁護士のプロフェッションとしての自覚に訴えることによって，自発的な協力を期待した（新堂462頁）。
>
> **弁論準備手続**（168条以下）
> ＝口頭弁論期日外の期日において受訴裁判所または受命裁判官が主宰し，当事者双方が立ち会って行われる争点整理手続。
> - ←円卓を囲んで寛いだ雰囲気の中で行われる対話によって事案の内容を把握し，争点・証拠の整理を効果的に行われることが期待される。
> - ◆弁論準備手続の開始…裁判所は，訴訟指揮権の作用として，必要があれば当事者の意見を聞いて，決定により，弁論準備手続に付することができる（168条）。
>   - ＊実務上，ほとんどの事件が弁論準備手続に移行しているという（稲葉・実践192頁）。
> - ◆弁論準備手続の期日…裁判所は，当事者との対話や文書の証拠調べを通じ，ある程度の心証を形成しながら，適切な法律構成を選択し，双方の主張をかみ合わせ，争点を絞り込み，その判断に適切と思われる証拠を選び出す（→訴訟の勝敗の帰趨にかかる重要な審理過程といえる）。
> - ◆弁論準備手続における当事者の手続保障
>
> | | |
> |---|---|
> | ①手続選択権 | 当事者双方が弁論準備手続に付する決定の取消しを申し立てれば，裁判所は決定を取り消さなければならない（172条但書）。 |
> | ②立会権 | 弁論準備手続は，当事者双方の立会うことのできる期日に行う（169条1項）。 |
> | ③傍聴権 | 裁判所は，その裁量で相当と認める者の傍聴を許すことができるが，当事者が申し出た者は，手続に支障があると認められる場合以外は，その者の傍聴を許可しなければならない（169条2項）。←関係者公開 |

◆弁論準備手続の終了…その後の口頭弁論において，当事者は，弁論準備手続による争点・証拠の整理の結果を陳述しなければならない（173条）。

*その後の証拠調べによって証明すべき事実を明らかにしなければならない（民訴規89条）。これにより，**集中証拠調べ**を実現することが期待される。

書面による準備手続（175条以下）

＝当事者双方が，裁判所に出頭することなく，書面の提出・交換などにより争点・証拠を整理する手続。

←当事者が遠隔地に居住するなど裁判所への出頭を要求すると時間等の関係で審理の遅延が惹起されるような場合に，当事者の出頭を要求せずに早期の争点・証拠の整理が期待される。

《争点等整理手続一覧》

	準備的口頭弁論	弁論準備手続	書面による準備手続
特　徴	フォーマル／諸原則（口頭主義・双方審尋主義など）	インフォーマル／合目的性	
場　所	法　廷	法廷以外の準備室，和解室，裁判官室などでも可	
手続選択の基準	争点・証拠の整理に必要な場合（164条）	争点・証拠の整理に必要な場合＋**当事者の意見**（168条）	当事者が遠隔地に居住その他相当と認める場合＋**当事者の意見**（175条）
公開の有無	一般公開（憲82条）	関係者公開（169条2項）	非公開
主宰者	裁判所（164条）	裁判所（168条）または受命裁判官も（171条）	裁判長または高裁の受命裁判官（176条1項）
訴訟行為	争点・証拠の整理に必要な**あらゆる行為**が可能。e.g., **証拠調べ可**	一定の制限あり◇準備書面の提出可（170条2項）◇**書証のみ可**（170条2項）◇釈明権行使可（170条5項）	一定の制限あり◇準備書面の提出可（175条）◇釈明権行使（176条4項）◆**証拠調べ不可**
電話会議	不　可	可（170条3項）	可（176条3項）
手続の終了・取消	(i)終了決定　①争点整理の完了　②当事者の懈怠による終了（166条）(ii)取消決定　→職権による取消決定（120条）	(i)終了決定　①争点整理の完了　②当事者の懈怠による終了（170条5項・166条）(ii)取消決定　①申立てまたは職権による裁量的取消（172条本文）　②当事者双方の申立てによる必要的取消（172条但書）	(i)終了決定　→争点整理の完了(ii)取消決定　→職権による取消決定（120条）

手続終了に際しての確認	◇証明すべき事実の確認（165条1項）	◇証明すべき事実の確認（170条5項・165条1項）	（証明すべき事実の確認は，口頭弁論期日に行う）
	◇要約書面の提出（165条2項）	◇要約書面の提出（170条5項・165条2項）	◇要約書面の提出（176条4項・165条2項）
その後の口頭弁論期日における手続			◇**証明すべき事実の確認**（177条）
	＊弁論上程は不要∵口頭弁論	◇**結果陳述義務**（173条）	◇要約書面記載事項の陳述（178条参照）
	失権効はないが，**説明義務**あり（167条・174条・178条）（相手方の求めに応じ，終了前に提出できなかった理由の説明を要する）		

2　計画審理☞2003年改正法

> ①裁判所および当事者は，審理計画を策定すると否とにかかわらず，訴訟手続の計画的な進行を図るという**一般的な責務を負う**（147条の2）。
>
> ②とくに**争点が多岐にわたる複雑な事件**や**専門的知見を要する事件**などにおいては，裁判所は，当事者双方との協議の結果を踏まえつつ，**審理計画**を定めなければならない（147条の3第1項）。

　←裁判所による審理計画の策定により，当事者は，手続進行に関する十分な予見可能性をもって訴訟追行にあたること，すなわち，より一層の手続保障の充足を期待しうる。
　　＊審理計画と攻撃防御方法の提出時期の関係については，本書第13章参照。
　　☆**進行協議期日**＝口頭弁論の審理を円滑に進行させるために，口頭弁論期日外において，訴訟の進行に関する必要な事項について協議をするための特別の期日（民訴規95-98条）。
　　　→新法制定時に新設された進行協議期日は，2003年改正法による計画審理の導入へ至る契機として働いたといえ，今後は訴訟手続の計画的進行のためのデヴァイスとして機能していくことが期待される。

3　情報収集手段
(1)　証拠保全（234条）の活用
　　→とりわけ提訴前の証拠保全の証拠開示機能（小島武司「証拠保全の再構成」自正29巻4号（1978年）28頁，同『民事訴訟の基礎法理』（有斐閣，1988年）85頁など）。
(2)　弁護士会照会☞1951年に新設
　　→弁護士は，受任事件について，所属弁護士会に対して，公務所または公私の団体に照会して必要な事項の報告を求めることができる（弁護士法23条の2）。
　　＊提訴を前提とせずに，照会をすることができる（高橋・重点講義下76頁）。
(3)　当事者照会☞新法（1996年）
　　→当事者は，訴訟の係属中，相手方に対し，主張・立証を準備するために必要な事項について，相当の期間を定めて，書面で回答するよう，書面で照会することができる（163条）。
　　＊事件に関する情報等を，裁判所を介さずに当事者間で自主的に直接やり取りする手続

(←争点整理についての裁判所の負担を軽減)。
(4) 訴え提起前の照会☞2003年改正法
→提訴前でも**提訴予告通知**がなされると，予告通知者または被予告通知者（書面による予告通知に対する返答を要件とする）は，予告通知をした日から4月以内にかぎり，訴え提起の場合における主張または立証を準備するために必要であることが明らかな事項について，相手方に対して，相当の期間を定めて書面で照会することができる（132条の2第1項・第4項，132条の3第1項）。
(5) 提訴前の証拠収集処分☞2003年改正法
→提訴予告通知者または被予告通知者の申立てにより，提訴後の立証に必要となることが明らかな証拠となるべきものに関して，①文書送付嘱託，②調査嘱託，③専門家による意見陳述の嘱託，または，④執行官による現況調査の処分をすることができる（132条の4第1項）。

I 準備的口頭弁論

問題1

　Xは，自己所有土地の登記がいつの間にかY会社に移転していることを知り，Y会社に対し所有権移転登記の抹消登記手続を求める訴えを提起した。第一回口頭弁論期日において，裁判所は，準備的口頭弁論を開始する旨の決定をした。
　Xは，準備的口頭弁論期日において，Y会社への所有権移転登記申請書に押捺されているXの印影が偽造されたものであることを立証するとして，登記所に登記申請書類の送付嘱託をすることを申し立てた。
　これに対し，Y会社は，右土地はXから代金500万円で買い受けたものと主張し，その旨が記載されている売買契約書を証拠として提出した。
　Xは，右契約書は偽造されたものであると述べたが，右契約書に押捺されているX名義の印影がXの印章によって顕出されたものであることは認め，ただ誰がどのようにしてXの印章を使用したのかは分からないと述べた。そして，Xは，問題の土地は800万円でY会社に売り渡したものであるが，この売買契約には所有権留保特約が付されており，これまで500万円の支払いを受けただけで，残金をまだ貰っていないと主張し，代金が800万円であることおよび所有権留保特約が付されていることを立証するとして，民訴法220条3・4号に基づき，Y会社が売買契約の締結に関し社内で作成した稟議書の提出命令を求めた。これに対し，Y会社は，Xが提出を求める稟議書はあるが，それは専らY会社の自己使用のために作成された内部文書であって，民訴法220条3号に該当せず，かつ，同条4号ニに該当すると主張した。
　準備的口頭弁論の終了にあたり，裁判所は，その後の証拠調べによって証明すべき事実を確認しなければならないが，本件では，いかなる事実を確認しなければならないか？

(法曹会編『例題解説　新民事訴訟法（上）』136頁参照)

第12章　争点・証拠の整理手続

1　準備的口頭弁論の開始
　　→裁判所は，争点・証拠の整理を行うために必要があると認めるときは，準備的口頭弁論を行うことができる（164条）。
　　　＊当事者の意見を聴く必要はない（168条・175条参照）。

> 〈問題1では〉
> 　第1回口頭弁論期日において，裁判所の裁量によって，準備的口頭弁論の開始が決定されている。

　　＊社会の耳目を集める事件や，当事者や関係者が多数の事件などに利用することが考えられるが（←諸原則を踏まえた口頭弁論期日であるため），そうした事件に限られるわけではない。

> [ラウンドテーブル法廷] 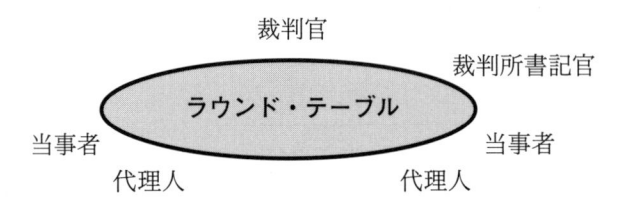
>
> 　　　　　　　　　　　裁判官
> 　　　　　　　　　　　　　　　　　　　　　　　裁判所書記官
> 　　　　　　　　　　ラウンド・テーブル
> 　　　当事者　　　　　　　　　　　　　　　　当事者
> 　　　　　　　代理人　　　　　　代理人
>
> ＊準備的口頭弁論をラウンドテーブル法廷で行えば，公開の場でも，裁判所と両当事者の率直な意見交換により，効率的な争点等の整理が実現しうるので，弁論準備手続との適切な使い分けが重要となる（最高裁事務総局民事局編『民事訴訟手続の改正関係資料A』（法曹会，1998年）404頁参照）。

2　準備的口頭弁論の終了
　　→裁判所は，準備的口頭弁論を終了するにあたっては，原則として，その後の証拠調べにより証明すべき事実を当事者との間で確認する（165条1項）。
　　　　　↓さらに，
　　①裁判長は，相当と認めるときは，準備的口頭弁論の終了にあたり，当事者に争点等の整理の結果を要約した書面を提出させることができる（165条2項）。
　　②証明すべき事実が確認された場合は，相当と認めるときにかぎり，当該事実を調書に記載することができる（民訴規86条1項）。

> 〈問題1では〉
> 　裁判所は，準備的口頭弁論の終了にあたり，ＸＹとの間で，その後の証拠調べにより証明すべき事実が，「①Ｙ会社への所有権移転登記申請書に押捺されているＸの印影が偽造であること」，「②代金が800万円であること」，そして，「③所有権留保特約が付されていること」であると確認する。

　　　　　↓ちなみに，

> Q₁. Y会社が提出した売買契約書は書証か検証物か？

→売買代金額の争いにおいて自己の主張額が真実であることを証明するために，その額の記載された売買契約書を証拠として提出するときは，その売買契約書は書証である。しかし，文書が証拠として提出される場合でも，そこに表現されている作成者の意思ではなく，その物理的性質や状態など文書そのものが事実認定の資料にされるときは，その文書は検証物となる。
　　↓そうすると，
《問題１》の登記申請書は，その証拠申出がＸの印章の偽造であることを立証するためであるから，検証物ということになる（法律実務講座(4)272頁。なお，菊井＝村松Ⅱ592頁は二次的に書証の趣旨も含むという）。
→検証の目的の送付についても，文書送付の嘱託についての民訴法226条が準用される（232条）ので，登記申請書類が検証の目的であっても，これにつき送付嘱託をすることができる。

Ⅱ　弁論準備手続

問題２

> 　Ｘは，Ｚが運転するＹ所有の自動車にはねられて，全治３ヶ月の重傷を負った。そこで，Ｘは，Ｙの被用者であるＺは事故直前に酒を飲んで運転していたと主張し，Ｙに対し，自動車損害賠償保障法３条に基づく損害賠償請求訴訟を提起した。
> 　第１回口頭弁論期日において，Ｙは，「原告Ｘが，Ｙの被用者であるＺが運転していたＹ所有の自動車にはねられて負傷したことは認める。しかし，Ｚが飲酒して運転していた事実は否認する。原告Ｘの主張する損害額は争う。」と主張し，さらに，「事故の際，Ｘには赤信号を無視して車道に飛び出した過失があり，ＹおよびＺは自動車の運行に関し注意を怠らなかったうえ，自動車に構造上の欠陥または機能の障害もなかったから，Ｙには損害賠償義務はない，仮にＹに損害賠償義務があるとしても，過失相殺により，賠償すべき額は原告らの請求額の３分の１である。」と主張した。
> (1) 争点整理のために弁論準備手続を行う必要があると判断した裁判所は，Ｙおよびその訴訟代理人が遠隔地に居住していた場合，弁論準備手続をどのような方法で行うのがよいか。
> (2) Ｘは，本件事故当時，自動車に同乗していたＡを証人として尋問したいと考えたが，Ａの氏名も住所も知らなかった。Ｘは，どうすればよいか。
> (3) その後の口頭弁論期日において，上記(2)のＡに対する証人尋問が実施されたが，裁判所は，Ａに宣誓させることを失念したまま，尋問を終えてしまった。弁論終結後に，Ｙは，Ａの証人尋問は宣誓を欠き違法であると主張することができるか。
> 　　　　　　　　　　　　　　（法曹会編『例題解説　新民事訴訟法（上）』156頁・184参照）

第12章 争点・証拠の整理手続

1 小問(1)
　→裁判所は，当事者双方が立ち会うことのできる期日を弁論準備手続の期日として指定する（93条1項・94条・169条1項）。
　∵ 当事者の立会権を保障。
　↓そして，
当事者の一方が遠隔地に居住するなど，裁判所が相当と認めるときは，当事者の意見を聴いて，裁判所および当事者双方が音声の送受信により同時に通話することのできる方法（**電話会議システム・テレビ会議システム**）により，弁論準備手続の期日を行うことができる（テレビ会議システムが含まれることにつき，平成11年3月10日最高裁民二第97号民事局長・総務局長通達参照）。
　↓問題2(1)でも，
被告Yおよびその代理人が遠隔地に居住しており，裁判所は，**電話会議システム**または**テレビ会議システム**を利用して争点整理を行うことが考えられる。
　↓なお，
この際の電話会議システムは，下記の**タイプA**

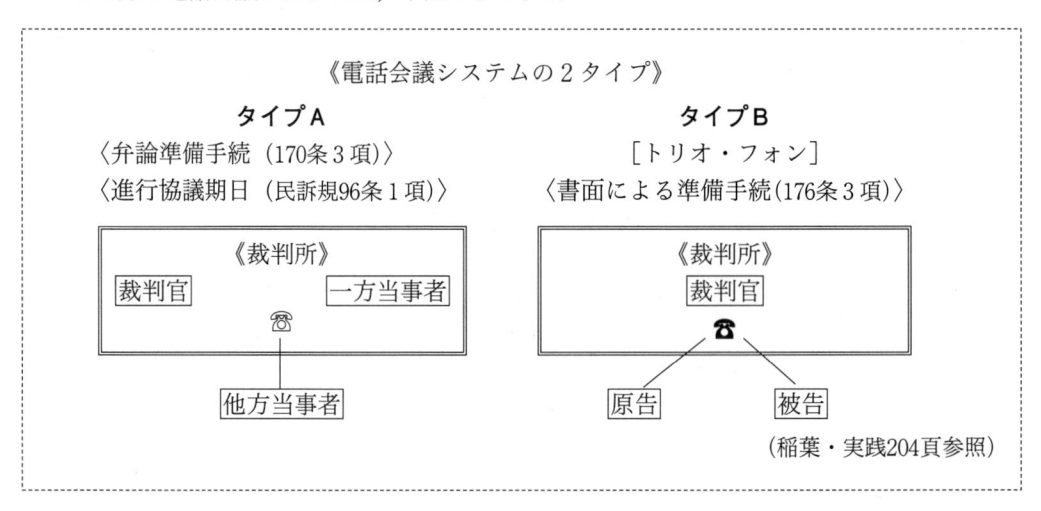

```
《電話会議システムの2タイプ》

     タイプA                          タイプB
〈弁論準備手続（170条3項）〉        ［トリオ・フォン］
〈進行協議期日（民訴規96条1項）〉  〈書面による準備手続(176条3項)〉

    《裁判所》                        《裁判所》
 裁判官    一方当事者                   裁判官
      ☎                                 ☎
                                    ┌────┴────┐
   他方当事者                       原告       被告
                                        （稲葉・実践204頁参照）
```

2 小問(2)
　→Aは，Zが運転するY所有の自動車に同乗していた者であることから，Yがその氏名および住所を知っているのが通常である。そこで，Xは，Yに対して，**当事者照会**（163条）を行うことが考えられる。
　↓そして，
当事者照会の対象は，主張・立証を準備するために必要な事項であり，さらに具体的または個別的であることなどが要求される。
　↓とすると，
問題2(2)（交通事故訴訟）における同乗者の氏名および住所は，当事者照会の対象である。
　↓それでは，

　Q₂．Yが照会に応じない場合はどうするか？

→Xの照会によりYに回答義務が生じるものの、制裁規定はない。そこで、正当な理由がないにもかかわらず、Yが照会に応じないような場合には、Xは、裁判所から事実上の釈明として照会事項と同一の事項について発問してもらったり、あるいは、当事者尋問や証人尋問などにより、照会事項についての回答を引き出しうる。

3 小問(3)

→Aに対する証人尋問が宣誓を欠いたまま終了していることは違法である。そして、この違法をYは主張することができるのが本則であるが、Aに対する証人尋問が終了した後にも主張することができるのであろうか。

↓すなわち、

遅滞なく異議を述べなかったYは、責問権（異議権）の喪失（90条）により、もはやその違法を主張することができないのではないか？

↓まず、

責問権の放棄・喪失の対象となる規定違背は、当事者に処分可能な利益を考慮して定められた任意規定の違背であり、強行規定はその対象とならない。

↓つぎに、

証人に宣誓を要求する民訴法201条1項は、当事者に処分可能な利益を考慮して定められた任意規定といえ、その違背は責問権の放棄・喪失の対象となると考えられる（最判昭29・2・11民集8巻2号429頁）。

↓したがって、

Yは、宣誓を欠くというAに対する証人尋問の違法について直ちに異議を述べていないので、弁論終結後に、その違法を主張して、証言の効力を争うことはできない。

III 争点整理手続の利用可能性と遅滞等を避けるための移送──クレジットカード代金請求事件（東京高決平12・3・17金法1587号69頁）

1 事 案

東京都内に本社のあるクレジット会社Xは、1999年12月14日、神戸市在住のカード利用者Yに対して、カード利用代金等の支払いを求める訴訟（基本事件）を東京地方裁判所に提起した。なお、東京地方裁判所は、カード契約等において管轄が合意（書面による合意）された裁判所であり、また、義務履行地を管轄する裁判所であった。

Yは、2000年1月14日、基本事件につき、東京地方裁判所に答弁書を提出したが、右答弁書には、抗弁として、本件カード契約による金利は利息制限法による上限を超えており、過払金の総計は100万円を下ることがないので、これに法定利息年5分を附した不当利得返還請求権と、Xの貸金債権等とを相殺する旨の主張が記載されていた。

そこで、Xは、上記Yの相殺の抗弁を受け、従前の請求金額を減縮する旨の準備書面を東京地方裁判所に提出した。

2000年1月14日、Yは、Xが大阪に支店を設置しており、また、神戸市内に居住するYが東京地方裁判所へ出頭することによる経済的負担が大きいなどと主張して、民訴法17条に基づき、基本事件を神戸地方裁判所または大阪地方裁判所に移送することを求める申立てをし、東京地方裁判所は、同月24日、基本事件を神戸地方裁判所に移送する旨の決定（原決定）をした。

この移送決定を不服として，Xは，抗告を申し立てた。

2 問題の所在

電話会議システムを利用した弁論準備手続や書面による準備手続を利用しうることは，民訴法17条による遅滞等を避けるための移送の理由を否定することになるか？

3 決定要旨

《原決定取消し，申立却下》

「基本事件では，YのXに対する不当利得返還請求権を自働債権とする相殺の可否が主要な争点になると考えられるが，その争点の整理のためには弁論準備手続（なお，その際には，いわゆる電話会議の方法によって期日における手続を行うことができる。）ないし書面による準備手続によることも可能であり，また，その立証については書証以外の証拠を調べる必要があるとは認められない。

確かに，Xは大阪にも支店を設置している。そして，Yは神戸市内に居住しているから東京地方裁判所に出頭する場合の経済的負担等が神戸地方裁判所又は大阪地方裁判所に出頭する場合のそれに比して大きいことは否定できない。しかしながら，一件記録によれば，過去の取引経緯を記録した電磁的記録や利息制限法の計算システムはXの東京本社に存すること，基本事件は東京に事務所を有する本件のX代理人が追行することが明白である。これらの事実に照らすと，Xが大阪に支店を設置していること自体は基本事件の審理に格別影響を及ぼすものではないし，また，東京地方裁判所に出頭する場合の経済的負担等があることも，右に認定した事実に照らすと，未だ東京地方裁判所で基本事件を審理することがYに著しい損害を生じさせるということも，当事者間の衡平を図る必要があるということもできない。

したがって，本件の事実関係のもとにおいては，訴訟の著しい遅滞を避け，又は当事者間の衡平を図るために，基本事件を神戸地方裁判所又は大阪地方裁判所に移送する必要があると認めることはできない。

以上によれば，本件移送の申立ては理由がないからこれを却下すべきであり，これと異なる原決定は不当である」（東京高決平12・3・17金法1587号69頁［クレジットカード代金請求事件］）。

Ⅳ 準備手続の充実と計画審理の志向による民事訴訟手続の構造変化——日米比較

1 アメリカ民事訴訟手続（第一審）のアウトライン

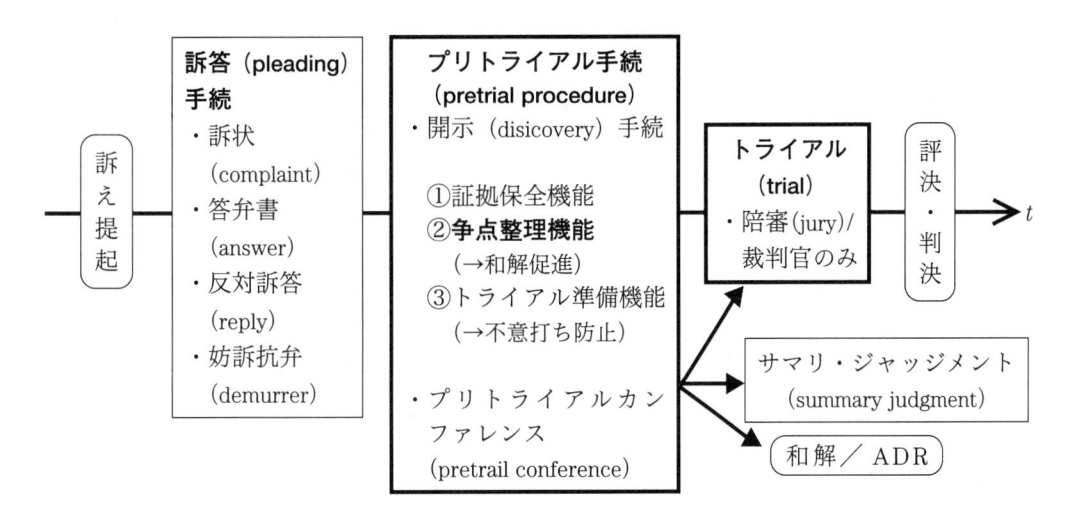

```
訴え提起 → 訴答（pleading）手続
            ・訴状（complaint）
            ・答弁書（answer）
            ・反対訴答（reply）
            ・妨訴抗弁（demurrer）
         → プリトライアル手続（pretrial procedure）
            ・開示（disicovery）手続
              ①証拠保全機能
              ②争点整理機能（→和解促進）
              ③トライアル準備機能（→不意打ち防止）
            ・プリトライアルカンファレンス（pretrail conference）
         → トライアル（trial）
            ・陪審（jury）／裁判官のみ
         → 評決・判決 → t

         → サマリ・ジャッジメント（summary judgment）
         → 和解／ＡＤＲ
```

【注】なお，アメリカでは，提訴前の手続がみられることもあるが，上記の図では省略した。
＊アメリカの民事訴訟手続（第一審）は，原告による訴状の提出にはじまり，原・被告相互の主張を交換する**訴答手続**を経て，**プリトライアル手続**，**トライアル手続**，そして，判決へ至るという基本構造をもつ。現在では訴答手続が簡略化されたことにより，その争点整理・形成機能は，その後のプリトライアル手続に委ねられることとなった。ここから，正式事実審理であるトライアルの前にプリトライアル手続を前置させるという手続構造の特徴が浮上してくる。このプリトライアル手続においては，証拠・情報を両当事者が共有しあう**開示**や裁判官と両当事者が争点・証拠の整理について協議する**プリトライアルカンファレンス**などが行われ，争点の整理・圧縮・画定が強力に進められる結果，和解が促進されたり，ときに実質的な事実上の争いがないと判断した裁判官によって一方当事者の勝訴判決（これをサマリ・ジャッジメントという）が言い渡されたりしながら，トライアル（とくに陪審審理）を必要とする事件が絞り込まれていく（提訴された事件のうち90％以上はトライアルまで行かない）。そして，トライアルに至ると，費用，時間，労力が集約的に投下され，通常，一週間以内に評決に至るという（以上につき，浅香吉幹『アメリカ民事手続法』（弘文堂，2000年）63-118頁参照）。

2　日本民事訴訟手続（第一審）のアウトライン

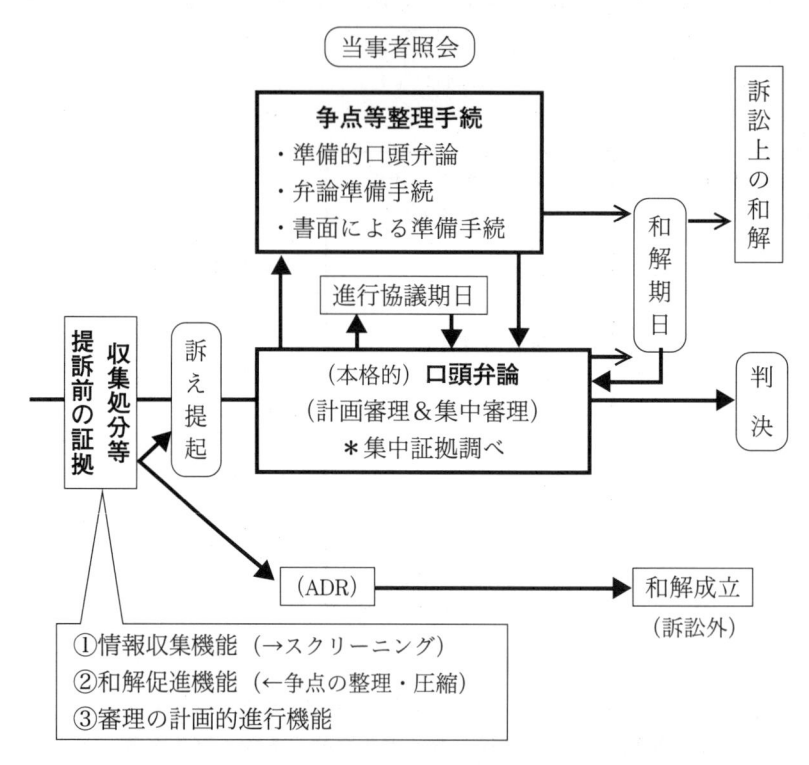

```
                        当事者照会
                   ┌─────────────────┐
                   │  争点等整理手続   │                訴
                   │ ・準備的口頭弁論  │        和      訟
                   │ ・弁論準備手続    │───┐   解      上
                   │ ・書面による準備  │   │   期  ──→ の
                   │   手続            │   │   日      和
                   └─────────────────┘   │              解
                          ↑↓              │
                      進行協議期日          │
  提          ┌──┐  ↑↓                    │
  訴  収      │訴│  ┌─────────────────┐  │
  前  集  ──→│え│─→│ （本格的）口頭弁論 │──┤
  の  処      │提│  │ （計画審理＆集中   │  │      判
  証  分      │起│  │   審理）           │  └───→
  拠  等      └──┘  │ ＊集中証拠調べ     │         決
              │      └─────────────────┘
              │              
              └────→ （ADR） ─────→ 和解成立
                                       （訴訟外）

  ①情報収集機能（→スクリーニング）
  ②和解促進機能（←争点の整理・圧縮）
  ③審理の計画的進行機能
```

＊日本とアメリカの民事訴訟手続構造上の相違は，上記の図を見比べると明らかであろうが，日本の新民事訴訟法(1996年)は，本格的な審理段階である口頭弁論に対して，その準備のための手段として，争点等整理手続，当事者照会，そして，進行協議期日などを整備し，さらに，2003年改正法は，提訴前の証拠収集手続を導入した結果，アメリカ民事訴訟手続と同様に，争点の整理・圧縮を行い，和解促進や本格的な審理・判断を要する事件を絞り込むスクリーニングの役割を担う装置が整備された。

→もっとも，これらの装置を利用するか否かは，当事者または裁判所の判断に委ねられており，アメリカのように必須のものとはされていない。

↓では，

【考えてみよう！】今後の裁判運営において，争点等整理手続や提訴前の証拠収集手続などの装置が中核的な役割を果たしていくことになれば，必要的口頭弁論の原則をはじめとする重要な訴訟原則が骨抜きとなり，ひいては民事訴訟手続の変容を招来するのではないだろうか？

〈参考文献〉

◇小林秀之『民事訴訟法がわかる［第2版］』（日本評論社，2007年）308頁以下。

第13章　時機に後れた攻撃防御方法の却下——手続リズム——

【イントロ】（基本講義131・144-145頁以下参照）

攻撃防御方法の提出時期
　　↓一方で，
(i) **口頭弁論の一体性**（→数期日にわたる口頭弁論であっても，始終一体をなし，後の期日では前回の期日までの弁論を前提として続行すればよく，また，どの期日で行われた弁論や証拠調べも，訴訟資料として同一の価値をもつ）。
　　↓他方で，
(ii) **適時提出主義**（→訴訟資料は訴訟の進行状況に応じて適切な時期に提出されなければならない［156条］）。
　　＊旧法下の**随時提出主義**（＝訴訟資料の提出は口頭弁論終結時まで随時にできるという建前［旧137条］）では，当事者による準備の程度や訴訟戦略上の考慮から提出順序が決定されることになり，審理の散漫化や訴訟遅延を結果しかねないことから，新法は，争点整理を前提とした効率的かつ円滑な審理，とりわけ集中証拠調べの実現を企図して，適時提出主義という新概念を導入した。
　　↓そうすると，
適時提出主義の下，一定の場合に訴訟資料の提出が制限されることがある。
e.g., ①時機に後れた攻撃防御方法の却下（157条1項）。
　　　②釈明に応じない攻撃防御方法の却下（157条2項）。
　　　③準備書面等の提出期間の定め（162条）。
　　　④中間判決（245条）にともなう攻撃防御方法提出の制限（157条1項）。
　　　⑤争点整理手続終了後の新主張の制約（→新主張は排除されるわけではない［＝失権効はない］が，争点整理手続で提出できなかった理由を相手方の求め［＝詰問権］に応じて説明しなければならない［167条・174条・178条，民訴規87条・94条］。この効果は控訴審にも及ぶ［298条2項，民訴規180条］）。
　　↓では，

　　　いかなる場合に①**時機に後れた攻撃防御方法**として却下されるのか？

　↓民訴法157条1項によると，
　　　　　　　　ⓐ時機に後れて提出されたこと
　　　要件　　　ⓑ当事者の故意または重大な過失に基づくこと
　　　　　　　　ⓒその審理により訴訟の完結が遅延すること

　　　　　　　　　具体的な事例で検討してみよう！

> ☆**計画審理**導入（147条の2以下）と攻撃防御方法の提出時期
> →審理計画において，特定の事項に関する攻撃防御方法について提出期間を定めた場合（147条の3第3項・156条の2），たとえ期間経過後の提出であっても，必ずしも失権するわけではない。すなわち，当該攻撃防御方法を期間内に提出しないことにより，審理計画に著しい支障を生ずるおそれがあると認められるとき，裁判所は，申立てまたは職権で，却下の決定をすることができるが，ただし，期間内に提出できなかったことについて相当の理由のあることを当事者が疎明したときは，このかぎりでない（157条の2）。
> ＊審理計画による迅速化とその後の事情を加味した適正化との調和を志向。

I 事例検討〈A〉——請負残代金支払い拒絶事件（東京地判平11・9・29判タ1028号298頁）

1 事案

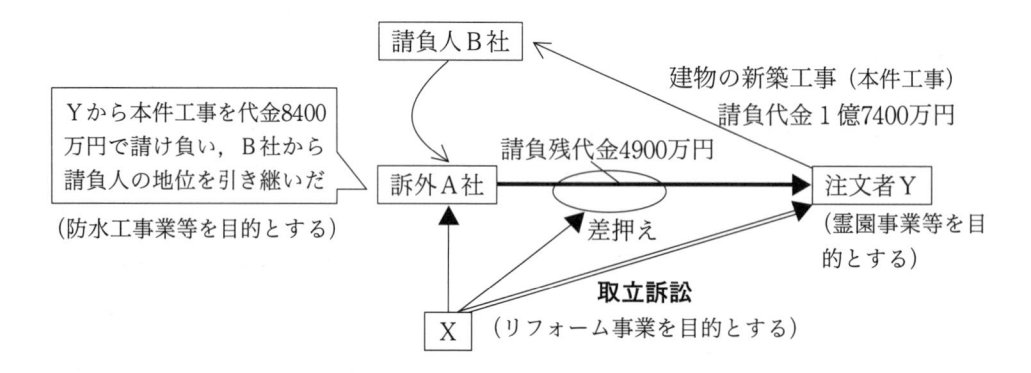

完成建物をYに引き渡したA社は，Yに対する請負代金債権を有するが，Xはこれを差押え，Yに対する取立訴訟を提起した。この訴訟において，弁論準備手続を経て証拠調べが終了した後に，Yが本件工事には瑕疵があり，その修補までは請負残代金の支払いを拒絶する旨の主張をしたところ，これが時機に後れた攻撃防御方法として却下されるのではないかが争われた。

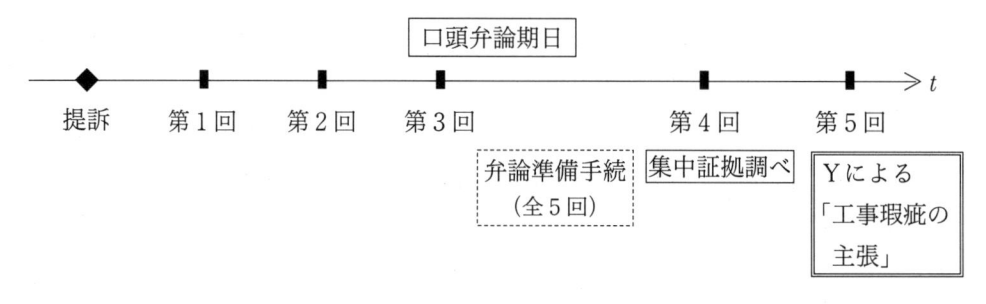

〈当事者の主張〉

Xの主張	Yの工事瑕疵の主張は，弁論準備手続が行われたて争点整理がされ，証拠調べが終了した後にされたものであり，これにより訴訟の完結を遅延させるものであり，Yには故意または重大な過失がある。よって，Yの同主張は，民訴法157条により却下されるべきである。

Yの主張	工事瑕疵の主張は，元々YがA社の下請業者であるC社に調整，修理等を依頼しており，同社との間で解決すると考え，A社との関係では瑕疵修補の対象とならないと考えていたため，提出できなかっただけであり，時機に後れた攻撃防御方法として却下されるべきではない。

2　判　旨

《請求認容》

　　Yの「工事瑕疵の主張…は，本件の第4回口頭弁論まで全く主張されていなかったのに，その後提出されたYの平成11年8月23日付準備書面に突如として現れ，この準備書面は同年8月23日に開かれた第5回口頭弁論期日において陳述されたものの，その主張に係る証拠は，同年8月18日付のY代表者の陳述書の外には，関連性の示されていない『D』作成名義の見積書である乙第9号証以外には提出されていないこと，本件は第3回口頭弁論期日において弁論準備手続に付され，5回にわたる弁論準備手続が行われ，争点整理がされて弁論準備手続が終結されたこと，第4回口頭弁論期日において，弁論準備手続の結果が陳述され，それまでの当事者の主張に基づいて争点に関する裁判所の整理案が当事者双方に示された上，証人EとY代表者の集中証拠調べが行われたが，続行されて第5回口頭弁論期日に至ったことは，本件記録により明らかである。そして，Y代表者の陳述書である乙第8号証には，従前からYには，Yの…主張に係る瑕疵は判明していたが，C社との関係で解決すると考えて，この主張をしなかったとの記載があり，また，前記のとおり，Yは，Yが平成10年1月に訴外会社に対し温水器の設置又は配管工事の施工のやり直しを請求したことを主張している。

　　これらの事実によれば，Yの…主張は，Y側によれば事実関係が本訴提起前から判明していたというにもかかわらず，本件において，弁論準備手続が行われて争点整理がされ，集中証拠調べが終了した後に初めて主張されたものである。そして，Yの…主張について今後審理する場合を想定してみると，この主張に係る瑕疵の内容殊に設計の瑕疵の内容は，具体的に十分に特定されているとはいえないから，まずその具体的特定をする必要があり，その上で，特定されたものの立証があるかどうか，その立証されたものがそもそも工事の瑕疵といい得るかどうか，瑕疵といい得るとしてその損害額はいくらと評価すべきかをめぐって，相当の期間にわたる審理を要することが明らかである。

　　そうすると，Yの…主張は，Yの故意又は重過失により時機に後れて提出された攻撃防御方法というべきであって，それに関する審理により本件訴訟の完結が遅延させられることは必至であるから，民訴法157条により却下すべきである」（東京地判平11・9・29判タ1028号298頁［請負残代金支払い拒絶事件］）。

II　事例検討〈B〉——建物買取請求権行使事件（最判昭46・4・23判時631号55頁〔民訴百選3版54事件〕）

1　事　案

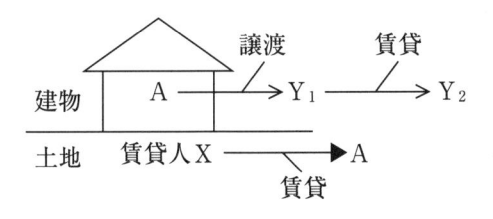

```
               譲渡      賃貸
       建物 ┌─┐A ───→ Y₁ ───→ Y₂
           │ │
       土地 賃貸人X ─────→ A
                     賃貸
```

第13章 時機に後れた攻撃防御方法の却下

Xは，AY₁間の土地賃借権の譲渡を承諾せず，つぎのような訴えを提起した。

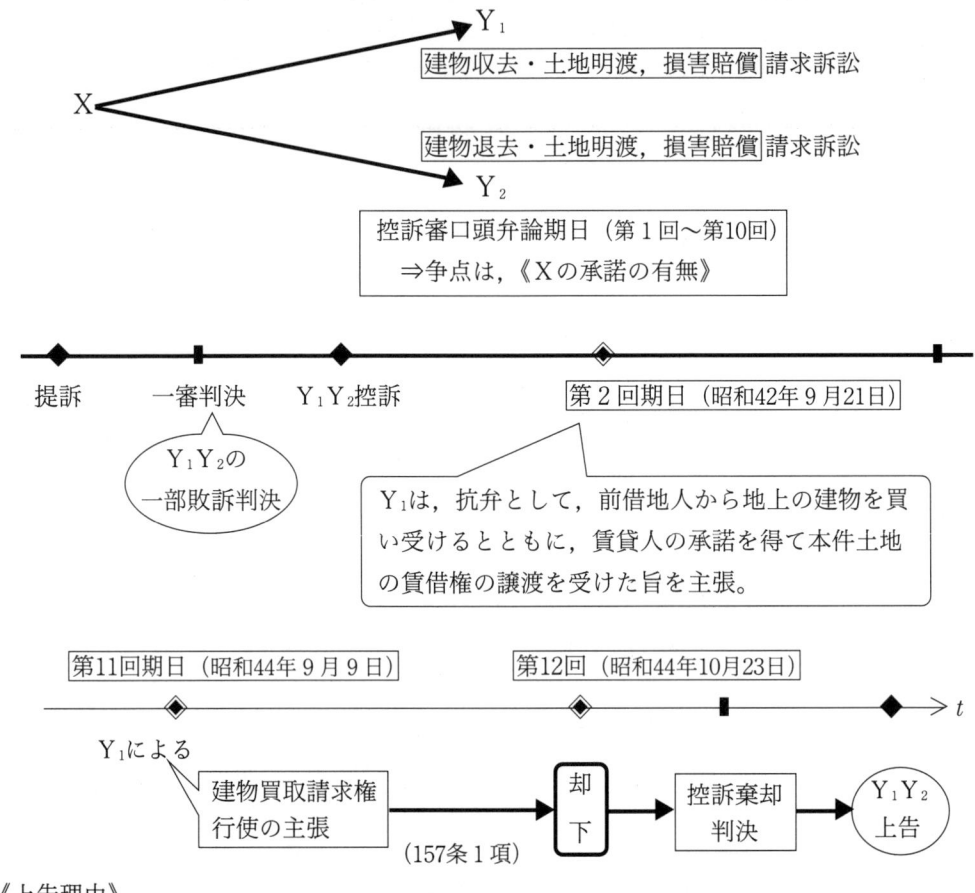

X → Y₁　建物収去・土地明渡，損害賠償 請求訴訟
X → Y₂　建物退去・土地明渡，損害賠償 請求訴訟

控訴審口頭弁論期日（第1回〜第10回）
⇒争点は，《Xの承諾の有無》

提訴 ── 一審判決 ── Y₁Y₂控訴 ── 第2回期日（昭和42年9月21日）

Y₁Y₂の一部敗訴判決

Y₁は，抗弁として，前借地人から地上の建物を買い受けるとともに，賃貸人の承諾を得て本件土地の賃借権の譲渡を受けた旨を主張。

第11回期日（昭和44年9月9日）　第12回（昭和44年10月23日）

Y₁による 建物買取請求権行使の主張 →（157条1項）→ 却下 → 控訴棄却判決 → Y₁Y₂上告

《上告理由》

①建物買取請求権行使の主張を第11回口頭弁論期日まで控えていたのは，和解による解決を望んでいたためであり，したがって，同主張は故意または重過失により時機に後れて提出されたものではない。

②建物買取請求権行使の主張後，第12回口頭弁論期日が開かれているので，同主張を採用したとしても，訴訟の完結をとくに遅延せしめる結果とはならなかったのみならず，すでに訴訟上顕出されている証拠によって，直ちに本件建物の買取価額を判断することができた。

＊新法下でも，上告できるだろうか？

2　判　旨

《上告棄却》

「本件記録によれば，原審は，Y₁が原審第11回口頭弁論期日（昭和44年9月9日）に提出した所論建物買取請求権に関する主張を，同第12回口頭弁論期日（同年10月23日）に民訴法139条1項〔現行法157条1項に対応。以下同じ〕により却下して弁論を終結し，原判決を言い渡したことが認められ，右却下の決定が右民訴法の規定の定める要件の存在を認めたうえでなされたことも明らかである。

そして，Y₁が第一審において口頭弁論期日に出頭せず，本件建物収去，土地明渡等を含む一部敗訴の判決を受けて控訴し，原審第2回口頭弁論期日（昭和42年9月21日）に，抗弁と

して，Y₁が前借地人から地上の建物を買い受けるとともに，賃貸人の承諾を得て本件土地の賃借権の譲渡を受けた旨主張したが，X₁ら先代においてこれを争つていたこと，その後証拠調等のため期日を重ねたが，前述のとおり，第11回口頭弁論期日にいたつてようやく建物買取請求権行使の主張がなされるにいたつた等本件訴訟の経過によつてみれば，右主張は，少なくともY₁の重大な過失により時機におくれて提出されたものというべきである。原審においては2度和解の勧告がなされたが，口頭弁論期日もこれと平行して進められたのみならず，和解の試みが打ち切られたのちも，第8回以降の口頭弁論期日が重ねられ，Y₁において十分抗弁を提出する機会を有していたことから考えると，和解が進められていたから前記主張が提出できなかつたという所論は，にわかに首肯することができない。

つぎに，本件記録によれば，所論建物買取請求権の行使に関する主張は，X₁らが借地法10条所定の時価として裁判所の相当と認める額の代金を支払うまで，Y₁らにおいて本件建物の引渡を拒むために，同時履行等の抗弁権を行使する前提としてなされたものであることを窺うことができるが，所論指摘の各証拠によつては到底時価を認定するに足りるものとは認められず，かくては右時価に関する証拠調になお相当の期間を必要とすることは見やすいところであり，一方，原審は，本件において，前述のように右主張を却下した期日に弁論を終結しており，さらに審理を続行する必要はないとしたのであるから，ひつきよう，Y₁の前記主張は，訴訟の完結を遅延せしめるものであるといわなければならない。

それゆえ，原審が右主張を民訴法139条1項により却下したのは相当である」（最判昭46・4・23判時631号55頁〔民訴百選3版54事件〕［建物買取請求権行使事件］）。

III 分析

1 時機に後れた攻撃防御方法として却下されるための要件は？
　→民訴法157条1項を見てみよう！
　　①時機に後れた　　②故意・重過失　　③訴訟完結の遅延
　　↓
　◆これらの要件ないしその認定は，旧法139条1項における場合とで異なるか？
　◆現行の157条1項の趣旨と旧法139条1項の趣旨は，異なるのか？
　◆随時提出主義と適時提出主義の違いは何か？
　◆提訴前の証拠収集処分等や計画審理などを導入した2003年改正や，裁判迅速化法による影響はあるか？

2 上記の判例〈A〉と〈B〉で問題となった主張の違いを考えてみよう！

	〈A〉工事瑕疵の主張	〈B〉建物買取請求権行使の主張
①戦略的位置づけ	Yは，Xに対しては主張できないと考えていた（提出不可能の認識）。 ＊戦略の問題ではない。	和解成立の可能性を考慮して，訴訟戦略上，提出を控えていた（提出可能の認識）。
②却下後の顛末	請求は認容される。 ①Yは控訴提起㊉ 　←続審制	①判決確定後の強制執行手続において，Y₁は，建物買取請求権行使を主張して請求異議訴訟を起こせるか？

第13章 時機に後れた攻撃防御方法の却下

	②Yは，Xに対して4900万円を支払い，その後にC社に瑕疵修補してもらう。	②裁判外で建物買取請求権を行使して，Y₁は，その代金支払請求訴訟を起こせるか？

㉝実際に控訴されたが，控訴審では，一審の判断が維持され，控訴棄却判決が出されて確定した（東京高判平12・3・14判タ1028号295頁）。

3　〈A〉工事瑕疵の主張と〈B〉建物買取請求権行使の主張が民訴法157条1項の要件を満たすか？

(1)　〈A〉工事瑕疵の主張

①時機に後れた	◆第一審の第4回口頭弁論期日 ◆弁論準備手続（全5回）＋集中証拠調べ
②故意・重過失	◆工事瑕疵の事実は提訴前から判明 ◆Yは，工事瑕疵についてはC社との関係で解決すると考え，A社との関係では主張できないと判断 ←なぜ，弁論準備手続を5回も開催しておきながら，Yは工事瑕疵の主張をXに対してできないと考えたのか？ 　・本人訴訟か？ 　・YとBAXとの間の権利関係が複雑なので，弁論準備手続による争点整理はその点に費やされたのか？
③訴訟完結の遅延	◆瑕疵の内容の具体的特定　｝相当の期間にわたる審理を要する ◆損害額の評価

【考えてみよう！】　弁論準備手続終了後における攻撃防御方法の提出を規律する民訴法174条と民訴法157条1項は，いかなる関係にあるか？

◆準備手続による争点等整理の実効性を確保するために，旧民訴法255条は準備手続の終了効として**失権効**を規定していたが，現民訴法174条は，弁論準備手続の終了効として，失権効ではなく，説明義務を負わせることにした。
　←それは，旧法下では，失権効を恐れる当事者から多数の仮定的主張が出され，準備手続での争点等の整理がかえって困難となったことの反省の下に，攻撃防御方法を弁論準備手続終結後に提出する合理的理由のある場合には，失権させないものとした（一問一答207頁）。
　　↓それでは，
現民訴法174条の下で，攻撃防御方法を弁論準備手続終結後に提出する合理的理由のない場合（説明のない場合を含む）には，どうなるか？
⇒民訴法174条の説明義務は，民訴法157条1項の規律の中に吸収されてしまうのか？
　　↓
民訴法157条1項により却下される可能性が高い。却下されない場合でも，弁論の全趣旨として考慮されたり，訴訟代理人の弁護士が弁護士倫理違反になることも考えられる（上原敏夫「弁論準備手続」講座新民訴1巻331頁）。
　＊準備的口頭弁論の終了効も同じく説明義務が課される（167条）。

(2) 〈B〉建物買取請求権行使の主張

①時機に後れた	◆控訴審の第11回口頭弁論期日
②故意・重過失	◆和解成立をうかがう訴訟戦略 →しかし，2度の和解勧告にもかかわらず，口頭弁論期日が平行して進められ，和解の試みが打ち切られた後，第8回期日以降の3回の期日が重ねられ，主張の機会が十分にあった。
③訴訟完結の遅延	◆時価（買取金額）に関する証拠調べに相当の期間を要する。 ◆本件主張を却下した期日に弁論が終結され，さらに審理続行の必要がないと判断された。

弁護士Pの独り言

　相手方の承諾の有無を争っている本件において，被告側代理人として，建物買取請求権を主張するのは，実質的には敗訴にも等しく，とりわけ依頼人（被告）との関係においては，彼を説得しなければならないこともあり，最後の手段という性格があるのに，本件でこれが時機に遅れた攻撃防御方法として却下する裁判所の対応は，弁護士業務の実態をまったく理解していないのではないか。

【参考】

☆★時機に遅れた攻撃防御方法の却下が問題とされたケース（すべて旧法事件）★☆
［1］却下肯定例
　①控訴審の第3回口頭弁論期日に至り初めて相殺の抗弁が提出された場合において，右期日までに当事者双方の主張立証がほぼ尽くされており，また，右相殺に係る自働債権の存在や額に争いがあり更に主張立証を要する等判示の事情があるときは，右抗弁の提出は，時機に遅れた攻撃防御方法として却下すべきである（大阪高判平7・11・30判タ910号227頁）。
　②手形金請求訴訟において，主張整理を経た証拠調手続がほぼ終了した段階で，原因関係消滅に基づく相殺の抗弁が予備的に主張されるに至った場合，その内容が従前の争点と全く異なり，新たな主張整理，証拠調べを要し，しかも，既に他の裁判所における同一当事者間の訴訟で右と同内容の抗弁が主張されているときは，右抗弁の提出は，時期に遅れた攻撃防御方法として却下すべきである（東京地判平3・11・11判タ773号257頁）。
　③訴え提起後5年余を経て訴訟が控訴審に係属し，証人尋問も終えて口頭弁論の終結の間近い最終段階における，新たな主張（＝返還すべき現存利益の不存在）の提出は，故意または重過失による時機に遅れた攻撃防御方法として却下すべきである（東京高判昭62・11・26判時1259号65頁）。
［2］却下否定例
　④請負契約に基づく請負残代金請求訴訟の第9回口頭弁論期日で初めて仲裁契約の存在を理由とする本案前の主張が行われた場合であっても，従前の期日で行われた主張の整理や請負契約の成立に関する証拠調べが右仲裁契約の存否の判断とも関連するなどの事情

があるときは，右本案前の主張を時機に遅れた攻撃防御方法ということはできない（名古屋地判平5・1・26判タ859号251頁）。
＊妨訴抗弁の失権を規定した新仲裁法14条1項3号の下においても，④判決の結論を維持することができるか？
　　⇒新仲裁法14条1項3号は，被告が原告の請求の中身に対する態度を示した後に被告が仲裁合意の妨訴抗弁を提出することを禁じている（＝妨訴抗弁の失権）。これは，被告がとりあえず請求の中身の議論をして，訴訟の旗色をうかがいながら，妨訴抗弁を提出することを防ぐ趣旨に基づく。

第14章　釈明——弁論主義とは何かを問う——

【イントロ】（基本講義154頁以下参照）

1　釈明権の意義

釈明権＝訴訟関係を明瞭にするために事実上および法律上の事項に関して，当事者に問いを発し，または，立証を促すことのできる裁判所の権能（←訴訟指揮権の一作用）。
　　↓その趣旨は，

弁論主義の補完
→釈明権は，たしかに裁判所の権能であるが，その適切な行使によって弁論主義の形式的な適用による不合理を修正し，適正にして公平な裁判を可能にすることは裁判所の責務でもある（その意味で釈明義務ともいわれる）。

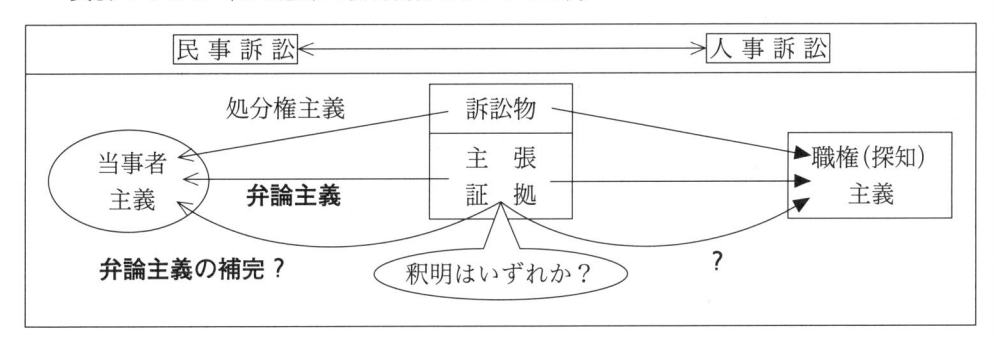

```
          民事訴訟 ←――――――――――→ 人事訴訟

          処分権主義 ――→ 訴訟物
      当事者 ←                主 張          →職権（探知）
      主義       弁論主義      証 拠          →  主義
  弁論主義の補完？    釈明はいずれか？    ？
```

＊裁判所は，別の訴訟物を示唆する必要はない。∵　当事者は再訴できる。
　⇒反面，同一の訴訟物内では，再訴不可であるから，裁判所にとって，当事者に釈明をする必要が生じてくる。

釈明権の行使は，期日のほか，期日外においても可能であり，その主体は，合議体では**裁判長**であるが（149条1項），**陪席裁判官**も裁判長に告げた上で行使することができる（同条2項）。
　↓なお，
当事者は，相手方に直接問い正すことはできないが，裁判長を通じて発問してもらうことができる（求問権または求釈明［149条3項］）。

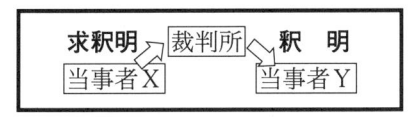

```
       求釈明 → 裁判所 ← 釈　明
       当事者X        当事者Y
```

＊当事者は，釈明に応じなければならないという義務的拘束を受けるわけではないが，それに応じないために，不利な裁判を受ける可能性がある。
　→また，ある攻撃防御方法について釈明を促された当事者が，必要な釈明をしない場合（欠席を含む），裁判所はその攻撃防御方法を却下して，審理を打ち切ることができる（157条2項）。

2 釈明権の範囲——釈明義務

→釈明権の行使を怠れば，事案の真相解明が十分になされず，また，当事者間の公平が実質的には保障されない結果となりかねないが，反対に行過ぎた行使は，かえって事案の真相を曲げたり，不公平な扱いであるとして司法に対する国民の信頼を失いかねない。

  e.g., 時効の抗弁提出を促す釈明（→一方当事者に対してきわめて有利に働く）

 ↓したがって，

釈明権は適切な範囲で行使しなければならない（釈明**権**と釈明**義務**）。

 *消極的釈明と積極的釈明（この分類は，中野貞一郎「弁論主義の動向と釈明権」判例展望［1952年］〔同・過失の推認215頁以下所収〕による）

	内　容	許　否
（ⅰ） 消極的 釈　明	当事者の主張や申立てが矛盾したり，不明瞭である場合に，それを問い正す釈明	許容されることに争いなし。 ∵　当事者間の公平は害されない。
（ⅱ） 積極的 釈　明	当事者が事案の解明に必要な申立てや主張をしていない場合に，これを示唆し，指摘する釈明	当事者間の実質的平等を確保する見地から，認められるものの，慎重になされるべき。 →一度行使されると，釈明に行きすぎがあっても，釈明に応じた当事者の裁判所に対する信頼保護のために，その訴訟行為を無効とすることはできないと解されている。

↓

釈明義務違反が上告審の原判決破棄理由となるか？

 cf. 控訴審は，事実審かつ続審であるので，その過程で釈明権を行使すればよく，釈明義務違反で第一審判決を取り消す必要はない。

（ⅰ）**消極的釈明**→消極的釈明の不行使が裁判の結果に影響する場合，原判決の破棄理由（312条3項）となる（→近時の最高裁の傾向も）。

（ⅱ）**積極的釈明**→積極的釈明の不行使が裁判に影響する蓋然性が高く，釈明権の行使なしには当事者に適切な申立て・主張が期待できないと認められる場合にかぎり，判決に影響を及ぼすことが明らかな法令違背として上告審による破棄理由（＝上告理由または上告受理申立て理由）となる（312条3項・325条1項後段・2項）。

 ☆★判例の変遷（奈良次郎「釈明権と釈明義務の範囲」実務民訴1巻219頁以下参照）★☆

昭和初期から昭和10年頃まで	多くの大審院判決が釈明権不行使を理由として原判決を破棄した（村松俊夫『民事裁判の研究』（有信堂，1955年）3頁以下など）。
終戦後から昭和30年頃まで	最高裁は，一転して，釈明義務をまったく否定するかの態度をとった。 ↓その背景として， ①実際問題として，最高裁における未処理事件の滞積。 ②理論的には，戦後英米法流のアドヴァーサリ・システムの影響。 *e.g.*, 留置権の権利抗弁について，抗弁権取得の事実関係ですでに弁論に現れていても，裁判所はその権利行使の意思を確かめ，その権利行使を促す責務はないとして，上告を棄却した（最判昭27・11・27民集6巻10号1062頁）。

昭和30年以降 ①昭和30年前後	再び破棄判決が散見されだし，その傾向が次第に強まった。 ←その背景として，裁判所の役割の再認識(三ケ月・研究1巻49頁以下)。
②昭和40年頃まで	消極的釈明義務違背（←不明瞭ながら当事者の主張あり）にとどまる。
③昭和40年代	積極的釈明義務違背（←当事者の主張なし）の登場。

【参考】藤林益三裁判官の反対意見（最判昭51・6・17民集30巻6号592頁〔民訴百選2版74事件〕）
　「私は，三ケ月教授とともに，『釈明権は裁判所の不可欠の後見的機能であることを如何に強調しても，それは遂に後見的機能に止まつて事案解明の責任を裁判所が背負いこむことを意味するものではないのであるから，当事者が裁判所に依存しながらそのことを棚に上げて釈明権（釈明義務）不行使の違法を主張すれば，常に上告理由となるというのは不当である。釈明義務不履行として上告審が破棄しうる限度は，具体的事案に照して不行使のまま裁判することが公平を欠き，訴訟制度の理念に反すると認められる場合に限るべきは当然である。』（法律学全集民事訴訟法164頁）と考えるものである。もとより，いわゆる古典的弁論主義への反省はされなければならないが，本件事案の如きにおいては，弁論主義本来の意味において，訴訟代理人の努力にまつべきものがあつたのであるから，私は，裁判所がそこまで介入する義務を負担すべきものとは思わないのである。訴訟代理人は，裁判所によりかかるべきものではない。けだし，訴訟代理人の受任事件に対する熱意と研究努力とが裁判の結果に現われてこそ，在野法曹の訴訟活動の進歩に伴う裁判本来の姿の出現が期待できるからである。」

I　釈明権

1　判例

(1)　〈A〉最判平8・2・22判時1559号46頁〔民訴百選3版61事件〕[抵当権順位変更契約書筆跡鑑定事件]

(a)　事案

抵当権順位変更登記の抹消登記手続請求訴訟

X社────────────────────→Y

第一審	Yが抗弁事実（＝順位変更の合意をしたこと）を主張 その証拠として，**抵当権順位変更契約書**（乙第一号証）を提出 　　↓争点 抵当権順位変更契約書の署名はA（＝X社の代表者）の自署によるものか？ 　　↓そこで， Yは筆跡鑑定の申出をした→不採用（黙示の却下決定） 　　↓しかしながら， 第一審裁判所は，抗弁事実の存在を**認めた**。 　　↓そして， 　　**請求棄却判決** 　　　　X控訴
控訴審	控訴審裁判所は，筆跡につき特段の証拠調べをすることなく， 人証等の証拠に基づき抗弁事実を**排斥した**。

第14章 釈　明

↓そして，
一審判決取消しのうえ，**請求認容判決**
Y上告

【上告理由】
　控訴審裁判所が重要な書証の成立について第一審の判断を覆す場合に，その署名部分の筆跡鑑定の申出をするかどうかについて，釈明義務があるのに，これを怠った原審判決には釈明義務違反・審理不尽の違法がある。

(b)　判　旨
　　《破棄差戻し》
　「第一審で勝訴したYは，原審で改めて筆跡鑑定の申出をしなかったものの，原審第二回口頭弁論期日において陳述した準備書面によって，原審が乙第一号証のX作成名義の部分の成立に疑問があるとする場合には，Yが第一審において筆跡鑑定の申出をした事情を考慮して釈明権の行使に十分配慮されたい旨を求めていたのである。そして，乙第一号証のAの署名の筆跡と第一審におけるX代表者尋問の際にAが宣誓書にした署名の筆跡とを対比すると，その筆跡が明らかに異なると断定することはできない。このような事情の下においては，原審は，すべからく，Yに対し，改めて筆跡鑑定の申出をするかどうかについて釈明権を行使すべきであったといわなければならない。原審がこのような措置に出ることなくYの抗弁を排斥したのは，釈明権の行使を怠り，審理不尽の違法を犯したものというほかなく，この違法が判決に影響を及ぼすことは明らかである」（最判平8・2・22判時1559号46頁〔民訴百選3版61事件〕〔抵当権順位変更契約書筆跡鑑定事件〕）。

(2)　〈B〉最判昭45・6・11民集24巻6号516頁〔民訴百選3版60事件〕〔木箱納入事件〕
(a)　事　案

```
              代金請求      → A
       X  ←
              連帯保証債務の履行請求 → Y₁Y₂
```

第一審

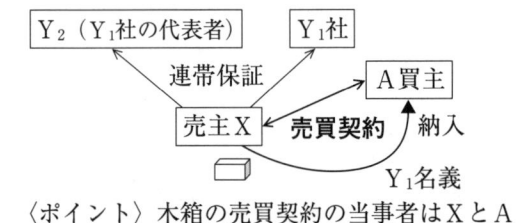

【X主張の請求原因】
　Xは，Y₁社から，同社に代わりAに対して木箱を納入して欲しいと頼まれ，Aとの間で木箱の売買契約を締結し，Aの注文を受けて木箱を納入した。なお，Xは，取引名義はY₁とAにして欲しいと言われ，XがY₁名義で納入するかぎりは，Y₁社とその代表者Y₂が代金支払いを連帯保証すると約束した。

```
  Y₂（Y₁社の代表者）   Y₁社
          連帯保証        A買主
              売主X  売買契約  ↗
                           納入
                        Y₁名義
```

〈ポイント〉木箱の売買契約の当事者はXとA

I 釈明権

[第一審裁判所の判断]
▶ XのAに対する代金請求→**棄却**（⇒確定）
∵ XA間に売買契約は成立していない。
▶ XのY₁・Y₂に対する請求→**認容**（⇒Y₁・Y₂控訴）
∵ Y₁・Y₂はXがAから代金支払いを受けられることを連帯保証したもので，Xの請求はそうした約束の履行を求める意味に解すれば正当といえる。

↓ Y₁・Y₂のみが控訴

控訴審

【X主張の請求原因】 第2回期日における裁判所の釈明権行使により変更

Xは，Y₁社から，Aに木箱を納入するよう依頼されたが，その際の取り決めとして，代金はY₁においてXに支払い，その代金債務につきY₁の代表者Y₂が個人保証をするので，XはY₁の名義でAに木箱を納入して欲しいというものであった。

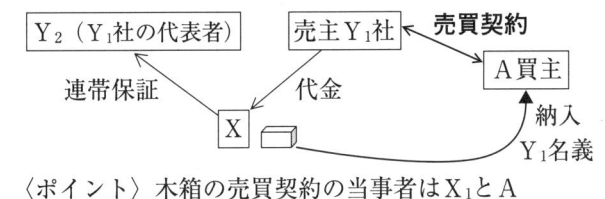

```
Y₂（Y₁社の代表者）    売主Y₁社 ──売買契約→ A買主
        │連帯保証      │代金              ↑
        └─────X ────────┘              納入
                                           Y₁名義
```

〈ポイント〉 木箱の売買契約の当事者はX₁とA

[控訴審裁判所の判断]
新たな証拠調べをすることなく結審し，第一審の証拠のみに基づいて，Xの新たな請求原因をそのまま認定した。
▶ XのY₁・Y₂に対する請求→**認容**（＝控訴棄却）
（⇒Y₁・Y₂上告）

【上告理由】
原審は，第2回口頭弁論期日において上記のような新たな請求原因を示唆し，Xの訴訟代理人は「そのとおりである」と陳述したにすぎないが，こうした釈明権行使は，著しく公正を欠き，釈明権の範囲を逸脱したもので，それに基づいてなされた原判決は違法である。

(b) 判　旨

《上告棄却》

「釈明の制度は，弁論主義の形式的な適用による不合理を修正し，訴訟関係を明らかにし，できるだけ事案の真相をきわめることによつて，当事者間における紛争の真の解決をはかることを目的として設けられたものであるから，原告の申立に対応する請求原因として主張された事実関係とこれに基づく法律構成が，それ自体正当ではあるが，証拠資料によつて認定される事実関係との間に喰い違いがあつて，その請求を認容することができないと判断される場合においても，その訴訟の経過やすでに明らかになつた訴訟資料，証拠資料からみて，別個の法律構成に基づく事実関係が主張されるならば，原告の請求を認容することができ，当事者間における紛争の根本的な解決が期待できるにかかわらず，原告においてそのような主張をせず，かつ，そのような主張をしないことが明らかに原告の誤解または不注意と認められるようなときは，その釈明の内容が別個の請求原因にわたる結果となる場合でも，事実審裁判所としては，その権能として，原告に対しその主張の趣旨とするところを釈明することが許されるものと解すべきであり，場合によつては，発問の形式によつて具体的な法律構

成を示唆してその真意を確めることが適当である場合も存するのである。

本件についてこれをみるに、前述したところによれば、Xの主張は、当初、Y₁らがXとAとの間に成立した本件木箱類についての売買契約上の代金債務を連帯保証したものとして、Yらの負担する右保証債務の履行を求めるというにあつたところ、原審第二回口頭弁論期日におけるXの陳述によつて、その主張は、本件木箱類の売買契約はY₁とAを当事者として成立したことを前提とし、XとY₁との間で、右契約に基づきY₁がなすべき木箱類の納入をXが代つてなし、Y₁はその代金相当額をXに支払う旨のいわば一種の請負契約が成立したものとして、Y₁に対しては右請負代金の支払をY₂に対しては右請負代金についての連帯保証債務の履行を求めることに変更されたものと解されるから、その間には請求原因の変更があつたものというべきである。しかし、本件記録によると、第一審以来の訴訟の経過として、Xは、本件でAをもY₁らの共同被告として訴を提起し、Aが本件取引の相手方であることを主張して前示請求原因のもとに売掛代金の支払を求めたところ、第一審は、Xと連合会との間に直接の契約関係が成立したことを否定し、Xによる木箱類の納入はAのY₁に対する注文に基づいてY₁の下請的立場でなされたものにすぎないものと認定し、Aに対する右請求を棄却したが、Xからの控訴はなく、第一審判決が確定したこと、しかし、Y₁らに対する請求については、Y₁らは、Xに対し、XがY₁の名においてAから代金の支払を受けられることを保証したもので、Xの請求をそのような約束の履行を求める意味に解すれば正当であるとして認容したので、Y₁らは右第一審判決に対して控訴し、本件が原審に係属するに至つたこと、Y₁ら訴訟代理人は、原審第二回口頭弁論期日において、すでに事前に提出してあつた証拠申請書に基づき、Y₂の本人尋問を申請したが、その尋問事項の一には、「Y₂がY₁の保証人または連帯保証人になつた事実のないこと」について尋問を求める旨の記載があり、Y₂自身においても、すでに自分がY₁の負担する債務を保証したことをも積極的に争う態度に出ていたことが窺われることなどが認められるのであつて、このような第一審以来原審第二回口頭弁論期日までの訴訟の経過に照らすと、右口頭弁論期日におけるXの陳述内容が原裁判所のした所論のような釈明の結果によるものであるとしても、その釈明権の行使は、事実審裁判所のとつた態度として相当であるというべきであり、原審に所論釈明権行使の範囲を逸脱した違法はないものといわなければならない」（最判昭45・6・11民集24巻6号516頁〔民訴百選3版60事件〕〔木箱納入事件〕）。

＊本判決は、請求原因の変更まで具体的に示唆する釈明が許されるとしたリーディング・ケースである。

2　分　析
(1) 判例〈A〉と判例〈B〉は、どこが異なるか？
〈A〉→釈明権の不行使が問題とされた（釈明義務違反？）
〈B〉→釈明権の行使が問題とされた（釈明権の行使範囲いかん？）
(2) 釈明権・釈明義務の根拠
釈明権・釈明義務の根拠はなにか？
→弁論主義や手続保障との関係をどのように考えるか？
＊釈明は、他の訴訟指揮の場面と同じように、状況適合的であること、当事者に了解可能であること、手続保障、当事者の自律性・主体性の尊重という手続的配慮が必要になる（大江ほか編・手続裁量124頁〔加藤新太郎〕）。

I 釈明権

(3) 釈明義務違反の判断要素

判例〈A〉のケースを以下のファクターに照らして,釈明義務違反の有無を判断してみよう(中野・過失の推認223頁)。

> ①勝敗転換の蓋然性
> ②当事者の申立て・主張における法的構成の当否
> ③期待可能性
> ④当事者の公平
> ⑤その他の要素(抜本的紛争解決が図れるか,訴訟の完結を遅延させないか)

【参考】民訴百選3版127頁〔加藤新太郎〕参照
①⇒あり ∵ 筆跡鑑定をすればYに有利な鑑定結果が得られる余地がある。
③⇒なし ∵ Yは第一審で筆跡鑑定の申出をしており,控訴審においても釈明権の行使に十分配慮されたい旨の準備書面を提出していた以上,Yは,控訴審裁判所が文書の成立の真正に疑問を抱いた場合には釈明してもらえると考えているのが通常といえる。
④⇒あり ∵ 上記③のようにYが提出することについての期待可能性の認められない審理プロセスにおいては,釈明権の行使が当事者の公平を害するとはいえない。
⑤⇒本件釈明は,実質的には「新たな証拠申出」を促すものではなく,さらに釈明をしない方が手続保障上も問題であり,不意打ちとなろう。

> Q. 筆跡鑑定に関する釈明を行っていないことをどのように評価すべきか?筆跡鑑定の実務上の意義を踏まえて考えてみよう。

【参考】
「筆跡鑑定は,実務的にはそれ自体の信頼性に問題があり,専門性の高い鑑定人の確保が難しい等の特殊性がある」(民訴百選3版127頁〔加藤新太郎〕)。

(4) 釈明の対象・範囲

釈明権には範囲はあるか?
　①否定説(奈良次郎・山木戸克己)
　②肯定説(山本和彦・加藤新太郎)
☆上記②(肯定説)にたった場合,判例〈B〉のケースについて,釈明の範囲内といえるか否かを考えてみよう。
＊釈明の範囲(大江ほか・手続裁量125-126頁〔加藤〕)

ある事項を
- ⓐ釈明すべきでない
- ⓑどちらかといえば,釈明しない方がよい
- ⓒ釈明してもしなくてもよい ← 手続裁量
- ⓓどちらかといえば,釈明した方がよい
- ⓔ釈明しなければならない ← 釈明義務

> 考えてみよう！
>
> 弁論主義の本質論は、釈明の範囲にどのような影響を及ぼすか？
> ①手段説⇒釈明の範囲は広い？
> ②本質説⇒釈明の範囲は狭い？
> ③不意打ち防止説⇒？
> ④多元説⇒？

Ⅱ　法的観点指摘義務

1　判　例

(1) 〈A〉最判昭55・2・7民集34巻2号123頁〔民訴百選3版55事件〕

(a) 事　案

　Xら3名は、Yに対して、Y名義の本件土地について、共有持分権に基づきまたは遺留分減殺請求として、「Xら3名、Y、D（＝Bの長男）がそれぞれ5分の1の持分を有する」旨の相続による共有登記手続を求めた。なお、Bは、Xらの父親であり、Yは、C（＝Bの次男）の妻であり、Cの相続人である。

　登記簿によると、本件土地は、昭和28年7月に訴外AからCに売買を原因とした移転登記がなされていた。昭和34年5月にBは死亡し、その相続人はXら3名にCとDを加えた5名であった。

　Xらの主張した請求原因はつぎのとおりである。本件土地は、BがAから買い受けたもので、税金対策として登記をC名義にしたにすぎず、その後のBの死亡によって生じた相続により取得した共有持分権に基づいて各持分5分の1の所有権移転登記手続を求める、また、仮にBがCに贈与したとしても、遺留分に損害を与えるとして、遺留分減殺を求めるというものであった

　これに対し、Yは、本件土地がもとAの所有であったことは認めたが、BがAからこれを買い受けたとの事実を否認したうえ、本件土地は、Yの亡夫CがAから買い受けてその所有権を取得したものであるから、Bの相続財産ではなく、したがって、Bの死亡によりXらがその共有持分権を取得するはずはない、と主張した。

　第一審裁判所は、請求棄却判決を言い渡した。そこで、Xらは控訴したうえ、訴えの交換的変更により遺留分減殺請求を取り下げ、本件土地の共有持分権に基づき持分5分の1の所有権移転登記手続を求めた。

　控訴審裁判所は、Aから土地を買受けたのはXらの主張どおりBであると認定しながら、さらに加えて、Bの二男であるCが父Bを手伝って家業の材木商に従事するようになり、やがて独りで取り仕切ってBの跡取りとしての地歩を占めるようになっていたこと等の事実を認定したうえ、これらの事実を法律的にみれば、Bが本件土地をCに死因贈与したものであり、結局、Yの所有に帰したとして、Xの請求を棄却する判決を言渡した。

　Xらは、請求棄却事由である死因贈与を当事者の誰も主張していないとして、原判決の弁論主義違反、釈明義務違反、審理不尽等を理由として上告した。

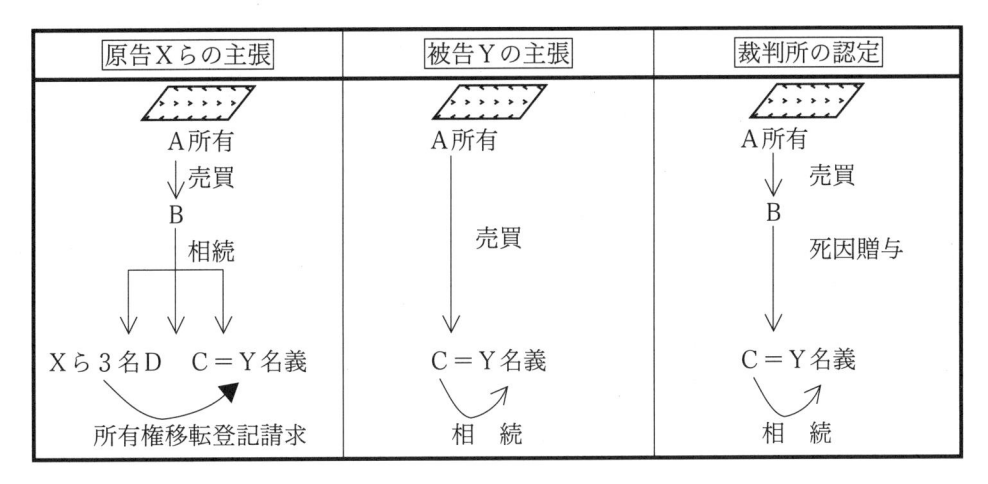

原告Xらの主張	被告Yの主張	裁判所の認定
A所有 ↓売買 B ↓相続 Xら3名D　C＝Y名義 　　　　　↑ 所有権移転登記請求	A所有 ↓売買 C＝Y名義 ↑相続	A所有 ↓売買 B ↓死因贈与 C＝Y名義 ↑相続

(b) 判　旨

《破棄差戻し》

「相続による特定財産の取得を主張する者は，(1)被相続人の右財産所有が争われているときは同人が生前その財産の所有権を取得した事実及び(2)自己が被相続人の死亡により同人の遺産を相続した事実の二つを主張立証すれば足り，(1)の事実が肯認される以上，その後被相続人の死亡時まで同人につき右財産の所有権喪失の原因となるような事実はなかつたこと，及び被相続人の特段の処分行為により右財産が相続財産の範囲から逸出した事実もなかつたことまで主張立証する責任はなく，これら後者の事実は，いずれも右相続人による財産の承継取得を争う者において抗弁としてこれを主張立証すべきものである。これを本件についてみると，Xらにおいて，BがAから本件土地を買い受けてその所有権を取得し，Bの死亡によりXらがBの相続人としてこれを共同相続したと主張したのに対し，Yは，前記のとおり，右Xらの所有権取得を争う理由としては，単に右土地を買い受けたのはBではなくZであると主張するにとどまつているのであるから（このような主張は，Bの所有権取得の主張事実に対する積極否認にすぎない。），原審が証拠調の結果Aから本件土地を買い受けてその所有権を取得したのはBであつてZではないと認定する以上，XらがBの相続人としてその遺産を共同相続したことに争いのない本件においては，Xらの請求は当然認容されてしかるべき筋合である。しかるに，原審は，前記のとおり，Yが原審の口頭弁論において抗弁として主張しないZがBから本件土地の死因贈与を受けたとの事実を認定し，したがつて，Xらは右土地の所有権を相続によつて取得することができないとしてその請求を排斥しているのであつて，右は明らかに弁論主義に違反するものといわなければならない」（最判昭55・2・7民集34巻2号123頁〔民訴百選3版55事件〕）。

(c) 学説の評価

→本判決の一般論に賛成しながら，BからZへの死因贈与に対応する生の事実が弁論に現れている本件の場合に弁論主義違反として原判決を破棄した点に疑問を呈する見解が多い（昭55重判解143頁〔小林秀之〕，民訴百選2版162頁〔上村明広〕，福永有利民商「判批」85巻3号（1981年）499頁など）。

＊「Yの主張は，当初からの資金の生前贈与であるのに対して，原審の認定は，土地の死因贈与であり，その結果所有権の移転経過が当事者の主張と裁判所の認定で法的には異なってきたのである。その意味では，裁判所と当事者の法的見解の不一致があった事案といえ，むしろ裁判所が当事者の主張・立証している事実からは異なる法的構成の可能性があるこ

とを釈明し，当事者とその法的構成の適否について議論した後で，当事者間の攻撃防御の焦点をそこに合わせるようすべきだった…。弁論主義違反として破棄差戻したところで，Yは裁判所が認定した死因贈与を主張するから（…差戻審では，実際にYは死因贈与を主張した［最判昭57・4・27判時1046号41頁］），法的観点指摘義務を怠った釈明義務違反の事件と同様の法的効果を持つ」（小林・プロブレム228頁以下）。

【参考】下記の判例〈B〉において，最高裁判所は，当事者の主張していない譲渡担保として法律構成をして認定することは弁論主義に反するとした（最判昭41・4・12民集20巻4号548頁〔民訴百選3版A21事件〕）。

→これに賛成する通説に対し，釈明義務違反として処理すべきであったという有力な主張がある（新堂幸司「判批」法協84巻3号（1967年）394頁）。

＊さらに，法的観点指摘義務違反として処理すべきとするものとして，小林・プロブレム229頁，高橋・重点講義上399-402頁など。

(2) 〈B〉最判昭41・4・12民集20巻4号548頁〔民訴百選3版A21事件〕

(a) 事 案

Xは，土地の所有権を主張し，Y_1・Y_2を被告として，X→Y_1→Y_2となっている所有権移転登記の抹消を求める訴えを提起した。原告Xは，自らが所有していた本件土地をY_1に代物弁済した後，Y_2からの借受金で買い戻したものと主張した。

これに対し，被告Y_1・Y_2は，Y_1がXから本件土地を代物弁済により取得し，Y_2に売却されたが，ただし，一定期間に95万円をY_2に持参すればXに売り渡すという契約がXY_2間で締結されたものの，Xはその期間内に95万円を持参しなかったので，Xに所有権はないと主張した。

原審（大阪高判昭37・12・18）は，①本件土地はXの所有であったが，代物弁済でY_1に移転し，②その後，XはY_1から本件土地を買戻し，③それと同時に，Xは，買戻特約付きでY_2に譲渡担保に供したが，期間の徒過によって本件土地の所有権を喪失したものと認定した。

これに対し，Xは，原審が当事者からの主張のない事実である「Y_2への譲渡担保」を認定したのは弁論主義に反するとして上告した。

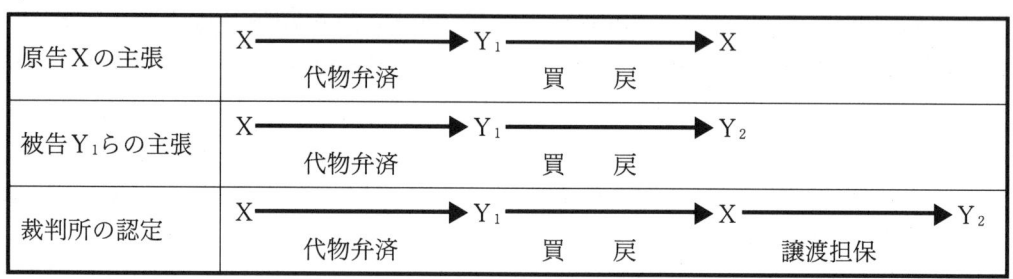

原告Xの主張	X—代物弁済→Y_1—買戻→X
被告Y_1らの主張	X—代物弁済→Y_1—買戻→Y_2
裁判所の認定	X—代物弁済→Y_1—買戻→X—譲渡担保→Y_2

(b) 判 旨

《破棄差戻》

「原判決は，Xにおいて本件土地をY_1より買い戻した旨を認定した以上，Xが現に本件土地所有権を有しないのは，XよりY2へ本件土地を譲渡したという理由によるものであって，Y_1がXより本件土地を代物弁済により取得したという理由によるものではないといわなければならない。しかるに，XよりY_2への本件土地譲渡の事実は，原審口頭弁論において当事者の主張のない事実であるから，原判決は，当事者の主張のない事実によりXの前記請求を排斥したものというべく，右違法は判決に影響があること明らかであるから，原判決中前

記請求に関する部分は，その余の上告理由の当否について判断するまでもなく，この点において破棄差戻を免れない」（最判昭41・4・12民集20巻4号548頁〔民訴百選3版A21事件〕）。

(c) 学説の評価

　　Y_2から出た金員でY_1からXないしY_2側に本件土地が移転しているという生の事実は，弁論には十分に現れていたといえる。その生の事実に対する法律構成として，Xは「その金員で自己の元へ買い戻した」と主張し，Y_1は「Xのところへ売渡特約付でY_1からY_2に譲渡された」と主張し，裁判所（原審）は「Y_1からXに買い戻され直ちにY_2への譲渡担保に供された」と認定したのである。このように3通りの法的評価を受けうる生の事実は，弁論に出ていたといえ，裁判所（原審）の認定は，弁論主義違反ではない（高橋・重点講義上400頁）。

第15章　間接事実・補助事実の自白
――法廷における柔軟性と自己責任――

【イントロ】（基本講義175頁以下参照）

事実を確定→法規（要件を規定）を適用→効果（権利の有無）を判断→判決
　　↑証拠（＝事実確定のための資料）による認定

→証明の対象は，原則として「**事実**（＝要証事実）」（そのほかに証明の対象となりうるのは，「専門的知識に属する**経験則**」と外国法，地方の条例，慣習法などの「特殊な**法規**」）。
　↓例外として，

〈証明を要しない事実（＝不要証事実）（179条）〉

①当事者間に争いのない事実	ⓐ当事者が**自白**した事実
	ⓑ自白したとみなされる事実（159条1項）＝**擬制自白**
②裁判所に顕著な事実	ⓒ**公知**の事実
	ⓓ**職務上顕著**な事実

自白＝相手方の主張と一致する自己に不利益な事実の陳述
　　口頭弁論または弁論準備手続における自白→**裁判上の自白**→不要証（179条）
　　上記以外（＝裁判外）における自白→**裁判外の自白**→間接事実としての意義

[裁判上の自白]
　(i) 要　件
　　①自己に不利益な事実の陳述であること
　　②相手方の主張と一致する陳述であること
　　③口頭弁論または弁論準備手続における弁論としての陳述であること
　(ii) 対　象
　　①**具体的事実**であること…………権利自白？
　　②**主要事実**であること……………間接事実の自白・補助事実の自白？
　(iii) 効　果
　　①裁判所に対する拘束力（審判権排除効）
　　②自白者に対する不撤回効
　　　　　　　　《例外的に撤回が認められる場合》
　　　ⓐ刑事上罰すべき他人の行為により自白した場合
　　　ⓑ相手方の同意がある場合
　　　ⓒ自白が真実に反しかつ錯誤に基づく場合
　　　　⇒反真実の証明があれば，錯誤が推定される（最判昭25・7・11民集4巻7号316頁）。

I 間接事実の自白──最判昭41・9・22民集20巻7号1392頁〔民訴百選3版62事件〕

1 事案

Yに対して30万円の貸金債権を有していたAが死亡したところ（昭和37年4月17日），その子であるXは，相続により，Aの権利義務を承継取得したとして，Yに対して上記30万円の貸金債権の支払いを求めて訴えを提起した。

これに対し，Yは，つぎのように主張して争った。Aは，Bからその所有家屋を買戻特約付きで買い受けた（昭和30年3月5日）。Aは，代金70万円のうち，現金20万円をBに即時に支払い，金30万円についてはAがYに対して有する本件貸金債権（金30万円）をBに譲渡し，残金20万円は1週間後に支払うことを約した。そして，Yは上記債権譲渡を承諾した。その後，Yは，自己のBに対する債権（30万円）と本件貸金債権とを相殺することによって，本件債務を完済した。

こうしたYの抗弁に対して，Xは，AがBから家屋を代金70万円で買い受ける契約を締結し，Bに20万円を即時交付したことは認めたが，本件貸金債権（金30万円）をBに譲渡したことを否認したうえ，その後本件買戻特約付き売買契約は合意解除されたと主張した。

《第一審》

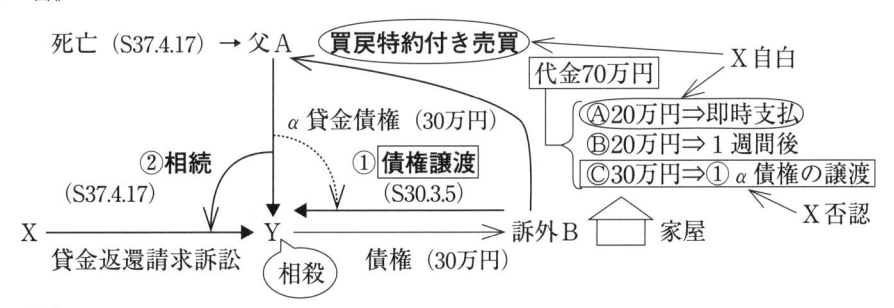

《控訴審》

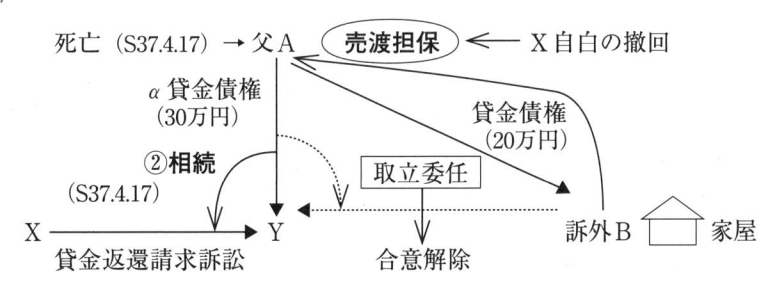

2 裁判の経緯

第一審	Xは，第一審において，Y主張の債権譲渡の事実を否認したが，AがBから建物を買い受け，Bに20万円を交付したたことは認めた（自白事実）。 →第一審裁判所は，証拠調べの結果，債権譲渡の事実を認定し，Xの請求を棄却した。
控訴審	Xは，控訴審において，第一審でAがBから建物を代金70万円で買い受けた事実を認めたのは，真実に反し，かつ，錯誤に基づくものであるから，これを取り消し（自白の撤回），真実はつぎのようであると主張した。AはBから40万円の借金を頼まれ，内金20

万円を貸し付けた際に，本件建物を売渡担保とし，買戻特約付きの売買名義での所有権移転登記をしたものであり，AがBに本件債権証書を交付したのは，Bに本件債権の取立てを委任したからであるが，その後この取立委任は合意解除された。
→控訴審裁判所は，自白の撤回要件（反真実かつ錯誤）を認めるに足りる証拠がないから，自白の撤回は認められないとしたうえで，債権譲渡の事実を認定し，Xの控訴を棄却した。

↓X上告

【上告理由】
　Y主張の建物買受けの真実は，間接事実にすぎず，これについての自白は自由に撤回できるはずであるのに，撤回を認めなかった原判決には，判決に影響を及ぼすことが明らかな法令の違背がある！

3　判　旨
《破棄差戻し》
　「Xの父AのYに対する30万円の貸金債権を相続により取得したことを請求の原因とするXの本訴請求に対し，YがAは右債権を訴外Bに譲渡した旨抗弁し，右債権譲渡の経緯について，Aは，Bよりその所有にかかる本件建物を代金70万円で買い受けたが，右代金決済の方法としてAがYに対して有する本件債権をBに譲渡した旨主張し，Xが，第一審において右売買の事実を認めながら，原審において右自白は真実に反しかつ錯誤に基づくものであるからこれを取り消すと主張し，Yが，右自白の取消に異議を留めたことは記録上明らかである。
　しかし，Yの前記抗弁における主要事実は『債権の譲渡』であつて，前記自白にかかる『本件建物の売買』は，右主要事実認定の資料となりうべき，いわゆる間接事実にすぎない。かかる間接事実についての自白は，裁判所を拘束しないのはもちろん，自白した当事者を拘束するものでもないと解するのが相当である。しかるに，原審は，前記自白の取消は許されないものと判断し，自白によつて，AがBより本件建物を代金70万円で買受けたという事実を確定し，右事実を資料として前記主要事実を認定したのであつて，原判決には，証拠資料たりえないものを事実認定の用に供した違法があり，右違法が原判決に影響を及ぼすことは明らかであるから，論旨はこの点において理由があり，原判決は破棄を免れない」（最判昭41・9・22民集20巻7号1392頁〔民訴百選3版62事件〕）。
　☆何が主要事実であって，何が間接事実なのかは，当該訴訟における訴訟物（請求）との関係で決まる。

	原　告	被　告
訴訟物レベル	「被告は原告に金30万円を支払えとの判決を求める」	争う！
主張レベル	相続によるα債権の承継取得	〈主要事実〉 α債権の譲渡　↑推認　〈間接事実〉 買戻特約付き売買
	① α債権の譲渡について争う（否認） ② 買戻特約付き売買について認める（自白）	

訴訟において問題となる事実には，要件事実，主要事実，間接事実，補助事実がある。
↓
①**要件事実**＝法律効果の発生・変更・消滅に必要な法律要件を構成する抽象的事実
②**主要事実**＝要件事実に該当する具体的事実
③**間接事実**＝主要事実を経験則上推認させる具体的事実
④**補助事実**＝証拠の証拠能力や証明力の判断に役立つ具体的事実
＊①要件事実と②主要事実を区別しない見解もある。

> Q．主要事実と間接事実の区別が訴訟物（請求）との関係で決まる相対的なものであるとすれば，弁論主義の適用限界や自白の対象事実について，訴訟物にとっての関連性（relevance）の有無という新たな基準で判断することは，どうか？本判決における「買戻特約付き売買」は金30万円の支払い請求（貸金返還請求）と合理的な関連性があるかを考えてみよう。

＊本件では，ＡＢ間の契約を，売買としてみるのか，または，売渡担保として捉えるのかが問題となっており，「権利自白」として処理すべき事案であったみることもできるという評価がある（小林編・判例講義186頁〔伊東俊明〕，なお，民訴百選２版172頁〔山木戸克己〕）。

II 補助事実の自白──最判昭52・4・15民集31巻3号371頁〔民訴百選Ⅰ105事件〕
〔白紙委任状補充事件〕

1 事　案

　Ｘは，本件土地をＡから買い受けたとして，本件土地を占有するＹに対して，建物収去土地明渡請求訴訟を提起した。Ｘは，「Ａは，Ｙの代理人であるＢとの間で，貸金債権の担保のために，Ｙ所有の本件土地について，Ｙの債務不履行を条件とする代物弁済契約を締結した。Ｙが債務を履行しなかったため，Ａは本件土地の所有権を取得した。その後，ＸはＡから本件土地を買い受けた」と主張した。

　これに対し，Ｙは，Ｘの主張する代物弁済契約を締結する代理権をＢに授与していないと主張した。

　そこで，Ｘは，ＹのＢへの代理権授与を証明するための書証として，Ｙ作成名義の委任状を提出したところ，Ｙは，各書証についてその作成を認めた。そしれ，これらは，Ｙが他の目的のためにＢでない者に交付した，Ｙの署名押印のみがある白紙委任状であり，Ｂが勝手に空白欄を補充記載し，これらを利用したと主張した。

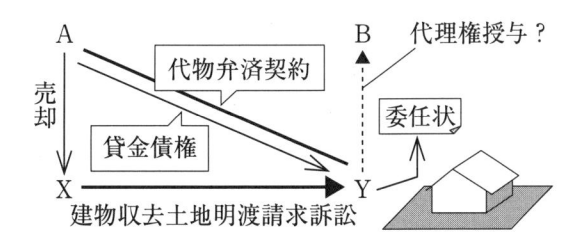

〈処分証書と報告証書〉

処分証書	証明しようとする法律上の行為がその書面によってなされたもの *e.g.*, 手形，遺言書，解約通知書，委任状（←本件）
報告証書	処分証書以外の作成者の見聞，意見，感想などが記載された文書 *e.g.*, 商業帳簿，日記，手紙

2　裁判の経緯

　　第一審，控訴審とも，YのBへの代理権授与は認められないとして，Xの請求を棄却した。
　　控訴審裁判所は，「主要事実に対する自白と異なり，書証の成立の真正性に対する自白のごときは，当事者が自由にこれを撤回できるとするのを相当とするから，Yの自白の撤回も許容されなければならない」として，本件各委任状は，Y主張のようにYが他の目的のためにB以外の者に白紙委任状として交付したものがBの手に渡り，Y以外の何人かによって現状のように空白欄が補充されたものであり，これによってBの代理権を認めることはできないと認定した。
　　これに対して，Xは，書証の成立の真性に対する自白の撤回を自由に認められるとして，本件書証の成立を認めなかった控訴審判決には理由不備の違法があるとして上告した。

3　判　旨

《上告棄却》
　「論旨は，所論の各書証の成立の真正についてのYの自白が裁判所を拘束するとの前提に立って，右自白の撤回を許した原審の措置を非難するが，書証の成立の真正についての自白は裁判所を拘束するものではないと解するのが相当であるから，論旨は，右前提を欠き，判決に影響を及ぼさない点につき原判決を非難するに帰し，失当である。原判決に所論の違法はなく，論旨は採用することができない」（最判昭52・4・15民集31巻3号371頁〔民訴百選Ⅰ105事件〕〔白紙委任状補充事件〕）。

Ⅲ　理論状況——間接事実・補助事実の自白

1　判　例

　　…間接事実の自白および補助事実の自白は，裁判所と自白当事者のいずれも**拘束しない**（間接事実の自白につき，最判昭31・5・25民集10巻5号577頁，前掲・最判昭41・9・22民集20巻7号1392頁〔民訴百選3版62事件〕など。補助事実の自白につき，前掲・最判昭52・4・15民集31巻3号371頁〔民訴百選Ⅰ105事件〕〔白紙委任状補充事件〕など）。

2　学　説

(1) 間接事実の自白

(i) **否定説**…間接事実の自白および補助事実の自白は，裁判所と自白当事者のいずれも拘束しない（兼子・体系248頁，菊井＝村松Ⅱ397頁・652頁，竹下守夫「裁判上の自白」民商44巻3号（1961年）447頁，条解954頁〔松浦馨〕，伊藤310頁，梅本755頁など通説）。
　∵　①自白の拘束力は，弁論主義に基づくところ，その適用範囲は主要事実にかぎられ，間

接事実・補助事実には及ばない。

②主要事実に争いがある以上，その徴憑たる間接事実についての自白があっても，拘束力は生じない。

③肯定すると，裁判官は，自白された間接事実・補助事実が真実に反するとの疑いをもつ場合であっても，その事実を基礎として主要事実の存否につき心証を形成しなければならず，自由心証主義（247条）を事実上制限してしまう。

(ii)肯定説…間接事実の自白は，裁判所と自白当事者のいずれをも拘束する（新堂495頁，高橋・重点講義上436頁，上田357頁以下，松本博之『民事自白法』（弘文堂，1994年）91頁，松本＝上野266頁〔松本〕，小林・新証拠法240頁，山本・基本166頁など有力説。なお，下記の中野ほか287頁〔春日偉知郎〕）

∵ ①自白の拘束力の根拠を禁反言に求めるならば，主要事実に限定するいわれはない（新堂495頁）。

＊弁論主義の適用対象を間接事実にまで広げて，自白の効力（審判権排除効）を肯定する見解もある（松本＝上野266頁〔松本〕）。

②拘束力を認めないと，自白と異なる裁判所の認定による不意打ちを当事者に与えかねず，また，徒労に帰すかもしれない自白事実に関する証拠の収集・確保を相手方に強いるなど，審理が不安定なものになってしまう（小林・新証拠法233頁以下）。

③自白された間接事実（たとえ裁判官がそれに疑いをもっていたとしても）から主要事実を推認することは，無理な注文とはいえない。法律上の推定規定のある場合で，その前提事実についての自白があり，かつ推定を覆すための立証活動があったときと同様の心証形成作業であり，不可能なものとはいえないであろう（新堂495頁）。

④自白の拘束力がないとすると，裁判官に対して自白事実と異なる事実認定の広範な裁量権を与えてしまい，合理的な訴訟運営の範囲を超えて，当事者に予想し得ない不意打ちの危険性を生ずる（中野ほか288頁〔春日偉知郎〕）。

⑤自白の拘束力を認めても，自白当事者は，当該間接事実からの主要事実の推認を妨げる他の間接事実を主張立証（「間接反証」）することによって，これを打破できることから，裁判官の自由心証が終局的に排除されるわけではない（松本＝上野267頁〔松本〕）。

⑥間接事実であるということで自白の撤回が自由であるならば，怠慢な当事者が首尾一貫性のない主張をすることを誘発しかねず，不可撤回性の根拠である禁反言や自己責任をないがしろにする結果となる（中野ほか288頁〔春日偉知郎〕）。

⑦新法が，間接事実まで踏み込んだ争点整理を求める一方で，裁判所がそれに拘束されずに別個の認定ができ，当事者がそれを自由に撤回できるとすることは，争点整理の実効性に疑問をもたらす（山本・基本166頁）。

(ii)' 肯定説…少なくとも**重要な間接事実**については自白が成立する（中野ほか288頁〔春日偉知郎〕）。

∵ 新法が重要な間接事実についても訴状や答弁書（民訴規53条1項・80条1項）への記載を要求していることからしても，主要事実と類似の取り扱いによるべき重要な間接事実も存在し，その自白については主要事実の自白と同様に扱うべきである。

(iii)**折衷説**…弁論主義を根拠とする裁判所に対する拘束力（審判権排除効）は認められないが，禁反言に基づく自白者に対する不撤回効は肯定される（仙田富士夫「補助事実の自白」司法研修所報23号（1959年）99頁以下，三ケ月章『判例民事訴訟法』（弘文堂，1974年）246頁，村上博己『証

(2) 補助事実の自白
　⇒補助事実は，一般的には自白の対象とならないとされている。
　　↓しかし，
　書証の成立の真正についての自白については特に問題となる。

> 〔前提事項〕書証とその成立の真正
> 　書証成立の真正＝書証が挙証者の主張する特定人の意思に基づいて作成されたこと（**形式的証拠力**）
> 　　↓あれば，
> **実質的証拠力**（＝事実認定にどの程度役立つか）の評価⇒自由心証主義

〈問題の所在〉
　相手方が文書の成立の真正を認めた場合，裁判所は，当該文書の形式的証拠力があるものとして，その実質的証拠力の有無を検討することになるが，自白の効果を認めると，たとえ証拠調べの結果や弁論の全趣旨から文書の真正な成立が認められないと判断される場合であっても，裁判所は，文書の成立の真正を前提として，実質的証拠力を評価しなければならないことになり，自由心証と抵触するおそれがある。
→そのため，補助事実のうち，書証の成立の真正については，自白の成否が問題となる。
　　↓〈理論状況〉
(i) 否定説（前掲・最判昭52・4・15民集31巻3号371頁〔民訴百選Ⅰ105事件〕〔白紙委任状補充事件〕，最判昭55・4・22判時968号53頁；新実務民訴2巻212頁〔河野信夫〕，菊井＝村松Ⅱ397頁，伊藤310頁，梅本756頁など）
　　∵ ①自白は弁論主義を根拠とし，弁論主義の対象は主要事実に限定されるところ，書証の成立の真正は補助事実なので，自白は成立しない（新実務民訴2巻212頁〔河野信夫〕，菊井＝村松Ⅱ397頁，伊藤滋夫「書証に関する二，三の問題（中）」判タ753号（1991年）20頁など）。
　　　②書証の成立の真正は，実質的証拠力の前提であり，実質的証拠力の評価が裁判所の自由心証に委ねられている以上，形式的証拠力の判断も自由心証に委ねられるべきである（竹下守夫「裁判上の自白」民商44巻3号（1961年）447頁）。
(ii) 肯定説（倉田卓次「書証実務の反省」民訴32号（1986年）26頁以下〔同『民事実務と証明論』（日本評論社，1987年）185頁所収〕，松本博之『民事自白法』（弘文堂，1994年）107頁，松本＝上野267頁〔松本〕，条解954頁〔松浦馨〕など）
　　∵ ①処分文書の場合，文書の成立の真正は，権利の存否の判断と密接に関連し，きわめて重要な意義を有するから，補助事実といっても，主要事実に近い。
　　　②法上，文書の真正な成立の立証が要求され（228条1項），そのための検真の手続（229条）や証書真否確認の訴え（134条）までもが法定されていることに鑑みると，文書の成立に関する事実を他の補助事実と同列に論じるのは相当ではない。
(iii) 折衷説（仙田富士夫「補助事実の自白」司法研修所報23号（1959年）132頁以下，注釈民訴7巻169頁以下〔大田勝造〕など）

…裁判所拘束力（審判権排除効）を否定しつつも，当事者拘束力（不撤回効）を認める。
　∵　裁判所拘束力がないとしても，裁判所がその自白事実を基礎として判断しても差し支えないという効果は残るので，自白当事者の自己責任と禁反言の見地から，当事者に対する不撤回効が認められる。
　＊委任状という処分証書の成立の真正は，証明主題である法律関係（代理権授与）の認定に直結するため，裁判所の自由心証との抵触は問題とならない。

原告側弁護士Ｐの独り言～

自白に関連する問題を考えると，訴訟代理人として当事者本人とのコミュニケーションを密にしておかなければならないことを再認識するなぁ…

第16章　文書提出命令
―― 貸出稟議書の自己専利用文書該当性を中心として ――

【イントロ】（基本講義194頁以下参照）

1 **証拠調べ**＝当事者の主張する事実（争いのある事実）を証拠によって認定する手続
　　↓アウトライン
　[証拠の申出]→[証拠の採否（証拠決定）]→[証拠調べの実施]
　　↓証拠調べ手続
　①証人尋問　②当事者尋問　③鑑定　④書証　⑤検証

2 **書証**＝裁判官が文書を閲読し，それに記載された意味内容を証拠資料として取得するための証拠調べ（219条以下）
　　↓まず，
　[書証の申出（219条）]→当該文書の所持者が ――――――→挙証者自身
　　　　　　　　　　　　　　　　　　↓
　　　　　　　　　　　　　　　相手方または第三者
　　　　　　　　　　　　　　　　　　↓
　[文書送付嘱託（226条）]　　**文書提出義務**（220条）☞下記(1)
　　　　　　　　　　　　　　　　　↓あり
　　　　　　　　　　　　　　文書提出命令の申立て（221条）
　　　　　　　　　　　　　　　　　↓審理
　　　　　　　　　　　　　　文書提出命令（223条1項）
　　　　　　　　　　　　　　　　　↓
　　　　　　　　　　　　　　　　提出
　　　　　　　　　　　　　　　☞下記(2)（不提出の効果）

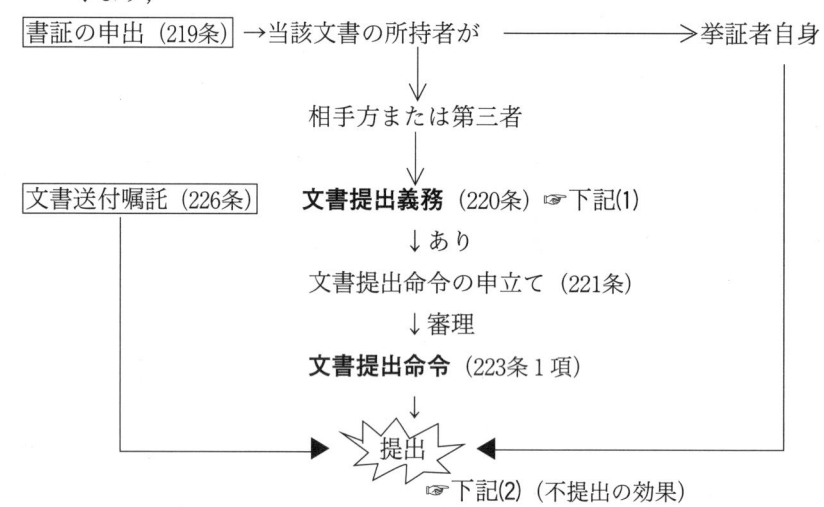

(1) 文書提出義務
　　↓以下の文書の所持者（相手方・第三者）は文書提出義務を負う（220条各号）
　①**引用文書**（当事者が訴訟で引用し，自ら所持している文書［1号］）
　②**引渡・閲覧請求権ある文書**（挙証者が所持者に対しその引渡または閲覧を求めることができる文書［2号］）
　　e.g., 引渡請求権ある文書の例として，「共有物に関する証書（民262条4項）」，「債権証書（民487条・503条1項）」など。閲覧請求権ある文書の例として，「商業帳簿（商19条4項）」，「定款（会社31条2項）」，「会計帳簿（会社433条1項2項・434条）」，「計算書類（会社442条3項・443条）」など。
　③**利益文書**（挙証者の利益のために作成された文書［3号前段］）または**法律関係文書**（挙証者と所持者との間の法律関係について作成された文書［3号後段］）
　　e.g., 利益文書の例として，挙証者を受遺者とする遺言状，挙証者のためにする契約の

契約書, 代理委任状, 領収書, 身分証明書など (診療録 [カルテ] については争いあり [たとえば, 大阪高決平4・6・11判タ807号250頁は, 水俣病認定手続において作成された診療録について利益文書該当性を肯定した])。法律関係文書の例として, 契約書, 家賃通帳, 売買契約に際して授受された印鑑証明書, 捜索差押許可状 (最決平17・7・22民集59巻6号1837頁) など。
↓新法 (1996年法) は, さらに以下の4号を置き, 文書提出義務を一般義務化！

④ **一般義務文書** (イ. 守秘義務事項の記載された文書, ロ. 公務秘密文書, ハ. 黙秘義務事項の記載された文書, ニ. 自己専利用文書 (内部文書), ホ. 刑事事件記録等, のいずれにも該当しない文書 [4号])

＊イ・ハ・ニは新法制定時より規定されていた (イ・ハは文書提出義務が証人義務と同じく一般義務化されたのに伴い, 証言拒絶事由と同趣旨から除外事由 [196条・197条] とされたものである) のに対し, ロ・ホは2001年改正で新設された (ロは, 公務員の守秘義務制度との整合性をはかるために除外文書とされ, ホは, 刑事・少年事件の関係者の利益保護, 捜査の秘密および刑事裁判の適正確保等と開示により図られる公益との調整の見地から独自の規律をしたものである)。

＊イン・カメラ手続 (in camera inspection)
→裁判所は, 文書が220条4号イからニに掲げる文書のいずれかに該当するかの判断をするため必要があると認めるときは, 文書の所持者にそれを提示させ, 閲覧したうえで判断することができる。この場合, 何人もその提示された文書の開示を求めることができない (223条6項)。

(2) 文書不提出の効果

①相手方が提出義務に応じないとき (224条1項)	裁判所は,「当該文書の記載に関する相手方の主張」(←文書の性質・内容についての主張)を真実と認めることができる
②当事者が相手方の使用を妨げる目的で提出義務のある文書を滅失させ, その他これを使用することができないようにしたとき (224条2項)	
③相手方が文書の記載内容を知り得ないために, 記載内容について具体的な主張をすることが著しく困難であり, かつ, その文書で証明すべき事実を他の証拠で証明することが著しく困難なとき (224条3項)	裁判所は, 要証「事実に関する相手方の主張」そのものを真実と認めることができる

I 貸出稟議書の自己専利用文書該当性に関する判例理論の展開

1 枠組み設定——富士銀行文書提出命令申立事件 (最二小決平11・11・12民集53巻8号1787頁〔民訴百選3版79事件〕)

(1) 事 案

Aは, 証券投資の目的の下に, Y銀行から6億円余の貸付を受けたところ, 大きな損失を被ったので, Y銀行側に対して, 顧客の資金運用計画に対する安全配慮義務に違反して損害を受けたとして主張して損害賠償請求訴訟を提起した。第一審係属中にAが死亡したため, 相続人Xが受継した。第一審裁判所が請求棄却した後, 控訴審係属中にXは, 自らの主張を

基礎付ける文書として，Y銀行の所持する貸出稟議書および本部認可書の提出命令を申し立てた。

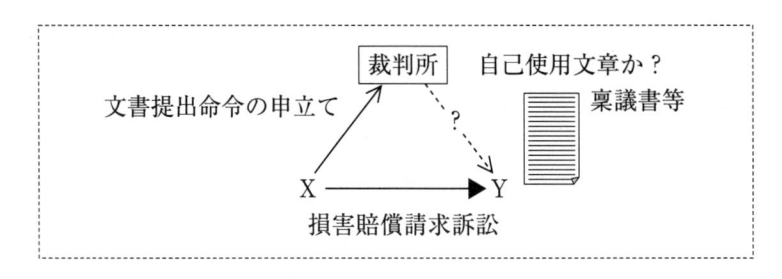

```
┌─────────────────────────────────────────┐
│                    裁判所    自己使用文章か？│
│   文書提出命令の申立て  ↗       ┌─┐      │
│                    ↗   ⋮       │稟│      │
│                  ↗     ?       │議│      │
│                ↗       ↓       │書│      │
│              X ────────► Y     └─┘ 等   │
│                損害賠償請求訴訟            │
└─────────────────────────────────────────┘
```

【問題の所在】銀行の貸出稟議書は，自己専利用文書（220条4号ニ）として，文書提出義務を免れるか？

(2) 裁判の経緯

本件損害賠償請求訴訟の第一審係属中，Xは，すでに当該稟議書等の提出命令を申し立てていたところ，第一審裁判所は，旧民訴法312条2号に基づいて提出を命じたが，Yの抗告が認められて取り消された。

控訴審において，Xは，改めて当該稟議書等の提出命令を新民訴法220条3号または4号に基づいて申し立てた。原審決定は，まず4号該当性を検討し，同号ハ（現行法ニ）の「専ら文書の所持者の利用に供するための文書」の解釈として，「専ら内部の者利用に供する目的で作成され，およそ外部の者に開示することを予定していない文書を指すものと解するのが相当である」と判示したうえ，本件の稟議書等は，これにあたらないとして，Xの申立てを認容した。

これに対し，Yは許可抗告を申し立てた。

(3) 決定要旨

《Xの申立却下》

「1　ある文書が，その作成目的，記載内容，これを現在の所持者が所持するに至るまでの経緯，その他の事情から判断して，専ら内部の者の利用に供する目的で作成され，外部の者に開示することが予定されていない文書であって，開示されると個人のプライバシーが侵害されたり個人ないし団体の自由な意思形成が阻害されたりするなど，開示によって所持者の側に看過し難い不利益が生ずるおそれがあると認められる場合には，特段の事情がない限り，当該文書は民訴法220条4号ハ（現行法ニ）所定の『専ら文書の所持者の利用に供するための文書』に当たると解するのが相当である。

2　これを本件についてみるに，記録によれば，銀行の貸出稟議書とは，支店長等の決裁限度を超える規模，内容の融資案件について，本部の決裁を求めるために作成されるものであって，通常は，融資の相手方，融資金額，資金使途，担保・保証，返済方法といった融資の内容に加え，銀行にとっての収益の見込み，融資の相手方の信用状況，融資の相手方に対する評価，融資についての担当者の意見などが記載され，それを受けて審査を行った本部の担当者，次長，部長など所定の決裁権者が当該貸出しを認めるか否かについて表明した意見が記載される文書であること，本件文書は，貸出稟議書及びこれと一体を成す本部認可書であって，いずれもYがAに対する融資を決定する意思を形成する過程で，右のような点を確認，検討，審査するために作成されたものであることが明らかである。

3　右に述べた文書作成の目的や記載内容等からすると，銀行の貸出稟議書は，銀行内部

において，融資案件についての意思形成を円滑，適切に行うために作成される文書であって，法令によってその作成が義務付けられたものでもなく，融資の是非の審査に当たって作成されるという文書の性質上，忌たんのない評価や意見も記載されることが予定されているものである。したがって，貸出稟議書は，専ら銀行内部の利用に供する目的で作成され，外部に開示することが予定されていない文書であって，開示されると銀行内部における自由な意見の表明に支障を来し銀行の自由な意思形成が阻害されるおそれがあるものとして，特段の事情がない限り，『専ら文書の所持者の利用に供するための文書』に当たると解すべきである。そして，本件文書は，前記のとおり，右のような貸出稟議書及びこれと一体を成す本部認可書であり，本件において特段の事情の存在はうかがわれないから，いずれも『専ら文書の所持者の利用に供するための文書』に当たるというべきであり，本件文書につき，抗告人に対し民訴法220条4号に基づく提出義務を認めることはできない」とし，「また，本件文書が，『専ら文書の所持者の利用に供するための文書』に当たると解される以上，民訴法220条3号後段の文書に該当しないことはいうまでもないところである」とした（最決平11・11・12民集53巻8号1787頁〔民訴百選3版79事件〕〔富士銀行文書提出命令申立事件〕）。

2　「特段の事情」に関する判例
(1)　第一勧業銀行文書提出命令申立事件（最二小決平11・11・26金判1081号54頁）

　　Y銀行の伊丹支店副支店長らに勧誘され，同銀行から4億3000万円の融資を受け，相続税対策のために保険会社との間で変額保険契約を締結したXは，右副支店長らに変額保険の危険性を説明しなかった説明義務違反等の違法な行為があったために多額の損害を被ったとして，Y銀行に対して損害賠償請求訴訟を提起した。この訴訟中，Xは，貸付金の使途や返済の見込みに関するY銀行の認識等を証明するために，Y銀行の所持する融資稟議書，稟議書付箋および審査記録表につき，文書提出命令の申立てをした。

　　最高裁判所は，「本件稟議書は，YがXに対する融資を決定する過程で作成した貸出稟議書であることが認められるところ，銀行の貸出稟議書は，特段の事情がない限り，民訴法220条4号ハ（現行ニ）所定の『専ら文書の所持者の利用に供するための文書』に当たると解すべきである（最高裁平成11年（許）第2号同年11月12日第二小法廷決定参照）。そして，本件において特段の事情の存在はうかがわれないから，本件稟議書は，『専ら文書の所持者の利用に供するための文書』に当たるというべきであり，本件文書につき，Yに対し民訴法220条4号に基づく提出義務を認めることはできない。また，本件稟議書が，『専ら文書の所持者の利用に供するための文書』に当たると解される以上，民訴法220条3号後段の文書に該当しないことはいうまでもないところである。」と判示した。

(2)　八王子信用金庫会員代表訴訟文書提出命令申立事件（最一小決平12・12・14民集54巻9号2709頁）

　　Y信用金庫の理事であった者に対して会員代表訴訟（信用金庫法39条の4，会社847条）を提起した同信用組合の会員Xが，Y信用金庫の所持する貸出稟議書につき文書提出命令の申立てをした事案において，最高裁判所は，つぎのように判示した。

　　「本件各文書は，Yが本件各融資を決定する過程で作成した貸出稟議書であることが認められるところ，信用金庫の貸出稟議書は，特段の事情がない限り，民訴法220条4号ハ（現行ニ）所定の『専ら文書の所持者の利用に供するための文書』に当たると解すべきであり（最高裁平成11年（許）第2号同年11月12日第二小法廷決定・民集53巻8号1787頁参照），右にいう特

段の事情とは，文書提出命令の申立人がその対象である貸出稟議書の利用関係において所持者である信用金庫と同一視することができる立場に立つ場合をいうものと解される。信用金庫の会員は，理事に対し，定款，会員名簿，総会議事録，理事会議事録，業務報告書，貸借対照表，損益計算書，剰余金処分案，損失処理案，附属明細書及び監査報告書の閲覧又は謄写を求めることができるが（法36条4項，37条9項〔現行法37条の2第4項，法38条11項〕），会計の帳簿・書類の閲覧又は謄写を求めることはできないのであり，会員に対する信用金庫の書類の開示範囲は限定されている。そして，信用金庫の会員は，所定の要件を満たし所定の手続を経たときは，会員代表訴訟を提起することができるが（法39条，商法267条〔現行　法39条の4，会社法847条〕），会員代表訴訟は，会員が会員としての地位に基づいて理事の信用金庫に対する責任を追及することを許容するものにすぎず，会員として閲覧，謄写することができない書類を信用金庫と同一の立場で利用する地位を付与するものではないから，会員代表訴訟を提起した会員は，信用金庫が所持する文書の利用関係において信用金庫と同一視することができる立場に立つものではない。そうすると，会員代表訴訟において会員から信用金庫の所持する貸出稟議書につき文書提出命令の申立てがされたからといって，特段の事情があるということはできないものと解するのが相当である。したがって，本件各文書は，『専ら文書の所持者の利用に供するための文書』に当たるというべきであり，本件各文書につき，Yに対し民訴法220条4号に基づく提出義務を認めることはできない。また，本件各文書が，『専ら文書の所持者の利用に供するための文書』に当たると解される以上，民訴法220条3号後段の文書に該当しないことはいうまでもないところである」。

　なお，本決定には，反対意見がある（下記）。

〈町田顯裁判官の反対意見〉

　「私も，金融機関の貸出稟議書は，特段の事情がない限り民訴法220条4号ハ（現行ニ）所定の『専ら文書の所持者の利用に供するための文書』に当たると解するが，本件における貸出稟議書については，右の特段の事情があり，証拠としての必要性が認められる限り，Yは，文書提出義務を負うと解すべきものと考える。その理由は，次のとおりである。…信用金庫は，会員の出資による協同組織の非営利法人であり（法1条），会員は，当該信用金庫の営業地域内に住居所又は事業所を有する者（一定規模以上の事業者を除く。）及びその地域内において勤労に従事する者で，定款で定めるものに限られ（法10条），加入及び持分の譲渡については信用金庫の承諾を要し（法13条，15条），定款で定める事由に該当する場合には総会の議決によって除名されること（法17条3項），信用金庫は，預金等の受信業務は会員以外の者からも受け入れることができるが，貸出業務は原則として会員に対してのみ行うことができるものとされていること（法53条），会員は出資口数にかかわらず平等に一箇の議決権を有すること（法12条）など，会員による人的結合体たる性格を帯有する。

　そして，会員代表訴訟は，右のような性質を持つ会員が，信用金庫のため（法39条，商法267条2項〔現行法39条の4，会社法847条〕），その任務を怠った理事の責任（法35条）を追及することを目的とするものであるから，これらを全体としてみれば，信用金庫の会員代表訴訟は，協同組織体内部の監視，監督機能の発動であると解するのが相当である。

　金融機関の貸出稟議書は，当該金融機関が貸出しを行うに当たり，組織体として，意思決定の適正を担保し，その責任の所在を明らかにすることを目的として作成されるものと解されるから，貸出稟議書は，貸出しに係る意思形成過程において重要な役割を果たすとともに，当該組織体内において，後に当該貸出しの適否が問題となり，その責任が問われる場合には，

それを検証する基本的資料として利用されることが予定されているものというべきである。

信用金庫における会員代表訴訟の前記の性質と貸出稟議書の右のような役割よりすれば，信用金庫の貸出稟議書は，会員代表訴訟において利用されることが当然に予定されているものというべきであり，本件のように理事の貸出行為の適否が問題とされる信用金庫の会員代表訴訟においては，当該貸出しに係る貸出稟議書は，『専ら文書の所持者の利用に供するための文書』に当たらないと解すべき特段の事情があって，民訴法220条4号の規定により，その所持者であるYに対し，提出を命ずることができるものと解すべきである。」

(3) 木津信用金庫文書提出命令申立事件（最二小決平13・12・7民集55巻7号1411頁）

経営破綻した訴外K信用組合（以下，K信という）の営業の全部を譲り受けたXが，貸金債権などに基づいて，Yに対し，その支払請求訴訟を提起したところ，Yは，K信の不法行為によって被った損害の賠償請求権と貸金債権とは相殺されると抗弁し，それを証明するためにXが所持する文書の提出を求めたところ，これが認容されたため，Xが抗告した事案において，最高裁判所は，つぎのように判示した。

「本件文書は，K信がYらへの融資を決定する過程で作成した稟議書とその付属書類であるところ，信用組合の貸出稟議書は，専ら信用組合内部の利用に供する目的で作成され，外部に開示することが予定されていない文書であって，開示されると信用組合内部における自由な意見の表明に支障を来し信用組合の自由な意思形成が阻害されたりするなど看過し難い不利益を生ずるおそれがあるものとして，特段の事情がない限り，民事訴訟法220条4号ハ（現行ニ）所定の『専ら文書の所持者の利用に供するための文書』に当たると解すべきである（最高裁平成11年（許）第2号同年11月12日第二小法廷決定・民集53巻8号1787頁参照）。

そこで，本件文書について，上記の特段の事情があるかどうかについて検討すると，記録により認められる事実関係等は，次のとおりである。

(1) 本件文書の所持者であるXは，預金保険法1条に定める目的を達成するために同法によって設立された預金保険機構から委託を受け，同機構に代わって，破たんした金融機関等からその資産を買取り，その管理及び処分を行うことを主な業務とする株式会社である。

(2) Xは，K信の経営が破たんしたため，その営業の全部を譲り受けたことに伴い，K信の貸付債権等に係る本件文書を所持するに至った。

(3) 本件文書の作成者であるK信は，営業の全部をXに譲り渡し，清算中であって，将来においても，貸付業務等を自ら行うことはない。

(4) Xは，前記のとおり，法律の規定に基づいてK信の貸し付けた債権等の回収に当たっているものであって，本件文書の提出を命じられることにより，Xにおいて，自由な意見の表明に支障を来しその自由な意思形成が阻害されるおそれがあるものとは考えられない。

上記の事実関係等の下では，本件文書につき，上記の特段の事情があることを肯定すべきである。このような結論を採ることによって，現に営業活動をしている金融機関において，作成時には専ら内部の利用に供する目的で作成された貸出稟議書が，いったん経営が破たんしてXによる回収が行われることになったときには，開示される可能性があることを危ぐして，その文書による自由な意見の表明を控えたり，自由な意思形成が阻害されたりするおそれがないか，という点が問題となり得る。しかし，このような危ぐに基づく影響は，上記の結論を左右するに足りる程のものとは考えられない。」

(4) 社内通達文書提出命令申立事件（最二小決平18・2・17民集60巻2号496頁）

X銀行は，Yに対して，消費貸借契約および連帯保証契約に基づく合計11億5644万円余の

支払いを求める訴えを提起したところ，Yは，①ＸＹ間の取引（本件取引）は融資一体型変額保険に係る融資契約に基づく債務を旧債務とする準消費貸借契約であるが，同融資契約は錯誤により無効である，②仮に本件取引が消費貸借契約であったとしても，融資一体型変額保険に係る融資契約は錯誤により無効であり，同契約に関してＹがＸに支払った金員について，Ｙは不当利得返還請求権を有するので，同請求権とＸの本訴請求債権とを対当額で相殺すると主張して争った。さらに，Ｙは，融資一体型変額保険の勧誘をＸが保険会社と一体となって行っていた事実を証明するためであるとして，Ｘの営業関連部および個人金融部の本部の担当部署から各営業店長等にあてて発出された各文書（いわゆる社内通達文書。以下，本件各文書）につき文書提出命令を申し立てたところ，これが認容されたため，Ｘが抗告した事案において，最高裁判所は，つぎのように判示した。

「本件各文書は，いずれも銀行であるＸの営業関連部，個人金融部等の本部の担当部署から，各営業店長等にあてて発出されたいわゆる社内通達文書であって，その内容は，変額一時払終身保険に対する融資案件を推進するとの一般的な業務遂行上の指針を示し，あるいは，客観的な業務結果報告を記載したものであり，取引先の顧客の信用情報やＸの高度なノウハウに関する記載は含まれておらず，その作成目的は，上記の業務遂行上の指針等をＸの各営業店長等に周知伝達することにあることが明らかである。

このような文書の作成目的や記載内容等からすると，本件各文書は，基本的にはＸの内部の者の利用に供する目的で作成されたものということができる。しかしながら，本件各文書は，Ｘの業務の執行に関する意思決定の内容等をその各営業店長等に周知伝達するために作成され，法人内部で組織的に用いられる社内通達文書であって，Ｘの内部の意思が形成される過程で作成される文書ではなく，その開示により直ちにＸの自由な意思形成が阻害される性質のものではない。さらに，本件各文書は，個人のプライバシーに関する情報やＸの営業秘密に関する事項が記載されているものでもない。そうすると，本件各文書が開示されることにより個人のプライバシーが侵害されたりＸの自由な意思形成が阻害されたりするなど，開示によってＸに看過し難い不利益が生ずるおそれがあるということはできない。

以上のとおりであるから，本件各文書は，民訴法220条4号ニ所定の『専ら文書の所持者の利用に供するための文書』には当たらないというべきである。」

〈コメント〉

以上より，判例理論は，富士銀行文書提出命令申立事件決定において示された「貸出稟議書は，特段の事情がない限り，自己専利用文書にあたり，提出義務がない」という基本的枠組みのなかで発展している。すなわち，事件の累積によって，特段の事情の内容が徐々に明らかにされつつある。とくに，一方で，代表訴訟の類型でも自己専利用文書の該当性が肯定される（＝特段の事情なし）とした八王子信用金庫会員代表訴訟文書提出命令申立事件決定，他方で，経営破綻した金融機関の貸出稟議書の自己専利用文書該当性は限定される（＝特段の事情あり）とした木津信用金庫文書提出命令申立事件決定が重要である。また，文書の記載内容を実質的に捉え，いわゆる社内通達文書（これには，取引先の顧客の信用情報や金融機関の高度なノウハウに関する記載は含まれず，融資案件を推進するとの一般的な業務遂行上の指針や客観的な業務結果報告の記載がなされている）の自己専利用文書該当性を否定した社内通達文書提出命令事件決定が注目される。

II 貸出稟議書の自己専利用文書該当性に関する学説

肯定説（＝提出義務否定）	稟議書は，無条件に自己専利用文書にあたり，提出義務はない [**無条件該当説**]（中野・解説53頁）。　＊立法者の見解
折衷説（＝原則として提出義務なし）	稟議書は，原則として自己専利用文書にあたるが，団体内部の意思形成が適式になされたかが争点となる場合や真実発見が過度に犠牲になる恐れのある場合には，例外的に自己専利用文書にあたらない [**原則該当説**]（新堂幸司「貸出稟議書は文書提出命令の対象となるか」金法1538号13頁，並木茂「銀行の融資稟議書は文書提出命令の対象となるか（上）（下）」金法1561号（1999年）38頁・同1562号（1999年）36頁など）。 ∵ 自己専利用文書の立法趣旨は，自然人であれ法人であれ，その内心領域についての憲法的価値である沈黙の自由，意思形成過程の自由を保護することにある。
折衷説（＝個別具体的に判断する）	自己専利用文書該当性は，個々の事案に応じ，争点判断のための不可欠性や代替証拠の有無，組織運営の著しい障害等の諸点の比較衡量によって決せられる [**利益衡量説**]。稟議書は，原則として自己専利用文書であるが，争点判断について必要不可欠であり，他に適切な証拠が存在しないのであれば，自己専利用文書該当性が否定されることがありうる。訴訟が社会的に重要な価値に関わっていると認められることも，自己専利用文書該当性を否定する方向に働く。また，時間の経過によって，自己専利用文書該当性が失われることもある（伊藤眞「文書提出命令と自己使用文書の意義」法協114巻12号（1997年）1455頁，小林秀之「貸出稟議書文書提出命令最高裁決定の意義」判タ1027号（2000年）17頁，長谷部由起子「内部文書の提出義務」新堂幸司先生古稀祝賀『民事訴訟法理論の新たな構築[下]』（有斐閣，2001年）299頁，高橋・重点講義上157頁，梅本832頁など）。
折衷説（＝原則として提出義務あり）	外部に出されないことを客観的に認定でき，かつ，それが規範的にも正当化できる場合を除き，稟議書の自己使用文書該当性は否定される [**原則非該当説**]（山本和彦「稟議書に対する文書提出命令（上）（下）」ＮＢＬ661号6頁・663号30頁）
否定説（＝提出義務肯定）	自己専利用文書は個人のプライバシー保護のための日記等に限られ，稟議書等の団体の意思形成に関わる文書は提出義務が認められる。もっとも，稟議書のような所持者の保護の必要性が高い文書は，他の証拠方法を調べても心証が形成されない場合でない限り，文書提出命令を申し立てても，民訴法221条2項によって却下される（山本克己「銀行の貸出稟議書と『専ら文書の所持者の利用に供するための文書』」金法1588号（2000年）13頁）。 ＊高橋・重点講義上157頁は，この見解を結論的には利益衡量説に近い物と位置づける。
	稟議書は，自己使用文書ではなく，提出義務がある [**無条件非該当性説**]（松本＝上野433頁〔松本〕）。

Ⅲ 検　討

【考察のポイント】
　開示を正当化する利益と不開示を正当化する利益を，各々において私的側面と公的側面に分けたうえで，比較衡量してみよう！

```
┌─────────────────────────┐   ┌─────────────────────────┐
│    開示を正当化する利益     │   │   不開示を正当化する利益    │
│       〈私的側面〉          │   │       〈私的側面〉          │
│      ◆申立人の利益          │   │      ◇所持者の利益         │
│ （証拠の偏在の克服→実質的平等の実現）│   │ （プライバシー，営業上の秘密） │
│       〈公的側面〉          │   │       〈公的側面〉          │
│   ◆紛争解決機能の実効性確保   │   │  ◇社会的影響（風評被害など） │
│   ◆企業コンプライアンスの保持  │   │  e.g., 財政状況や経営状態   │
└─────────────────────────┘   └─────────────────────────┘
                        △
```

　　〈考えてみよう！〉　上記のほかに，どのようなファクターがあるだろうか？

第17章　争点効または信義則による後訴遮断
──終局判決による解決可能な紛争の範囲──

【イントロ】（基本講義207頁以下参照）

1　既判力＝確定判決の判断に与えられる拘束力ないし通用力
　　→既判力の生じる事項について，当事者は後訴でこれと矛盾する主張をしてその判断を争うことが許されず（**←蒸し返し防止**），裁判所もそれに矛盾抵触する判断をすることができない。
　〈既判力の実質的根拠論〉

法的安定説	既判力は，確定判決に示された権利・法律関係の存否の判断の不可争性の貫徹による判決の機能維持の要求によって根拠付けられる（三ケ月・全集17頁など旧通説）。
手続保障説	既判力は，前訴手続過程における具体的な手続保障の充足を前提とする自己責任によって根拠付けられる（井上正三「既判力の客観的範囲」講座民訴6巻317頁以下，水谷暢「後訴における審理拒否」民訴雑誌26号，井上治典「判決効による遮断」井上ほか『これからの民事訴訟法』（日本評論社，1984年）217頁など）。
二元説	既判力は，法的安定要求と当事者のための手続保障要求の充足による自己責任の両者によって基礎付けられる（新堂618頁，上田465頁）。

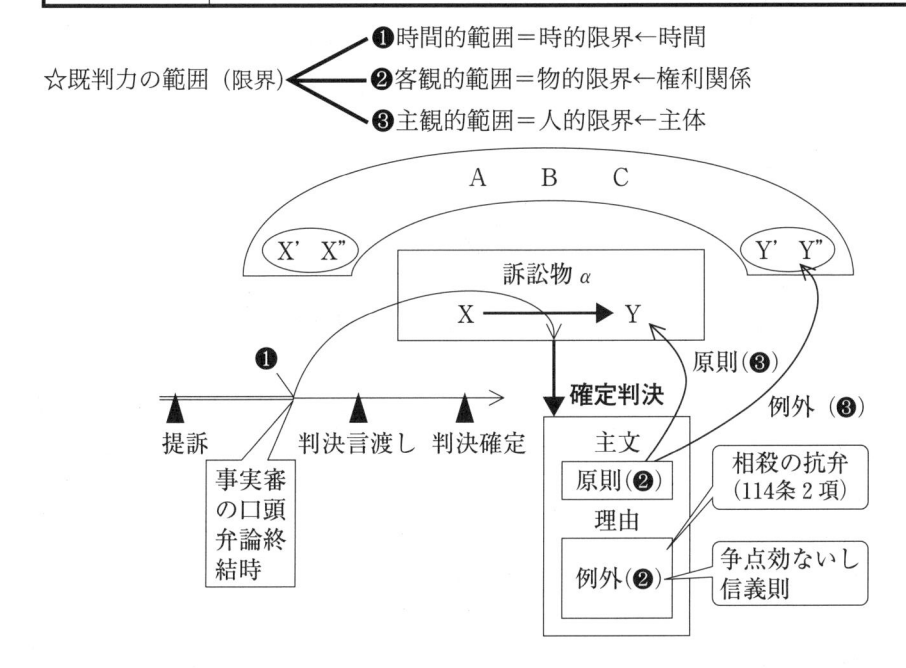

☆既判力の範囲（限界）
　❶時間的範囲＝時的限界←時間
　❷客観的範囲＝物的限界←権利関係
　❸主観的範囲＝人的限界←主体

```
                        A   B   C
              ┌─────────────────────────┐
              │  X' X''              Y' Y'' │
              └─────────────────────────┘
                     訴訟物α
                      X ──→ Y
                                     原則（❸）
       ❶            確定判決          例外（❸）
   ──┼────┼────┼──→
   提訴  判決言渡し 判決確定   主文
        ┌──┐              ┌──┐   相殺の抗弁
        │事実審│            │原則(❷)│ （114条2項）
        │の口頭│           理由
        │弁論終│             ┌──┐   争点効ないし
        │結時 │             │例外(❷)│ 信義則
        └──┘              └──┘
```

163

Q．判決の効力として既判力はなぜ必要か？ＡＤＲについての既判力の有無との関連で，かつ，執行力と比較しながら，考えてみよう！

2　既判力の客観的範囲（物的限界）
　＝判決のどの部分に既判力が生じるのかという問題

原　則		**判決主文**に表示された請求（**訴訟物**）についての判断（114条1項）
例外	明文上	判決理由中における**相殺**の判断（114条2項）
	解釈上	判決理由中の判断（争点効／信義則）

(1) 原則…既判力は「判決主文に表示された請求（訴訟物）についての判断」に生じる（114条1項）。
　∵　①民事訴訟は，訴訟物たる権利義務の存否をめぐる紛争を判決によって解決することを目指し，その解決の終局性を担保するために既判力を付与するところ，訴訟上の請求（訴訟物）に既判力を認めれば，訴訟物たる権利義務の存否をめぐる紛争を終局的に解決することができる（上田470頁）。
　　　②理由中の判断には既判力が生じないことから，当事者は，請求についての判断がなされるに必要な限度で立証すれば足り，裁判所も，結論に達するのに容易な資料から審理を行うことができ，弾力的で，迅速かつ合理的な訴訟運営が可能となる（上田471頁，高橋・重点講義上551頁）。
　　　③判決理由中の判断の対象となる主張は，手段的二次的なものであり，当事者が真剣にその争点のことを考えていない可能性があるところ，その判断に拘束力を生じさせ，他の訴訟物との関係でも争えなくすることは当事者に対し不意打ちとなるおそれがある（高橋・重点講義上551頁）。

(2) 明文上の例外──判決理由中における**相殺**の判断（114条2項）
　…被告が相殺の抗弁を提出し，裁判所が判決理由中でその効果を判断したときは，相殺をもって対抗した額について，反対債権の存否について既判力を生じる（114条2項）。
　∵　既判力を認めないと，反対債権の存否をめぐって紛争が繰り返され，判決による紛争解決の実効性が失われてしまう。

☆既判力の生ずる判断の範囲
　《ケース》
　「XがYに対して100万円を訴求したのに対し，Yが150万円の反対債権で相殺の抗弁を提出した。」

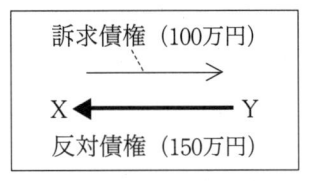

```
訴求債権（100万円）
─────→
X ←───── Y
反対債権（150万円）
```

(a) 裁判所が反対債権（自働債権）の不存在を理由に**相殺の抗弁を排斥**した場合
　→**反対債権の不存在**につき既判力を生じるが，これによって争えなくなる反対債権の範囲は，相殺をもって対抗した額の範囲である。上記《ケース》の場合，Yが相殺をもって対抗した100万円の範囲で反対債権の不存在に既判力が生じ，残部の50万円には既判力は生じないので，Yは別訴でこの50万円を請求できる。
　＊原告側の一部請求において債権全体について既判力が生じることとのバランスを欠くように思えるが，理由中の判断に既判力を認めることとの関係から，既判力の範囲がとくに限定されたと考えられる（伊藤490頁）。

(b) 裁判所が**相殺の抗弁を認め**，その限度で原告の請求を棄却した場合

(i) 多数説…**反対債権の不存在**について既判力を生じる。上記《ケース》の場合，Yが相殺をもって対抗した100万円の範囲でXの訴求債権が不存在であることと，Yの反対債権のうち100万円の部分が不存在であることに既判力を生じる（残額50万円については，その存在も不存在も確定されるわけではない）（中野・訴訟行為141頁，三ケ月・全集124頁，菊井＝村松Ⅰ1294頁，条解628頁〔竹下守夫〕，注釈民訴(4)333頁〔高橋宏志〕，中野ほか391頁〔高橋宏志〕，伊藤491頁，新堂634頁〔新堂新説〕など）。

　　∵ ①既判力は，標準時における権利関係の存否の判断に生じる（下記(ii)説の批判→そのため，標準時前の権利の存在および相殺による消滅という法律効果を既判力によって確定することは既判力の原則と相容れない）。

　　　②民訴法114条2項が既判力を生じるとする，「請求の成立または不成立」とは，基準時における請求の存在または不存在をいうものとするのが素直な文言解釈である。

(ii) 少数説…訴求債権と反対債権が**ともに存在**し，かつ，**相殺によって消滅**したことに既判力が生じる（兼子・体系344頁，梅本吉彦「相殺の抗弁と既判力」争点270頁，梅本901頁，新堂〔旧版〕416頁〔新堂旧説〕など）。

　　∵ Yの反対債権の不存在についてしか既判力が生じないとすると，①原告は反対債権がはじめから存在しなかったとして不当利得返還請求や損害賠償請求をする余地があり，また，②被告が原告の債権は別の理由で不存在であったと主張して，不当利得返還請求や損害賠償請求をする余地がある。そこで，反対債権の存在に既判力を生じさせて①の主張を排斥し，また，訴求債権の存在に既判力を生じさせて②の主張を封じることができる。

(3) 解釈上の例外——信義則・争点効

　　☞下記参照

Ⅰ　問題の所在

　判決文で示された事項のうち，いかなる範囲に既判力が生じるかについて，民事訴訟法は，判決主文に掲げられた訴訟物たる権利・法律関係の存否についての判断のみに既判力が生じることを原則とする（114条1項）とともに，判決理由中における相殺の判断にも既判力が生じることを例外として規定するにすぎない（同条2項）。

↓そうすると，

実質的には前訴の蒸し返しというべき後訴の提起が許されるという事態に陥ることがある。

e.g.,

所有権に基づく登記請求や妨害排除請求などにおける訴訟上の請求は登記請求権や妨害排除請求権であるところ，かかる請求権の存否についての判断に既判力は生じるものの，主たる争点であるはずの所有権の存否に関する判断については判決理由中でなされることから既判力は生じないことになる。そのため，抹消登記手続請求訴訟において所有権は原告にあるという理由で敗訴した被告が自己に所有権があるという確認請求の再訴を提起することが妨げられないことになってしまう（高橋・重点講義上552頁。なお，所有権に基づく登記関係訴訟では，登記請求権だけではなく，所有権も訴訟物の主内容をなすとして，所有権の判断にも既判力を認め

> XのYに対する所有権に基づく建物明渡請求訴訟において，Yによる賃借権を有する旨の抗弁が認められ，請求棄却判決が確定した場合，Yに賃借権があるとの判断は，理由中の判断であるので既判力を生じない。
> ↓しかし，そうすると，…
> ①XがYに対し，賃料支払請求訴訟を提起した場合，Yは自己に賃借権がないという矛盾した主張をすることが許されてしまう。
> ②Xは，再び賃貸借契約が終了したとして，Yに建物明渡請求をすることができ，事実関係に変動がなくても，裁判所は，再度賃貸借終了の判断をしなければならず，Yも前訴と同じ防御を強いられる。

　↓確かに，
こうした事態に対処するために中間確認の訴え（145条）によって既判力を得ることも可能であるが（新堂633頁），当事者の提訴をまたなければならない点において十分であるとはいえない（高橋・重点講義上552頁参照）。
　↓そこで，
こうした**自己矛盾の挙動や紛争の蒸し返し**を防止し，**紛争の一回的解決**を確保すべく，一定の要件のもとに判決理由中の判断について拘束力を及ぼす方向で議論がなされている。⇒争点効または信義則による後訴遮断
　↓以下では，
争点効理論が提唱され，それに対する判例および学説の反応という時系列の流れに沿って眺めることにする。

II　争点効理論

　|争点効|＝前訴で当事者が主要な争点として争い，かつ，裁判所がこれを審理して下したその争点についての判断に生じる通用力で，同一の争点を主要な先決問題として異別の後訴請求の審理においてその判断に反する主張立証を許さず，これと矛盾する判断を禁止する効力（新堂644頁）。
　e.g., XがYに対してYからの買得を理由に建物の明渡請求をしたのに対し，Yは本件売買の詐欺取消（民96条1項）を主張した争ったが容れられず，Xの勝訴判決が確定した後，YがXに対して建物の本件売買を原因とするXの所有権取得登記の抹消を求める訴えを提起し，その理由として本件売買は詐欺取消によって遡及的に無効となった（民121条）と主張立証することは，争点効によって許されない（新堂644頁）。
　＊争点効の提唱と展開…争点効という観念は，英米法のコラテル・エストッペルの法理と兼子一博士の参加的効力を当事者間にも拡張せよとの主張（兼子「既判力と参加的効力」法時14巻3号（1932年）〔兼子・研究(2)57頁，64-67頁〕）に示唆を受けて，新堂幸司「既判力と訴訟物」法協80巻3号（1963年）および同「条件付給付判決とその効果」民訴10号（1963年）〔新堂・争点効上145頁，183頁〕によって提唱され，その後，同「争点効を否定した最高裁判決の残したもの」中田淳一先生還暦記念『民事訴訟の理論・下』（有斐閣，1970年）〔新堂・争点効上269頁〕，同「参加的効力の拡張と補助参加人の従属性―争点効の主観的範囲に関する試論（その一）」兼子博士還暦記念『裁判法の諸問題・中』（有斐閣，1969年）〔新堂・争点

効上227頁〕，同「訴訟当事者から登記を得た者の地位―争点効の主観的範囲に関する試論（その二）」判時640号・643号（1971年）〔新堂・争点効上297頁〕によって展開された（新堂644頁の注(1)）。

《争点効の根拠》

①民訴法114条1項が既判力は訴訟物に対する主文中の判断にのみ生ずるとするのは，訴訟物が訴訟の最終目標として明示され，当事者にはそれに対する攻撃防御の手続的保障が与えられていた結果として，最小限，訴訟物に対する判断については拘束されることを明らかにしているにすぎない。

②前提問題については，当事者の訴訟活動や審理に弾力性をもたせるべく，当事者に争わない自由が認められるが，これは主要な争点として争った場合に，これに基づいて裁判所が下した判断を尊重しなくてよいという自由までを当然に含むものではない。

③当事者に攻撃防御の手続的保障が与えられていたならば，裁判所の判断に拘束されるとしても，当事者の権利を害さない。むしろ，前提問題の判断を別個の請求や逃避の判断の基礎として通用させることにより，自己矛盾の挙動や紛争の蒸し返しを防止し，関連した紛争を統一的に解決することができる。

《争点効の要件》

①前訴において**主要な争点**となった事項についての判断であること
　＊主要＝その争点の判断によって結論が左右されるような場合
②前訴で**当事者**が，その争点につき**主張立証を尽くした**こと
③前訴で**裁判所**が，その争点につき**実質的に審理・判断した**こと
④前訴と後訴の係争利益がほぼ同等であること
⑤後訴で当事者が援用すること

《既判力と争点効の比較》

		既判力	争点効
共通点		確定判決の判断に生じる後訴への通用力ないし拘束力	
相違点	生じる事項（客観的範囲）	判決主文（訴訟物）	判決理由中の判断
	生じる場合	常に発生（欠席判決にも） ☆制度的効力	争点について，当事者が主張立証を尽くし，裁判所が実質的な判断をした場合にのみ発生する。
	当事者の援用の要否	不要（職権調査事項）	必要 ＊ただし，資料は職権探知が妥当する（新堂658頁）。

☆争点効理論の意義―新訴訟物理論の理論的支柱の提供―（新堂650頁）
(i)紛争解決の一回性
　→これは新訴訟物理論を先導した要請であるが，訴訟物理論である以上，いくら訴訟物の枠を広く捉えても，訴訟物が異なる場合にはもはや紛争解決の一回性を確保しえないという限界があるところ，訴訟物の枠を超えて作用しうる争点効は，実質的に紛争解決の一回性・統一性をもたらすことができる。
(ii)法的評価の再施（新訴訟物説による遮断効の拡大による解決済みとされる内容の希薄化防止）

→不法行為に基づく損害賠償請求権と債務不履行による損害賠償請求権が競合する場合，新訴訟物説によると，訴訟物は，不法行為・債務不履行という実体法上の性質決定を捨象したものであり，不法行為か債務不履行かは法的観点ということになるが，この法的観点とされたものの判断に争点効が生じる。そうすると，当事者は，たとえば，債務不履行でないという主張を封じられ，債務不履行があるとして認容された判決の争点効も債務不履行ということのみに生じ，その権利が不法行為としても評価されるかという**法的評価の再施**は，争点効によっても少しも阻害されない（高橋・重点講義上568頁）。[←判決理由中のだ判断に生じる拘束力を既判力と捉えると，法的評価の再施は許されないと解されかねないのに対し，争点効は，法的属性の問題を巧みに説明しうる]。

> Q．争点効が生じるのは，法的判断のレベルと事実認定（とくに主要事実の認定）のレベルのいずれか？たとえば，ＸＹ間の境界紛争において，Ｘが係争土地に関して所有権に基づく土地明渡請求をした前訴で勝訴した後，Ｙが当該土地の土地所有権確認の後訴を提起した場合，前訴で主張しなかった取得時効をＹが主張できるか否かについては，争点効が所有権（法的判断）レベルで生じると考えれば，取得時効の主張は封じられるのに対し，事実認定レベルに争点効が生じるとみれば，取得時効の主張が排斥されることはない。

(i)主要事実に関する判断に生じるとの見解（吉村徳重「判決理由中の判断の拘束力」法政33巻3＝6号（1967年）493頁，住吉博『民事訴訟論集１巻』（法学書院，1978年）249頁）
　→上記ケースにおいて，時効取得の主張を認める（吉村・前掲476頁，住吉・前掲249頁）。
(ii)原則として主要事実に関する判断に生じるものの，個々のケースに応じて法的評価のレベルにも，間接事実や補助事実に関する判断にも生じるとの見解（竹下守夫「判決理由中の判断と信義則」山木戸克己教授還暦記念『実体法と手続法の交錯【下巻】』（有斐閣，1978年）85頁，高橋・重点講義上569頁の注（58）など）
　→上記ケースにおいて，所有権レベルにおける争点効を認め，時効取得の主張は排斥される（新堂ほか「〈座談会〉争点効をめぐってⅠ」判時586号（1970年）7頁）。
　＊上記ケースで，京都地判昭40・7・31判タ181号169頁［控訴審］は，所有権レベルで争点効を認め，請求を棄却した（もっとも，上告審である大阪高判昭42・2・15下民18巻1＝2号136頁は，争点効は認められないとした［破棄差戻し］）。

Ⅲ　学説の反応

1　争点効に対する批判
(i)判決理由中の判断についても既判力を得たい場合には，中間確認の訴え（145条）がある（坂原正夫「黙示の中間確認の訴え」法学研究53巻12号（1980年）1827頁）。
　↔〈反論〉しかし，争点効が一般には主要事実レベルに生じるとすると，主要事実レベルの判断は中間確認の訴えの対象とはならない（高橋・重点講義上570頁（注59））。
(ii)主要な争点とは何か，当事者が十分に主張立証したとはいかなる場合か，争点限りの上訴は認めるのかなど適用基準が曖昧であり，実務に導入するにはなお解決すべき問題点が多い（倉田卓次「いわゆる争点効の理論について」判タ184号（1966年）81頁以下）。

↔〈反論〉しかし，当事者が十分に争ったとの要件は，徹底的に争った場合にのみ争点効を認めるという趣旨から設定されたのではなく，当事者の自由な訴訟追行を害さぬよう，自白，擬制自白，証拠契約などでは争点効を生じさせないとするところに眼目がある（高橋・重点講義上566頁，争点〔第3版〕240頁〔原強〕）。

(ⅲ)判決理由中の判断に拘束力を認めながら，請求自体の判断で勝訴したときは，上訴の利益を認めず，上訴によって上級審の判断を求められなかった判断については，争点効の発生を否定する（新堂658頁）というのは矛盾する（梅本933頁）。

(ⅳ)簡単に解決できる事件であっても，その解決に慎重にならざるを得ず，当事者の訴訟負担が増加してしまう（三ケ月・研究7巻85頁以下）。

2　争点効を支持する見解の反応——争点効適用要件の定式化
　　→争点効は，それを支持する学説により，争点効適用要件の定式化をめぐり，2つの方向に分かれる。
　　　↓
(ⅰ)定式化肯定説（吉村・前掲449頁以下，住吉・前掲187頁）
　∵　争点効は，信義則が判決の一効果にまで定着した制度的効力である（←制度的効力説）。
(ⅱ)定式化否定説（『小山昇著作集2巻』（信山社，1990年）89頁以下，中野貞一郎『過失の推認』（弘文堂，1978年）201頁以下）
　∵　争点効を信義則の適用そのものとみて（←信義則説），個別具体的な場面ごとになされる価値判断により，個別的解決が見出されるべき信義則の性質上，その適用要件の定式化は望ましくない。

☆コメント☆
＊争点効を制度的効力と解し，適用要件の定式化を図ることは，予測可能性および法的安定性の観点から望ましいものの，本来の信義則のもつ柔軟性や弾力性を犠牲にしかねないことから，個々の事件において裁判官の裁量により判断されるべきであることを前提としても，一応の適用要件を定式化しておくことは有用であろう（争点〔第3版〕240頁〔原強〕）。
＊制度的拘束力説，信義則説のいずれにも偏しないところに争点効のうまみがある（高橋・重点講義上568頁）。

☆竹下・前掲（山木戸還暦）85頁以下は，信義則による後訴遮断の根拠を以下の2点に求める。
　↓
［1］**訴訟上の禁反言（矛盾挙動禁止の原則）による後訴遮断**
　　　e.g., 買主による売買目的物引渡請求訴訟において売買契約の無効を主張して請求棄却判決を得た被告売主は，買主の提起する代金返還請求の後訴において，買主による売買契約無効の主張を否認することができない。
　　＊［1］は，先行行為により当事者が一定の法的利益を得ていない場合は適用されない。
［2］**訴訟上の権能の失効による後訴遮断**
　　　e.g., 土地所有権に基づく移転登記抹消請求の前訴において，所有権の帰属が主たる争点とされ，その不存在を理由として請求棄却判決がなされたにもかかわらず，前訴

> 原告がさらに所有権に基づく土地引渡請求の後訴を提起したときは，前訴判決確定によって所有権の帰属について相手方の信頼が形成され，かつ，その点について前訴において主張立証の機会を与えられた原告は，前訴の口頭弁論において提出できた事実を基礎とするかぎり，所有権を訴訟上主張することが制限される（最判昭52・3・24金商548号39頁の事案はこれに近い）。

3　争点効以外の判決理由中の判断に拘束力を認める見解
　　↓
(i) **既判力拡張説**…判決効の拡張は争点効ではなく，既判力によって果たされる（上村明広「既判力の客観的範囲に関する一問題」岡山大学創立十周年記念【上】『法学と法史の諸問題』（1959年）179頁以下，同「判批」判評90号26頁〔判時441号（1966年）124頁〕以下，講座民訴2巻181頁以下〔柏木邦良〕）。

(ii) **統一的請求権説**…訴訟物を従来のような固定的なものではなく，訴えの変更や反訴としての性格を兼ね備える抗弁や再抗弁の提出によって変動する弾力的なものと把握し直し，また，先決的法律関係の確認も副次的請求として主たる紛争としての給付請求と複合的な訴訟物を構成するなどとして，既判力の拡張を企図する（加藤雅信「実体法額からみた訴訟物論争」新堂幸司編『特別講義民事訴訟法』（有斐閣，1988年）121頁以下）。
　←訴訟のクライマックスとして力点がおかれることの多い抗弁，再抗弁等を訴訟物に準ずるものとして，それらに既判力を認めれば，争点効のもつ曖昧さは払拭される。

(iii) **黙示の中間確認の訴え説**…先決的法律関係を両当事者が積極的に争ったときは，選択的，予備的に争う場合を除き，黙示の中間確認の訴えの意思表示があるものとして扱い，先決的法律関係についてはされた判決理由中の判断に既判力を認めるべきである（坂原正夫『民事訴訟法における既判力の研究』（慶應通信，1993年）145頁以下）。

IV　判　例

　争点効理論の発表後，その肯否をめぐって下級審判決が分かれていたところ（争点効という言葉を用いてその適用例を示した京都地判昭40・7・31下民16巻7号1280頁や争点効という言葉を使わずに理由中の判断の拘束力を認めた東京地判昭41・4・20下民17巻3＝4号326頁，広島高判昭42・3・6高民20巻2号144頁などに対し，争点効を否定した大阪高判昭42・2・15下民18巻1＝2号136頁，福岡地判昭42・3・1判時490号67頁，東京地判昭42・4・25判時490号63頁，大阪地判昭45・7・13判タ252号200頁などがある），最高裁判所は，「既判力およびこれに類似する効力（いわゆる争点効）」を明示的に**否定**した（最判昭44・6・24判時569号48頁〔民訴百選3版92事件〕[不動産売買契約詐欺取消事件]）。

1　建物売買詐欺取消事件判決（最判昭44・6・24判時569号48頁〔民訴百選3版92事件〕）
(1)　事　案
　　Yは，Xから建物とその敷地を買い受け，所有権移転登記を経たものの，依然としてXが建物を占有していたので，Xに対する建物明渡請求訴訟を提起した。これに対し，Xは，売買契約の錯誤無効を主張したうえで，Yに対して本件所有権移転登記の抹消を求める訴えを

提起した。

(2) 裁判の経緯

これらの両訴について，第一審裁判所は，同じ裁判官による，同じ証拠に基づく同じ事実認定により，同じ日に，Yの請求を認容する判決と，Xの請求を棄却する判決をした。

そこで，Xは，両判決に対して控訴したうえで，詐欺取消を理由として追加した。

控訴審においては，2つの控訴は別個に別の裁判官によって審理された。

その結果，Yの明渡請求訴訟（別件訴訟）については，Xの控訴が棄却され，Xの上告も棄却された（最高裁第三小法廷昭和43年4月23日）。

Xの抹消登記請求訴訟（本件訴訟）については，第一審判決取消，抹消請求認容の控訴審判決が言い渡された（昭和43年7月30日）。Yは上告し，すでにYの明渡請求訴訟の判決で，詐欺による売買取消しというXの主張は排斥されており，本件建物がYの所有であることが確定されていると主張した。

↓これに対し，同じ最高裁第三小法廷は，下記のように判示した。

(3) 判　旨

《上告棄却》

「別件訴訟の確定判決は，X主張の右契約の詐欺による取消の抗弁を排斥して，Yの請求原因を全部認容したものである。されば，右確定判決は，その理由において，本件売買契約の詐欺による取消の抗弁を排斥し，右売買契約が有効であること，現在の法律関係に引き直していえば，本件不動産がYの所有であることを確認していても，訴訟物である本件建物の明渡請求権および右契約不履行による損害賠償としての金銭支払請求権の有無について既判力を有するにすぎず，本件建物の所有権の存否について，既判力およびこれに類似する効力（いわゆる争点効，以下同様とする。）を有するものではない。一方，本件訴訟におけるXの請求原因は，右本件不動産の売買契約が詐欺によって取り消されたことを理由として，本件不動産の所有権に基づいて，すでに経由された前叙の所有権移転登記の抹消登記手続を求めるというにあるから，かりに，本件訴訟において，被上告人の右請求原因が認容され，被上告人勝訴の判決が確定したとしても，訴訟物である右抹消登記請求権の有無について既判力を有するにすぎず，本件不動産の所有権の存否については，既判力およびこれに類似する効力を有するものではない。以上のように，別件訴訟の確定判決の既判力と本件訴訟において被上告人勝訴の判決が確定した場合に生ずる既判力とは牴触衝突するところがなく，両訴訟の確定判決は，ともに本件不動産の所有権の存否について既判力およびこれに類似する効力を有するものではないから，論旨は採るをえない。なお，右説示のとおり，両訴訟の確定判決は，ともに本件不動産の所有権の存否について既判力およびこれに類似する効力を有するものではないから，上告人は，別に被上告人を被告として，本件不動産の所有権確認訴訟を提起し，右所有権の存否について既判力を有する確定判決を求めることができることは，いうまでもない」（最判昭44・6・24判時569号48頁〔民訴百選3版92事件〕［建物売買詐欺取消事件]）。

	別件訴訟	本件訴訟
	X ←―――― Y 明渡請求	X ――――→ Y 抹消請求
第一審	認　容	棄　却

控訴審	認容（控訴棄却）	認容（控訴認容） ＊昭和43年7月30日
上告審	認容（上告棄却） ＊昭和43年4月23日	認容（上告棄却）

☆上記の両判決を眺めると，同一建物について，Yの明渡請求権とXの抹消登記請求権の双方が認められることになってしまう。

　　↓これに対して，

争点効理論によると，先に確定した別件訴訟の判決理由中に示される「売買契約の詐欺取消は認められない」という判断に争点効が生じ，本件訴訟における売買契約の詐欺取消の主張が争点効によって封じられることになる。その結果，別件訴訟と本件訴訟はいずれもY勝訴となり統一的な解決をみることになる（民訴百選3版92事件解説188頁〔宇野聡〕）。

→本判決後にも争点効を否定する最高裁判決が出され（最判昭48・10・4判時724号33頁），その後の実務の方向が定められたのに対し，学説の反応は，上記のような本判決の結論の妥当性に対する疑問から，むしろ本判決を契機に争点効の基本的方向の正当性が認識されるに至ったものと評価されている（民訴百選2版105事件解説242頁〔青山善充〕）。

＊本判決に対する批判として，新堂幸司「争点効を否定した最高裁判決の残したもの」中田淳一先生還暦記念『民事訴訟の理論【下巻】』（有斐閣，1970年）69頁〔新堂・争点効上269頁所収〕など。

　考えてみよう！　　本判決の結論は，妥当性に欠けるのか？

→別個の部に係属し，当事者とはかかわりのない事情で一方の部で判決が出た場合，他方の部でも勝訴すべきだというのは公平に反するし，先に勝訴した当事者も弁論の併合を求めずにいながら決着済みとすることはできないとして，本判決の結論は不当ではないとする主張（竹下守夫「判決理由中の判断と信義則」山木戸克己教授還暦記念『実体法と手続法の交錯【下巻】』（有斐閣，1978年）114頁の注㊳など）について，その是非を考察してみよう。

＊新堂幸司「判決の遮断効と信義則」三ケ月章古稀祝賀『民事手続法学の革新【中巻】』（有斐閣，1991年）489頁も参照。

★「既判力に準ずる効力」を肯定した最高裁判決

相続財産の限度で支払を命じた前訴判決（いわゆる留保付判決）の確定後に，債権者が，前訴の控訴審口頭弁論終結時以前に存在した限定承認と相容れない事実（たとえば，民法921条の法定単純承認の事実）を主張して，無留保判決を得るために後訴を提起した事案において，最判昭49・4・26民集28巻3号503頁〔民訴百選3版A33事件〕は，つぎのような理由で後訴は許されないとした。「けだし，前訴の訴訟物は，直接には，給付請求権即ち債権（相続債務）の存在及びその範囲であるが，限定承認の存在及び効力も，これに準ずるものとして審理判断されるのみならず，限定承認が認められたときは前述のように主文においてそのことが明示されるのであるから，限定承認の存在及び効力についての前訴の判断に関しては，既判力に準ずる効力があると考えるべきである」し，また，民執法35条2項の法意である「権利関係の安定，訴訟経済及び訴訟上の信義則等の観点から，前訴において主張することのできた前述のごとき事実を主張して，前訴の確定判決が認めた限定承認の

存在及び効力を争うことも同様に許されないものと考えられるからである」。
→争点効を肯定する立場から，この判決に対して，既判力そのものないし一部請求の理論で処理することができるものであり，「既判力に準ずる効力」という概念は無用であったとの批判がある（新堂・争点効下1頁以下）。
↓いずれにせよ，
この判決によって争点効が判例上認められたということはできない（注釈民訴4巻349頁〔高橋宏志〕）。
↓その後，
最高裁は，信義則を用いて訴訟物の枠を越えて後訴を却下した。
↓すなわち，

2 自作農創設特別措置法による売渡処分事件判決（最判昭51・9・30民集30巻8号799頁〔民訴百選3版88事件〕）

(1) 事　案

昭和24年7月頃，訴外A所有の土地（以下，本件土地という）について自作農創設特別措置法による買収・売渡処分が行われ，訴外Bが取得した。その後，Aの相続人のXは，本件買収・売渡処分は本来無効であるから，本件土地を返還するために，XとBとの間で，Xが本件土地を買い戻す契約が昭和32年5月に成立したとして，Bの相続人Yに対して，主位的に農地法所定の許可申請手続および許可を条件とする所有権移転登記手続を求めるとともに，予備的に買戻契約無効を理由に不当利得として買戻代金の返還を求める訴え（以下，前訴という）を提起したが，主位請求棄却，予備的請求認容の判決が言い渡され確定した（最判昭41・12・2）。そこで，昭和42年1月に，Yは，不当利得金をXに返還した。

その後の昭和42年4月に，Xは，Yに対して，本件買収処分の無効を理由として，所有権登記抹消に代わる移転登記手続を求める訴え（以下，本訴という）を提起した。

(2) 裁判の経緯

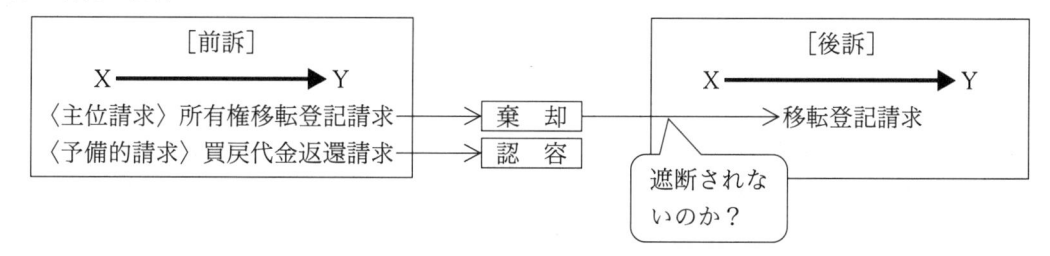

```
[前訴]                                  [後訴]
X ─────→ Y                            X ─────→ Y
〈主位請求〉所有権移転登記請求 → 棄　却      → 移転登記請求
〈予備的請求〉買戻代金返還請求 → 認　容
                                    遮断されないのか？
```

第一審裁判所（大阪地判昭45・11・28民集30巻8号806頁参照）は，Bの占有開始時から10年経過した昭和34年には取得時効が完成していたとして，Xの請求を棄却した。

そこで，Xは控訴し，昭和23年のBからAへの土地返還約束を理由とする前訴請求と同趣旨の請求，および，土地工作物収去土地明渡請求を追加したが，控訴審裁判所（大阪高判昭48・12・14高民26巻5号487頁）は，前訴と後訴はほとんど同一の紛争の蒸し返しであり，本訴の提起は信義則に反するとして，第一審判決を取り消して訴えを却下した。

↓これに対し，Xが上告した。

(3) 判　旨

《上告棄却》

「Xは，前訴においても前記買収処分が無効であることを主張し，買収処分が無効である

ため本件各土地は当然その返還を求めうべきものであるが，これを実現する方法として，土地返還約束を内容とする，実質は和解契約の性質をもつ前記売買契約を締結し，これに基づき前訴を提起したものである旨を一貫して陳述していたこと，……Xは，本訴における主張を前訴で請求原因として主張するにつきなんら支障はなかったことが，明らかである。右事実関係のもとにおいては，前訴と本訴は，訴訟物を異にするとはいえ，ひっきょう，右Aの相続人が，右Bの相続人…に対し，本件各土地の買収処分の無効を前提としてその取戻を目的として提起したものであり，本訴は，実質的には，前訴のむし返しというべきものであり，前訴において本訴の請求をすることに支障もなかったのにかかわらず，さらにXが本訴を提起することは，本訴提起時にすでに右買収処分後約20年も経過しており，右買収処分に基づき本件各土地の売渡をうけた右B及びその承継人の地位を不当に長く不安定な状態におくことになることを考慮するときは，信義則に照らして許されないものと解するのが相当である」（最判昭51・9・30民集30巻8号799頁〔民訴百選3版88事件〕〔自作農創設特別措置法による売渡処分事件〕）。

☆本判決は，①後訴が実質的に前訴の蒸し返しであること，そして，②後訴提起時，問題となっている実体法上の処分行為後すでに20年を経過しており，前訴被告およびその承継人の地位を不当に長く不安定な状態に置いていたことに着目して，**信義則による後訴遮断**を認めたものである。

＊本判決に対しては，当初，事案に応じた特殊な処置であるとの見方が一般的であったが，その後に同様の判決が相次ぎ（最判昭52・3・24裁判集民120号299頁，東京地判昭52・5・30下民28巻5-8号566頁など），信義則を用いて後訴の請求ないし主張を却下するという判例理論が確立した。

↓もっとも，

信義則による後訴を却下した原判決を差戻し，信義則の適用なしとの判断をする判例も存在する（最判昭59・1・19判時1105号48頁）。

3　まとめ——判例の立場

→判決理由中の判断には，既判力およびこれに類似する効力（すなわち争点効）は認められないとして，争点効理論を**否定**したうえで（最判昭44・6・24判時569号48頁〔民訴百選3版92事件〕〔不動産売買契約詐欺取消事件〕），**信義則による後訴遮断**を認める（最判昭51・9・30民集30巻8号799頁〔民訴百選3版88事件〕〔自作農創設特別措置法による売渡処分事件〕）。

＊判例が信義則による後訴遮断を認める際に考慮するファクター（争点〔第3版〕241頁〔原強〕）

①前訴における請求・主張と後訴におけるそれとが実質上同一であること
②後訴で提出されている請求・主張を前訴で提出しえたこと
③勝訴当事者が前訴判決による紛争が解決済みであるとの信頼を抱いており，法的安定の要求を保護する必要があること
④前訴判決の正当性を確保するほどに前訴において充実した審理が行われていること
⑤前訴において当事者が争う誘因を有していたこと

第18章　債権者代位訴訟における既判力の拡張
——理論進化のあゆみ——

【イントロ】（基本講義207頁以下参照）

☆既判力の主観的範囲（人的限界）

1　原則…既判力は，対立する当事者間に生じるのが原則（**相対効の原則**［115条1項1号］）。
　　∵　①既判力の対象となる訴訟物は，原告によって定立され，その判断を基礎付ける裁判資料は弁論主義の下，原告・被告双方により提出される。
　　　　②二当事者対立構造を原則とする民事訴訟は，対立当事者間の紛争を相対的に解決するための手続である（←消極的理由［許容性］）。
　　　　③訴訟に関与しない第三者の裁判を受ける権利（憲32条）ないし手続保障を奪う結果になってはならない（←積極的理由）。

2　例外——当事者以外の第三者に既判力が及ぶ場合

明文上
　(i) 当事者と一定の関係にある第三者への既判力の拡張場面
　　①**口頭弁論終結後の承継人**（115条1項3号）
　　②**請求の目的物の所持者**（同条項4号）
　　③**訴訟担当の場合の被担当者**（同条項2号）
　　④**訴訟脱退者**（48条・50条・51条）
　(ii) 画一的処理の必要のある訴訟類型（身分関係や団体の法律関係）
　　⑤**利害関係人・一般第三者**（人訴24条1項，会社838条など）

解釈上
（争いあり）
　(iii) 当事者と実体法上一定の関係にある第三者に対する拡張（←**反射効**）
　(iv) 法人の背後者への拡張（←**法人格否認の法理**）

Q．上記の表における明文上の例外(i)①から④のうち，異質なものはどれか？

《視点——例外の根拠》

(a)必要性	民事訴訟の紛争解決機能の実効性を確保するためには，第三者に既判力を及ぼす必要のある場合もある。 ←既判力の相対性を貫くと，確定判決が潜脱されたり，あるいは，かえって多数の関係者間の法律関係を混乱させたりすることもある。
(b)許容性	既判力を及ぼすための正当化根拠，すなわち，既判力を及ぼされる第三者に対しての自己責任を問う前提としての手続保障が充足されていればよい。

I　基本チェック——債権者代位訴訟の構造

1　債権者代位訴訟の実質的機能
　→債権者は，なぜ債権者代位訴訟を提起するのか？

第18章　債権者代位訴訟における既判力の拡張

〈代位権行使の実例〉

本来型	①債権者Xが債務者Aに対して有する**金銭債権**を保全するために，債務者Aの第三債務者Yに対する金銭債権を代位行使する場合（大判昭10・3・12民集14巻482頁） ②自動車事故の被害者Xが**損害賠償請求権**を保全するために，加害者Aが保険会社Yに対して有する任意保険の保険金請求権を代位行使する場合（最判昭49・11・29民集28巻8号1670頁）など
転用型	①不動産の買主Xが売主Aに対する**移転登記請求権**を保全するために，売主Aの現登記名義人Yに対する移転登記請求権を代位行使する場合（大判明43・7・6民録16輯537頁，最判昭40・9・21民集19巻6号1560頁など） ②建物の賃借人Xが自己の**賃借権**を保全するために，賃貸人である建物所有者Aの不法占拠者Yに対する妨害排除（建物明渡）請求権を代位行使する場合（大判昭4・12・16民集8巻944頁，最判昭29・9・24民集8巻9号1658頁など）など

2　債権者代位訴訟の要件とその構造

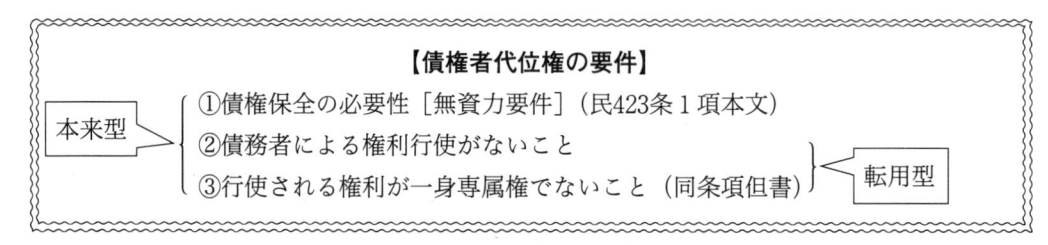

【債権者代位権の要件】
本来型 ┤①債権保全の必要性［無資力要件］（民423条1項本文）
　　　　②債務者による権利行使がないこと
　　　　③行使される権利が一身専属権でないこと（同条項但書）├ 転用型

＊判例は，金銭債権以外の債権への転用を肯定し（転用型），その場合，①の無資力要件を不要とする（大判明43・7・6民録16輯537頁など）。

★なお，被保全債権の期限が未到来の場合は，保存行為を除き，裁判上の代位のみが可能であり（民423条2項），この場合，代位を許可した裁判所は，債務者に対しその旨の告知を職権によって行う（非訟76条1項）。

Q₁. 債権者代位訴訟は，どのような構造をもつか？

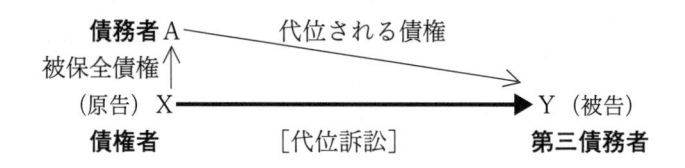

　　　　　　　　債務者A ───代位される債権───┐
　　　被保全債権↑　　　　　　　　　　　　　　　　　↓
　　　（原告）X ━━━━━━━━━━━━━━━━━━▶ Y（被告）
　　　　債権者　　　　　　［代位訴訟］　　　　　　第三債務者

Q₂. 債権者代位訴訟において債権者Xが当事者適格を認められるのはなぜか？

＊処分権はだれに帰属するか？

Ⅱ 問題の所在

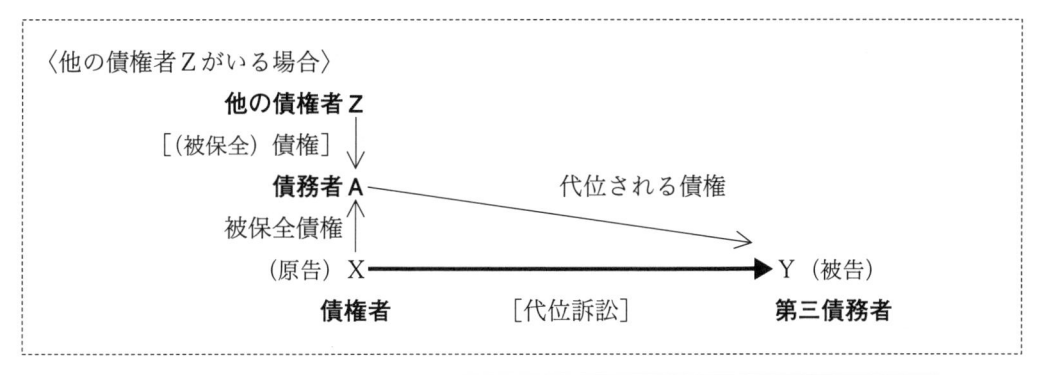

〈他の債権者Ｚがいる場合〉

他の債権者Ｚ
［(被保全)債権］↓
債務者Ａ ————代位される債権————→
被保全債権↑
(原告)Ｘ ————————————————→ Ｙ(被告)
債権者 ［代位訴訟］ **第三債務者**

《問題の鳥瞰》	立　場	通　知	参　加
①Ｘの立場は？ 　⇒なぜ代位訴訟を提起できるか？	管理権者	発　信	(当事者)
②Ａの立場は？	債権(帰属)者	受　信	参加？
③Ｚの立場は？	(管理権者)	──	参加？
④Ｙの立場は？	被告(対外関係)	──	(当事者)

Q₃．債務者Ａは，債権者Ｘによる債権者代位権の行使により，いかなる影響を受けるか？

＊代位権の基礎は？　Ａの債権に対する処分権の所在は？

Ⅱ　問題の所在

【設例】

　Ｘは，Ａに対する貸金債権を保全するために，債権者代位権を行使して，ＡのＹに対する売買代金債権の支払を求めて訴訟(前訴)を提起した。
　裁判所は，ＡのＹに対する売買代金債権は弁済により消滅したとして，Ｘの請求を棄却する判決を言い渡し，これが確定した。
　その後，前記の売買代金債権について弁済を受領した覚えはないとして，ＡがＹに対して，その支払を求めて訴訟(後訴)を提起したとすると，この訴訟に前訴判決はいかなる影響を及ぼすか。

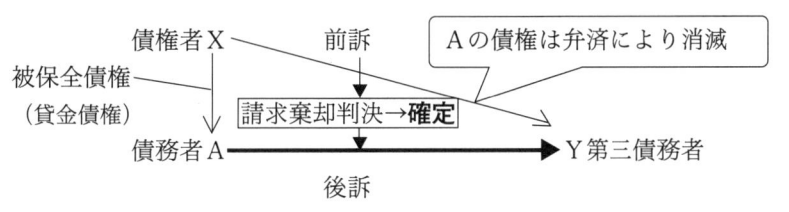

債権者Ｘ　　　前訴　　　Ａの債権は弁済により消滅
被保全債権↓　請求棄却判決→**確定**
(貸金債権)
債務者Ａ ————————————→ Ｙ第三債務者
　　　　　　　後訴

　債権者代位制度(民423条)は，債権保全のために債務者の責任財産に対する実体法上の管理権を債権者に付与するものであり，これによって，債権者は債務者の権利を自己に固有の権利として自己の名において行使することになる。
　→これを訴訟上行使した場合，代位債権者を当事者とする確定判決の既判力は，民訴法115

条1項2号によって，債務者に対して及ぶ（拡張される）か？債務者と利害関係が必ずしも一致するわけではない債権者の訴訟追行によって債務者の手続保障が充足されたといえるかが問題とされる。

☞債権者代位訴訟の構造をどう捉えるかという点と関連して議論がある。

＊本来型，転用型，それぞれについて考えてみよう。

Ⅲ 理論状況

1 判 例

(1) 本来型のケース——転付金請求事件（大判昭15・3・15民集19巻586頁〔民訴百選74事件〕［転付金請求事件］）

(a) 事 案

　Xは，Aに対する約束手形金債権および貸金債権（合計3075円15銭）の強制執行として，AのYに対する工事請負金債権（6000円）に対し，昭和9年12月に差押命令および転付命令を得，これに基づいてYに対する転付金請求訴訟を提起した。

　Yは，仮にXが主張するように昭和5年9月18日に代金支払期限が到来し，かつ，工事の引渡があったとしても，工事請負金債権は，本訴提起（昭和10年8月19日）まで，すでに3年の時効期間（民170条2号）を経過しており，時効消滅しているとして争った。

　これに対し，Xは，再抗弁として，つぎのような主張をした。すなわち，自己とは別のAの債権者Bが，昭和6年12月8日，Aに代位して本件工事注文者であるYに対して本件工事請負金（6000円）を訴求し，請求認容判決が言い渡されて，これが確定した事実があるとして，Bの本件工事請負金債権の代位行使は，債務者A自身によるのと同じであるから，AY間においても時効が中断されているとみるべきであり，結局それを代位行使している自己との関係でも消滅時効の主張は成立しない。

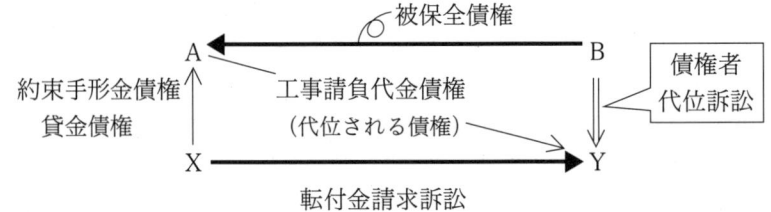

```
                    被保全債権
           A ←─────────────── B    ┌──────────┐
約束手形金債権↑   工事請負代金債権   ↓    │債権者    │
貸金債権  │    （代位される債権）        │代位訴訟  │
           X ─────────────────→ Y   └──────────┘
                転付金請求訴訟
```

(b) 裁判の経緯

　原判決は，Xの請求を棄却した。その理由として，本件債権の消滅時効は，遅くとも本訴を提起した昭和10年8月19日には完成しており，X主張の再抗弁に趣旨によっても，Bは債務者Aの債権者としてその債権を保全するために自己の名において訴訟を提起したものであり，債務者の代理人として提起したものではないので，その判決の効力はAに及ばない。すなわち，Aは時効中断の当事者ではないので，Xは時効の中断を主張することはできないことをあげた。

　そこで，Xは上告し，①債権者が債務者の権利を代位行使しても，その効果は債務者に帰属せず，債務者自身が行使したのと同一の効果が生じないのであれば，債務者の債権は保全されず，債権者代位権を認めた意味がなくなる，②時効中断効は，権利行使の実体法上の効果であり，訴えがあれば判決をまたずに当然に生ずるものであるから，たとえBY間の判決の効果がAに及ばずとも，中断効までAに生じないとはいえない，と主張した。

(c) 判　旨

《破棄差戻》

「債権者カ民法第四百二十三条ノ規定ニ依リ其ノ債務者ニ属スル権利ノ行使トシテ第三債務者ニ対シ訴訟ヲ提起シ判決ヲ受ケタル場合ニハ同判決ハ債務者カ当該訴訟ニ参加シタルト否トニ論ナク常ニ民事訴訟法第二百一条第二項（現行法115条1項2号に対応）ノ規定ニ依リ債務者ニ対シテモ亦其ノ効力ヲ有スルモノト解スヘキモノトス。蓋債権者カ右ノ如ク債務者ノ権利ニ付代位権ノ行使トシテ訴訟ヲ提起スル所以ハ，固ヨリ自己ノ債権保全ノ意図ニ出ツルコト勿論ナリト雖，又自己ノ名ニ於テ債務者ノ権利ヲ行使スル関係ニ於テハ尚債務者ノ為ニ訴訟当事者ト為リタルモノト做スヲ妨ケサルカ故ナリ。…然ラハ原審カ…Xハ右訴訟ニ因ル時効ノ中断ヲ主張スルコトヲ得サルモノナリト断シ，之ヲ理由トシテXニ敗訴ノ判決ヲ為シタルハ法律ノ解釈ヲ誤リタルモノニシテ，本論旨ハ其ノ理由アリ。原判決ハ此ノ点ニ於テ破毀セラルヘキモノトス」（大判昭15・3・15民集19巻586頁〔民訴百選74事件〕〔転付金請求事件〕）。

(2) 転用型のケース——大理石採取妨害事件（大判昭14・5・16民集18巻557頁〔民訴百選Ⅰ47事件〕〔大理石採取妨害事件〕）

(a) 事　案

訴外A村との間に締結した契約により，村所有地内に埋没している大理石を採取する債権を取得したXは，大理石の採取に着手したところ，Y_1，Y_2の妨害に遭った。これらの者に対するA村からの妨害排除請求がなされなかったので，Xは，その大理石採取権を保全するため，A村に代位してその所有権に基づく妨害排除請求権を行使し，Y_1，Y_2に対して，本件地所の明渡しを請求するとともに，本件地所への立入り，大理石の採掘，搬出等の禁止を求める債権者代位訴訟を提起した。その後，口頭弁論が開始されると，A村は，Y_1に対して土地所有権確認および土地明渡を求める訴えを起こした。

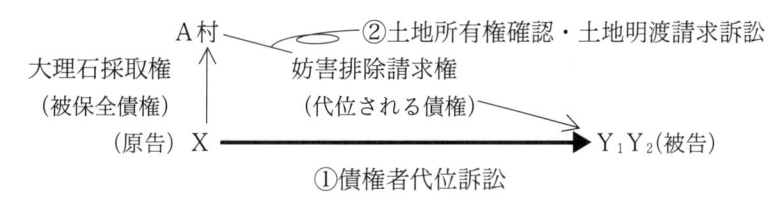

```
                    A村 ─────②土地所有権確認・土地明渡請求訴訟
大理石採取権      ↑       妨害排除請求権
（被保全債権）            （代位される債権）
（原告）X ──────────────────────→ $Y_1Y_2$（被告）
                    ①債権者代位訴訟
```

(b) 裁判の経緯

第一審，控訴審とも，Xの訴えを却下した。その理由として，控訴審は，債権者代位権は債務者が債権者に十分な満足を得させるためにその権利を行使すべきであるのにそれをしない場合，債権者をして代位行使を認めるものであるところ，債務者がその権利を行使したときは，債権者が重ねてこれを行使する必要はなく，その権利を失うものと解されることをあげる。

これに対し，Xは，一旦代位権行使に着手した以上，債務者たるA村はもはや処分権を失うと解すべきで，A村の訴え提起も処分行為にほかならず，A村の訴え提起こそが不適法となるべきものであるとして，上告した。

(c) 判　旨

《破棄差戻》

「按スルニ債権者カ民法第四百二十三条第一項ニ依リ適法ニ代位権ノ行使ニ著手シタルトキハ，債務者ハ其ノ権利ヲ処分スルコトヲ得サルモノニシテ，従テ債権者ノ代位後ハ，債務者ニ於テ其ノ代位セラレタル権利ヲ消滅セシムヘキ一切ノ行為ヲ為スヲ得サルハ勿論，自ラ

其ノ権利ヲ行使スルコトヲ得サルモノト解スルヲ相当トス。蓋裁判上ノ代位ニ関スル非訟事件手続法第七十六条第二項ニ依レハ，債権ノ履行期到来前ニ於テ債権者カ代位ヲ為ス場合ニ於テモ，債務者ハ其ノ権利ノ処分権ヲ失フモノナルヲ以テ，履行期到来後ナルニ拘ラス，其ノ到来前ノ場合ニ比シ，代位ノ効力薄弱ナルヲ得サルハ当然ノコトナリト謂フヘク，若シ然ラストセハ，債権者ハ代位ノ目的ヲ達スルコト能ハサルニ至ルヘキノミナラス，一旦代位権ヲ行使シタル債権者ノ行為ヲ徒労ニ帰セシムル虞アレハナリ。故ニ債権者カ訴ヲ以テ代位権ヲ行使シタル後ニ在リテハ，債務者ハ第三債務者ニ対シ処分行為ト目スヘキ訴ヲ提起スルコトヲ得サルト同時ニ，之カ為，ニ債権者ノ提起シタル訴カ理由ナキニ帰スルモノニ非ス。

尤モ債権者カ代位権ヲ行使シタル後，如何ナル時期ヨリ債務者ニ於テ其ノ権利ヲ処分スルコトヲ得サルニ至ルヤニ付テハ，法文上之ヲ明定スルトコロナキモ，前示非訟事件手続法第七十六条第一項ノ法意ニ準拠シ，債権者ハ債務者ヲシテ其ノ権利ニ付処分権ヲ失ハシメントセハ，其ノ者ニ対シ代位権ノ行使ニ著手シタルコトヲ通知スルカ，又ハ，債務者ニ於テ既ニ債権者カ代位権ノ行使ニ著手シタルコトヲ了知シ居レルカ如キ事実ノ存在セサルヘカラサルモノト謂フヘク，債務者ハ右通知ヲ受ケタル時ヨリ，又ハ，右了知ノ時ヨリ，其ノ権利ヲ処分スルコトヲ得サルニ至ルモノト解セサルヘカラス。是債務者不知ノ間ニ其ノ権利ノ処分権ヲ制限スルハ不当ナルヲ以テ債権者ノ通知ヲ要スルモ，既ニ債務者ニ付通知ヲ受ケタルト同視シ得ヘキ事実，即チ債務者カ了知セル以上特ニ通知ナキモ，債務者保護ニ缺クルトコロナキヲ以テナリ。

本訴ハ，XカY₁，Y₂両名ニ対シ本件係争地ノ賃借人トシテ，其ノ所有者ニシテ且賃貸人タルA村ニ代位シ，右地所ノ明渡並該地所内ニ立入ノ禁止ヲ求ムルモノナルトコロ，本訴カ第一審タル一関区裁判所ニ繋属中，A村ヨリY₁及訴外Bヲ相手取リ同裁判所ニ訴ヲ提起シ，本件係争地カA村ノ所有ナルコトノ確認並該地所ノ明渡ヲ求メタルコトハ，原判決ノ確定シタル事実ナリ。然ラハA村ニ於テXヨリ代位権行使ニ著手シタル事実ニ付通知ヲ受ケタル後，又ハ，其ノ通知ヲ受ケサルモ該事実ヲ了知シタル上殊更ニ右訴ヲ提起シタルモノトセハ，其ノ訴ハ理由ナキモノナルト共ニ，本訴ノ運命ハ此ノ訴ノ為，何等ノ影響ヲ受クヘキモノニ非サルニ拘ラス，原審ハ此ノ点ニ付，毫モ釈明権ヲ行使スルコトナク，A村カ権利ノ実行ニ著手シタルニ因リXハ最早本訴ヲ維持スル権利ヲ失ヒタリト為シ，直ニ本訴ヲ不適法トシテ却下シタル第一審判決ヲ是認シタルハ，審理不尽ノ失当アルヲ免レス」（大判昭14・5・16民集18巻557頁〔民訴百選Ⅰ47事件〕［大理石採取妨害事件］）。

2 **学　説**

(1) **通　説**

　…債権者代位訴訟は，訴訟物である債務者の第三債務者に対する権利について与えられた実体法上の管理権を基礎として代位債権者に当事者適格が認められることから，**法定訴訟担当**であるとして，代位債権者を当事者とする確定判決の既判力は，本人たる**債務者に有利にも不利にも及ぶ**（兼子・体系346頁，斎藤387頁，菊井＝村松Ⅰ1326頁など。なお，伊藤516頁以下は，解釈論として通説を支持しつつも，立法論としては近時の有力説である(6)訴訟告知説に賛成する）。

←判例（前掲・大判昭和15・3・1など）の立場でもある。

　考えてみよう！　　判例・通説の考え方にどのような問題点があるかを自分で考えてみよう！

↓（判例・通説に対する）批判

同じく法定訴訟担当であっても担当者と本人の関係はさまざまであるのに，その間の利害を捨象して一律に既判力拡張を論ずることはできないはず。

↓そこで，

(2) **三ケ月説**

…担当者・本人間の利害が緊張関係にある**対立（拮抗）型**と，これが共通して本人の権能が担当者に吸収される**吸収型**というように法定訴訟担当を二分化し，前者では**本人に有利な場合にのみ拡張される**が，後者では**本人の有利にも不利にも既判力が拡張される**（三ケ月・研究6巻1頁）。

→これによると，破産管財人，遺言執行者，船長などは，すべての者の利害を吸収することから吸収型に分類され，本人の有利・不利を問わずに既判力が拡張されるのに対し，差押債権者や**代位債権者**は，その財産管理に介入される本人との間に利害対立があるので，**対立型**に分類され，**本人の不利に既判力が拡張されることはない**ということになる。

［債権者代位訴訟―対立型］

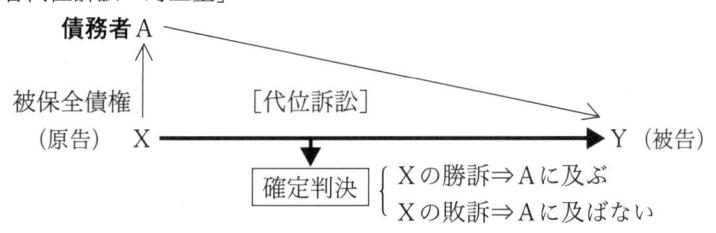

```
                    債務者A
                      ↑
  被保全債権 │   ［代位訴訟］
  （原告）  X ─────────────→ Y（被告）
                ┌ Xの勝訴⇒Aに及ぶ
          確定判決┤
                └ Xの敗訴⇒Aに及ばない
```

〈三ケ月説の意義〉

☆「外形上一様に訴訟担当とみられる場合の中にも，その担当者のもつ管理処分権能の実体的内容に強弱のあることおよび担当者と被担当者との利害状況に差異のあることを鋭く分析した点，さらにこのような実体法的分析から取立・代位訴訟における判決の効力の主観的範囲について通説に反省を迫った点で，高く評価される」（新堂267-268頁）。

☆「訴訟担当が決して一枚岩の同質のものでないことを喝破した点，フランス法系の債権者代位をそれが存在しないドイツ法系の訴訟担当に持ち込むことになった我が国の法継受史と大正民訴の混乱を指摘した点において高い意義を持つものである」（髙橋・重点講義上223頁）。

↓しかし，批判（新堂268頁，髙橋・重点講義上223頁，伊藤517頁など）

①吸収型・対立型という区別が一義的に明確ではない。吸収型とされる破産管財人にも，破産債権者の利益への配慮が要求される側面で破産者との対立関係があり，また，同じく吸収型とされる遺言執行者にも，係争財産が相続財産か相続人固有の財産かをめぐって相続人と利害が拮抗することもあるので，吸収型か対立型かという基準で一義的，範疇的に訴訟担当を分類することは無理であり，その複合的性格を見失わせる。

②対立型の場合に勝訴した相手方（第三債務者）は，既判力拡張が否定されるので，本人からの再訴の危険にさらされる。

↓そこで，

(3) **福永説**

…当事者適格を基礎付けるのは，通説のいう実体法上の管理処分権ではなく，訴訟の結果にかかる重要な利益の有無であるとして，債権者代位訴訟を訴訟担当と解することを否定する。そして，代位債権者は，無資力状態に陥った債務者の責任財産を保全することに重要な利益を有することから，本来の利益帰属主体として**自己固有の当事者適格**をもつとする。その結果，代位訴訟の提起によっても，債務者が当事者適格を失うことはなく，独自に原告となることができ，また，債権者と共同で第三債務者を提訴したときは類似必要的共同訴訟となる。債権者または債務者の一方がすでに提訴している場合には，重複訴訟禁止の規定（142条）の類推によって別訴が禁じられ，他方は独立当事者参加（47条）または共同訴訟参加しうるにすぎない。代位訴訟の判決効は，債務者に有利には及んでよいが，不利には及ばない。もっとも，それでは，勝訴した相手方（第三債務者）が再訴のリスクを負うことになるため，その対策として，**参加命令の規定（民執157条1項）を類推適用**して，第三債務者は債務者の共同訴訟参加を裁判所に申し立てることができるとして，第三債務者の負担でその再訴の危険を回避しうるとする（福永有利「当事者適格理論の再構成」山木戸克己教授還暦記念『実体法と手続法の交錯（上）』（有斐閣，1974年）34頁）。

↓しかし，批判 （伊藤518頁）

①代位の目的である債務者の債権を訴訟物とする当事者適格が代位債権者と債務者に併存することになるが，そうすると実体法上，代位権の行使は債務者の管理処分権を排除すると解されていること（前掲・大判昭14・5・16）との整合性に問題が生ずる。

②代位債権者固有の当事者適格に基づいて獲得した判決の既判力が債務者の有利に及ぶ理由が明らかでない。

③債権者代位訴訟では債務者の当事者適格が一般に否定されているにもかかわらず，第三債務者に引込申立ての負担を押し付けるべきではない。

↓そこで，

(4) **新堂説**

…訴訟担当の枠組みを維持しつつ，債権者に一定の行為を要求することで，第三債務者と債務者の利益調和を目指す。すなわち，期限前の裁判上の代位に関する債務者への**訴訟告知**（非訟76条1項）を通常の代位にも**類推適用**して，代位訴訟係属の事実を債務者が了知する機会を与え，**独立当事者参加**（47条）＊または**共同訴訟的補助参加**する道を設けておき，これを利用しない場合には債務者の不利にも既判力が及ぶ（新堂269頁）。

＊最判昭48・4・2民集27巻3号596頁〔民訴百選3版A42事件〕は，債務者が原告の代位権を争って独立当事者参加することを認め，債務者の被告［＝第三債務者］に対する請求が原告の請求と同一訴訟物に関しても重複訴訟の禁止に触れないとする。

★(4)説の理解として，訴訟告知を任意的とみるもの［坂原・吉村］と義務的（債務者の参加が任意）と捉えるもの［高橋］がある［高橋・重点講義上229頁の注(19)参照］。なお，新堂説を前者のように解すると，告知を受けなかった債務者には，敗訴判決のみならず，勝訴判決の既判力も及ばず，第三債務者は勝訴しても債務者からの再訴のリスクを負うことになるとの批判を浴びることになる（上田466頁）。

↓さらに，こうした方向を推し進め，

(5) **池田説**

…代位債権者は，まず債務者に対して相当期間を定めて権利行使を**催告**し，債務者が権利行

使をしないときにはじめて債務者の財産管理権を取得して，それに基づいて当事者適格が認められる。そして，代位訴訟を代位の根拠となる被保全債権と代位の目的である訴求債権（＝訴訟物）の双方が金銭債権である**正統型（本来型）**と，それ以外（中間省略登記の場合など）の**藉口型（転用型）**に分類したうえ，前者の正統型は訴訟担当の構成に馴染むという。財産管理権は代位債権者と債務者に分属しており，債務者も共同訴訟参加（52条）することができるところ，その参加の後に他の債権者が代位することはできず，共同訴訟的補助参加しうるにとどまる。これに対して，債務者が参加していなければ，他の債権者は権利催告せずに共同訴訟参加することができる（池田辰夫『債権者代位訴訟の構造』（信山社，1995年）81頁以下）。

←株主代表訴訟に似た構想であり，権利催告によって当事者適格を取得するところから"**玉突き理論**"と称される。
　　↓しかし，批判
現行法上，第三者間の訴訟強制をそれほど徹底しうるかについては疑問である。
　　↓そこで，

(6) **竹下説（訴訟告知説）**

…株主代表訴訟を提起した株主の会社に対する告知義務を定めた**会社法849条3項（旧商法268条3項）の類推**によって代位債権者に**債務者への訴訟告知を義務づけ**，第三債務者は訴訟告知があるまで本案の応訴を拒むことができる（条解670頁〔竹下守夫〕，吉村徳重「既判力の第三者への拡張」講座民訴6巻160頁，上田481頁，林屋503頁，谷口358頁，梅本401頁など）。
→(4)説によると，告知がなされず第三債務者が応訴を拒絶する場合に訴えは不適法却下され，**告知がなされた場合に既判力は有利にも不利にも債務者に及び**，また，**告知がなされないのに第三債務者が応訴拒絶権を行使しなかった場合**には既判力は債務者の有利にのみ及ぶ（←第三債務者と債務者との利益調和が目指されている）。

＊第三債務者が応訴拒絶権を行使しないという例外的な場合に，債権者・第三債務者間のみの相対的訴訟を肯定する点に特徴がある。訴訟告知によって債務者には共同訴訟的補助参加の機会が与えられるが，債務者は債権者の請求とは別に自らへの給付を求めることはできないと考えられるので，共同訴訟参加はできない（高橋・重点講義上231頁）。

＊(4)説を評価しつつ，債務者は，自己の債権を審理される以上，当事者（被告）として扱われるものとして（自己への給付を求めることができるという），これに対する訴訟告知ではなく，訴状送達をすべきであるという見解もある（坂原正夫『民事訴訟法における既判力の研究』（慶応義塾大学法学研究会，1993年）278頁以下，同「債権者代位訴訟と既判力の主観的範囲」中野貞一郎先生古稀祝賀『判例民事訴訟の理論［下］』（有斐閣，1995年）179頁）。
→この見解によると，代位債権者の第三債務者に対する代位訴訟と代位債権者の債務者に対する訴訟（これは被保全債権の確認訴訟であるという）は民訴法40条の準用される共同訴訟になり，債務者は自己に対する訴状と第三債務者に対する訴状，合計2通の送達を受けることになる（坂原・上掲309頁・315頁）。

3　検　討

通説に対する三ケ月説の問題提起は正鵠を射ていたものの，三ケ月説に対する批判も適切であり，それを受けたその後の学説展開が訴訟担当の枠組みを維持しつつも，代位債権者に一定の行為を要求することで，第三債務者と債務者の利益調和を目指そうとした方向で繰り

広げられていることも概ね妥当といえよう（［対立・拮抗関係があれば既判力を及ぼさないという発想ではなく、既判力を及ぼすうえで必要な訴訟上の手当てを講じるという思考］）。
　　　↓問題は，
代位債権者（＝訴訟担当者［原告］）・第三債務者（＝相手方［被告］）・債務者（＝本人）の三者間における利害の微妙なバランスをどのようにとるかである。
　　　→訴訟担当にあっては，担当者・本人間の関係よりも相手方との関係に重きをおいて考えることになろう。
　　　↓そうした点からすると，
債務者に対する訴訟告知を任意的として，第三債務者に再訴のリスクを負わせるのは好ましくなく，新堂説が告知を代位債権者の裁量に委ねるのであれば妥当とはいいがたい。
　　　↓他方，
実体法上，権利催告を債権者代位の要件として，訴え却下を帰結する池田説は，すでに立法論の域に踏み込んでいる点は格別，債務者保護に偏して代位債権者の提訴に制約を課しすぎているといわざるをえない。
　　　↓そうすると，
第三債務者に再訴の負担をかけないよう告知義務を要求すべきであり（新堂説を告知必要と読めば［高橋・重点講義上229頁の注⑲］，そのかぎりで同説は妥当），そのうえ告知義務不履行の不利益を第三債務者に負わせることができないことから，これに応訴拒絶権を認める竹下理論が妥当であると考えられる。これと同じようなバランシングを追及する坂原説については，やはり債務者を被告として扱うところに難点が残る（毎回の期日呼出状が送達される完全な当事者ではなく，最初の期日呼出状だけが出される不完全な当事者があってもよいと考えると，あえて完全な被告とせずとも告知ないし催告で足りるとする余地もあるとするのは，高橋・重点講義上232頁注㉓）。
　　　↓なお，
債権者代位訴訟において既判力の拡張を前提としても，後訴で債務者が代位債権（＝被保全債権）の不存在を立証すれば，前訴判決には当事者適格の欠缺があったことになり，民訴法115条1項2号の適用が否定され，既判力拡張を排除することができる（大阪地判昭45・5・28下民21巻5＝6号720頁〔民訴百選3版94事件〕）。

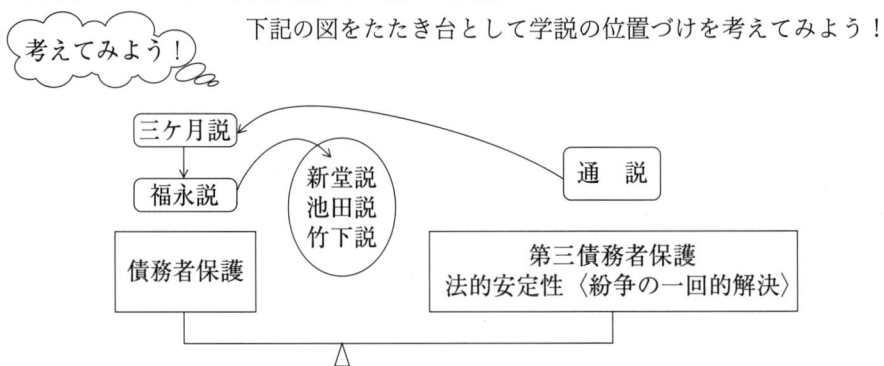

　　考えてみよう！　　　下記の図をたたき台として学説の位置づけを考えてみよう！

（三ケ月説／福永説　→　債務者保護）
（新堂説・池田説・竹下説）
（通説　→　第三債務者保護・法的安定性〈紛争の一回的解決〉）

【ポイント】
◆債権者平等の原則をどう考えるか？
◆被告（第三債務者）にとって相手方が2人であることは相手方の原告側の事情⇒どのような処理が原告・被告間の公平にかなうか？

第19章　訴訟上の和解──古典的問題と現今の諸課題──

【イントロ】（基本講義232・238頁以下参照）

　私的自治原則の支配する私的紛争（民事事件）を対象とする民事訴訟は，その開始のみならず終了の局面でも，当事者意思が尊重される（**処分権主義**）。
　↓よって，

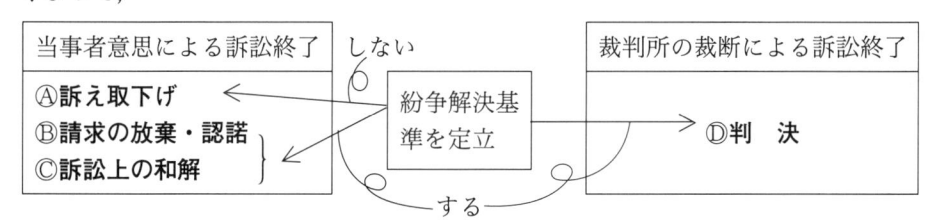

当事者意思による訴訟終了	しない		裁判所の裁断による訴訟終了
Ⓐ訴え取下げ Ⓑ請求の放棄・認諾 Ⓒ訴訟上の和解	← する →	紛争解決基準を定立	Ⓓ判　決

　訴訟上の和解＝訴訟係属中，**当事者双方**が訴訟物についての主張を譲り合って訴訟を終わらせる旨の期日における**合意**（合同行為）。
　→裁判所が合意を確認し，その合意の内容を調書に記載することによって完成する。

(1) 訴訟上の和解の特徴
　①訴訟係属中の期日（和解期日）になされる合意
　②当事者双方の互譲（→当事者の一方のみの譲歩は請求の放棄・認諾）
　③互譲の対象が訴訟物たる権利・法律関係（→ただし，訴訟物以外の法律関係を新たに形成することも互譲の内容となりうる）。
　　＊プラス・サムゲーム（←統合的交渉モデル／ win-win resolution）

(2) 訴訟上の和解の要件
　①訴訟物に当事者の**処分権限**が認められること
　②訴訟物が**法律上認められた**権利関係であること
　③**訴訟要件**を具備すること（→争いあり！）

(3) 訴訟上の和解の手続
　→裁判所は，訴訟のいかなる程度にあるかを問わず，和解を試み，または，受命・受託裁判官に和解を試みさせることができる（＝和解の勧試［89条］）。

(a) 伝統型の和解手続
　→和解案（その殆どは裁判所によって提示されたもの）を受け入れる旨の合意が成立したら，口頭弁論等の期日（＝口頭弁論，弁論準備手続または和解の期日［261条3項参照］）において，**当事者双方**が**口頭で陳述**する（←上告審でも可）。
　＊進行協議期日で和解することは，（訴え取下げや請求の放棄・認諾と異なり）予定されていない（95条2項）。
　☆裁判所の説得方法─交互説得方法と同席（対席）説得方法

(b) 新型の和解手続──合意の調達を容易化ないし不要化することによる和解促進策（←和解

重視政策のあらわれ）
①和解条項案の書面による受諾（264条）☞1996年新法
→方式の緩和による合意調達の容易化。
②裁判所等が定める和解条項（265条）☞1996年新法
→合意対象の変化（裁判所の裁定に服する旨の合意［いわば，仲裁合意］）による合意調達の容易化（⇒裁断型手続）。
＊類似の制度〜**調停委員会の定める調停条項**（民調法24条の3・31条・33条）
☆簡易裁判所における**和解に代わる決定**（275条の2）☞2003年改正法
→合意不要化（事前には原告側の意見のみが考慮されうるが，事後には異議申立ての有無ということで被告側の意見も反映される）。
＊類似の制度
少額訴訟判決による支払猶予・分割払い（375条1項）☞1996年新法
(4) 訴訟上の和解の効力
→確定判決と同一の効力（267条）。
　　↓したがって，
訴訟終了効は当然に認められ，具体的な給付義務を和解内容とするときには，**執行力**も有する（民執法22条7号）。
　　↓では，
既判力は認められるか？（争いあり）→下記！

I 古典的問題

【設例】
　Xは，所有宅地75坪の一部30坪（以下，本件土地という）をYに期間5年の約定で賃貸し，Yは同宅地上にバラック建家屋を所有し，残余の宅地には他の借地人とXの父Aがそれぞれ家屋を所有していた。その後，同宅地75坪は，特別都市計画法によって同所同番13ブロックに52坪8合（以下，単に換地予定地という）に減歩の上，換地予定地の指定がなされた（「換地」とは，土地区画整理事業や土地改良事業にあたり，整理前の土地［従前地］に代わって整理後に交付される土地をいう。公共用地の分だけ減歩したり，場所が移ったりする）。Yは，換地予定地が発表された後，Xに無断で本件建物を換地予定地に間口いっぱいに移築し，換地予定地の大部分を独占使用するに至った。
　Xは他の借地人を移転させることができず，Xの父Aもかねて右換地予定地で旅館業を営もうと計画していたが，これができないので，Yに対して右換地予定地のうちXの指示する個所に換地による宅地面積の減歩率によって敷地を縮小して移転するよう交渉したが，Yはこれに応じなかった。
　そこで，Xは，Yに対して，建物収去土地明渡請求訴訟を提起したところ，第一審係属中に，本件土地をYがXから3000万円で買い受け，Yはその代金を3回に分けて1000万円ずつ支払うものとし，Xは3000万円の完済と同時に本件土地についてYへの所有権移転登記手続をする旨の訴訟上の和解が成立した。

しかしながら，Yは，和解条項に定められた第1回目の支払いをしなかった。
〈参考〉最判昭43・2・15民集22巻2号184頁〔民訴百選3版100事件〕の事案

(1) Yが「本件土地上に行政上の規制が存在しないと，Xから騙されて行われた訴訟上の和解は，詐欺取消しによって無効である」と主張するには，どのような方法があるか？
《参照》小林・プロブレム334頁

(2) Xは，訴訟上の和解を解除して，あらためて建物収去土地明渡請求訴訟を提起することができるか？　　　　　　　　　　　《参照》上掲・最判昭43・2・15の事案

訴訟上の和解の効果として，執行力を生じることに争いはないが（民執法22条7号により，和解調書は債務名義となる），**既判力の有無**については見解が対立する。
↓そして，
既判力を肯定すると，再審事由に準じる場合にしか訴訟上の和解の瑕疵を主張できないとも考えられる（兼子・体系306頁，小山445頁以下など）。もっとも，既判力の発生を前提として，**取消・無効主張の方法や解除による救済手段**のいかんが議論される。

1　和解調書と既判力の有無
(1)　判　例
　…裁判上の和解は，確定判決と同一の効力を有し，**既判力を有する**ものと解すべきである（最大判昭33・3・5民集12巻3号381頁〔民訴百選77事件〕）。
＊なお，第一審係属中に成立した訴訟上の和解に要素の錯誤があったとして期日指定の申立てをしたところ，審理が続行されて，一審・二審ともに要素の錯誤があったとして和解が無効とされたケースにつき，最高裁判所は，「原判決は，本件和解は要素の錯誤により無効である旨判示しているから，所論のごとき実質的確定力を有しないこと論をまたない」と判示した（最判昭33・6・14民集12巻9号1492頁）。
(2)　学　説

既判力肯定説	調書の成立により訴訟終了するから，和解の意思に瑕疵があった場合にも，陳述の無効は原則として主張できないが，**再審事由**（338条1項2・3・5号）にあたる事由のある場合にかぎり，**再審の訴えに準じた独立の訴え**によって無効主張することが許される（兼子・体系309頁，小山・著作集7巻258頁，梅本「訴訟上の和解の効力について」三ケ月古稀中567頁，梅本997頁など通説）。〔←判決代用説〕 　∵　①「確定判決と同一の効力」（267条）には，既判力も含まれる。 　　　②（訴訟行為説の立場から）和解は訴訟行為であり，私法上の和解の不成立・無効とは切り離されたものである。 　　＊既判力肯定説に立ち，錯誤を取消事由として認めるべきであるとし，取消の方法は，再審の訴えに準じる和解取消の訴えによるべきだが，期日指定申立てによる旧訴続行もその実質は再審訴訟に類することからこれを認めるべきであるとする見解がある（山木戸克己『民事訴訟法論集』（有斐閣，1990年）422頁）。
	無効・取消主張の方法は，再審の訴えに限られない（岩松三郎『民事裁判の研究』（弘文堂，1961年）100頁以下，三ケ月・全集443頁，新堂344頁，河野正憲「訴訟上の和解とその効力をめぐる紛争」北九州大法政論集8巻3＝4号（1981年）〔同『当事者行為の法的構造』（弘文堂，1988年）262頁に所収〕，藤原弘道「訴訟上の和解の既判力と和解の効力を争う方法」後藤

既判力否定説	勇＝藤田耕三編・訴訟上の和解の理論と実務（西神田編集室，1987年）488頁など）。 ∵ ①既判力を肯定すると裁判のないところに裁判を擬制することになり，憲法32条に反する（岩松）。 ②既判力は公権的な紛争解決の要請から裁判にのみ特有な要請であり，和解という自主的紛争解決には親しまない（三ケ月）。 ③判決と異なり，裁判所の関与の度合いに差がある（新堂）。 ←裁判所が和解の成立過程を調査して，錯誤・強迫などのないことを確認するとは限らない。 ④判決と異なり，上訴の余地がない（河野）。 ⑤起訴前の和解を視野にいれると，既判力を肯定するのは，法的安定の見地から実務的ではない（藤原→上記①〜④に疑問を呈する）。 ⑥和解には判決主文に対応する部分がないから，和解に既判力を認めると，その客観的範囲が不明確となる（←既判力肯定説・制限的既判力説に対する批判）。
制限的既判力説	和解の意思に瑕疵がない場合は，既判力が認められるが，瑕疵がある場合は，無効・取消を主張することによって訴訟終了の合意が失われ，手続が続行される（菊井維大『民事訴訟法下〔補正版〕』（弘文堂，1968年）375頁，中村英郎「裁判上の和解」民訴講座３巻838頁，伊藤436頁以下，注釈民訴(4)486頁〔山本和彦〕など）。 ∵ ①判決の無効という事態を肯定するのであれば，和解無効を観念することや基準時前の無効事由の主張を認めることもアプリオリに既判力概念に反するとは言いがたい（山本〔和〕）。 ②既判力の根拠が手続保障の付与にあるとすれば，和解における手続保障はまさに当事者の意思表示の真正を中核とすることになり，そうした真意性が認められないときは，既判力の根拠は失われる（山本〔和〕）。

2 訴訟上の和解に無効・取消原因がある場合のその主張方法（←設例(1)）

(1) 判　例

→以下のような主張方法を競合して認める！

旧訴続行	❶期日指定申立て（大判昭６・４・22民集10巻７号380頁〔民訴百選78事件〕） ❷和解無効確認の訴え（大判大14・４・24民集４条195頁）
新訴提起	❸請求異議の訴え（大判昭14・８・12民集18巻903頁） ❹再審の訴え（大判昭７・11・25民集11巻2129頁）

(2) 学　説

(a) **期日指定申立て説**（中野ほか［旧版］412頁〔松浦馨〕など）

…無効・取消原因のある和解に関与した裁判官が当事者の期日指定の申立てに基づいて口頭弁論期日を再開して，旧訴の裁判資料や手続を利用して，無効・取消原因を審理するのが適切である（←旧訴復活）。

→審理の結果，和解が有効であれば，**訴訟終了宣言判決**をする。

∵ ①訴訟上の和解によって訴訟が終了するから，その有効・無効は訴訟係属の存否に関わる問題であり，当該訴訟の手続内で決着されるべき。
　②旧訴の訴訟資料・訴訟状態を利用でき，手続が簡便である。
　　↓しかし，《批判》
　和解が上訴審でなされた場合は，審級の利益を失うのみならず，上告審では事実審理が

　　　　できないことになってしまう。
(b) **新訴提起説**（三ケ月・双書513頁など）
　　…和解の無効主張は，別訴，すなわち，**和解無効確認の訴え**，状況次第で**請求異議の訴え**（民執35条）によらなければならない。
　　∵　訴訟上の和解の有効・無効は，旧訴の訴訟物の判断とは異なる紛争の局面であるから，必ずしも和解に関与した裁判所に審理させる必要はない。
(c) **競合説**（条解720頁〔竹下守夫〕，新堂347頁，上田432頁，小林・プロブレム335頁など）
　　…（判例と同じく）期日指定申立てによる方法と別訴（和解無効確認の訴え，請求異議の訴え，再審の訴え）による方法のいずれかを選択するかを当事者に委ねる。
　　∵　①期日指定申立ては，最も簡便で従来の手続や裁判資料の利用ができて有用であるが，そのことが新訴提起の利益を常に失わせるとはいえない。
　　　　②和解の無効・有効の審理は，確定判決に対する再審の訴えや訴え取下げの無効を争う場合に対応するとすれば，上告審での期日指定も一概に不当ではない。
　　　　③当事者の求める救済内容は種々であるうえ，救済手段の機能も異なるので，具体的局面に適した救済手段を当事者が選択できるとするのがよい。
　　＊なお，再審の訴えを認める必要はないとする競合説もある（伊藤438頁）。

(3) 設例(1)の検討
　　→判例の考え方（競合説）によると，いずれの方法が妥当か？
　　　　↓思うに，
　　Xによる強制執行の可能性があり，これを排除しうる方法が有用であろう。
　　　　↓とすると，
　　期日指定の申立てだけでは強制執行を排除することはできない（→ただし，民訴403条や民執36条の類推により一時執行停止を認める解釈もありうる）。
　　　　↓強制執行を排除するには，
　　別訴が必要となる。そうすると，**請求異議訴訟**は勿論のこと，詐欺取消しのうえ和解無効確認訴訟を提起することでも，強制執行を排除［＝停止・取消］することができる（民執39条1項2号・40条）。
　　　　↓とただし，
　　判決までの**一時執行停止**は請求異議訴訟の場合のみ可（民執法36条参照）。もっとも，民執法36条の類推により一時執行停止を認める解釈も不可能ではない。
　　　　↓したがって，
　　最も簡明なのは，**請求異議訴訟**（民執35条）ということになる。

3　訴訟上の和解の**解除による救済手段**（←設例(2)）
(1) 判　例
　　→債務不履行による和解の解除によって和解契約上の権利関係が消滅するだけであるとして，旧訴の復活（続行）を否定し，重複訴訟（142条）を避けるには，**新訴提起**が妥当であるとする（最判昭43・2・15民集22巻2号184頁〔民訴百選3版100事件〕）。
　　cf. 大審院判例は，和解内容である契約の解除により**旧訴が当然に復活する**としていた（大判昭8・2・18法学2巻10号1243頁）。
(2) 学　説

(a) **期日指定申立て説**（条解720頁〔竹下守夫〕など。なお、続民訴百選86事件解説〔柏木昇〕）
　　…和解の解除によって**旧訴は復活（続行）**し、無効・取消と同じく期日指定の方法による。
　　∵　①和解当事者間の再度の紛争は、旧訴と同じ原告の権利主張の当否の争いであり、また、和解契約の解釈や解除が問題である以上、旧訴の復活によってこそ迅速・経済・適正の要請に合致した処理ができる。
　　　　②解除の遡及効により、はじめから和解は存在しなかったことになる。

(b) **新訴提起説**（兼子・体系309頁、三ケ月・双書513頁など〈多数説〉）
　　…和解の解除は、訴訟終了効に影響を与えず、新訴を提起することができる。
　　∵　①訴訟上の和解の成立により訴訟は終了するのであり、その後の和解の解除は、和解成立後における法律関係の変動として私法上の和解を失効させるが、一旦成立した訴訟上の和解は復活せず、訴訟終了効には影響がない。
　　　　②既判力によって別訴の提起が遮断されるのは、和解の陳述をした時を標準とした権利関係の存否に関する争いについてであって、その後に発生した権利の変動は、新たに発生した事実であるから、既判力によって遮断されない。
　　　　↓しかし、《批判》
　　新訴は権利保護の利益を欠く。

(c) **折衷説**（中野ほか［旧版］412頁〔松浦馨〕）
　　(i)**通常型和解**（「和解前の権利関係の復活」を伴う和解）の解除→**期日指定申立て**
　　∵　旧訴の資料・手続を復活させて審理するメリットが大きい。
　　　　e.g., 貸金返還請求訴訟で原告が分割弁済を認めて和解が成立したが、その後弁済を怠ったため、和解が解除された。
　　(ii)**更改型和解**（「和解の一内容である契約」）の解除→**新訴提起**
　　∵　旧訴の利用価値がない。
　　　　e.g., 家屋明渡請求訴訟における和解で別個に賃貸借契約が締結されたが、賃料不払いで解除された場合に、この賃貸借契約の解除の適否を争う。
　　　　　↓しかし、《批判》
　　通常型と更改型との区別が明確でない場合もある。

(d) **競合説**（上田433頁、小林・プロブレム336頁など）
　　…期日指定の申立てによる方法と新訴提起による方法のいずれを選択するかを当事者に委ねる。不相応な場合には、裁判所の釈明によって救済手段の変更・追加を当事者に行わせればよい。

(3) 設例(2)の検討
　→判例（最判昭43・2・15民集22巻2号184頁〔民訴百選3版100事件〕）の事案の場合、Xは、履行の催告をしたうえで訴訟上の和解を解除し、あらためて建物収去土地明渡請求訴訟（**新訴**）を提起した。
　　↓これに対して、
　Yは、本案前の主張として、訴訟上の和解は私法上の和解が有効なことを条件として訴訟を終了させる合意をなすものであるから、私法上の和解が解除されるならば、前訴はなお係属中（＝**旧訴復活**）ということになり、それゆえ本訴は重複訴訟の禁止（142条）に触れて却下されるべきであると述べた。
　　↓まず、第一審裁判所は、

当初から訴訟上の和解に取消原因が附着しており後に取消がなされたような場合には，和解無効の場合と同じように訴訟の続行を認めてよいが，当初からこうした原因が附着しないで有効に成立し，その後に発生した実体法上の理由，たとえば債務不履行による解除や合意による解除などにより私法上の和解が消滅した場合には，訴訟終了効には影響がなく，もはや旧訴の続行を認めることはできないとして，Yの主張を排斥し，Xの請求を認容した（鹿児島地判昭36・9・27）。

↓そこで，Yが控訴したところ，

控訴審裁判所も，第一審の判決理由を引用して控訴を棄却した（福岡高宮崎支判昭41・3・7）。

↓そこで，さらに，Yは上告したところ，最高裁判所は，

「訴訟が訴訟上の和解によって終了した場合においては，その後その和解の内容たる私法上の契約が債務不履行のため解除されるに至ったとしても，そのことによっては，単にその契約に基づく私法上の権利関係が消滅するのみであって，和解によって一旦終了した訴訟が復活するものではないと解するのが相当である。従って右と異なる見解に立って，本件の訴提起が二重起訴に該当するとの所論は採用し得ない。」と判示して，Yの上告を棄却した（最判昭43・2・15民集22巻2号184頁〔民訴百選3版100事件〕）。

→Xは，訴訟上の和解を解除して，あらためて建物収去土地明渡請求訴訟を提起することができる。

＊学説において，上記の判例の考え方に賛成する見解が多数を占めるが，和解の解除が遡及効をもつ場合には，旧訴を復活させた方が紛争解決によって適切であり，かつ，解除当事者の救済になる場合も多く，まさに本件事案はそのような場合であるとして，Xとしては期日指定申立てによるのがよいとする見解もある（小林・プロブレム336頁）。

II　現今の課題

1　古典的問題に対する新たな分析の視点――「裁判所の和解勧試」の問題点

紛争解決における訴訟上の和解のプレゼンスは大きい―既済事件数の約3分の1

＊2004年の第一審通常裁判所（地裁）における既済事件の終局区分をみると，全体の71.4％を占める判決について，訴訟上の和解は34.5％である（最高裁判所事務総局・司法統計年報1民事行政編）。

↓こうした紛争解決において重要な役割を果たしている訴訟上の和解であるが，

その成立プロセスの実態をみると，当事者自身による自主的な合意として成立したのではなく，裁判所の積極的な**和解勧試**（89条）の結果，裁判所の裁定案を受け入れるか否かの選択として成立した場合が殆どである（→そこから「和解裁判」や「裁断・説得型」などと称する向きもある）。

＊判決により終了した場合でも，和解勧試を経ている可能性は高い（那須弘平「謙抑的和解論―和解の判決に与える影響を中心として―」木川統一郎博士古稀祝賀『民事裁判の充実と促進〈上〉』（判例タイムズ社，1994年）692頁以下など）。

↓しかしながら，

訴訟上の和解に関する伝統的議論（法的性質論，要件論，効果論，そして，無効等の主張方法など）において前提とされているのは，あくまで当事者自身の行為としての合意であり，和解

勧試は事実上のものとされ，法的な検討の対象とはされていない。
　　↓そこで，
裁判所による和解勧試を正面にすえて，訴訟上の和解に関する伝統的諸問題を，その法的規律といった問題意識から再検討すべきではないかとの提言がある（垣内秀介「裁判官による和解勧試の法的規律（一）」法協117巻6号（2000年）751・768-769頁）。
　　↓そして，
裁判所の和解勧試には当事者自身の利益に還元しきれない側面がある(←制度設営者側の利益，ひいてはその背後にある納税者の利益もしくは他の潜在的利用者の利益にも資する)。
→そうした観点から，(89条には何ら明示されていないが) 和解勧試には一定の限界があると考えられる（法的規律の必要性）。

《裁判所の和解勧試に内在する強制の契機》
①当事者は，和解勧告を拒絶して判決手続に復した場合に，自己に不利な判決がなされるのではないかとの危惧を抱く。
②裁判所の和解案を拒絶して判決を受けたとしても，言い渡された判決の内容は和解案と同様の結果になるのではないかとの推測が働く。

☆和解勧試の主体と判決主体が同一であることに対する評価
(i)肯定的見解（西野喜一『裁判の過程』（判例タイムズ社，1995年）422頁，小島武司ほか「〈座談会〉裁判官の和解技法—日米比較」判タ883号（1995年）24頁以下など。本人訴訟につき，棚瀬孝雄『本人訴訟の審理構造』（弘文堂，1998年）137頁以下）。
(ii)否定的見解
　①和解交渉における裁判官の積極的関与が要請されるのであれば，立法論的には口頭弁論にも出席するが判決まで行ったときの評議には参加せず，専ら和解手続の主宰を任務とする「和解官」のような制度を新設することの検討が必要である（太田勝造『民事紛争解決手続論』（信山社，1990年）251頁以下）。
　②判断者と調停者を同一人が兼任すると，判断者が予断を抱くおそれがあるうえ，和解交渉における自由な発言が抑制され，さらに和解案を拒絶することが困難となるなどの問題がある（早川吉尚「日本のＡＤＲの批判的考察」立教法学54号（2000年）206頁）。
　＊アメリカの実務では，プリトライアルカンファレンスにおける和解担当の裁判官とトライアルを担当する裁判官は異なる。

Q₁．和解勧試の主体と判決主体が同一であることをどのように考えるか？

2　現今の諸課題
(1) 裁判所の和解への関与態様
　◆**裁判所主導型**と**当事者主導型**（石川明『民事法の諸問題』（一粒社，1987年）109頁など）
　◆**心証中心型**と**交渉中心型**（草野芳郎『和解技術論〔第2版〕』（有斐閣，1988年）167頁，瀬木331頁など）
　◆**心証開披型アプローチと自律型アプローチ**（小島武司「民事訴訟における事件振分け・和解勧

告と裁判所の役割」新報98巻1＝2号（1991年）121頁など参照）
(2) 和解勧試の時期
 (i)**限定説**…和解は原則として争点整理後か証拠調べ終了後になされるべき（石川明「西ドイツ民訴法279条と訴訟上の和解」判タ494号（1983年）44頁，瀬木343頁など）。
   ∵ 和解勧試の前提として，①和解の適正さの観点から，争点が整理・圧縮され，裁判所が事案の概要，係争事実についてのある程度の心証を得ていること，②当事者の納得という観点から，両当事者が事案の概要，事実についての心証を裁判所と共有していることが要求される（伊藤眞「民事訴訟における争点整理手続」曹時43巻9号（1991年）12頁）。
 (ii)**非限定説**…訴訟のいかなる段階でも和解を試みるチャンスはあり，まさに条文どおりであるが，ただし，訴状陳述以前の段階では行わない（草野・技術論29頁）。
   ∵ 証拠調べをして心証をとり，それを加味しなければ到底和解に至らないケースは例外であって，多くは，裁判官が当事者間の対話を妨げている障碍を取り除き，当事者自身の中に内在する自主解決能力を引き出すように介入することでよりよい解決として和解の成立に至るケースである。したがて，心証ができなければ裁判官は責任をもって和解勧試できないというのは間違っている（草野・技術論36-39頁）。

> Q_2．「証拠調べ終了後は，和解勧試ではなく，判決をするのが本来ではないか？」（民調法20条1項但書参照）という上記の限定説に対する疑問にどのように答えることができるか？

【参考】民調法20条1項「受訴裁判所は，適当であると認めるときは，職権で，事件を調停に付した上，管轄裁判所に処理させ又はみずから処理することができる。但し，事件について争点及び証拠の整理が完了した後において，当事者の合意がない場合には，この限りでない。」

> Q_3．2003年改正による訴え提起前における証拠収集処分等の新設は，和解勧試の時期に関する考え方に影響を与えるか？

(3) 当事者との対話の方式

┌───┐
◆**交互面接方式**＝裁判官が当事者を交互に和解室に呼び入れて協議（説得）する方式
 →その特徴は，裁判官による情報の独占とコントロール（那須弘平「和解の在り方」西口元編『現代裁判法大系13巻：民事訴訟』（新日本法規，1998年）310頁）。
◆**同席（対席）対話方式**＝裁判官と当事者双方が一堂に会して協議（説得）する方式
 →その特徴は，当事者の主体性尊重（透明で公正な手続による当事者の情報共有，当事者の自主解決能力ないし自己決定）。
└───┘

(i)交互面接方式を許容する見解（草野・技術論39頁以下など）
 ∵ ①相手方が不在なので，真情を吐露しやすい。
   ②相手方との感情的確執を清算するのに適している（←同席すると，徒に感情を刺激しあって，紛争が一層こじれてしまうおそれがある）。
   ③親身になって話をよく聞くという姿勢で裁判官が当事者双方の間を往復しているうちに良い解決案が浮かび，双方納得しうる和解案が生まれてくる。

　　　　　　④交互面接方式に違和感を覚えない当事者が多数派であるからこそ，実務上，交互面接
　　　　　　　方式が広く行われている。
　　　　＊「片方ずつ呼んで支払う側に少し高めに受取る側に少し少なめに」説得するとまとまり
　　　　　やすい（プラクティス研究会「〈座談会〉理想のプラクティスをめざして—和解（2）—」法
　　　　　の支配42号（1980年）91頁〔小林宏也発言〕）。
　　　　＊「当事者双方が一致して対席対話方式を希望するときは当然対席でやりますし，場合に
　　　　　よっては，一方当事者の事情聴取中に相手方を傍聴させる（発言は認めない）という準対
　　　　　席対話方式も検討してみようと考えています」（草野・技術論43頁）。
　　(ii)同席対話方式を奨励する見解（家近正直「弁護士から見た民事裁判（その1）」別冊判タ3号（1977
　　　年）122頁，西口元「チームワークによる汎用的訴訟運営を目指して」判タ849号（1994年）18頁，同
　　　「争点整理の原点に立ち返って」判タ915号（1996年）164頁など）
　　　∵　①交互面接方式によると，双方の当事者に敗訴の可能性を示唆するといった不公正な説
　　　　　　得が行われたり，一方的な主張に基づいて事実の心証形成が行われたりするなどして，
　　　　　　裁判官の公正に対する疑惑を惹起しかねない。
　　　　　②同席対話方式は，透明で公正な手続によって当事者の情報共有を実現し，当事者の自
　　　　　　主解決能力を引き出すものであり，その結果，紛争の実効的解決をもたらす和解の成
　　　　　　立に至ることが期待される。このような同席対話方式に対する期待は，当事者主導型
　　　　　　ないし交渉促進型の和解のみならず，裁判所が自ら策定した和解案を当事者に提示し
　　　　　　て説得し，合意を目指すという裁判所主導型ないし裁断・説得型の和解にも妥当する
　　　　　　（同席調停につき，井垣康弘「同席調停の狙いと成功の条件」井上治典＝佐藤彰一共編『現代
　　　　　　調停の技法』（判例タイムズ社，1999年）172頁以下）。

　　Q₄.　上記(i)説（交互面接方式を許容する見解）と(ii)説（同席対話方式を奨励する見解）のいず
　　　　れが妥当か？

(4)　訴訟代理人との問題
(a)　訴訟代理人との対話の方式——裁判官と当事者本人・訴訟代理人の関係
　　　①　当事者＋代理人 を交互説得
　　　②　双方の代理人 を交互説得
　　　③　当事者 を交互説得
　　　④　当事者＋代理人 を同席説得
　　　⑤　双方の代理人 を同席説得
　　　⑥　当事者 を同席説得
　　＊日本の交互説得方法は，もし裁判官が記録検討を十分にしておらず，かつ事件の法的側面
　　　について根本的な研究をしないままに行うときは，非常な弊害を伴うし，さらに，代理人
　　　側の検討も不十分な場合には，成立した和解は相当性を欠き，当事者本人に違和感を残す
　　　ばかりでなく，裁判に対する国民の信頼を害することになる（木川統一郎『訴訟促進政策の
　　　新展開』（日本評論社，1987年）96頁）。
　　　⇒上記の指摘を踏まえて，青色LED訴訟の和解（東京高裁平成17年1月21日）に応じた原告
　　　　の不満（「日本の司法は腐っている」）の原因を考えてみよう！

《青色LED訴訟の和解》
　青色発光ダイオード(LED)の発明者であるXは，発明当時に在籍していたY社に対して，発明対価の一部として200億円の支払いを求めて提訴していたところ，第一審裁判所は，Y社の利益を1208億円，Xの貢献度を50％(604億円)であると認定して，請求額200億円全額の支払いを命じる判決を言い渡した。Y社が控訴したところ，控訴審において次のような内容の訴訟上の和解が成立した。すなわち，Y社の利益を120億円，Xの貢献度を5％(6億円)としたうえで，遅延損害金を含めて8億4000万円をY社がXに支払うというものである。

考えてみよう！　なぜ，Xは，職務発明の対価について，第一審判決の認定額と比べて格段に低い額を示した和解案を受け入れたのか？

◆控訴審裁判所は，和解勧試において，判決を出してもこれ以上の金額が示されることはなく，最高裁へ上告しても算定基準などを判断することはないので，Xが法廷で闘える機会は事実上失われていることを示唆したとされている。

◆控訴審裁判所が「判決を避けた」という見方を検討してみよう。
　→一方で，職務発明の対価など未だ基準が未確立の分野においては，判決によって明確な基準を打ち立てる必要性が認められる。他方で，知的財産権などの専門的知見を要する分野では，裁判所としては，適切な内容の基準を示し難い段階では，和解例の累積をまち，しかるべきときに判決によって適切な基準を示すという姿勢も理解できる。どちらが妥当であろうか…？

【参考】光ディスク読み取り技術の特許を巡り，日立製作所の元社員が発明対価の支払いを求めた訴訟において，最判平18・10・17裁判所時報1422号1頁［光ディスク事件］は，上告を棄却し，同社に1億6300万円の支払いを命じた東京高裁判決が確定した。

(b)　当事者本人と訴訟代理人の関係
　→訴訟代理人である弁護士が受任した訴訟事件について訴訟上の和解をするには，当事者本人から特別の委任を受ける必要がある（55条2項）。
　　☞訴訟上の和解をめぐり訴訟代理人が本人と十分な意思疎通をはかるべき。
　　　↓では，
　　訴訟代理人は，訴訟物以外の法律関係について，どの範囲まで和解する権限を有しているのか？
　　〈判例〉

①貸金返還請求訴訟における被告の訴訟代理人の和解権限については，和解の一条項として貸金債権の担保のために被告所有の不動産について原告の抵当権設定契約をする権限も含まれる（最判昭38・2・21民集17巻1号182頁）。

②建物利用に関する契約に基づくα請求権と同契約の債務不履行に損害賠償請求権であるβ請求権とが同一建物の利用に関して同一当事者間に生じた一連の紛争に起因するという事情の下では，α請求権について和解をすることの委任を受けた弁護士は，β請求権について和解をすることの具体的委任を受けていなくても，β請求権を含めて和解をする権限を有する（最判平12・3・24民集54巻3号1126頁）。

　〈学説〉
(i) **訴訟物限定説**（石川明「訴訟代理人の和解の権限の範囲」法学研究37巻6号（1964年）96頁，争点

〔3版〕83頁〔稲葉一人〕）

- (ⅱ)**訴訟物基本説**（中村英郎・民商49巻4号（1964年）561頁）…訴訟代理人が訴訟物となる法律関係および同一性を有する範囲において訴訟上の和解をする場合には，特別の授権は不要である。
- (ⅲ)**取引観念説**（竹下守夫「訴訟代理人の和解の権限の範囲」法協82巻1号（1966年）138頁）…原則として訴訟物たる法律関係に限定されるが，通常の取引観念に照らして，その法律関係についての争いを解決する和解として通常予想される範囲のものであれば特別の授権を要しない。
- (ⅳ)**利益考量説**（柏木邦良・法学27巻1号104頁）…和解権限の範囲に含ませることの社会的必要性，現実的便宜性，それが当事者本人に与える利益・不利益を考慮して，和解権限の範囲を決定する。
- (ⅴ)**総合考慮説**（上北武男「訴訟代理権の範囲」演習民訴〔新版〕237頁）…個々の事案における当事者・代理人間の具体的事情，相手方の善意・悪意，裁判所の知・不知などの総合考慮によって和解の効果を判定すべきである。
- (ⅵ)**紛争解決目的説**（加藤・弁護士310頁）…和解権限の範囲に含まれるか否かを，互譲による紛争解決のために必要・有用であるか，当事者にとって紛争解決として予測可能であるかという要素を基準として判定すべきである。
- (ⅶ)**行為規範重視説**（垣内秀介「訴訟上の和解と訴訟代理権の範囲」新堂古稀上444頁）…和解代理権の範囲は無限定であるが，訴訟物以外の事項については代理権行使の手続的要件として当事者の意見確認を要する。
- (ⅷ)**制限否定説**（大石忠生＝三上雅通「訴訟上の和解の規整をめぐる若干の問題—実務の対応の観点から—」講座民訴4巻329頁）…訴訟代理人の和解権限を制限することはできず，訴訟物によって和解権限の範囲が画されるものではない。

(5) 和解内容
- (ⅰ)伝統的見解…裁判所の提示する和解案は心証を踏まえたものでなければならない。
  →裁判所はできるだけ実体的真実に近い内容の和解の成立に努力すべき（岩松三郎＝兼子一編『法律実務講座〔第二編（民事訴訟法編）〕3巻』（有斐閣，1959年）167頁など）。
- (ⅱ)「判決乗越え型」和解を基本とする見解…①判決の結論が正義に適っている場合でも，判決と同じかそれに順ずる内容の「判決先取り型」和解をすればよく，②容易に判決の結論が予測できない場合には，勝訴の可能性に応じた割合的に妥当な結論を合意する「オール・オア・ナッシング回避型」和解をする方が正義にかない，③当事者間の紛争の実態に着目すると，判決ではなしえない実情に即した解決をもたらす「判決乗越え型」和解が妥当なこともある。これらのうち，基本は③である（草野芳郎「訴訟上の和解についての裁判官の和解観の変遷とあるべき和解運営の模索」判タ704号（1989年）29頁）。

(6) 手続的規制の提言
  →たとえば，手続全体での枠組的な規制（枠組的手続保障）と内容面での手続的規律（内容的手続保障）などの提言がみられる（山本和彦「決定内容における合意の問題—訴訟上の和解と裁判上の自白の手続的規制」民訴雑誌43号（1997年）135頁以下。なお，垣内・前掲797-799頁）。
  ＊なお，株主代表訴訟や選定当事者訴訟などの代表訴訟においては，アメリカ法におけるクラスアクションの和解に関する法的規整を参考にして，訴訟外の第三者（非当事者）の利益保護の観点から，公正な和解内容を確保するために裁判所の積極的な関与の必要性が従前より説かれている（川島四郎「『公共訴訟』事件における公正な和解内容の確保と裁判官の

役割」商学討研39巻2号（1988年）81頁，中島弘雅「株主代表訴訟と和解」小林秀之＝近藤光男編『新しい株主代表訴訟』（弘文堂，2003年）156頁，山本和彦「選定当事者訴訟について」判タ999号（1999年）62頁，小林学「選定当事者訴訟と訴訟上の和解―拡散利益救済のための基盤条件の整備―」新報107巻5＝6号（2000年）161頁以下など）。

第20章　請求の単複——請求の併合と訴えの変更等——

【イントロ】(基本講義131・144-145頁以下参照)

複数請求訴訟＝同一手続において**数個の請求**が同時にもしくは時を異にして審判の客体をなす訴訟。

　　　cf. 多数当事者訴訟＝同一手続に**3人以上の当事者**が関与する訴訟。

　↓メリットとデメリット

メリット	①当事者の訴訟追行上の負担を軽減
	②相互に関連した請求であれば，審理重複・矛盾判断の回避
デメリット	❶審理の繁雑化
	❷訴訟遅延を招来

↓そこで，
各類型ごとに**合理的な併合要件**を定められている(さらに，これを具備する場合でも，裁判所の訴訟指揮権に基づく**弁論の制限・分離**や**一部判決**などにより，審判を分離する道をある程度認め，裁判所による状況に応じた適切な処理が期待される)。

《複数請求訴訟(併合訴訟)の分類》

(i) **原始的複数**（固有の訴えの客観的併合）
　　→原告が**最初から**1つの訴えで数個の請求をする。
(ii) **後発的複数**（←訴訟係属中における併合）
　　├①原告による**訴えの変更**（143条）
　　├②被告による**反訴**の提起（146条）
　　├③原告または被告による**中間確認の訴え**の提起（145条）
　　└④裁判所による**弁論の併合**（152条）や判決の併合

　　　　　　Ⓐ**単純併合**（←両請求は両立する）
☆併合態様　Ⓑ**予備的併合**（←両請求は両立しない［順位付け］）
　　　　　　Ⓒ**選択的併**（←両請求は両立するが同一目的・同一の地位）
　　　　＊Ⓒは旧訴訟物理論を前提とする併合態様

I 請求の併合

問題1

> 1人の原告が1人の被告に対し，1つの訴えで，以下に掲げる複数の請求について審判を申し出た場合，どの併合態様となるか？
> (1) 売買代金請求と貸金返還請求
> (2) 債務不履行による損害賠償請求と不法行為に基づく損害賠償請求
> (3) 手形債権と原因債権
> (4) 賃料不払いによる賃貸借契約解除を理由とする目的物返還請求と不払い賃料請求
> (5) 賃貸借契約解除を理由とする明渡請求と明渡までの賃料相当額の損害金請求
> (6) 売買契約の目的物引渡請求と売買契約が無効であるとした場合の既払い代金についての不当利得返還請求
> (7) 物の引渡請求権とその執行不能に備えてする代償請求

〈解説1〉
(1) 売買代金請求と貸金返還請求
　　→単純併合
(2) 債務不履行による損害賠償請求と不法行為に基づく損害賠償請求
　(i)旧訴訟物理論→選択的併合―ただし，被告からの相殺禁止（民509条）の利益を享受するために，順位を付して後者（民709条）を主位請求とすることがありうる。
　(ii)新訴訟物理論→併合ではない。
　　　　　　　　∵ 訴訟物1つ（攻撃防御方法の違い）。
(3) 手形債権と原因債権
　(i)旧訴訟物理論→選択的併合―ただし，最判昭39・4・7民集18巻4号520頁は，原告の意思により選択的併合を認めるも。
　(ii)新訴訟物理論→併合ではない。
　　　　　　　　∵ 訴訟物1つ（2つの債権は別個の訴訟物を構成するという三ケ月説も，同時に持ち出すと1つの訴訟物として扱うという［二分肢説］）。
(4) 賃料不払いによる賃貸借契約解除を理由とする目的物返還請求と不払い賃料請求
　　→単純併合 ∵ 不払い賃料は解除前の用益の対価ゆえ，返還請求と両立する。
(5) 賃貸借契約解除を理由とする明渡請求と明渡までの賃料相当額の損害金請求
　　→単純併合
(6) 売買目的物引渡請求と売買契約が無効の場合の代金についての不当利得返還請求
　　→予備的併合
(7) 物の引渡請求権とその執行不能に備えてする代償請求
　　→単純併合 ∵ 代償請求権は基準時後の執行不能時点でその存在が主張されるもので（将来給付の訴え），引渡請求とは，時点を異にして両立する。

Ⅱ 訴えの変更

問題 2

> 以下の場合は，請求の基礎の同一性があるか（＝「請求の基礎に変更がない」か）？
> (1) 賃借人が賃貸人に代位して不法占拠者に提起した土地明渡請求訴訟の請求原因を自己の所有権に変更する場合
> (2) 建物所有権に基づく建物明渡請求訴訟において，被告が当該建物の所有権が自己に属する旨を陳述したために，原告が土地所有権に基づく建物収去土地明渡に変更する場合
> (3) 建物所有権の確認訴訟で，所有権の取得原因を承継取得から原始取得に変更した場合
> (4) 建物明渡の請求原因を所有権から使用貸借契約の終了に変更した場合
> (5) 利息請求に元本請求を加える場合

　　【ポイント】これは，訴えの変更を被告との関係で合理的な範囲に止めるための要件といえる。
　　　　　　↓それゆえ，請求の基礎の同一性を認めるためのファクター（新堂691頁）

> ①両請求の**主要な争点**が**共通**であること。
> ②旧請求についての主張・立証を新請求の審理に**利用することが期待**できること。
> ③各請求の**利益主張が社会生活上同一または一連の紛争に関する**ものとみられること。

　　　　　　　　　　　　　　　　（これらのファクターは相互に重なり合う部分も多い）

〈解説 2〉
(1) 同一性あり（大判昭 9・2・27民集13巻445頁）
(2) 同一性なし
　　→しかし，被告の陳述した事実に依拠して訴えの変更がなされた場合は，「請求の基礎の同一性」は被告保護のための要件なので，被告が現実に同意したか否かにかかわらず，「請求の基礎の同一性」は要求されず，訴え変更は許される（最判昭39・7・10民集18巻 6 号1093頁）。
(3) 同一性あり
　　→これは，単なる攻撃方法の変更にすぎず，請求の原因に変更があったのではないので，前後を通じて請求の基礎に変更がないことは当然である（最判昭29・7・27民集 8 巻 7 号1443頁）。
　　　↓この点，
　　単なる攻撃方法の変更か訴えの変更かは，訴訟物論によって異なる場合がある。
　　　↓たとえば，
(4) 同一性あり（最判昭35・5・24民集14巻 7 号1183頁）
　　→旧説によれば訴えの変更であるのに対し，新説によれば攻撃方法の変更となる。
　　＊「被上告人の訴訟代理人は，一審口頭弁論期日において，本訴請求は所有権に基くものであると陳述し，更に原審口頭弁論期日において，右請求は使用貸借の終了を原因とするものであると陳述していることが明らかであるから，被上告人は原審において請求の原因は

右のように変更したものと解すべきであること所論のとおりである。

しかし，控訴審においても訴の変更の許されることは明らかであり，民訴232条[現行法143条]の明文によれば，請求の原因を変更するにとどまるときは，判決事項の申立である請求の趣旨を変更する場合と異なり，書面によつてこれをなすことを要しないと解するのが相当である（大審院昭和11年9月7日判決，法律新聞4038号12頁，同昭和18年3月19日判決，民集22巻221頁各参照）。それ故に被上告人において請求の原因を変更するにつき書面を提出せず，原審もこれを相手方たる上告人に送達する手続をとるに由なかつたからといって，原判決には所論の違法があるとはいえない」（最判昭35・5・24民集14巻7号1183頁）。

(5) 同一性あり

→ただし，主張する経済的利益が大幅に異なるので，従来の審理がそのまま利用できるとは限らない。たとえば，利息請求だけの場合に前提問題の元本請求について自白したり，争わなかったとしても，元本請求の追加後は，あらためて争いうるというような場合が考えられる。また，利息請求と元本請求は，請求の基礎は同一であるといえても，利息請求の前提として元本請求が争われていなかった場合には，両請求は主要な争点を共通にするといえない（新堂693頁）。

《請求の拡張と減縮（←拡張・減縮部分を他の部分と区別する指標がない場合）》

(i) 請求の拡張＝原告が数量的な可分な請求についてその数額を増加すること
　　→訴えの変更（ただし，三ケ月・双書160頁は訴えの変更ではないがこれに準じるとする）。
(ii) 請求の減縮＝原告が数量的な可分な請求についてその数額を減少すること
　　↓争いあり
　①訴えの一部取下げ説（判例［最判昭27・12・25民集6巻12号1255頁〔民訴百選32事件〕］，通説［中野ほか502頁〔栗田隆〕］）←一部請求肯定（明示説を含む）
　②請求の一部放棄説（兼子・体系370頁，斎藤336頁など）←一部請求否定
　③訴えの変更説（三ケ月・双書160頁）←一部請求否定

ケース・スタディ――控訴審における訴えの交換的変更
【最判昭32・2・28民集11巻2号374頁〔民訴百選3版40事件〕】

[1] 事案の概要

X（国）は，昭和25年12月12日に国税滞納処分として差し押さえた訴外AのYに対する貸金債権について，Aに代位して71万3,626円の支払いを請求した。第一審裁判所は，この貸金債権の存在を認め，Xの請求を認容した（広島地尾道支判昭27・12・10税務訴訟資料25号205頁）。

これに対して，Yが控訴したところ，Xは訴えの変更をして，新たな請求原因を追加したうえ，第一審判決の認容した貸金債権の主張を撤回する旨を陳述した（請求金額は同じ）。Xの追加した新たな請求原因は，Yの主張を容れたものであり，昭和28年10月29日にXが差し押さえたAのYに対する求償債権（これはYの借受金債務をAが保証人として弁済したことによる求償債権であり，その残額は71万3,626円）について，Aに代位して71万3,626円の支払いを求めるという内容であった。控訴審裁判所は，Yの異議を退けてこの訴えの変更を許すべきも

のと認め，そのうえで，求償債権を被差押債権としたXの請求を認容し，控訴を棄却した（その主文は，「本件控訴を棄却する。控訴費用は控訴人の負担とする」）。

これに対し，Yは，第一審判決で被差押債権として認められた貸金債権はXにおいて撤回されているが，元来控訴は第一審判決に対する不服申立てであるから，本件の訴えは却下されるべきであり，控訴審が控訴を棄却したのは法の解釈を誤ったものであるなどとして上告した。

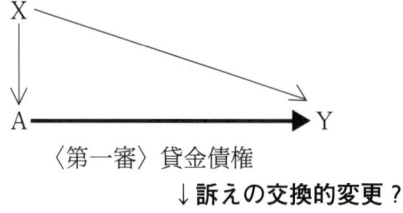

```
      X
      ↓      ↘
      A ──────→ Y
    〈第一審〉貸金債権
      ↓訴えの交換的変更？
    〈控訴審〉求償債権
```

[2] 判　旨
《破棄自判》

「第一審判決が訴訟物として判断の対象としたものは…貸金債権であり，原審の認容した求償債権ではない。この両個の債権はその権利関係の当事者と金額とが同一であるというだけでその発生原因を異にし全然別異の存在たることは多言を要しない。そして本件控訴はいうまでもなく第一審判決に対してなされたものであり，原審の認容した求償債権は控訴審ではじめて主張されたものであつて第一審判決には何等の係りもない。原審が本件訴の変更を許すべきものとし，また求償債権に基づく新訴請求を認容すべしとの見解に到達したからとて，それは実質上初審としてなす裁判に外ならないのであるから第一審判決の当否，従って本件控訴の理由の有無を解決するものではない。それ故原審は本件控訴を理由なきものとなすべきいわれはなく，単に新請求たる求償債権の存在を確定し『YはXに対し金71万3,626円を支払わなければならない』旨の判決をなすべかりしものなのである。…原判決はこの点において破棄を免れず論旨は結局理由がある…。」

「元来，請求の原因を変更するというのは，旧訴の繋属中原告が新たな権利関係を訴訟物とする新訴を追加的に併合提起することを指称するのであり，この場合原告はなお旧訴を維持し，新訴と併存的にその審判を求めることがあり，また旧訴の維持し難きことを自認し新訴のみの審判を求めんとすることがある。

しかし，この後者の場合においても訴の変更そのものが許さるべきものであるというだけではこれによって当然に旧訴の訴訟繋属が消滅するものではない。けだし訴の変更の許否ということは旧訴の繋属中新訴を追加的に提起することが許されるか否かの問題であり，一旦繋属した旧訴の訴訟繋属が消滅するか否かの問題とは，係りないところだからである。もし原告がその一方的意思に基いて旧訴の訴訟繋属を消滅せしめんとするならば，法律の定めるところに従いその取下をなすか，或はその請求の抛棄をしなければならない…。」

「本件についてこれを見るに，Xは原審で訴の変更をなすに当り，第一審以来主張して来た貸金債権の請求を撤回し，旧訴に替えて新訴のみの審判を求めんとする意思を有していたことは記録上窺い得るのであるが，旧訴につき果して訴の取下をなしたか，或は請求の抛棄をなしたか，原審はこの点につき何等の釈明もせず，これを明確にすべき証跡はない。もし訴の取下があり，相手方がこれに同意したものとすれば，取下はその効力を生じ，これによつて旧訴の訴訟繋属は消滅し，第一審判決も，これに対する控訴も当然にその効力を失つて

いるのであるから（民訴237条［現行法262条］），原審が旧訴に関し何等裁判をしなかつたのは当然というべきである。これに反して，相手方たる上告人の同意を得なかつたとすれば，取下はその効力を生ぜず，旧訴の訴訟繫属は消滅しなかつたものとなさざるを得ない。しかも原審は旧訴に関しては何等判断をしていないのであるから，民訴195条1項［現行法258条1項］にいわゆる裁判の脱漏ある場合に該当し，旧訴は依然原審に繫属し，Yは原審に対しこれが補充判決を求むべきものなのである。

　Yは本件訴の変更に対し異議を述べているけれども，この異議は新訴の提起の許すべきでないことを主張するものであつて必ずしも旧訴の取下に対する不同意の意思を表明するものということはできない。殊に既に第一審判決を経た後の控訴審における訴の取下であつたとすれば，民訴237条2項［現行法262条2項］の規定によりXは同一の訴を提起し得ないこととなるのみならず，その訴訟費用もXの負担に帰せしめられるのであつて，Yは即時殆んど勝訴の判決を得たと同一の結果を得ることとなるのであるから，Yにおいて旧訴の取下に対してまで異議をとどめる必要はないものといい得るのである。原審はこの点についても何等釈明をしていない。

　或はまた請求の抛棄があつたかも知れない。しかし，原審でその抛棄が調書に記載された形跡は記録上認められないのであるから，この場合も亦旧訴は依然原審に繫属しているものとなさざるを得ないのであるが，Yはただ原審に抛棄調書の作成を求め，これによつて確定判決を得たと同一の結果を招来せしめれば，その利益を擁護するに欠くるところはない筈である。

　これを要するに当審としては旧訴につき裁判をなすべき限りではない。

　本件においては，原審の確定したところに従い直ちに判決をなしうること前説示により明らかであるから，民訴408条1号，95条，96条，89条（順に現行326条，67条1項，67条2項，61条）に従い主文のとおり判決すべきものとする」（最判昭32・2・28民集11巻2号374頁〔民訴百選3版40事件〕）。

［3］検　討

	審　理	判　決
第一審	Ⓐ貸金債権	Ⓐを被差押債権としたXの請求を認容
控訴審	Ⓐ貸金債権	依然として控訴審に係属（⇒補充判決）
	Ⓑ求償債権	控訴棄却（＝Ⓑを被差押債権としたXの請求を認容）
上告審	Ⓐ貸金債権	依然として控訴審に係属（＝上告審の審判対象ではない）
	Ⓑ求償債権	控訴棄却の原判決を破棄して自判（単に「金□円を支払え」）

Q₁. 本判決の前提とする訴訟物理論は何か？
　☞Xは，控訴審において，被差押債権を貸金債権から求償債権に変更したが，その請求金額に変わりはない。こうした場合に訴訟物は同一であるとみれば，攻撃防御方法の変更に過ぎないが，訴訟物に変更があったとみれば，訴えの変更となる。

Q₂. 本判決によると，控訴審裁判所はどのような判決をすべきであったか？
　☞控訴審で訴え変更がなされた場合，旧請求の控訴と新請求の当否の双方について，判決主文において裁判所の判断を明確に示すことを要する（最判昭31・12・20民集10巻12号1573

頁)。たとえ，新請求に対する結論が旧請求に対する第一審判決と合致する場合(＝認容額が同じ場合)であっても，控訴審判決は，控訴棄却ではなく，明確に新請求を前提とした判断を改めてなすべきである(本判決の判旨を参照。同旨・民訴百選Ⅱ76事件解説154頁〔河野正憲〕，伊藤659頁など)。

Q₃. 訴えの交換的変更の場合，旧訴の係属を消滅させるのに被告の同意を要するか？

☞換言すると，民訴法143条所定の要件のみで旧請求の訴訟係属を消滅させることができるか，という問題である。ある請求についての訴訟係属を消滅させる訴え取下げに際しては，一定の場合に被告の利益保護の見地から被告の同意などが要件とされているが(261条2項)，果たして訴えの交換的変更の場合に被告の同意などの訴え取下げの要件は必要であろうか？

↓「訴えの交換的変更」という変更態様を認めるか？

(ⅰ)否定説(判例〔前掲・最判昭31・12・20および本判決〕・通説〔三ケ月・全集139頁，斎藤ほか6巻296頁〔斎藤秀夫＝加茂紀久男〕など〕)

…交換的変更を「**新請求の追加的併合＋旧請求の取下げ・放棄**」とみる。

→被告の同意などの訴え取下げの要件は**必要**(ただし，「新請求の追加＋旧請求の放棄」として被告の同意を不要とするのは，民訴百選Ⅱ76事件解説154頁〔河野正憲〕)。

∵ 旧請求について勝訴判決の既判力を取得する被告の利益。

(ⅱ)肯定説(新堂697頁，伊藤564頁，民訴百選3版40事件解説83頁〔大橋眞弓〕など有力説〕)

…「**独立の訴訟行為**」とみる見解

∵ ①訴え取下げとすると，新請求の審判のために従来の審理を利用できる点を説明しにくい(新堂697頁)。

②旧請求の訴え提起による時効中断効が訴え変更後も存続すること(最判昭38・1・18民集17巻1号1頁〔続民訴百選40事件〕)と訴訟終了を目指す訴え取下げとは相容れない(中村英郎「訴の変更理論の再検討」中田淳一先生還暦記念『民事訴訟の理論〈下〉』(有斐閣，1970年)192頁，中村英郎『民事訴訟におけるローマ法理とゲルマン法理』(成文堂，1977年)109頁)。

→被告の同意などの訴え取下げの要件は**不要**。

＊交換的変更を独立の訴訟行為として肯定しつつも，相手方の手続的利益を保護するべく，訴え取下げの規定を類推適用して，被告の同意など訴え取下げの要件を要求する見解もある(上田508頁)。

Ⅲ 反 訴

問題3

Aから土地を購入して引渡を受けたXは，同地に自己所有の建物を移築し，補修工事をしていたところ，Yが同地に侵入し，工事の施工を妨害して退去しない。そこで，Xは，Yに対して「Yは本件土地に対する原告の占有を妨害してはならない」との判決を求めた(占有の訴え)。これに対し，Yは，本件土地はAがBに売り渡し，BからYが買い受けて中間省略登記により所有権移転登記手続を経たもので，Yが正当な権利者であると主張し，さらに反訴を提起して，

Xの移築した建物の収去，土地明渡しを請求した（本権の訴え）。この反訴は，許されるか？

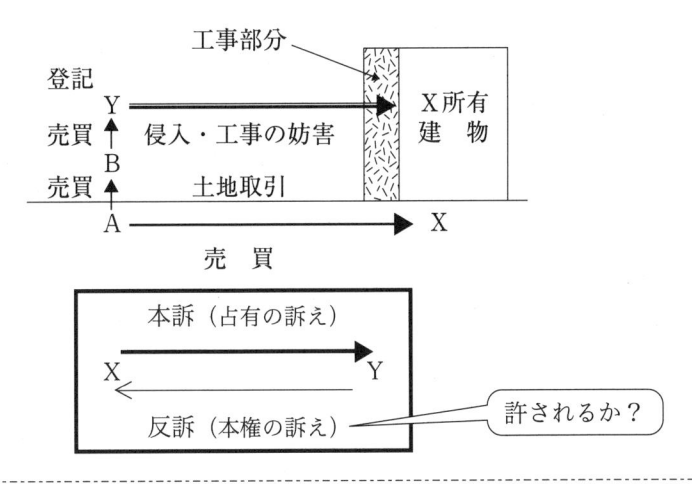

☆民法202条1項「占有の訴えは本権の訴えを妨げず，また，本権の訴えは占有の訴えを妨げない。」
　　　　2項「占有の訴えについては，本権に関する理由に基づいて裁判をすることができない。」

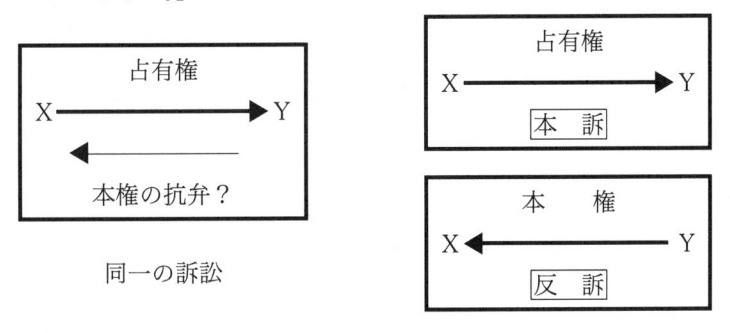

＜ヒント＞
　民法202条2項の射程範囲は，被告が同一の占有訴訟のなかで本権の**抗弁**を提出することにとどまるのか，または，本権に基づいて**反訴**（併合審理されるが別個の訴訟）を提起することまで及ぶのか？
　☞訴訟物を根拠付ける法的観点は原告にとって占有権しかなく，本権の競合はないので，訴訟物論争の問題は生じない。条文も，民法202条1項（訴訟物論に影響）ではなく，同条2項に関係する（高橋・重点講義上46頁）。
　★〈問題3〉と同様にケースにおいて，判例は，「民法202条2項は，占有の訴において本権に関する理由に基づいて裁判することを禁ずるものであり，従って，占有の訴に対し防御方法として本権の主張をなすことは許されないけれども，これに対し本権に基づく反訴を提起することは，右法条の禁ずるところではない。そして，本件反訴請求を本訴たる占有の訴における請求と対比すれば，牽連性がないとはいえない」として，本権に基づく反訴を許容した（最判昭40・3・4民集19巻2号197頁〔民訴百選3版41事件〕）。
　→学説も，フランス法と異なり併行訴訟禁止の規定がなく別訴を許容せざるを得ない以上，本権に基づく反訴を認めざるを得ないとして，判例に賛成する見解が多数を占めている（三ケ月・研究3巻59頁，青山善光「占有の訴えと本権との関係」民法の争点Ⅰ136頁，高橋・

重点講義上47頁，伊藤572頁など）。

*三ケ月説は，新訴訟物理論の立場から，つぎのように論じる。すなわち，民法202条1項は，占有請求権と本権請求権が別個独立の請求権であることを宣言する意味を持つにすぎず，別個の請求である以上，本権に基づく引渡請求権に対して有効に対抗手段となり得ないことがありうるのは当然のことであって，同条2項は，上記のことが裁判上現れる現象を規定したものであるとの認識に立って，占有訴訟の制度的特異性が認められない現行法の下では，占有の本訴に対する本権の反訴を許容すべきである（三ケ月・研究3巻3頁以下）。

考えてみよう！ 被告Yの反訴提起を許容することを前提に，本訴も反訴もともに請求を認容すべきであることが判明した場合に，裁判所は，どのような判決をするのであろうか？

本訴が占有回収の訴えである場合について，学説上2つの考え方が示されている（高橋・重点講義上46-50頁参照）。

(i)**三ケ月説**…本訴（占有回収による引渡請求）はそのまま認容し，反訴は将来給付の訴えのみを認める（三ケ月・研究3巻61頁の注四，高橋・重点講義上50頁など）。

↓しかし，批判

確かに，一時的に占有権者の下に占有が戻ってくるので，自力救済禁止の理念に適うものの，この占有は直ちに本権者に取り戻されることを考えると，無用で迂遠なつじつま合わせに過ぎず，無益執行という点でも抵抗がある。

(ii)**青山説**…本訴はそのまま認容し，反訴は現在の給付の訴えである妨害予防請求として認容してよい。それらの内容上の矛盾（原告は，本訴認容により占有を回収してよいとされると同時に，反訴認容により被告の占有を奪ってはならないとされる）の打開は，執行法・実体法の領域に委ねられ，そこでは本権を優先させる解釈をすることになる。すなわち，本権認容判決が確定すると，占有に基づく請求権は消滅し，このことは請求異議事由（民執35条）となり，結果として原告による占有回収の強制執行が許されないことになる（青山善光「占有の訴えと本権との関係」民法の争点Ⅰ132頁，鈴木禄弥『物権法講義〔二訂版〕』（創文社，1979年）43頁など）。

第21章　共同所有関係訴訟における固有必要的共同訴訟の成否
――共同所有者各人の主体性の尊重と紛争の一回的・抜本的解決の要請の調和――

【イントロ】（基本講義256頁以下参照）

共同訴訟＝１つの訴訟手続に数人の原告または被告が関与している訴訟形態
↓その趣旨
各共同訴訟人と相手方との間の各紛争が相互に関連する場合に，同一の手続内で同時に審判することにより，
- ①**共通の争点**について**審理の重複を回避**しうる。
- ②当事者（原告側は訴えの実質的な目的を１回の訴訟で果たしうるし，被告側も応訴負担を免れうる）も裁判所も**労力を節約**できる。
- ③**紛争解決の統一性**を確保しうる。

☆共同訴訟の審判方式

共同訴訟１人の訴訟行為が他の共同訴訟人に影響するか？
- No → 通常共同訴訟（同時審判申出訴訟も）
- Yes → 必要的共同訴訟 → 固有必要的共同訴訟／類似必要的共同訴訟

1　通常共同訴訟＝各共同訴訟人が他の共同訴訟人に煩わされることなく，独自に訴訟追行する権能を認められる場合で，合一確定が法律上保障されていない共同訴訟

 e.g., ①数人の被害者から同一の加害者に対する損害賠償請求訴訟
　　　　②複数の連帯債務者を被告とする訴訟（大判明29・4・2民録2輯4巻5頁）
　　　　③主債務者と連帯保証人を被告とする訴訟（最判昭27・12・25民集6巻12号1255頁〔百選32事件〕）
　　　　④買主と転得者を被告とする売買の無効に基づく各移転登記の抹消請求訴訟（最判昭29・9・17民集8巻9号1635頁，最判昭31・9・28民集10巻9号1213頁）

(1)　通常共同訴訟の要件
…一般の訴訟要件のほか，共同訴訟の要件（併合の要件）として，①客観的要件と②主観的要件を満たす必要がある（→①②を充足せずとも，別訴として審理される）。
- ①**客観的要件**…訴えの客観的併合要件として，請求が同種の手続で処理されること（136条），および共通の管轄権があることを要する。
　∵　各共同訴訟人と相手方との間に，各々別個の請求が存在し，請求の併合を伴う。
- ②**主観的要件**…各自の請求相互間に共通の審判を正当化するだけの**関連性**また**共通性**を要する（38条）

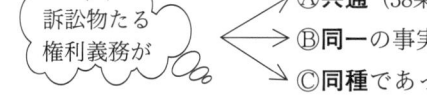

訴訟物たる権利義務が
- Ⓐ**共通**（38条前段）
- Ⓑ**同一**の事実上および法律上の原因に起因（38条前段）
- Ⓒ**同種**であって，事実上および法律上**同種**の原因に起因（38条後

段)
　　　　＊併合請求の裁判籍は，主観的要件のⓒの場合には適用されない（7条但書）。
(2) 通常共同訴訟の審理方式
　　　…**共同訴訟人独立の原則**（＝各共同訴訟人が，他の共同訴訟人に掣肘されることなく，各自独立に訴訟追行をする権能をもつという建前[39条]）。
　　　→通常共同訴訟においては，合一確定が法律上保障されているわけではない。
　　　　　↓共同訴訟人独立の原則の限界と修正
　　　①**共同訴訟人間の証拠共通の原則**⇒肯定するのが判例・通説
　　　②**共同訴訟人間の主張共通の原則**⇒否定するのが判例・通説
　Q．個別訴訟の許される請求を通常共同訴訟として一本化することにどのようなメリットがあるか？
　　　＊弁護士業務や裁判運営の観点からも考えてみよう。
2　必要的共同訴訟＝共同訴訟人全員について一挙一律に紛争の解決をはかること，すなわち，判決内容の**合一的確定**が要請される訴訟類型。

　　　　共同訴訟形態をとることが必要か（全員が共同してのみ当事者適格が認められるか）？

　　Yes ➡ **固有必要的共同訴訟**
　　No ➡ **類似必要的共同訴訟**

☆固有必要的共同訴訟の選定基準
　　→どのような紛争が固有必要的共同訴訟となるかについて，法は，「合一確定」の必要がある場合とするだけなので，その選定基準が問題となる（下記）。

I　設　例

(1) A部落の入会地（明治以前より）について，大正6年以降，同部落の氏神であるX神社の所有として登記がなされていたところ，Yは，自動車工場の建設および観光施設の設置等を目的として，本件土地についてXとの間で地上権設定契約を締結し，その旨の仮登記を経由した。その後，この契約締結に対してA部落民から異議が出されたため，XおよびA部落の入会権者289名のうち5名を除く284名は，A部落民が入会権を有することを前提とし，Yに対して，入会権に基づく使用収益権の確認と，入会権に基づく地上権設定仮登記の抹消登記手続を請求した。Xの訴えは適法か。

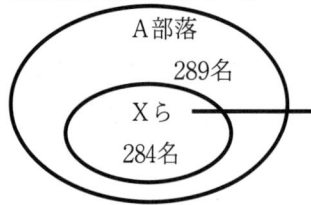

```
   A部落           入会権に基づく使用収益権の確認請求
    289名          入会権に基づく仮登記の抹消登記請求
   ┌───┐
   │ Xら │─────────────────────────→ Y
   │284名│
   └───┘         ㊟入会権＝一定地域の住民が山林原野などにおいて共
                     同して収益する慣習上の権利
```

(2) 土地所有者Xが，その土地上に権限なく建物を建てて不法に占拠する故Aの相続人Y_1〜Y_4のうちY_1〜Y_3のみを被告として建物収去土地明渡しを求めた訴訟は適法か。

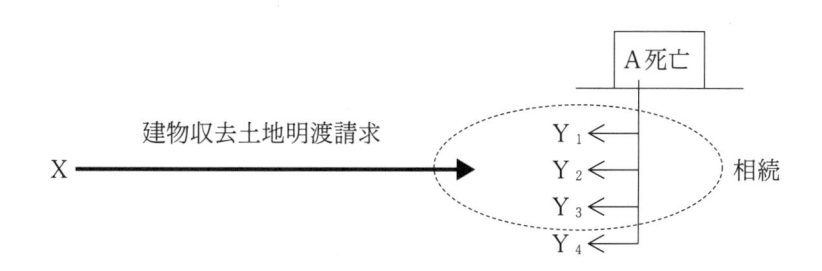

```
                                建物収去土地明渡請求              A死亡
                                                          Y₁ ←
            X ─────────────────────────→           Y₂ ←      相続
                                                          Y₃ ←
                                                          Y₄ ←
```

(3) 被相続人Aの死亡により，その妻Yと子B・C・DがAを相続した。その後，Bが死亡し，その妻XがBを相続した。Xは，Y名義の登記がなされている本件土地について，それはAが買い受けたもので，便宜上Yの名義に登記されているにすぎず，Aの遺産に属するとして，Yに対して本件土地がAの遺産であることの確認を求める訴えを提起した。この訴訟においてXは，C・Dを被告としていない。Xの訴えは適法か。

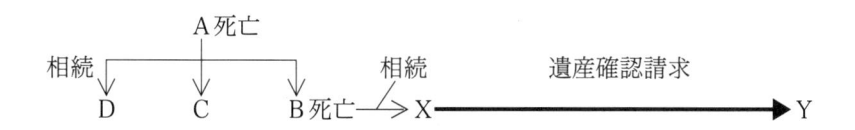

```
              A死亡
        相続 ┌─┼─┐    相続        遺産確認請求
            ↓  ↓  ↓  ─────→
            D  C  B死亡    X ────────────────→ Y
```

Ⅱ 問題の所在

　共同所有をめぐる紛争において，固有必要的共同訴訟の成立が認められると，共同訴訟人たるべき者の一部を脱落させた訴えは不適法なものとなり，とくに共同原告側の一部の者が提訴を拒絶した場合に，残りの者の訴権行使を不可能になってしまう。
　他方，関係人の一部の者による個別訴訟を許すならば，これらの者の本案判決を受ける権利の保護にはなろうが，一部の者が敗訴した折には，他の共通の関係人の利益を実質的に害するおそれがあり，また，相手方としても，一部の原告に勝ってもなお他の関係人から再訴される危険にさらされる。
　　↓そこで，
共同所有財産をめぐる紛争については，いかなる場合に共同所有者全員が訴えられなければならないか。その選定基準が問題となる。
《視　点》

実体法上の視点	訴訟物たる権利関係についての**実体法上の管理処分権**の性質を中心とする実体法的考慮。 ←実体権の存否を判断する民事訴訟においては，当事者適格の選別に際しても，実体法上の管理処分権の帰属の態様等が基準となる。
訴訟法上の視点	**紛争解決の実効性**，**訴訟経済**等さまざまのファクターとの関係における訴訟政策的判断 ←当事者適格は訴訟追行権という訴訟上の権能にかかわる問題でもある。

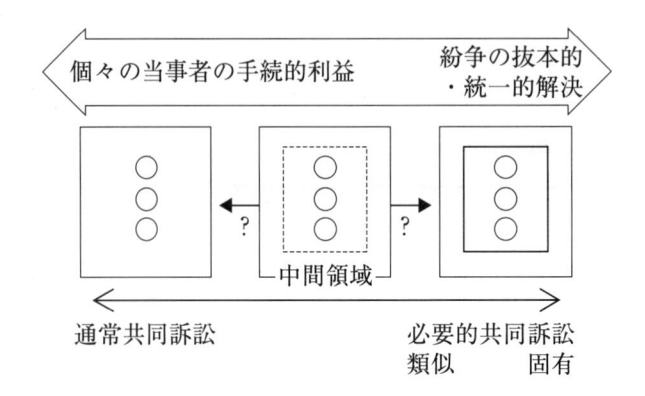

```
           個々の当事者の手続的利益              紛争の抜本的
        ←―――――――――――――――                 ・統一的解決
                                        ―――――――――――――→
         ┌─────┐   ┌┄┄┄┄┄┐   ┌─────┐
         │ ○   │   ┊ ○   ┊   │ ○   │
         │ ○   │ ← ┊ ○   ┊ → │ ○   │
         │ ○   │ ? ┊ ○   ┊ ? │ ○   │
         └─────┘   └┄┄┄┄┄┘   └─────┘
                    中間領域
        ←―――――――→            ←―――――――→
         通常共同訴訟            必要的共同訴訟
                              類似   　固有
```

III 理論状況

1 判 例

(1) **共同所有者の内部**で争いを解決すべき場合（→全員当事者となる必要あり⇒**固有必要的共同訴訟**）

> ①共同所有者の1人の持分全部を他の共有者全員が買い受けて売主の持分全部の移転登記を求めるには，**全員**が一致して訴える必要がある（大判大11・7・10民集1巻386頁）
>
> ②共有物分割の訴えは，他の共有者**全員**を被告としなければならない（大判明41・9・25民録14輯931頁，大判大12・12・17民集2巻684頁，大判大13・11・20民集3巻516頁など）。

(2) 能動訴訟——共同所有者が原告側に立って第三者と対する場合（→状況に応じて異なる）

> ①共有者の**一部の者**も，第三者に対する共有物全部の引渡請求訴訟を提起しうる（大判大10・3・18民録27輯547頁，大判大10・6・13民録27輯1155頁，単なる共有財産につき最判昭42・8・25民集21巻7号1740頁など）。
>
> ②共有者の**一部の者**も，第三者に対する所有権取得登記の全部抹消請求訴訟を提起しうる（相続財産につき最判昭31・5・10民集10巻5号487頁，組合財産につき最判昭33・7・22民集12巻12号1805頁）。
>
> ③遺産確認の訴えは，その財産が既に共同相続人による遺産分割前の共有関係にあることの確認を求めるものなので，共同相続人**全員**が当事者となる（最判平元・3・28民集43巻3号167頁〔民訴百選3版A36事件〕）。☞設例(3)
>
> ④総有関係に基づく登記抹消請求は，関係人**全員**が共同して訴えなければならない（最判昭41・11・25民集20巻9号1921頁［又重部落事件］）。
>
> ⑤共有権（数人が共同して有する1個の所有権）に基づく移転登記請求は，関係人**全員**が共同して訴えなければならない（最判昭46・10・7民集25巻7号885頁）。
>
> ⑥特定の数人が共同所有（共有・合有・総有）する旨の確認を外部の者に対して請求する訴えは，共同所有者**全員**で訴えなければならない（共有権の確認請求につき上掲⑤の最判昭46・10・7民集25巻7号885頁，境界確定の訴えにつき最判昭46・12・9民集25巻9号1457頁〔民訴百選II 162事件〕）。
>
> ⑦入会権は権利者である一定の部落民に総有的に帰属するものであるから，入会権の確認を求める訴えは，権利者**全員**が共同してのみ提起しうる**固有必要的共同訴訟**である（前掲④の最判昭41・11・25民集20巻9号1921頁［又重部落事件］）。

> ⑧入会権自体に対する妨害排除としての地上権設定登記抹消請求も**全員**で請求しなければならないが，立木の小柴刈り，下草刈り及び転石の採取を行う使用収益権は構成員たる資格に基づいて認められるものであるから，その確認，そのための妨害排除は**各自単独**で請求できる（最判昭57・7・1民集36巻6号891頁〔民訴百選Ⅱ161事件〕[山中浅間神社事件判決]）。
> ☞ケース［1］
>
> ⑨入会権者が入会団体を形成しそれが権利能力なき社団にあたるときには，団体自体に当事者適格が認められるうえ，団体規約上不動産の処分に必要な授権を得た代表者のみで訴訟を追行しうるほか，さらに，規約上の手続により登記名義人とすることとされた代表者は，単独でその登記請求をなしうる（最判平6・5・31民集48巻4号1065頁〔民訴百選3版15事件〕）。

(3) 受働訴訟——共同所有者が被告側に立つ場合（→全員を被告としなくてもよい）

> ①分割前の相続財産に対する訴訟について，給付請求の場合，各共同訴訟人が各自不可分債務を負い，その履行を各自に対して求められることから，**個別提起**が認められる（建物明渡請求につき最判昭43・3・15民集22巻3号607頁〔〔民訴百選3版103事件〕〕，所有権移転登記請求につき最判昭36・12・15民集15巻11号2865頁および最判昭44・4・17民集23巻4号785頁。ただし，大判昭8・3・30裁判例(7)民57頁は，所有権に基づく登記抹消請求訴訟では，共有者全員を相手にしなければならないとする）。 ☞設例(2)
>
> ②共有物の所有権確認請求訴訟について，**個別提起**が認められる（家屋台帳上の共有名義人に対する建物所有権確認請求につき最判昭34・7・3民集13巻7号898頁）。
>
> ③賃貸人の相続人に対する賃借権確認訴訟について，争わない者を相手にする必要はなく，**個別提起**が認められる（最判昭45・5・22民集24巻5号415頁）。

2 学　説

(1) 内部紛争→学説は判例に賛成（⇒**固有必要的共同訴訟**）。

　①大判大11・7・10民集1巻386頁の結論は，請求の趣旨に，売主が共有メンバーでないことの確認が含まれていると解されるならば，だれとだれが共有者であるかを共有者全員について確認する必要があると考えられるので，その結論を是認できる（新堂708頁）。

　②共有物分割の訴えは，全員につき画一的処理の要請が強いことからすると，他の共有者全員を被告とすべきとする判例に賛成することができる（新堂709頁）。

(2) 能動訴訟

(a) **実体法的考慮説（実体法説ないし管理権説）**（兼子・体系384頁，三ケ月・全集218頁，小山486頁，斎藤・概論446頁など通説）

　…訴訟物たる権利関係についての実体法上の管理処分権の性質または訴えの目的が一般的な選定基準になる。

　　→実体法上数人が共同して管理処分しなければならない財産に関する訴訟と，他人間の権利関係の変動を生じさせる形成訴訟（またはこれと同視すべき確認の訴え）が固有必要的共同訴訟となる。

　　　↓ただし，

　固有必要的共同訴訟とされる場合であっても，持分権，保存行為(民252条但書)，不可分債権（民428条）・不可分債務（民430条・432条）などの実体法上の理論を駆使して，個別訴訟として許容すべき場合を広く認める傾向にある（←**固有必要的共同訴訟の縮小化**）。

　　　↓しかし，《批判》

紛争の抜本的・統一的解決が犠牲とされてしまう（続民訴百選17事件解説41頁〔小島武司〕など）。

＊(a)説によると、分割前の相続財産や組合財産については、その共同所有者の性質は合有であり、共有者全員が共同してでなければ管理処分できないところから全員が共同原告にならなければならないとして、判例に反対する。

　　↓しかし、《批判》

各人の管理・処分権能の実体法上の抽象的な性格（共有か合有か）のみから、固有必要的共同訴訟かどうかを決するのは、多様な様相を呈するこの種の紛争の解決方式として実体に適しない。

(b) **訴訟法的考慮説**（小島・要論297頁、新堂710頁以下など有力説）

…固有必要的共同訴訟の成否は、訴訟物たる権利の性質や実体法理論だけでなく、紛争解決の実効性、訴訟経済や矛盾する判決の海比などの裁判所の利益、紛争の関係者間の利害得失、手続の進行状況などの訴訟上の政策的考慮を重視して決すべきである。

＊共同所有者の範囲が不明な場合には、知りうる範囲で提訴すればよく、脱漏した者がいるからといって、「確定判決が無効になるとみるべきではないし、上告審に至り脱漏が明らかになった場合には、すでに他の権利者間の紛争につき事実審理が終了している以上、この者との関係での紛争の解決は別訴に託し下級審の判決をそのまま生かすことも可能である。部分的な解決に甘んずるか差し戻して抜本的な解決を図るかは、裁判所の具体的な裁量に委ねられるべきである。つまり、共同訴訟の要否の判断は訴訟の段階によって相当の影響を受けるのであり、第一審においては共同訴訟を必要とすべき場合にも、上告審ではこれを不要とみるのが合理的な場合が多いであろう。

→この見解からは判例の立場が基本的に是認される。

　　↓たとえば、

①給付訴訟では、個別提起の余地を認めてよいが、ただ、共同提訴が実際上困難ではなく、しかも、個別提起を認めたのでは再度の訴訟が行われるおそれが高い紛争状況のときには、むしろ共同提起を要するとすべき。

②対外的な共同所有関係の確認訴訟では、共同所有関係の画一的処理の必要性がとくに高いことから、判例のいうように固有必要的共同訴訟と解してよい。

　　↓固有必要的共同訴訟の場合、

共同所有者全員の足並みが揃わないかぎり、法廷に紛争を持ち込むことができなくなり、「裁判を受ける権利」との関係で問題を生ずる。

　　↓そこで、提訴を可能にする理論的工夫として、

Ⓐ	提訴を拒む一部の共同所有者は、原告としてではなく、**被告として当事者に含まれ**ていればよいと考える（最判平11・11・9民集53巻8号1421頁〔民訴百選3版102事件〕、続民訴百選17事件解説41頁〔小島武司〕、新堂711頁など）。
Ⓑ	構成員が多数で、社団的実体を備える団体とみられる場合には、**団体自体に当事者適格を認める**（入会団体につき最判平6・5・31民集48巻8号1065頁〔民訴百選3版15事件〕、新堂711頁など）。
Ⓒ	**集団訴訟**または**代表訴訟**の理論を導入することを提唱する見解（小島・制度改革128頁、続民訴百選17事件解説41頁〔小島武司〕、霜嶋甲一「当事者引込みの理論」判タ261号（1971年）18頁など）。

＊1996年新民訴法の立法過程での議論…一定の要件の下に提訴拒絶者に対する参加命令を出し，それに従わないときは，一部の者に入会権確認そのものについての当事者適格を認める案が検討されたが，実現には至らなかった（改正要綱試案　第二　当事者（当事者関係後注）3参照）。
(3)　受働訴訟
(a)　**実体法的考慮説**（通説）
　　→個別提起可能⇒**通常共同訴訟**（兼子・体系384頁，三ケ月・全集219頁，松浦馨「必要的共同訴訟にあたらない例」民商46巻6号（1962年）1068頁，鈴木正裕「必要的共同訴訟にあたる例」民商49巻5号（1964年）728頁，福永有利「特定物引渡請求権訴訟の被告適格」関法14巻2号（1964年）157頁など）
　　∵　①共有関係の実体法的性質に基づき個人的色彩の強い共同所有関係が訴訟にも反映。
　　　　②固有必要的共同訴訟とすると，争わない共有者も被告としなければならず，当事者が1人でも欠けると，すでになされた訴訟手続・判決が無効となるおそれもある。
　　　　③原告が共有者全員を知ることが容易でない場合もある。
(b)　**訴訟法的考慮説**（有力説）
　　→個別提起の可能性を認めつつも，**常に個別提起が許されるわけではない**（村松俊夫「判批」判タ224号54頁，条解168頁〔新堂〕，新堂712頁，木川・重要問題下593頁など）
　　∵　①個別訴訟を許すと，当事者とされなかった他の共有者の保護が不十分となる（→債権者側の債務名義に当事者でなかった他の共有者に対する債務名義を条件に掲げられていないから常に不当執行の危険を含み，執行段階でのみの考慮では，他の共有者の利益保護に十分ではない）。
　　　　②実質的に一個の紛争関係を数個の訴訟へ分断することを認めてしまい，1人に対する訴訟がそれ自体紛争を完全に解決する機能をもたず，ある者に対する債務名義の執行力が他の共有者に対する第二，第三の訴訟の結果に左右されるとの不安定な状態に置かれる。
　　　　③原告の後の敗訴は，前の訴訟を無益化し，訴訟経済上も不都合である。
　　＊**一部固有必要的共同訴訟の理論**…全員を相手に訴えることにさしたる困難が予想されず，かつ，訴え残した共同所有者との間で共通の紛争が起る可能性がかなり高い事件の場合には，全員を相手にしなければならない（小島武司「賃貸人の共同相続人の1人に対する賃借権確認の訴えの適否」判評142号〔判時609号〕（1970年）123頁以下，新堂712頁など）。

第22章　独立当事者参加と上訴
——紛争の統一的解決と個々の手続保障とのはざま——

【イントロ】（基本講義271・281頁以下参照）

1　訴訟参加

当事者として参加	①**独立当事者参加**ないし**準独立当事者参加**（47条）
	②**共同訴訟参加**（52条）
	③第三者の訴訟参加（明文なき主観的追加的併合）
当事者以外の立場で参加	④**補助参加**（42条）←訴訟告知（53条）
	⑤**共同訴訟的補助参加**（解釈）

〈補助参加訴訟〉

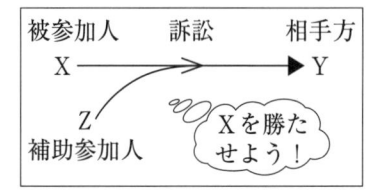

被参加人　訴訟　相手方
X ──────▶ Y
↑
Z
補助参加人　「Xを勝たせよう！」

〈独立当事者参加訴訟〉

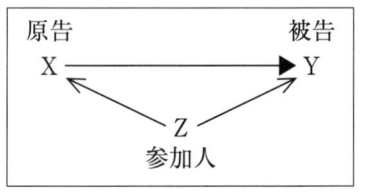

原告　　　　　　被告
X ──────▶ Y
　＼　　　　　／
　　Z
　　参加人

2　独立当事者参加

(1) 意　義

　独立当事者参加＝訴訟係属中に、第三者が、原告および被告の双方または一方に対して、それぞれ自己の請求を立て、原告の請求についてと同時にかつ矛盾のない判決を求めてする訴訟参加（47条1項）

(2) 構　造

　→三人以上の者が対立・牽制しあう紛争の実態をそのまま紛争処理手続に反映せしめるために、三当事者がそれぞれ独立して対立関与する訴訟構造（**三面訴訟説**［最大判昭42・9・27民集21巻7号1925頁〔民訴百選Ⅱ174事件〕；兼子・体系416頁，新堂754頁など通説］）。

　＊**準独立当事者参加**（片面的参加）＝当事者の一方を相手方として参加する場合

　　☞1996年新法（両当事者を被告としなければならないとする判例理論（最大判昭42・9・27民集21巻7号1925頁〔民訴百選Ⅱ174事件〕）を立法的に変更）

(3) 二当事者訴訟への還元

　　　　　↓独立当事者参加訴訟は、以下の事由により単純な訴訟または共同訴訟になる。

(a) 本案の審判**本訴の取下げ・独立当事者参加の取下げ**

　(i) **原告による取下げ**…参加後も原告は訴えを取下げることができる。参加人は、本訴の維持につき利益をもつので、被告だけでなく**参加人の同意**（261条2項）も必要となる（最判昭60・3・15判時1168号66頁）。

→取下げ後は，参加人の原告・被告に対する請求が残り，共同訴訟となる（←原告の訴えが不適法として却下された場合も同様）。

(ii) **参加人による取下げ**…参加人は，訴え取下げに準じて参加申出の取下げをすることができる。参加人の両請求を取下げる場合は，各請求の相手方たる当事者双方の同意が必要となる。片方の請求のみを取下げる場合も，本訴の取下げに準じて，当該請求の相手方当事者のみならず，他方の当事者の同意を要する。

→参加人の両請求取下げにより，本訴訟のみとなる。

→参加人の片方の請求取下げにより，本請求と参加人の請求との共同訴訟となる（この場合，なお47条の参加形態が残る）。

(b) **訴訟脱退**

→参加により，本訴当事者の一方が当事者として訴訟を追行する利益をもたなくなったときは，相手方当事者の同意を得て，当該訴訟から**脱退**することができる（48条）。

＊訴訟脱退は，脱退者の裁判所に対する訴訟行為であり，その効力を生じるためには，相手方の同意を要する（←参加人の同意は不要）。

〈訴訟脱退の効果〉

	脱退者の請求をめぐる効果	残存当事者の判決の脱退者に及ぼす効果
総説	自己を当事者とする請求をその後の参加人と相手方の勝敗に任せる条件付の訴訟追行権の放棄・認諾（通説）。 →それにより脱退当事者は，将来に向かい訴訟関係から離脱し，裁判所は脱退者に対して審判する義務を免れる。 ↓しかし， 脱退者を当事者とする訴訟係属が遡及的に消滅するわけではない。 ＊脱退当事者の行なった主張・立証は，残存当事者の訴訟資料となる。	脱退によって，訴訟は参加人と残存当事者間の二当事者対立構造に還元されるが，その判決の効力は脱退者にも及ぶ（48条）。
原告が脱退した場合	原告の脱退の意思表示は，**条件付の請求の放棄**の意思表示である。	参加人と被告との間の判決効は，脱退原告にも拡張される（48条）。
被告が脱退した場合	被告の脱退の意思表示は，**条件付の請求の認諾**の意思表示である。	参加人と原告との間の判決効は，脱退原告にも拡張される（48条）。

I 判例——広島駅弁当株式会社事件（最判昭48・7・20民集27巻7号863頁〔民訴百選3版110事件〕）

1 事 案

Xは，訴外AがY（広島駅弁当株式会社）に対して有する工事請負代金債権のうち150万円を譲り受けたとして，Yに対して①その支払いを訴求した。Yは，その頃，同一債権がAからZに譲渡された旨の通知を受けたために債権者を確知できないとして，請負代金82万4600円を供託した。

そこで，Zは，XY間の訴訟において独立当事者参加の申立てをし，Xに対しては，ⒶZがYのした供託金還付請求権を有することの確認を請求し，Yに対しては，ⒷZの供託金還付請求権の確認とともに，Ⓒ譲受債権額150万円から供託額を差し引いた金員の支払いを請求した。

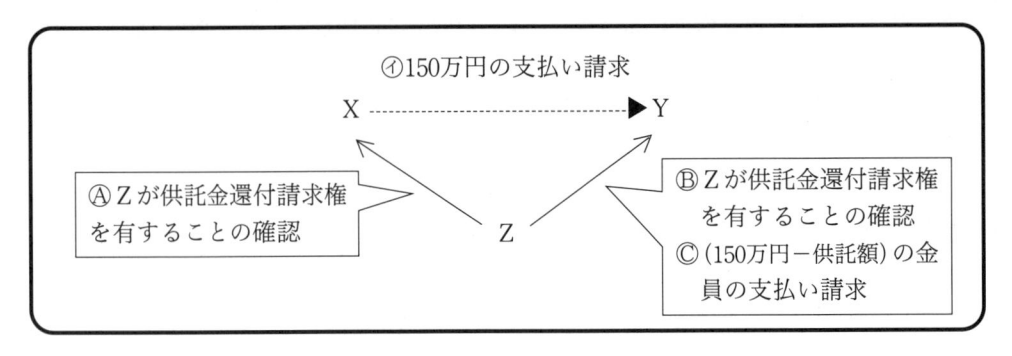

```
                    ㋑150万円の支払い請求
        X  --------------------------▶  Y
         ＼                            ／
          ＼                          ／
  ┌─────────┐                ┌─────────────┐
  │ⒶZが供託金還付請求権      │ⒷZが供託金還付請求権  │
  │ を有することの確認│      │ を有することの確認    │
  └─────────┘                │Ⓒ(150万円−供託額)の金 │
                Z            │ 員の支払い請求        │
                             └─────────────┘
```

2　裁判の経緯

　第一審裁判所（広島地判昭41・10・21）は，Aの請負代金債権の現存額は82万9800円であること，それがXとZに二重譲渡され，ZがXに優先することを認定して，XのYに対する㋑請求を棄却し，ZのXおよびYに対するβ債権の確認請求（ⒶⒷ）を認容，ZのYに対するⒸ請求につき供託額を超える5200円の限度で認容する判決を言い渡した。

　これに対し，Xは，YおよびZを相手方として控訴し，Yに対しては150万円の支払請求をし，Zに対してはその請求の棄却を求めた。

　控訴審裁判所（広島高判昭43・12・24判時576号59頁）は，AのYに対する請負代金債権150万円がZに優先してXに譲渡されており，また，Yのした供託は債権額の2分の1を僅かに超えるにすぎない金額であるから，債務の本旨に従った供託とはいえないとして，第一審判決中XおよびYの敗訴部分を取り消して，XのYに対する㋑請求を認容し，ZのXおよびYに対する請求（ⒶⒷⒸ）を棄却した。なお，控訴審裁判所は，第一審判決中ZのYに対する金銭請求を一部認容し，Yに対し5200円の支払いを命じた部分も控訴審の審判対象となっている点については，本件のように，「当事者の1が他の2者を相手に控訴した時も，他の2者は常に被控訴人に止まるのではなく，ある点においては控訴人と利害を同じくして他の1に対して対立する関係にあるものは，これに対しては控訴人の地位に立つ。そして，実際に控訴した者，利害を同じくすることによって控訴人の地位に立った者の不服の範囲が控訴審における審判の対象となる」とした。

　Zは，上告し，第一審でZに敗訴したYは控訴していないから，ZとYとの間の参加訴訟は，第一審判決のとおりに確定しており，Xの控訴に基づく控訴審における審判の対象にはならない等と主張した。

	Xの請求（本訴訟）	Zの請求（参加訴訟）		
	㋑	Ⓐ	Ⓑ	Ⓒ
第一審判決	棄　却	認　容	認　容	一部認容
控訴審判決	認　容	棄　却	**棄　却**	**棄　却**

（控訴審の審判対象になるか？）

3 判旨

「本件は，訴訟の目的が原告，被告および参加人の三者間において合一にのみ確定すべき場合（民訴法71条［現行法47条1項4項］，62条［現行法40条1項2項3項］）に当たることが明らかであるから，一審判決中参加人の被告に対する請求を認容した部分は，原告のみの控訴によっても確定を遮断され，かつ，控訴審においては，被告の控訴または附帯控訴の有無にかかわらず，合一確定のため必要な限度で一審判決中前記部分を参加人に不利に変更することができると解するのが相当である（最高裁昭和39年（オ）第797号同42年9月27日大法廷判決・民集21巻7号1925頁，最高裁昭和34年（オ）第212号同36年3月16日第一小法廷判決・民集15巻3号524頁，最高裁昭和41年（オ）第288号同43年4月12日第二小法廷判決・民集22巻4号877頁参照）」（最判昭48・7・20民集27巻7号863頁〔民訴百選3版110事件〕［広島駅弁当株式会社事件］）。

II 分析

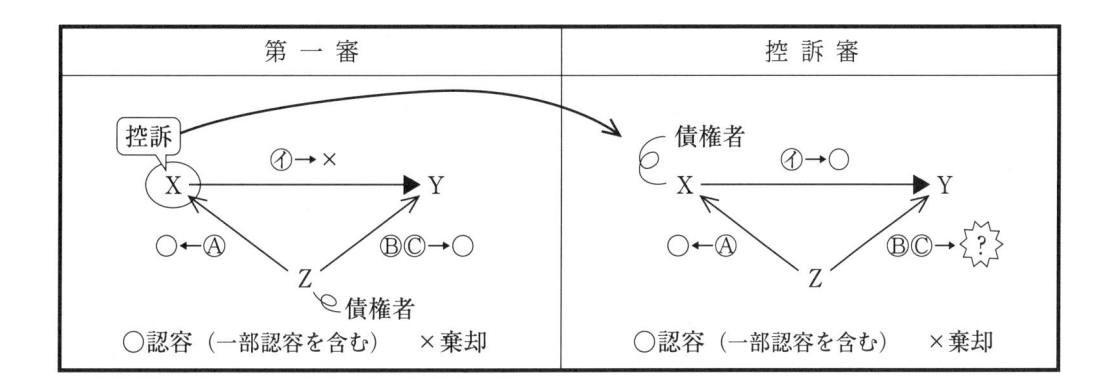

第 一 審	控 訴 審
控訴 → X ㋑→× → Y ○←Ⓐ ⒷⒸ→○ Z 債権者	債権者 X ㋑→○ → Y ○←Ⓐ ⒷⒸ→？ Z

○認容（一部認容を含む） ×棄却

1 問題の所在

控訴審裁判所は，本件工事請負代金債権のうち譲渡された150万円について，それがZではなくXに帰属することを認めて㋑を認容した以上，ⒷⒸについては，それを棄却するのが**常識的な結論**である。

　←「ⒷⒸ棄却」の判断をしないと，控訴審で勝訴したXは，Zの強制執行によって，その権利実現に支障をきたすおそれがあり，Yも二重弁済の危険にさらされてしまう（高橋・重点講義下398頁）。

　↓しかし，

①**控訴審**であること。
②控訴しているのはXのみ⇒**Yは控訴していない。**　　　◁ 不利益変更禁止の原則

　　Q．Yが控訴しないのはなぜか（←Yが控訴すれば何の問題もない）？

　独立当事者参加訴訟において，敗訴者の1人が上訴すると，全請求の確定が遮断されて事件全体が上訴審に移審し，上訴審は三当事者を名宛人とする1個の判決をすることになると解されている（兼子・体系204頁，菊井＝村松Ⅰ402頁，条解204頁〔新堂〕，伊藤624頁，松本＝上野648頁

〔上野〕，上田553頁など通説。これに対し，上訴しない者の離脱を認め，二当事者訴訟への還元を考える見解もある［鈴木正裕「高裁民訴判例研究」民商63巻3号（1970年）487頁，井上・法理209頁，高橋・重点講義下396頁など］)。

→上訴審は，原判決の取消および変更について，不服申立ての範囲に限られ（304条・313条），判決内容に関しては，上訴人に不利益に（＝上訴していない者の利益に）原判決を変更することが許されないという拘束を受ける（**不利益変更禁止の原則**）。

↓そうすると，

「Ⓑ©棄却」という判断は，確かに常識的ではある（Ｚは債権者ではないので）ものの，上訴していないＹの利益に変更することになるので，そのような常識的な判断にも躊躇を覚えざるを得ない。

↓他方，

③独立当事者参加訴訟では，**合一確定の要請**が働く。

↓そこで，本判決（上掲・最判昭48・7・20）は，

独立当事者参加訴訟では，①控訴審においても，③合一確定の要請が働き，それは②不利益変更禁止の原則を**後退させる**として，Ⓑ©棄却という常識的な判断をした。

↓そのような結論は妥当であるとしても，

理論的な説明を考える必要がある。

↓そこで，

2　理論状況――"実務を超えて"

　　理論上の問題は，参加人Ｚの判決を変更することが不利益変更禁止の原則に反しないかであるが，この点については，上訴しなかった者Ｙの地位（→**上訴人か被上訴人か**）をめぐる議論がその前提問題として位置づけられている。

　　→もっとも，本当に前提となるかについては争いがある（☞(2)参照)。

(1)　独立当事者参加訴訟における上訴しなかった者の地位

(a)　判例（＝被上訴人説）

　　…民訴法40条2項準用により，**被上訴人**となる（最判昭32・11・1民集11巻12号1482頁，最判昭36・3・16民集15巻3号524頁，最判昭50・3・13民集29巻3号233頁〔民訴百選2版36事件〕など)。

　∵　①上訴を提起した当事者とその上訴の相手方とされなかった当事者との利害が実質的に共通である場合であっても，そのことは後者を上訴人として取扱うべきであるとする理由とはならない。

　　　②旧人訴法23条におけるのと同様の発想（梅本686頁参照)。

【参考】旧人事訴訟手続法23条
　1項「検察官カ上訴ヲ為ストキハ前審ノ当事者ノ全員ヲ以テ相手方トス」
　2項「当事者ノ一人カ上訴ヲ為ストキハ前審ノ他ノ当事者及ヒ当事者タリシ検察官ヲ以テ相手方トス」

＊旧判例（＝**上訴人説**）

…民訴法40条 1 項準用により上訴人となる（大判昭15・12・24民集19巻2402頁，東京高判昭29・2・18下民 5 巻 2 号187頁，東京高判昭33・3・31東高民時報 9 巻 3 号49頁など）。
　　∵　他の当事者の上訴は，上訴しなかった者にも有利となる。
　(b)　学　説
　　(i)**被上訴人説**…他の当事者は民訴法40条 2 項準用により**被上訴人**となる（兼子・体系419頁，三ケ月・双書271頁，新堂766頁，上田554頁，梅本686頁など通説）。
　　∵　①上訴しない者を積極的なアクションを起こす上訴人に位置づけるのは不自然であり，当事者意思にも反するのに比し，被上訴人とするのがむしろ三面的紛争の実質に近い。
　　　　②上訴人とすると，実際に上訴した者の敗訴の負担（訴訟費用など）を負わされるなどの不利益を被る。
　　　　③上訴関係も基本的には対立構造である以上，上訴人と被上訴人の両者の地位を兼有するというのは無理がある（伊藤624頁の注112））。
　　　　④上訴当事者や被上訴人的資格者などの概念を認める理論的根拠がなお明確ではなく，上訴審の審理が混乱してしまう（梅本686頁）。
　　(ii)**上訴当事者説（兼有説）**…上訴審の当事者の勝敗関係に対応し必要に応じ，被上訴人のみならず上訴人でもある**二面性を有する者**（＝**上訴当事者**）と把握すべきである（小島武司「独立当事者参加をめぐる諸問題」実務民訴 1 巻135頁，倉田卓次「判批」判タ128号（1962年）38頁，菊井＝村松Ⅰ458頁，斎藤ほか 2 巻271頁〔小室直人＝東孝行〕，高橋・重点講義下399頁など）。
　　∵　 1 人のみの上訴の場合に，上訴人か被上訴人かというように二当事者対立の枠組みのなかで択一的判断をするのは妥当ではなく，あくまで独立当事者訴訟の構造を三面訴訟と捉える出発点に立ちかえって考えるべきであり，そうすると，上訴人・被上訴人という二当事者対立の枠に入れるのがそももそも無理であり，上訴人・被上訴人の両面を具備する「上訴当事者」という地位を認めるべきである。
　　(ii)'**被上訴人的資格者説**…上訴人とも被上訴人とも異なり，訴訟活動を制限された**被上訴人的資格のある者**とみる（小山昇「独立当事者参加訴訟の控訴審の構造」北大法学論集26巻 1 ＝ 2 号（1975年） 1 頁以下〔小山・著作集 4 巻262頁以下〕）。
　　(iii)**利益衡量説**…実際に上訴した者の不服を基準として，審判対象の範囲を決め，上訴しなかった者の判決部分が審判対象となるか否かは，紛争の実態に即して判断すべきである（井上・法理220頁）。
(2)　上訴審における審判対象と判決内容—不利益変更禁止の原則との関係—
　　→上訴しなかった者の地位が定まると，上訴審の審判対象は，以下のように考えることができる（←上訴審における地位と審判対象を関連づける見解）。
　(i)**上訴人説**…上訴しなかった者の敗訴部分も，上訴審の審判対象と**なる**。
　(ii)**被上訴人説**…上訴しなかった者の敗訴部分は，上訴審の審判対象と**ならない**（←**不利益変更禁止の原則**）。
　　　↓これに対し，
　　上訴審における地位と審判対象を切断する見解によると，
　(iii)上訴しなかった者は被上訴人と位置づけられるが，この場合には，上訴審での審判範囲は不服申立ての範囲に限られるという原則が独立当事者参加訴訟における合一確定の必要によって修正されると解すべきである（上田554頁，梅本686頁など）。☞48年判決（前掲・最判48・7・20）に同旨

(iv) **第三者不服説**…不服の概念を三面訴訟的に修正した実質的な不服として再構成し、これに基づく利益変更禁止の原則の前に独立当事者参加における統一的判断の要請も後退を余儀なくされる（井上・法理386頁, 髙橋・重点講義下395頁）。

☆本判決（前掲・最判48・7・20）の結論を導くための理論構成

	①上訴しなかった者の地位	②上訴審の審判対象
Aの立場	被上訴人説（←二当事者訴訟的発想）	①被上訴人説との関連を認めない（←三面訴訟的発想［合一確定の要請］）
Bの立場	上訴当事者説（←三面訴訟的発想）	①上訴当事者説との関連を認める

考えてみよう！　48年判決の事案において、「㋐棄却，Ⓐ認容，ⒷⒸ認容」の第一審判決に対して、Yのみが控訴したところ、第一審とは異なり、債権者はZではなくXである旨の心証を抱いた控訴審は、㋐を認容すべきか？

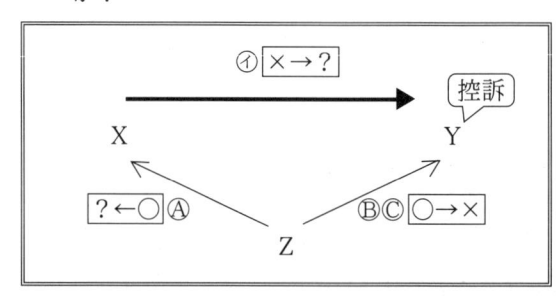

*本事案の場合にも、48年判決のように考えると、「合一確定のため必要な限度」における変更として、㋐請求を認容してよいように思える。
　↓しかし、これには、以下のような批判がある（髙橋・重点講義下398頁）。
①これでは、Yに対する支払い請求が認められ、結局、Y敗訴の結論に変わりはなく、Yの控訴は徒労に終わることになる。
②敗訴しつつも控訴しなかったXの㋐請求についての裁判所の判断が棄却から認容に変更されるというのは、何らのアクションを起こしていないXにとって、あまりにも棚からぼた餅でありすぎる。
　↓では、
こうした批判を受けて、合一確定ないし統一的解決の要請を利益変更禁止の原則との関係で後退させるべきか、または、逆に利益変更禁止の原則を合一確定の要請との関係で後退させるべきか？

*本事案と48年判決の相違は何か？
　→控訴した者の利益状況が異なる。すなわち、48年判決の場合には、控訴をしたXにとって、一見無関係に見えるZY間のⒷⒸについても、Yの二重弁済によって自己の権利実現に支障が生じることのないようにする必要性があり、請求棄却への変更に利益を有していたのである。換言すれば、Xは、ⒷⒸ認容部分についても実質的な不服の利益を有していると評価することができる。これに対し、本事案の場合、控訴したYは、すでに勝訴している部分（㋐棄却）を敗訴（㋐認容）に変更してもらう利益を有していない（髙橋・重点講義下398-399頁）。

第23章 上訴・再審──不服申立て方法の諸相──

【イントロ】（基本講義294頁以下参照）

1 **上訴**＝裁判の確定前に，当事者が上級裁判所へ原裁判の取消しまたは変更を求める不服申立て。

〈種類〉

	不服申立ての対象	上級裁判所の審理
控　訴	第一審の終局**判決**	事実問題および法律問題（→**事実審**）
上　告	控訴審の終局**判決**	法律問題（→**法律審**）
（最初の）抗告	**決定・命令**	事実問題および法律問題（→**事実審**）
再 抗 告	抗告裁判所の**決定**	法律問題（→**法律審**）

☆上訴制度の目的 ─── Ⓐ**当事者の権利保護**（誤判からの救済）
　　　　　　　　　　Ⓑ**法令の解釈・適用の統一**

☆上訴審の審判対象 ─── ①上訴理由
　　　　　　　　　　　②上訴要件

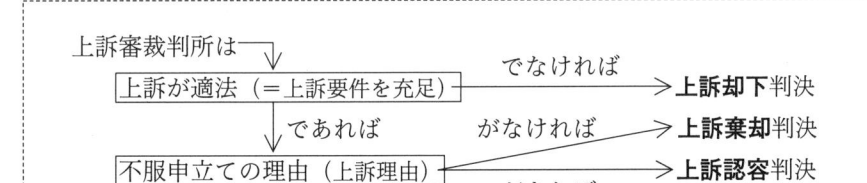

```
上訴審裁判所は
　↓
　上訴が適法（＝上訴要件を充足）──でなければ──→ **上訴却下**判決
　↓であれば
　不服申立ての理由（上訴理由）──がなければ──→ **上訴棄却**判決
　　　　　　　　　　　　　　　　──があれば──→ **上訴認容**判決
　　　　　　　　　　　　　　　　　原判決を取消（破棄）し，自判ないし差戻の措置を講ずる
```

＊上訴理由→上訴審は，直接には，原裁判に対する上訴人の不服申立て（原裁判の取消し・変更の要求）の当否について審判する（←この「不服主張」とそれに基づく「原裁判変更の救済要求」が，第一審における「請求」に相当）。

＊上訴要件
　①原裁判が不服申立ての許される裁判であること
　②上訴提起行為が有効適式であること
　③上訴期間満了前であること（満了後は**追完**の要件を具備すればよい［97条］）
　④上訴人による上訴権の放棄・不上訴の合意がないこと
　⑤上訴人が**不服の利益**（**上訴の利益**ないし**控訴の利益**）を有すること

　　　　　　　　　　（**不服の利益（上訴の利益）の基準いかん？**）

2 再審＝訴訟手続に重大な瑕疵があったことや判決の基礎資料に異常な欠点があったことを理由として，当事者が確定判決の取消と事件の再審判を求める非常の不服申立て。

☆再審事由（338条1項各号）

〈A〉**重大な手続の瑕疵**
①法律にしたがって判決裁判所を構成しなかったこと。
②法律により判決に関与することができない裁判官が判決に関与したこと。
③法定代理権，訴訟代理権または代理人が訴訟行為をするのに必要な授権を欠いたこと。

〈B〉**判決の基礎の重大かつ明白な瑕疵**
④判決に関与した裁判官が事件について職務に関する罪を犯したこと。
⑤刑事上罰すべき他人の行為により，自白をするに至ったことまたは判決に影響を及ぼすべき攻撃防御方法の提出を妨げられたこと。
⑥判決の証拠となった文書その他の物件が偽造・変造されたものであったこと。
⑦証人，鑑定人，通訳または宣誓した当事者もしくは法定代理人の虚偽の陳述が判決の証拠となったこと。
⑧判決の基礎となった民事・刑事の判決その他の裁判または行政処分が後の裁判または行政処分により変更されたこと。
⑩不服申立てにかかる判決が前に確定した判決と抵触すること。

〈C〉**判決脱漏**
⑨判決に影響を及ぼすべき重要な事項について判断の遺脱があったこと。

↓これらは**限定列挙**なので，
新たな証拠を提出すること（**新証拠の発見**）は，再審事由ではない。
cf. 確定判決の騙取

I 不服の利益（上訴の利益）の基準

問 題

以下の各場合において，不服の利益（控訴の利益）はあるか。
(1) 請求認容判決（全部勝訴判決）を得た原告が控訴する場合
(2) 請求棄却判決を求めていた被告が訴え却下判決に対して控訴する場合
(3) 判決主文に不服はないが，判決理由中の判断を不満として控訴する場合
(4) 100万円のうち50万円の一部請求をして全部認容判決を得た原告が100万円に請求を拡張しようとして控訴する場合
(5) 離婚訴訟で請求棄却判決を得た被告が自ら離婚の反訴を提起するために控訴する場合

1 理論状況

(1) 判例（←形式的不服説を採用）

> ①離婚訴訟において，離婚の原因事実として第1次に姦通の事実を，予備的に重大な侮辱の事実を主張した場合，前者が否定されても後者の事実が認められて離婚の判決を受けた原告は，請求どおりの判決を受けており，その判決に対して控訴することはできない（大判昭18・12・23民集22巻1254頁）。

> ②元利金担保のために売渡担保に供した土地について，元利金完済に基づく原告の所有権移転登記請求訴訟において，元利金完済がないことを理由として被告側を勝たせた控訴審判決に対して，被告が本件土地は，控訴審判決理由が認定したような売渡担保に付されたものではなく，真実売買されたものであるとして（＝理由中の判断を不服として）上告の申立をすることはできない（最判昭31・4・3民集10巻4号297頁〔民訴百選3版114事件〕）。

(2) 学　説

(i) **実体的不服説**…当事者が上訴によって原裁判よりも実体法上有利な裁判を求めうる場合に不服の利益が認められる（加藤正治『民事訴訟法判例批評集　第1巻』（有斐閣，1926年）416頁，山田正三『民事訴訟法判例研究Ⅰ』（弘文堂，1935年）211頁，岩田一郎『民事訴訟法原論』（明大出版部，1917年）737頁以下，細野長良『民事訴訟法要義　第4巻』（巌松堂，1934年）299頁以下など）。

　　　↓しかし，《批判》

基準として曖昧であり，上訴できる範囲が広がりすぎる。

　＊なお，雉本朗造『判例批評録　第1巻』（弘文堂，1917年）369頁は，不服の利益を上訴要件ではなく，理由具備要件にすぎないとして，不服不要説を説くが，これと実体的不服説との区別は微妙であるという（栗田隆「上訴を提起できる者」講座民訴7巻60頁の注(2)）。

(ii) **形式的不服説**…原審における当事者の申立てと原裁判の主文の内容とを比較し，後者が前者よりも小であるときに不服の利益が認められる（兼子・体系440頁，菊井維大『民事訴訟法〔補訂版〕下』（弘文堂，1968年）418頁，斎藤・概論551頁，小山540頁，三ケ月・双書525頁，新堂808頁，上田574頁，小室直人『民事訴訟法講義〔改訂版〕』（法律文化社，1982年），梅本1016頁の注(1)など通説）。

　　　↓しかし，《批判》

相殺の抗弁のように理由中の判断に拘束力がある場合（114条2項）や別訴禁止（新人訴25条，民執35条3項）のように後訴が許されない場合には，例外と認めざるを得ないが，そうした例外の根拠と範囲を明確に説明できない。

(iii) **新実体的不服説**…裁判をそのまま確定させたのでは，既判力や執行力などが生じる結果，後訴を待っていたのでは救済されないような不利益がある場合に，不服の利益が認められる（上野泰男「判例に現れた形式的不服概念の問題点」小室・小山還暦上317頁，同「上訴の利益」新実務民訴講座3巻247頁，松本＝上野675-676頁〔上野〕など）。

(iv) **井上説**…紛争は時間の経過とともに変転する以上，申立てと判決を機軸にする固定的発想から脱し，当事者間で手続自体を実施する利益の有無に重点を置くべきである。すなわち，①敗訴当事者は，原審の訴訟経過から判決内容には納得できないこと，あるいは，控訴審では原審と違った訴訟展開をはかる用意があることを具体的に示さなければならず，また，②勝訴当事者にも，控訴審で新たに提起しようとする訴えを原審で提起しなかったことについて責任がない場合には，新訴提起のための上訴も許される（井上治典「『控訴の利益』を考える」判タ565号（1985年）〔同・『民事手続論』（有斐閣，1993年）175頁〕，井上治典＝伊藤眞＝佐上善和

『これからの民事訴訟法』(日本評論社, 1984年) 328頁以下〔井上〕)。

2 問題の検討

(1) 小問(1)

→請求認容判決を得た原告に不服の利益は, 原則として認められない (形式的不服説, 新実体的不服説)。→例外は, (3)(4)(5)など。

(2) 小問(2)

→請求棄却を求めていた被告に, 訴え却下判決に対する不服の利益は認められる (どの説でも)。

∵ 訴え却下判決では, 被告は訴訟要件が満たされて再訴される可能性があるが, 請求棄却判決であれば, かかる再訴可能性が封じられ, その地位が安定するという利益が被告に認められる。

(3) 小問(3)

(i) **実体的不服説**→判決理由であっても, 実体法上有利な判断を求めうるかぎり, 常に不服の利益が認められる。

(ii) **形式的不服説**→原則として, 不服の利益は認められない。

　　↓例外として,

① **予備的相殺の抗弁で勝訴した被告**には, 反対債権の消滅について既判力を生じるため (114条2項), 相殺の抗弁によらないで勝訴する利益があるので, 不服の利益が**認められる**。

② **取消差戻しの控訴審判決を得た控訴人**がその理由に不服がある場合は, 取消差戻しの判決理由には拘束力があるので (裁4条参照), 不服の利益 (上告の利益) が認められる (最判昭45・1・22民集24巻1号1頁)。

(iii) **新実体的不服説**→原則として, 単に理由中の判断に不服があるにすぎない場合には, 不服の利益は**認められない**が, 上記①②は, 致命的な不利益を受ける可能性があることから, 不服の利益が認められる。

(4) 小問(4)

(i) **実体的不服説**→不服の利益が**認められる**。

(ii) **形式的不服説**→後訴での残部請求が否定される場合にのみ不服の利益が**認められる**。すなわち, 残部請求を全面的に否定する見解によると, 請求を拡張する控訴の利益が認められるのに対し, 明示説をとる判例の立場からは, 黙示の一部請求の場合には, 請求を拡張する控訴の利益が認められることになる (名古屋高金沢支判平元・1・30判時1308号125頁)。

(iii) **新実体的不服説**→後訴で残部請求が否定される場合に不服の利益が**認められる**。

(5) 小問(5)

(i) **実体的不服説**→不服の利益が**認められる**。

(ii) **形式的不服説**→別訴禁止規定 (新人訴25条) により被告が離婚請求できなくなる不利益を救済するために, 例外的に不服の利益が認められる。

(iii) **新実体的不服説**→別訴禁止規定 (新人訴25条) により, 被告は, 致命的な不利益を被るといえるので, 不服の利益が**認められる**。

II 控訴審の審判対象——スナック改装工事代金立替事件（最判昭58・3・22判時1074号55頁〔民訴百選3版115事件〕）

1 事 案

(1) ポイント

①X男とA女は，婚約した。

②Aの母親Yは，スナック店を所有・経営していた。

③昭和50年7月頃，同スナック店は改装工事を行ったが，その際の契約交渉などはAが全面的に行った。

④Yは，XがAと結婚すれば両名にスナック店の経営を任せるとの考えを両名に伝えていた。

⑤Xは，X名義の預金通帳と現金をAに預けていたところ，Aはその現金（以下，本件金員）のなかから上記改装工事代金211万円を請負業者に支払った。

⑥次第にYは，XAの結婚に反対するようになった。

⑦XとAは，結婚した。

⑧XAの結婚に不満のあるYは，スナック店の経営を任せなかった。

⑨昭和51年，Xは，Yに対して211万円の返還または支払いを求める訴えを提起した。

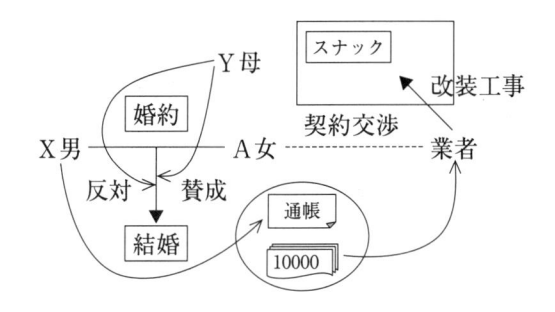

(2) 訴 え

金銭請求訴訟（211万円）

X ──────────────────────→ Y

主位的請求ⓐ：Aは，Xの無権代理人としてYに211万円を貸付けまたは立替払いをしたが，その後XがAの無権代理人を追認したので，Xは，消費貸借契約または立替契約の本人として，Yに契約上の金銭債権を有しているので，その支払いを求める。

主位的請求ⓑ：かりにⓐの契約の当事者がXではなくAだとすれば，Xは，Aに対して不法行為に基づく損害賠償請求権を有しているので，AがYに対して有する金銭債権（貸金または立替金債権）を代位行使（民423条）して，Yに対して支払いを求める。

第23章　上訴・再審

予備的請求ⓒ ｛ かりに@ⓑの請求が成立しないのであれば，YはXの損失において工事請負代金債務の返還を免れて利得を得たのであるから，不当利得としてその返還を求める。

(3)　裁判の経緯

	主位的請求@，ⓑ	予備的請求ⓒ
第一審判決	**棄　却** ∵ Aが本件金員から改装工事費を支出したことは認められるが，XまたはAが工事費を貸し付けたとか，Yが立替払いをするよう委託したといった事実は証拠上認定されない。	**認　容** ∵ YはXの損失において工事請負代金債務の返還を免れて利益を得た。
控訴審判決	**審判の対象外** ∵ Xは控訴ないし附帯控訴の申立てをしていない。	**棄却**（第一審判決取消） ∵ Xは，Aが改装工事費を本件金員から支出することを黙示的に承諾していた。

X上告

【上告論旨】
・主位的請求について判断せず，予備的請求についてのみ判断した原判決には，違法がある。
・かりに予備的請求ⓒ以外の請求を審判するために，控訴または附帯控訴が必要であると解するなら，原審は，Xに附帯控訴をするか否かの釈明を命じるべきであり，これをしなかったことに釈明義務違反がある。

(4)　判　旨
《上告棄却》
「主位的請求を棄却し予備的請求を認容した第一審判決に対し，第一審被告のみが控訴し，第一審原告が控訴も附帯控訴もしない場合には，主位的請求に対する第一審の判断の当否は控訴審の審判の対象となるものではないと解するのが相当であるから，これと同旨の見解を前提とする原判決は正当であり，また，記録にあらわれた本件訴訟の経過に徴すれば，原審が所論の点について釈明権を行使しなかったとしても審理不尽等所論の違法があるとは認められない。論旨は，ひっきょう，独自の見解に基づいて原判決を論難するか，又は原審の裁量に属する審理上の措置の不当をいうものにすぎず，採用することはできない」（最判昭58・3・22判時1074号55頁〔民訴百選3版115事件〕〔スナック改装工事代金立替事件〕）。

2　分　析
(1)　原告Xの請求の態様は？
　　→訴訟物は何か？
　　　↓訴訟物理論
　(i)新説（新訴）…訴訟物1個（@ⓑⓒは請求を理由づける法的観点）

(ii)旧説（旧訴）…請求の客観的予備的併合（ⓐとⓑが主位的請求，ⓒが予備的請求）
　　　↓上記(ii)旧説によると，
(2) 控訴審裁判所は主位的請求についても審判できるか？
　　～請求の予備的併合の場合における「主位的請求棄却・予備的請求認容」判決（本件の第一審判決）に対して被告のみが控訴した場合，控訴審裁判所は主位的請求についても審判できるか？
　　　↓まず，
　　上訴によって，主位的請求についても，確定遮断効および移審効が生じる。
　　　∵　上訴不可分の原則。
　　　↓そして，
　　控訴審の審理は，「当事者が第一審判決の変更を求める限度」で行われ（296条1項），裁判所もそれ以外の原判決の判断を変更することはできない（304条）ところ，請求の予備的併合訴訟において主位請求を棄却し，予備的請求を認容した原判決に対して被告のみが控訴した場合，控訴審が主位請求を棄却した部分の原判決の当否を審判するには，主位的請求についての敗訴当事者（＝原告）の控訴ないし附帯控訴を要するか？
　　＊附帯控訴＝被控訴人がすでに開始された控訴審手続において，控訴人の不服の主張によって限定されている審判の範囲を拡張し，自己に有利な原判決の変更を求める不服申立て。
　　　↓
(i) **控訴必要説**（本判決，池田辰夫「判批」民商81巻6号（1980年）841頁，上野泰男「請求の予備的併合と上訴」名城33巻4号1頁，梅本1026頁，民訴百選3版115事件解説234頁〔石渡哲〕など）
　　…主位請求を審判対象とするには，原告の控訴ないし附帯控訴を要する。それがなければ，主位請求の当否は，審判対象とならず，その変更は許されない。
　　　∵　①処分権主義からすると，上訴なされていない主位的請求棄却の点について，これを上訴審の審判対象とすることはできないはず。
　　　　　②原告の控訴ないし附帯控訴がなくとも主位請求が審判対象となるとすると，被告の防御権行使を不当に制約することになる（←被告の不服申立ての範囲は，予備的請求認容部分である）。
　　　　　③上訴がないのに審判するのは不利益変更禁止の原則に反する。
　　　　　④主位請求棄却部分は，それについて控訴の利益をもつ原告の控訴によってのみ控訴審の審判対象となる。
　　　　　＊なお，上告の場合，すなわち，主位請求を棄却し予備的請求を認容した原審（控訴審）判決に対し，被告（控訴人）のみが上告し，原告（被控訴人）が上告も附帯上告もしなかったケースにおいて，予備的請求認容部分のみを破棄し，主位請求棄却部分を破棄しなかった（＝主位請求を審判対象としなかった）判決がある（最判昭54・3・16民集33巻2号270頁〔民訴百選2版121事件〕）。
(ii) **控訴不要説**（小室直人「上告審における調査・判断の範囲」法雑16巻2＝4号（1970年）〔同『上訴・再審』（信山社，1999年）180頁〕，新堂幸司「不服申立て概念の検討」吉川大二郎博士追悼論集『手続法の理論と実践【下巻】』（法律文化社，1981年）〔新堂・争点効下227頁以下〕，鈴木正裕「主位的請求を棄却し予備的請求を認容した控訴審判決に対し第一審被告のみが上告した場合と上告審における調査・判断の範囲ほか（最判昭和54．3．16）」判時966号（1980年）168頁，宇野聡「不利

益変更禁止原則の機能と限界（1）（2・完）」民商103巻3号（1994年）379頁・4号（1994年）581頁など有力説）

…控訴審は，原告の控訴ないし附帯控訴がなくても，主位請求を審判対象とすることができる。

∵ ①原告には，主位請求棄却部分に対して実質的な不服がある。
　②予備的併合における各請求は一体であり，被告の上訴も全請求に及ぶ。予備的請求についてのみ審判するのは，各請求を矛盾なく判断しようとする予備的併合の趣旨に反する（新堂825頁）。
　③予備的請求が認容されている原告に，上訴・附帯上訴を期待することはできない。
　④仮に上訴審で主位的請求が認容されても，原審で予備的請求が認容されているのであるから，不利益変更禁止の原則に反しない。
　⑤選択的併合の場合との権衡（←選択的併合の場合には，請求認容判決に対して被告のみが上訴し，上訴審が原審の認容した請求を否定するとき，他の請求は当然に審判の対象になる）。

3　発展
　→本件で上記上訴不要説の根拠②と③を検討しよう！

　　②控訴審が予備的請求ⓒについてのみ審判しても，請求ⓐⓑの判断と矛盾しないであろうか？
　　③予備的請求を認容されている原告Xに，上訴・附帯上訴を期待することはできないか？

　　↓そもそも
本件において，Xは附帯控訴をすることができるか？
〈問題の所在〉附帯控訴にも，その要件として**不服の利益**が要求されるのか？
〈理論状況〉
(1) 判　例
　「第一審判決において，全部勝訴の判決を得た当事者（原告）も，相手方が当該判決に対し控訴した場合，附帯控訴の方式により，その請求の拡張をなし得るものと解すべきである」（最判昭32・12・13民集11巻13号2143頁〔民訴百選2版115事件〕）。
(2) 学　説
(i) **不要説**（井口牧郎「被控訴人の反訴または訴えの変更と付帯控訴」『実例法学全集・民事訴訟法　上巻』（青林書院，1964年）364頁，条解1169頁〔松浦〕，梅本1021頁など多数説）
　…附帯控訴は，控訴ではなく，控訴によって限定された審判の範囲を拡張する申立てであるので，不服の利益を要しない。
　∵ 附帯控訴は，控訴への従属性という属性の点で，控訴人との均衡を図っているのであり，不服の利益を不要とすることによって控訴人との不公平を生じるとはいえない。
(ii) **必要説**（上野泰男「附帯控訴と不服の要否」民訴雑誌30号（1984年）15頁，同「附帯上訴の本質」講座民訴7巻171頁以下，高橋宏志「控訴について(1)」法教158号（1993年）84頁，伊藤653頁など有力説）

…附帯控訴は**控訴の一種**であるので，不服の利益を**要する**。
　　＊なお，小室直人「民事上訴改革論序説」民訴雑誌35号9頁は，附帯控訴は控訴ではないとしつつも，公平と訴訟経済を根拠とする制度であるので，控訴人との公平の見地から，不服の利益が要求されると説く。
　　∵　①控訴権消滅後も口頭弁論終結までは被控訴人の附帯控訴を認める民訴法293条1項は，附帯控訴人が不服の利益をもつことを前提とする。
　　　　②附帯控訴の制度趣旨は，控訴権を失った被控訴人に対して相手方の控訴権に便乗する形で不服申立ての機会を与えることであり，原判決の対象となっていない新たな請求の定立を目的とする訴えの変更や反訴提起の前提として附帯控訴を要求することは背理である。
▶本件では…判例・多数説（(i)不要説）によればもとより，有力説（(ii)必要説）によっても，主位請求棄却の点についてXに不服の利益が認められるので，Xは附帯控訴をすることができる。

――――――――――――――――――――――――――――――――
　　　　　　　　　　　　　　弁護士Pの独り言

　　この判決（最判昭58・3・22）の原告Xは，結局，Yに対して211万円の請求をすることができなくなってしまったのだから，その責任を（控訴審の）訴訟代理人の弁護士に追求するかもしれないなぁ。この判決みたいに当事者の自己責任であるとして切り捨てるような発想が裁判所の判断に蔓延すると，弁護過誤（malpractice）訴訟も増えてくるかもしれないなぁ…。Xは，Aに対して不法行為に基づく損害賠償請求することも考えられるけど，実際には，請求しないだろうし，請求しても，回収できる保証はないし，そうすると，支払いの確実性から弁護過誤訴訟を起こすだろうなぁ…弁護士は保険に入っているだろうしなぁ…あれぇ？わたしは保険に入ってたかなぁ？
――――――――――――――――――――――――――――――――

Ⅲ　再審事由

――――――――――――――――――――――――――――――――
【設例】
　女Aは，男Yと恋愛に陥り，情交関係を継続中，Xを妊娠，分娩した。当初，Yは，Xを抱擁したり，むつきを取り替えたりするなどして，父親としての愛情を示していたが，その後，次第に冷淡になり，X等母子を捨てて顧みないようになった。そこで，Xは，Yの子であることの認知を求める訴えを提起した。
　裁判所は，鑑定の結果，指紋・掌紋および人類学的考察からみて父子関係が存在するとは考え難いとの結論に達し，請求棄却判決を言い渡した。
　この判決の確定後に実施したDNA鑑定の結果が父子関係の存在を肯定するものであった場合，Xは，どうしたらよいか？さらに，その結論は，判決確定前であれば，上訴という手段が存在することと整合するか？
――――――――――――――――――――――――――――――――

→本件認知請求訴訟の請求棄却判決は，すでに確定しているので，上訴によって不服申立てをすることはできない（116条参照）。

　　↓それでは，非常の不服申立てである再審の訴えを提起することはできるか？

　　ＸＹ間の父子関係の存在を肯定するDNA鑑定の結果は，本件認知請求訴訟には提出されていない新たな証拠であるが，かかる新証拠の発見は，再審事由ではない（←338条1項各号は限定列挙）。

　　↓そうすると，

　Ｘは，再審の訴えを提起することはできない。

＊ちなみに，旧民訴法は，1926年（大正15年）改正時において，それまでの**証書の事後的発見**（旧々469条1項7号）を再審事由から除外するとともに（さらに**詐害再審**の規定［旧々483条］も廃止），**判断遺脱**を新たな再審事由として加えた（旧420条1項9号）。なお，1996年新民訴法の立法準備段階で，①**確定判決の騙取**と②**詐害再審の訴え**の導入が議論されたが（検討事項　第14　2および4），いずれも3号ないし5号の再審事由の（類推）解釈によって対処しうるとして，立法化には至らなかった。

☆上記の設例のような事案における判決確定前の上訴（上告）の例

☆**参考判例**──むつき取替え事件（最判昭31・9・13民集10巻9号1135頁）

原判決（大阪高判昭29・7・3下民5巻7号1036頁）

まず，鑑定結果に基づいて，「指紋検査においてはＸとＡは共に蹄状紋の多いこと，甲種蹄状紋の出現部位及び隆線数の少い傾向などにおいて極めて類似点が多いが，ＸとＹの間には類似点が少く，Ｙは十指とも渦状紋であるに反し，Ｘは左手の還指と小指に渦状紋があるのみで可成りの相違があり，又掌紋検査に付てもＹは7型，Ｘは9型で主線の走り方も殆ど異って居り，更に人類学的考察によってもＸとＡとは顔の輪郭，頭頂輪郭，観骨部，頭毛色，頭頂施毛，頭毛密度，眉毛，眼鼻，口，耳，手足等の細部に亘る総計31点についての分類比較の内26点において全く同一の所見を呈するに反し，ＸとＹは相似点は10点に達しないのであって，両者の間に父子関係が存在すると考え難い所見になることが認められる」旨を判示し，ついで，「Ａは大正4年生れで高等小学校卒業後数え年18才のとき以来引続きバーの女給として勤めて来た者で結婚の経験は無く，昭和7年頃Ｙより紹介された和蘭商人Ｃと情交関係を結んだことがあり，更に昭和12年にも日蘭会商の一員として来朝した同人との間に同様の関係を結んだ結果妊娠し呼吸器疾患の理由で堕胎手術を受けたことがある」との事実を認定し，これ等の事実関係および鑑定の結果に徴すれば，いまだＸがＹの子であることを認定するに不十分であるとして，Ｘの認知請求を棄却した。

　↓これに対し，Ｘ上訴（上告）

上告審判決

《破棄差戻し》

「原審の確定した事実によれば，『…各種血液型の検査並に血清中の凝血素価と凝集素の分析の結果から見ると，ＹとＸとの間に父子関係があっても矛盾することはないのである。しかもＹは昭和18年2月頃Ａから妊娠の旨を告げられ，その後分娩までの間，数回Ａを訪ねており，出産の当時はＸを見て自己の子でないと言ったこともなく，Ｘを抱擁し或はむつきを取替えるなど父親としての愛情を示したことがあるばかりでなく，分娩費，生活費の一部を負担しているのであり，また年少時代からの知合であったＡの姉Ｂに対して，Ａ

の妊娠につき男として責任を持つ旨言明したことがある』というのである。…Ａの経歴に関する原審認定の事実は同人がＸを受胎した当時Ｙ以外の男子と情交関係のあったことを推認せしめるものではなく，また判示指紋，掌紋及び人類学的考察上の結果の如きも，参考の一資料たり得るか否かは格別，それのみを以て本訴当事者間に父子関係の存在することを否定する資料となすことはできないのである。そしてそれ等を綜合考察しても，なお原審が自ら確定した前説示の事実関係から本訴当事者間の父子関係を推認することを妨げる別段の事情ありとなすには足りない。されば原審が前説示の如く本訴当事者間の父子関係の存在につき証明不十分であると判示したのは，経験則の適用を誤つた違法があるか，または理由にくいちがいがある違法があり，原判決は全部破棄を免れない」（最判昭31・9・13民集10巻9号1135頁［むつき取替え事件］）。

Ｑ．原判決と最高裁判決は，どうして異なる判断をしたのか？
　　・科学的経験則と社会的経験則のどちらを重視すべきか？（←事実認定の難しさ）
　　・本判決では，上告審である最高裁判所が事実問題に立ち入っているが，それは妥当か？

【参考文献】新堂幸司ほか『考える民事訴訟法〔第3版〕』（弘文堂，1983年）324頁以下

☞［手がかり］
上訴と再審を比較してみよう！
◆上訴の目的と再審の目的
◆上訴期間（116条）と再審期間（342条1項2項）

考えてみよう！　判決確定後にタンスの奥から勝敗に影響する重要な証拠（契約書）が発見された場合と，勝敗に影響するDNA鑑定の結果が出された場合において，再審の訴えを提起できるか否かについて違いはあるか？
☞手続保障の観点

事項索引

あ 行

相対交渉 …………………………………… 5, 21
青色 LED 訴訟 …………………………………194
意思説（→当事者の確定）………………………49
一部請求 ……………………………………………83
一般義務文書 ……………………………………155
イン・カメラ手続（in camera inspection）…155
win-win ………………………………………5, 21, 185
win-lose …………………………………………5, 21
訴え取下げ ………………………………………185
訴え提起前（提訴前）の照会 …………………22, 119
訴え提起前（提訴前）の証拠収集処分 ……22, 119
訴えの変更 …………………………………198, 200
ADR（裁判外紛争解決）………………5, 22, 125, 126
遠東航空事件 ……………………………………33
応訴管轄 …………………………………………15

か 行

開示（discovery）………………………………125
外国判決の執行 …………………………………40
外国判決の承認 …………………………………39
確定機能縮小説（→当事者の確定）……………49
確定判決の騙取 ……………………………53, 222
確認の訴え（確認訴訟）…………………………64
貸出稟議書（→文書提出命令）………………155
仮執行宣言 ………………………………………25
管　轄 ……………………………………………15
管轄配分説（→国際裁判管轄）…………………32
関西鉄工事件 ……………………………………40
間接事実 …………………………………………149
　　──の自白 ……………………………146, 147, 150
鑑　定 ………………………………………24, 154
鑑定人 ………………………………………………9
関連裁判籍 ………………………………………16
擬制自白 …………………………………………146
規範分類説（→当事者の確定）……………49, 50
既判力 ……………………………………………163
　　──の客観的範囲（物的限界）……………164
　　──の主観的範囲（人的限界）……………175
逆推知説（→国際裁判管轄）……………32, 34
求釈明 ………………………………………6, 135
旧訴訟物理論（旧説／旧訴）（→訴訟物論争）…75
給付の訴え（給付訴訟）…………………………64

競合管轄 ……………………………………15, 16
共同訴訟 …………………………………………207
共同訴訟参加 ……………………………………214
共同訴訟的補助参加 …………………………67, 214
共同訴訟人独立の原則 …………………………208
計画審理 ………………………………118, 126, 128
形式的形成の訴え（形式的形成訴訟）…………64
形式的表示説（→当事者の確定）………………49
形成の訴え（形成訴訟）…………………………64
検　証 ………………………………………24, 154
権利自白 …………………………………………146
合意管轄 …………………………………………15
広域競合管轄 ……………………………………16
交互尋問 …………………………………………24
交互面接方式 ………………………………24, 193
公示送達 …………………………………105, 115
控　訴 ………………………………………26, 221
　　──の利益 ……………………………………221
行動説（→当事者の確定）………………………49
口頭弁論 …………………………………………126
　　──の一体性 …………………………………127
口頭弁論終結後の承継人 ………………………175
高度の蓋然性 ……………………………………12
交付送達 …………………………………………105
抗弁先行型（→重複訴訟の禁止と相殺の
　　抗弁）…………………………………………99
国際裁判管轄 ……………………………………30
固有の訴えの客観的併合 ………………………198
固有必要的共同訴訟 ……………………………207

さ 行

債権者代位訴訟 …………………………………175
再主尋問 …………………………………………24
再　審 ……………………………………………222
再審事由 …………………………………………229
裁判外紛争解決（ADR）………………5, 22, 125, 126
裁判所書記官送達 ………………………………105
差置送達 …………………………………………105
サマリ・ジャッジメント（summary
　　judgment）…………………………………125
時機に後れた攻撃防御方法 ………………127, 131
自己専利用文書（内部文書）……………………155
事実審 ……………………………………………221

死者名義訴訟 …………………………… 48, 54
実質的表示説（→当事者の確定）……… 49, 50
自　白 …………………………………………146
事物管轄 ………………………………………15
司法書士 ………………………………………20
氏名冒用訴訟 …………………………… 48, 51
釈　明 …………………………………………135
釈明義務 ……………………………………136
釈明権 ………………………………………135
就業場所送達 ………………………………105
自由心証主義 …………………………………24
修正類推説（→国際裁判管轄）……………32
集中証拠調べ ……………………………23, 126
重複訴訟（二重起訴）の禁止 ………………92
主尋問 …………………………………………24
主要事実 ……………………………………149
準独立当事者参加 …………………………214
準備書面 ………………………………………23
準備的口頭弁論 ……………23, 116, 119, 126
消極的釈明 …………………………………136
上　告 …………………………………… 26, 221
上告受理申立て ……………………………… 26
証拠調べ ……………………………………154
証拠の優越 ……………………………………12
証拠保全 ……………………………4, 22, 24, 118
上　訴 ……………………………………26, 221
　　──の利益 ……………………………221
証人尋問 ………………………………… 24, 154
証明責任 ………………………………………67
条理説（→国際裁判管轄）…………………32
職分管轄 ………………………………………15
職権主義 ………………………………………9
職権進行主義 …………………………………9
職権送達主義 ………………………………105
書　証 …………………………………… 24, 154
処分権主義 …………………………………185
書面による準備手続 ……………23, 117, 126
審級管轄 ………………………………………15
進行協議期日 ……………………………118, 126
新実体法説（→訴訟物論争）………………75
新訴訟物理論（新説／新訴）（→訴訟物論争）…75
新類型説（→国際裁判管轄）………………34
随時提出主義 ………………………………127
請求先行型（→重複訴訟の禁止と相殺の
　抗弁）………………………………………94

請求の併合 …………………………………199
請求の放棄・認諾 …………………………185
請求の目的物の所持者（→既判力の主観
　的範囲）……………………………………175
積極的釈明 …………………………………136
ゼロサム ………………………………… 5, 21
専属管轄 ………………………………………15
専属的合意管轄 ………………………………16
専門家証人 ……………………………………9
相殺の抗弁 ………………………………92, 164
送　達 ………………………………………105
争点効 ………………………………………166
訴　状 …………………………………………23
訴訟救助 ………………………………………5
訴訟告知 ……………………………………214
訴訟参加 ……………………………………214
訴訟指揮 ………………………………………9
訴訟上の代理人 ………………………………56
訴訟上の和解 ……………………………126, 185
訴訟脱退 ……………………………………215
訴訟脱退者 …………………………………175
訴訟担当の場合の被担当者（→既判力の
　主観的範囲）………………………………175
訴訟費用 …………………………………4, 12, 25
訴訟物 …………………………………………75
訴答手続（pleading）………………………125
た　行
単純併合 ……………………………………198
着手金（→弁護士報酬）……………………20
中間確認の訴え ……………………………198
仲　裁 …………………………………………22
調書判決 ……………………………………107
調　停 …………………………………………22
懲罰的損害賠償（punitive damages）………39
追　完 ……………………………………114, 221
通常共同訴訟 ………………………………207
出会送達 ……………………………………105
提訴前（訴え提起前）の照会 ………………22
提訴前（訴え提起前）の証拠収集処分……22, 119
提訴予告通知 ………………………………119
適格説（→当事者の確定）…………………49
適時提出主義 ………………………………127
テレビ会議システム ………………………122
電話会議システム …………………………122
同時審判申出訴訟 …………………………207

233

当事者照会 …………………………… 23, 118, 126
当事者尋問 ………………………………… 24, 154
当事者の確定 ……………………………………… 48
同席（対席）［対話］方式 ……………… 24, 193
答弁書 ……………………………………………… 23
特別裁判籍 ………………………………………… 15
独立当事者参加 ………………………………… 214
土地管轄 …………………………………………… 15
土地境界確定訴訟 ………………………………… 64
トライアル（trial） …………………… 125, 192

な 行

内部文書（自己専利用文書） ………………… 155
内容証明郵便 ……………………………………… 21
二重起訴（重複訴訟）の禁止 …………………… 92
二重機能説（→国際裁判管轄） ………………… 34
任意管轄 …………………………………………… 15
任意代理人 ………………………………………… 56
人 証 ……………………………………………… 24

は 行

判決の併合 ……………………………………… 198
反 訴 ……………………………………… 198, 204
反対尋問 …………………………………………… 24
筆 界 ……………………………………………… 65
筆界特定手続 ……………………………………… 69
必要的共同訴訟 ………………………………… 207
表見代理 …………………………………………… 56
表示説（→当事者の確定） ……………………… 49
Forum non conveniences（不便宜な法廷地）
　の法理（→国際裁判管轄） ……………… 33, 34
付加的合意管轄 …………………………………… 16
複数請求訴訟 …………………………………… 198
普通裁判籍 ………………………………………… 15
物 証 ……………………………………………… 24
不服の利益 ……………………………… 221, 222
付郵便送達 ……………………………………… 105
プラスサム …………………………………… 5, 21
不利益変更禁止 ……………………………… 67, 217
プリトライアルカンファレンス（pretrial
　conference） ………………………… 125, 192
プリトライアル手続（pretrial procedure） …… 125
文書送付嘱託 …………………………………… 154

文書提出義務 …………………………………… 154
文書提出命令 …………………………………… 154
紛争主体特定責任説（→当事者の確定） ……… 49
併用説（→当事者の確定） ……………………… 49
弁護士会照会 …………………………… 4, 22, 118
弁護士強制主義 …………………………………… 3
弁護士代理の原則 ………………………………… 3
弁護士報酬（費用） …………………………… 4, 20
弁理士 ……………………………………………… 20
弁論主義 ……………………………………… 6, 135
弁論準備手続 ……………………………… 23, 116, 121, 126
弁論の併合 ……………………………………… 198
報酬金（→弁護士報酬） ………………………… 20
法人格否認［の法理］ ……………………… 48, 175
法定訴訟担当 …………………………………… 180
法定代理人 ………………………………………… 56
法的観点指摘義務 ……………………………… 136
法律審 …………………………………………… 221
法律相談 …………………………………………… 3
法律扶助 …………………………………………… 5
補充尋問 …………………………………………… 24
補充送達 ………………………………………… 105
補助参加 ………………………………………… 214
補助事実 ………………………………………… 149
　――の自白 …………………………… 146, 149, 152
本人訴訟 ……………………………………… 3, 20

ま 行

マレーシア航空事件 ……………………………… 30

や 行

郵便に付する送達 ……………………………… 109
郵便による送達 ………………………………… 105
要件事実 ………………………………………… 149
予備的併合 ……………………………………… 198

ら 行

ラウンドテーブル法廷 ………………………… 120
利益衡量説（→国際裁判管轄） ………………… 34
類似必要的共同訴訟 …………………………… 207

わ 行

和 解 ……………………………………… 125, 126
和解の試み（和解勧試） ………………… 24, 191
World-Wide Volkswagen 事件 ………………… 18

判例索引

明　治

大判明29・4・2民録2輯4巻5頁 ……………………………………………………………207
大判明41・9・25民録14輯931頁 ……………………………………………………………210
大判明43・7・6民録16輯537頁 ……………………………………………………………176

大　正

大判大4・6・30民録21輯1165頁 ……………………………………………………………52
大判大10・3・18民録27輯547頁 ……………………………………………………………210
大判大10・6・13民録27輯1155頁 …………………………………………………………210
大判大11・7・10民集1巻386頁 ……………………………………………………………210, 211
大連判大12・6・2民集2巻345頁〔民訴百選66事件〕……………………………………66
大判大12・12・17民集2巻684頁 ……………………………………………………………210
大判大13・11・20民集3巻516頁 ……………………………………………………………210
大判大14・4・24民集4巻195頁 ……………………………………………………………188
大判大15・12・25民集5巻12号897頁 ………………………………………………………59

昭和元年～20年

大判昭2・2・3民集6巻13頁 ………………………………………………………………52
大判昭4・12・16民集8巻944頁 ……………………………………………………………176
大判昭6・4・22民集10巻7号380頁〔民訴百選78事件〕…………………………………188
大判昭7・11・25民集11巻2129頁 …………………………………………………………188
大判昭8・2・18法学2巻10号1243頁 ………………………………………………………189
大判昭8・3・30裁判例(7)民57頁 …………………………………………………………211
大判昭9・2・27民集13巻445頁 ……………………………………………………………200
大判昭10・3・12民集14巻482頁 ……………………………………………………………176
大判昭10・10・28民集14巻1785頁〔民訴百選3版10事件〕［株金払込事件］…………48, 53
大判昭11・3・10民集15巻695頁 ……………………………………………………………66
大判昭11・3・11民集15巻977頁〔民訴百選3版11事件〕…………………………………48, 55
大判昭14・5・16民集18巻557頁〔民訴百選Ⅰ47事件〕［大理石採取妨害事件］………179
大判昭14・8・12民集18巻903頁 ……………………………………………………………188
大判昭15・3・15民集19巻586頁〔民訴百選74事件〕［転付金請求事件］………………178
大判昭15・12・24民集19巻2402頁 …………………………………………………………219
大判昭16・3・15民集20巻191頁 ……………………………………………………………55
大判昭18・12・23民集22巻1254頁 …………………………………………………………223

昭和21年～30年

最判昭25・7・11民集4巻7号316頁 ………………………………………………………146
最判昭27・11・27民集6巻10号1062頁 ……………………………………………………136
最判昭27・12・25民集6巻12号1255頁〔民訴百選32事件〕………………………………201, 207
最判昭29・2・11民集8巻2号429頁 ………………………………………………………123
東京高判昭29・2・18下民5巻2号187頁 …………………………………………………219

大阪高判昭29・7・3下民5巻7号1036頁 …………………………………………………………230
最判昭29・7・27民集8巻7号1443頁 ……………………………………………………………200
最判昭29・9・17民集8巻9号1635頁 ……………………………………………………………207
最判昭29・9・24民集8巻9号1658頁 ……………………………………………………………176

昭和31年～40年

最判昭31・4・3民集10巻4号297頁〔民訴百選3版114事件〕……………………………223
最判昭31・5・10民集10巻5号487頁 ……………………………………………………………210
最判昭31・5・25民集10巻5号577頁 ……………………………………………………………150
最判昭31・9・13民集10巻9号1135頁〔むつき取替え事件〕……………………………………230
最判昭31・9・28民集10巻9号1213頁 ……………………………………………………………207
最判昭31・12・20民集10巻12号1573頁 …………………………………………………………204
最判昭32・2・28民集11巻2号374頁〔民訴百選3版40事件〕…………………………………201
最判昭32・6・7民集11巻6号948頁〔民訴百選3版A32事件〕…………………………………84
最判昭32・11・1民集11巻12号1482頁 ……………………………………………………………218
最判昭32・12・13民集11巻13号2143頁〔民訴百選2版115事件〕………………………………228
最大判昭33・3・5民集12巻3号381頁〔民訴百選77事件〕……………………………………187
東京高判昭33・3・31東高民時報9巻3号49頁 …………………………………………………219
最判昭33・6・14民集12巻9号1492頁 ……………………………………………………………187
最判昭33・7・22民集12巻12号1805頁 ……………………………………………………………210
最判昭34・7・3民集13巻7号898頁 ………………………………………………………………211
最判昭34・9・17民集13巻11号1412頁 ……………………………………………………………22
最判昭35・5・24民集14巻7号1183頁 ………………………………………………………200, 201
最判昭36・3・16民集15巻3号524頁 ………………………………………………………………218
最判昭36・4・25民集15巻4号891頁 ………………………………………………………………79
最判昭36・12・15民集15巻11号2865頁 ……………………………………………………………211
最判昭37・8・10民集16巻8号1720頁〔民訴百選Ⅱ147事件〕………………………………84, 91
最判昭38・1・18民集17巻1号1頁〔続民訴百選40事件〕………………………………………204
最判昭38・2・21民集17巻1号182頁 …………………………………………………………24, 195
最判昭38・10・1民集17巻9号1220頁〔民訴百選2版117事件〕…………………………………66
最判昭39・4・7民集18巻4号520頁 …………………………………………………………77, 199
最判昭39・7・10民集18巻6号1093頁 ……………………………………………………………200
最判昭40・3・4民集19巻2号197頁〔民訴百選3版41事件〕………………………………78, 205
京都地判昭40・7・31判タ181号169頁〔控訴審〕………………………………………………168
京都地判昭40・7・31下民16巻7号1280頁 ………………………………………………………170
最判昭40・9・21民集19巻6号1560頁 ……………………………………………………………176

昭和41年～50年

最判昭41・4・12民集20巻4号548頁〔民訴百選3版A21事件〕………………………………144
東京地判昭41・4・20下民17巻3＝4号326頁……………………………………………………170
最判昭41・5・20裁判集民83号579頁 ………………………………………………………………66
最判昭41・7・14民集20巻6号1173頁 ………………………………………………………………55
最判昭41・9・22民集20巻7号1392頁〔民訴百選3版62事件〕……………………………147, 150
最判昭41・9・30民集20巻7号1523頁〔私立学校教諭解雇事件〕……………………………59, 61
最判昭41・11・25民集20巻9号1921頁〔又重部落事件〕………………………………………210

大阪高判昭42・2・15下民18巻1＝2号136頁……………………………………………168, 170
最判昭42・2・24民集21巻1号209頁〔民訴百選3版49事件〕……………………………114
東京高判昭42・3・1判時472号30頁………………………………………………………94
福岡地判昭42・3・1判時490号67頁………………………………………………………170
広島高判昭42・3・6高民20巻2号144頁…………………………………………………170
東京地判昭42・4・25判時490号63頁………………………………………………………170
最判昭42・7・18民集21巻6号1559頁〔交通事故百選2版73事件〕……………………84
最判昭42・8・25民集21巻7号1740頁………………………………………………………210
最大判昭42・9・27民集21巻7号1925頁〔民訴百選II174事件〕…………………………214
最判昭42・12・26民集21巻10号2627頁〔続民訴百選55事件〕…………………………66
最判昭43・2・15民集22巻2号184頁〔民訴百選3版100事件〕………………187, 189, 190
最判昭43・2・22民集22巻2号270頁………………………………………………………65, 66
最判昭43・2・27民集22巻2号316頁…………………………………………………………53
最判昭43・3・15民集22巻3号607頁〔民訴百選3版103事件〕…………………………211
最判昭43・11・1民集22巻12号2402頁……………………………………………………59
広島高判昭43・12・24判時576号59頁……………………………………………………216
最判昭44・4・17民集23巻4号785頁………………………………………………………211
最判昭44・6・24判時569号48頁〔民訴百選3版92事件〕〔不動産売買契約詐欺取消事件〕…170, 174
名古屋高判昭44・10・31判タ242号184頁…………………………………………………108
最判昭45・1・22民集24巻1号1頁…………………………………………………………224
最判昭45・5・22民集24巻5号415頁………………………………………………………211
大阪地判昭45・5・28下民21巻5＝6号720頁〔民訴百選3版94事件〕…………………184
最判昭45・6・11民集24巻6号516頁〔民訴百選3版60事件〕〔木箱納入事件〕………138, 140
大阪地判昭45・7・13判タ252号200頁……………………………………………………170
最判昭45・7・24民集24巻7号1177頁〔民訴百選3版44事件〕…………………………84
大阪地判昭45・11・28民集30巻8号806頁…………………………………………………170
最判昭45・12・15民集24巻13号2072頁〔民訴百選3版23事件〕〔鶏卵代金請求事件〕……56
最判昭46・4・23判時631号55頁〔民訴百選3版54事件〕〔建物買取請求権行使事件〕……129
最判昭46・10・7民集25巻7号885頁………………………………………………………210
最判昭46・12・9民集25巻9号1457頁〔民訴百選II162事件〕…………………………210
最判昭48・4・2民集27巻3号596頁〔民訴百選3版A42事件〕………………………182
最判昭48・4・5民集27巻3号419頁〔民訴百選3版83事件〕…………………………84
最判昭48・7・20民集27巻7号863頁〔民訴百選3版110事件〕〔広島駅弁当株式会社事件〕…215
最判昭48・10・4判時724号33頁……………………………………………………………172
最判昭48・10・26民集29巻9号1240頁〔民訴百選3版A4事件〕………………………48
大阪高判昭48・12・14高民26巻5号487頁…………………………………………………173
最判昭49・4・26民集28巻3号503頁〔民訴百選3版A33事件〕………………………172
大阪地判昭49・10・14判タ361号127頁……………………………………………………40
最判昭49・11・29民集28巻8号1670頁……………………………………………………176
最判昭50・3・13民集29巻3号233頁〔民訴百選2版36事件〕…………………………218
最判昭50．10．24民集29巻9号1417頁〔民訴百選3版65事件〕〔ルンバール事件〕……12

昭和51年～63年

最判昭51・3・15判時814号114頁……………………………………………………………55
最判昭51・6・17民集30巻6号592頁〔民訴百選2版74事件〕…………………………137

最判昭51・9・30民集30巻8号799頁〔民訴百選3版88事件〕〔自作農特別措置法による売渡処分事件〕
……………………………………………………………………………………………………173, 174
最判昭52・3・24金商548号39頁…………………………………………………………………170
最判昭52・3・24裁判集民120号299頁…………………………………………………………174
最判昭52・4・15民集31巻3号371頁〔民訴百選Ⅰ105事件〕〔白紙委任状補充事件〕………149, 150, 152
東京地判昭52・5・30下民28巻5-8号566頁…………………………………………………174
大阪地判昭52・12・22判タ361号127頁〔関西鉄工事件〕………………………………………40
名古屋地判昭54・3・15判例集未登載……………………………………………………………31
最判昭54・3・16民集33巻2号270頁〔民訴百選2版121事件〕……………………………227
名古屋高判昭54・11・12判タ402号102頁………………………………………………………31
最判昭55・2・7民集34巻2号123頁〔民訴百選3版55事件〕………………………………142
最判昭55・4・22判時968号53頁…………………………………………………………………152
最判昭56・10・16民集35巻7号1224頁〔民訴百選3版123事件〕〔マレーシア航空事件〕…30
最判昭57・4・27判時1046号41頁………………………………………………………………144
最判昭57・5・27判時1052号66頁………………………………………………………………115
最判昭57・7・1民集36巻6号891頁〔民訴百選Ⅱ161事件〕〔山中浅間神社事件〕…………211
最判昭57・11・26民集36巻11号2296頁〔西日本建設業保証株式会社事件〕…………………62
最判昭57・12・2判時1065号139頁………………………………………………………………66
最判昭58・3・22判時1074号55頁〔民訴百選3版115事件〕〔スナック改装工事代金立替事件〕…225
最判昭58・6・7民集37巻5号611頁……………………………………………………………42
最判昭58・10・18民集37巻8号1121頁〔民訴百選3版42事件〕……………………………73
最判昭59・1・19判時1105号48頁………………………………………………………………174
東京高判昭59・11・29判時1140号90頁〔K土木株式会社事件〕……………………94, 99, 101
最判昭60・3・15判時1168号66頁………………………………………………………………214
東京地判昭61・6・20判タ604号138頁〔遠東航空事件〕………………………………………33
東京地判昭61・6・20判時1196号87頁〔遠東航空事件〕………………………………………33
釧路地決昭61・10・17判タ639号236頁…………………………………………………………114
東京高判昭62・11・26判時1259号65頁…………………………………………………………133
最判昭63・3・15民集42巻3号170頁……………………………………………………………94, 99

平　成

名古屋高金沢支判平元・1・30判時1308号125頁………………………………………………224
最判平元・3・28民集43巻3号167頁〔民訴百選3版A36事件〕……………………………210
最判平元・3・28判時1393号91頁…………………………………………………………………66
東京地判平2・10・23判時1398号87頁〔ロイズ保険事件〕……………………………………19
最判平2・12・4判時1398号66頁…………………………………………………………………53
東京地判平3・1・29判タ764号256頁〔ナンカセイメン事件〕………………………………19
東京地判平3・5・22判時1400号84頁……………………………………………………………110
東京地判平3・11・11判タ773号257頁……………………………………………………………133
最判平3・12・17民集45巻9号1435頁〔民訴百選3版45事件〕〔バドミントン用品原材料残代金請求事件〕…………………………………………………………………………………………94, 99
大阪高決平4・6・11判タ807号250頁……………………………………………………………155
名古屋地判平5・1・26判タ859号251頁…………………………………………………………134
東京高判平5・3・3判時1456号101頁……………………………………………………………110
東京地判平6・1・14判タ864号267頁……………………………………………………………19

最判平 6 ・ 5 ・31民集48巻 4 号1065頁〔民訴百選 3 版15事件〕……………………211, 212
最判平 6 ・11・22民集48巻 7 号1355頁〔民訴百選 3 版A45事件〕……………………………84
最判平 7 ・ 3 ・ 7 民集49巻 3 号919頁………………………………………………………66, 72
最判平 7 ・ 7 ・18裁判所時報1151号 3 頁 …………………………………………………66, 74
大阪高判平 7 ・11・30判タ910号227頁……………………………………………………96, 133
最判平 8 ・ 2 ・22判時1559号46頁〔民訴百選 3 版61事件〕［抵当権順位変更契約書筆跡鑑定事件］……137
東京高判平 8 ・ 4 ・ 8 判タ937号262頁［過払金返還請求事件］……………………94, 100, 101
最判平 8 ・ 6 ・24民集50巻 7 号1451頁……………………………………………………………35
最判平 9 ・ 7 ・11民集51巻 6 号2573頁［萬世工業事件］………………………………………39
最判平 9 ・11・11判時1626号74頁［ドイツ車預託金請求事件］………………………………35
最判平10・ 4 ・30民集52巻 3 号930頁……………………………………………………………103
最判平10・ 6 ・12民集52巻 4 号1147頁〔民訴百選 3 版89事件〕［宗像市土地買収事件］……84, 88
最判平10・ 6 ・30民集52巻 4 号1225頁〔民訴百選 3 版46事件〕［相続税等立替事件］………90, 94, 96
最判平10・ 9 ・10判時1661号81頁〔民訴百選 3 版48事件〕［クレジットカード立替金請求事件］……109
東京地判平10・11・27判タ1037号235頁 ………………………………………………………43
東京地判平11・ 9 ・29判タ1028号298頁［請負残代金支払い拒絶事件］……………………128
東京地判平11・11・ 4 判タ1023号267頁 ………………………………………………………43
最判平11・11・ 9 民集53巻 8 号1421頁〔民訴百選 3 版102事件〕……………………………70, 212
横浜地判平11・11・10判タ1081号287頁…………………………………………………………49
最決平11・11・12民集53巻 8 号1787頁〔民訴百選 3 版79事件〕［富士銀行文書提出命令申立事件］……155
最決平11・11・26金判1081号54頁［第一勧業銀行文書提出命令申立事件］…………………157
東京高判平12・ 3 ・14判タ1028号295頁…………………………………………………………132
東京高決平12・ 3 ・17金法1587号69頁［クレジットカード代金請求事件］…………………123
最判平12・ 3 ・24民集54巻 3 号1126頁…………………………………………………………24, 195
最決平12・12・14民集54巻 9 号2709頁［八王子信用金庫会員代表訴訟文書提出命令申立事件］……157
最決平13・12・ 7 民集55巻 7 号1411頁［木津信用金庫文書提出命令申立事件］……………159
最決平17・ 7 ・22民集59巻 6 号1837頁…………………………………………………………155
最決平18・ 2 ・17民集60巻 2 号496頁［社内通達文書提出命令申立事件］…………………159
最判平18・ 4 ・14民集60巻 4 号1497頁…………………………………………………………99
最判平18・10・17裁判所時報1422号 1 頁［光ディスク事件］…………………………………195

〈著者紹介〉

小島 武司（こじま・たけし）
　1959年　中央大学法学部卒業
　現　在　桐蔭横浜大学法学部教授，中央大学名誉教授
　主　著　『訴訟制度改革の理論』（弘文堂，1977年）
　　　　　『要論民事訴訟法』（中央大学出版部，1977年）
　　　　　『注釈民事訴訟法(1)』（共編，有斐閣，1991年）
　　　　　『新民事訴訟法〔補訂版〕』（共編，青林書院，1997年）
　　　　　『プレップ新民事訴訟法』（弘文堂，1999年）
　　　　　『ブリッジブック裁判法』（編著，信山社，2002年）
　　　　　『裁判キーワード［新版補訂版］』（編著，有斐閣，2003年）
　　　　　『基本講義民事訴訟法』（共著，信山社，2005年）
　　　　　『法曹倫理〔第2版〕』（共著，有斐閣，2006年）
　　　　　『注釈と論点　仲裁法』（共編著，青林書院，2007年）

小林　学（こばやし・まなぶ）
　1993年　中央大学法学部卒業
　現　在　桐蔭横浜大学法学部准教授
　主　著　『裁判キーワード［新版補訂版］』（共著，有斐閣，2003年）
　　　　　『基本講義　民事訴訟法』（共著，信山社，2005年）

基本演習民事訴訟法

2007年（平成19年）6月20日　初版第1刷発行

著　者　小　島　武　司
　　　　小　林　　　学
発行者　今　井　　　貴
　　　　渡　辺　左　近
発行所　信山社出版株式会社
〒113-0033　東京都文京区本郷6-2-9-102
　　　　　電　話　03（3818）1019
　　　　　FAX　03（3818）0344

Printed in Japan

©小島武司，小林　学，2007．
印刷・製本／松澤印刷
ISBN 978-4-7972-2488-7　C3332

『基本演習 民事訴訟法』姉妹編

基本講義
民事訴訟法

小島武司　小林　学

本書は、手続チャートやイメージ図、さらには一覧表などを多用することで、民事訴訟手続の全体像を平明に解説することを試みた初学者向けの案内書である。読者は、大学における講義やゼミの前に、本書で民事訴訟法の基本的事項を理解し、これによって、網羅的ないし体系的な理解を得つつ、教室においては本書をベースにした講義の中で深く掘り下げた討論を行うなどして民事訴訟法をマスターすることができるであろう。（「はしがき」より）

本書の内容（「目　次」）

第1章　民事裁判の枠組みと訴訟手続の俯瞰
第2章　受訴裁判所
第3章　当事者（その1）
第4章　当事者（その2）──訴訟上の代理人
第5章　訴　え
第6章　訴訟物（その1）──訴訟物論争
第7章　訴訟物（その2）──一部請求などの諸問題
第8章　訴訟の審理（その1）──手続
第9章　訴訟の審理（その2）──口頭弁論およびその準備
第10章　訴訟の審理（その3）──口頭弁論の実施と懈怠
第11章　口頭弁論における当事者の訴訟行為
第12章　証拠（その1）──証拠と証明
第13章　証拠（その2）──証明責任と証拠調べ手続
第14章　終局判決による訴訟の終了
第15章　当事者意思による訴訟の終了
第16章　複雑請求訴訟──請求の客観的併合
第17章　多数当事者訴訟（その1）──共同訴訟
第18章　多数当事者訴訟（その2）──訴訟参加・訴訟承継
第19章　上訴・再審
第20章　特別の手続──略式手続

信山社

━━━━━ ブリッジブックシリーズ ━━━━━

井上 治典 編
ブリッジブック民事訴訟法　　　　　　2,100 円

小島 武司 編
ブリッジブック裁判法　　　　　　　　2,100 円

長谷川 晃・角田 猛之 編
ブリッジブック法哲学　　　　　　　　2,000 円

横田 耕一・高見 勝利 編
ブリッジブック憲法　　　　　　　　　2,000 円

宇賀 克也 編
ブリッジブック行政法　　　　　　　　（続刊）

山野目 章夫 編
ブリッジブック先端民法入門〔第2版〕 2,000 円

永井 和之 編
ブリッジブック商法　　　　　　　　　2,100 円

高橋 則夫 編
ブリッジブック刑法の考え方　　　　　（続刊）

椎橋 隆幸 編
ブリッジブック刑事裁判法　　　　　　2,000 円

植木 俊哉 編
ブリッジブック国際法　　　　　　　　2,000 円

土田 道夫・高橋 則夫・後藤 巻則 編
ブリッジブック先端法学入門　　　　　2,100 円

価格はすべて税別

━━━━━ 信山社 ━━━━━

━━━━━━━ 法律学の森シリーズ ━━━━━━━
潮見 佳男 著
債権総論〔第2版〕Ⅰ　　　　　　　　4,800 円
潮見 佳男 著
債権総論〔第3版〕Ⅱ　　　　　　　　4,800 円
潮見 佳男 著
契約各論Ⅰ　　　　　　　　　　　　4,200 円
潮見 佳男 著
契約各論Ⅱ　　　　　　　　　　　　（続刊）
藤原 正則 著
不当利得法　　　　　　　　　　　　4,500 円
青竹 正一 著
会社法　　　　　　　　　　　　　　3,800 円
小宮 文人 著
イギリス労働法　　　　　　　　　　3,800 円

━━━━━━━ プラクティスシリーズ ━━━━━━━
潮見 佳男 著
プラクティス民法債権総論〔第3版〕　4,000 円

━━━ 平野 裕之著　民法総合シリーズ ━━━
民法総則　　　　　　　　　　　　　（続刊）
物権法　　　　　　　　　　　　　　（続刊）
担保物権法　　　　　　　　　　　　（近刊）
債権総論　　　　　　　　　　　　　（続刊）
契約法　　　　　　　　　　　　　　4,800 円
不法行為法　　　　　　　　　　　　3,800 円
　　　　　　　　　　　　価格はすべて税別
━━━━━━━━━━ 信山社 ━━━━━━━━━━